동물권리선언 시리즈 ②

인간과 동물
유대와
배신의
탄생

이 책은 환경과 나무 보호를 위해 재생지를 사용했습니다.
환경과 나무가 보호되어야 동물도 살 수 있습니다.

동물권리선언 시리즈 ②

인간과 동물
유대와 배신의 탄생

웨인 파셀 지음 | 전진경 옮김

책공장더불어

《뉴욕 타임스》,《워싱턴 포스트》,《로스앤젤레스 타임스》, 인디바운드
베스트셀러

동물을 사랑하는 모든 사람이 놓쳐서는 안 되는 책. 미국에서 오늘날 동물
복지가 주요 이슈가 되는 데 많은 기여를 한 웨인 파셀은 동물의 지성부터
동물원까지, 공장식 축산, 투견으로 구속된 마이클 빅 사건 등 모든 것에
대한 그의 견해를 이 책에서 제시하고 있다. 가슴이 따뜻해지고, 유익하며,
박진감 넘치고, 충격적이다. 이 책은 우리가 동물과 맺는 관계의 영역을 모
두 다루고 있다.
피터 싱어(《동물해방》 저자)

한국 동물보호운동의 역사는 매우 짧고 단체의 역량도 제한적이다. 날이
갈수록 사람들의 요구는 다양해지고 있는 현실 속에서 어떻게 운동을 펼쳐
나가야 할지 고민이 많은 시점에 이 책을 읽게 되었다. 동물보호 역사가 오
래된 미국에서도 여전히 동물 이슈는 풀어야 할 큰 숙제이고 인류 전체가
이 문제를 지혜롭게 풀어가는 것이 시대적 과제임을 새삼 인식하게 되었
다. 동물 문제 전반에 관한 저자의 구체적이고도 입체적이며 지성적인 분
석이 내게 큰 나침반이 되었다.
임순례(동물보호시민단체 카라 대표)

이 책은 우리가 동물과 맺는 매혹적이고, 감동적이고, 때로는 몹시 충격적
인 유대관계에 대한 묘사로 가득하다. 동물에 대한 위대한 연민에서 영감
을 얻은 이 책은 시사하는 바가 많아서 생각의 변화가 생길 사람이 많을 것
이다. 연민 가득한 시선으로 정직하게 쓴 이 책이 여러 언어로 번역되어 전
세계 학생들에게 필독서가 되기를 바란다. 이 책은 동물을 도우려는 사람

들에게 좋은 길잡이가 되어 줄 것이다. 더불어 동물에 대한 이해는 물론 동물과 인간의 유대관계를 이해하지 못하는 사람들에게도 꼭 필요하다. 이 책을 읽고 그들도 잔인함과 무지에 맞서는 일에 힘을 보태기를 바란다.
제인 구달(제인구달협회 설립자)

내가 여태껏 읽은 동물에 관한 책 중 최고이다. 뛰어나고 감동적인 이 책은 독자에게 근본적으로 중요한 것이 무엇인지에 대해 이야기한다. 좋은 책은 자신과 세상을 보는 시각을 바꾼다.
존 매케이(홀푸드마켓 공동 창업자, CEO)

기념비적인 성과물이다. 엄청나게 광범위하고 아름답게 쓰여진 이 책에서 저자가 다루고 조명하지 않은 동물 관련 주제가 거의 없을 정도이다. 예리한 지성과 균형 잡힌 깊은 연민을 가지고 동물에 관한 모든 일을 관찰했다. 최고로 가치 있는 훌륭한 책이다.
제프리 매이슨(《코끼리가 울 때(When Elephant Weep)》 저자)

감동과 충격 그리고 지난날의 내 행동을 돌아보고 반성하게 만든다. 웨인 파셀이라는 한 사람과 휴메인소사이어티라는 한 단체가 어떻게 동물의 고통을 줄이기 위해 노력했는지에 대한 정교하고 시사성 있는 묘사이다.
테드 게라소티(《떠돌이 개와 함께한 나의 인생(Merle's Door)》 저자)

이 책은 우리에게 동시대를 살고 있는 모든 동물과의 관계를 변화시킬 잠재력이 충분함을 이야기한다. 내가 바라는 것은 오직 하나, 이 멋진 책을 꼭 읽고 저자가 전하는 중요한 메시지를 주변 사람과 나누어라.
마크 베코프(콜로라도 대학교 생태학 및 진화생물학 석좌교수)

사람은 모두 어떻게 하면 더 나은 세상을 만들까에 대한 생각이 저마다 다르다. 어떤 이는 가난한 사람에게 음식, 쉼터, 의료를 제공하고 그들에게 새로운 기회를 주기 위해 애쓴다. 어린이를 폭력과 착취로부터 보호하고 고아에게는 가정을 찾아 주는 등 어린이 복지에 헌신하는 사람도 많다. 질병 예방과 치료에 힘쓰는 사람이 있는가 하면, 무분별한 개발이나 오염으로부터 환경을 지키기 위해 애쓰는 사람도 부지기수이다. 그리고 동물에 가해지는 잔인함과 고통을 줄이기 위해 노력하는 사람도 미국에만 수백만 명에 달한다.

더 나은 사회를 만들려는 노력은 거의 전 영역에서 행해지고 있고, 이런 다양한 행동은 궁극적으로 인도주의 추구라는 같은 기반 위에 있다. 세상 사람들이 단 하나의 사회적 사안이나 한 줌의 이슈에만 관심을 기울인다고 상상해 보라. 주목받지 못한 다른 필요와 가치는 어떻게 될 것인가? 자유와 박애를 추구하는 사회에서는 구성원 각각의 양심대로 행동하고 기여하는 것만으로도 온갖 다양한 필요를 충족시킬 수 있다. 정치사상가인 에드먼드 버크의 유명한 구절[1]처럼 하나하나의 선한 대의와 연대는 시민사회를 건설하고 지키기 위해 배치된 하나의 '작은 소대'이다.

내 작은 소대는 휴메인소사이어티(HSUS, Humane Society of the United States)이다. 수많은 다른 가치와 주장에 동의하지만 특히 동물을 돕는 일은 일관되게 나를 사로잡았다. 항상 동물과 연결되어 있다고 느껴 왔고 나 같은 사람이 많다는 사실도 알았다. 하지만 동시에 20년 넘게 동물과 관련된 일을 해오면서 사람이 동물에게 얼마나 잔인한 일을 저지르는지, 또 그런 행동을 정당화하기 위해 얼마나 교묘하고 정교하게 자신을 합리화하는지도 가까이서 지켜봤다. 이 책은 이러한 모순에 맞서는 시도이자, 동물을 대할 때 우리 안에서 충돌하는 갈등을 해소하려는 노력이며, 개인과 사회가 앞으로 나아가야 할 길을 모색하려는 작업이다.

우리는 잔인함이 나쁘다는 것을 안다. 하지만 동물을 학대, 남용하는 것이 일상화된 사회에서 살다 보니 다른 방식으로 동물을 대하는 모습을 상상하기조차 힘들어져 버렸다. 이런 상황 속에서도 동물을 대하는 더 나은 방식을 모색해야 하고, 그 길에 가장 좋은 안내자는 동물과의 유대이다.

동물보호운동에 종사하면서 이 세계에서 전적으로 배제되는 동물은 없으며, 어떤 순간에도 동물의 고통을 중요하게 여기는 누군가는 반드시 있음을 알게 되었다. 당장 알고 있는 어떤 동물이든 이름을 대면 그 옹호자를 찾을 수 있다. 퓨마보호재단(Mountain Lion Foundation), 눈표범트러스트(Snow Leopard Trust), 고래와돌고래보존협회(Whale and Dolphin Conservation Society), 고릴라재단(Gorilla Foundation), 코끼리구조대(Save the Elephant) 등의 단체에 의해 보호받는 '카리스마' 있는 동물뿐만 아니라 농장동물, 실험동물, 당나귀나 낙타처럼 과도하게 일하는 동물, 유기동물과 길고양이, 도움이 필요한 야생동물과 이외의 수 많은 동물을 위한 셀 수 없이 많은 단체가 결성되어 있다.

　때로는 들어보지도 못한 동물을 보호하는 일에 열성인 사람들 도 있다. 이 책의 원고를 완성했을 무렵 나는 북아메리카에서 가장 큰 제비인 퍼플마틴(purple martin)에 대한 케이트 머피의 이야기[2]를 《뉴 욕 타임스》에서 우연히 읽게 되었다. 20세기 들어 서식지 변화와 외 래종 유입으로 개체수가 줄어드는 퍼플마틴을 보호하기 위한 글과 영 상이 블로그와 유튜브에 넘쳐 나고, 퍼플마틴보존연합(Purple Martin Conservation Association)이나 퍼플마틴보존연대(Purple Martin Preservation Alliance), 북미퍼플마틴협회(Purple Martin Society of North America) 등의 단체도 생겼다. 퍼플마틴이 멸종하지 않고 생존하기를 바라는 사람들 이 만든 둥지는 미국 전역에서 볼 수 있다. 제비에게 이 정도로 마음을 쓰는 것이 지나치다고 여기는 사람도 있지만 다른 생명체와 깊이 연결 되어 있음을 느끼고 그들을 위하고 돌보고 싶은 사람들이 있음은 기쁜 일이다.

　언젠가 《로스앤젤레스 타임스》에 애비 스웰[3]의 사우스베이야생동 물재활협회(South Bay Wildlife Rehab)에 관한 기사가 났다. 사우스베이 야생동물재활협회는 다치거나 어미를 잃은 벌새를 구하는 일 등을 하 는 단체이다. 이 기사를 읽기 전까지 나는 야생동물의 재활에 대해 꽤 많이 안다고 생각했다.

"오직 미친 사람만이 할 수 있는 일이죠."

웨스트할리우드의 집 뒤뜰에 있는 새장에서 벌새 60마리를 키우는 쉰 살의 테리 마서는 말했다. 그녀는 지난 3개월 동안 UCLA에서 외국인 전문가들에게 영어를 가르치는 일을 쉬었다. 벌새를 돌봐야 했기 때문이다. 지난 여름 동안 하루 15~17시간씩 벌새를 돌봤다. 새벽 5시부터 밤이 될 때까지 30분마다 깃털이 채 나지도 않았고, 꿀벌보다 그리 크지도 않은 이 새의 목구멍으로 독일에서 만들어진 특수식을 주사기로 강제주입하여 먹였다. 새끼에게 먹이를 주는 시간 이 외에는 큰 새의 먹이를 주고, 새장 청소를 하고, 새의 상태를 꼼꼼히 살펴서 기록했다.

"저녁을 먹으러 나갈 수도, 볼 일을 보러 갈 수도 없어요. 내 생활이 없는 셈이죠."

이렇게 돌보던 벌새들이 야생으로 돌아갈 준비가 끝나면 그녀는 새장 문을 연다. 작은 새들이 나선을 그리며 수백 미터 상공으로 날아올라 구름 속으로 사라지는 것을 수백 번 보았음에도 불구하고 그 순간은 단조롭고 힘들었던 몇 달의 시간을 충분히 보상하고도 남는다. 아프고 다친 새들을 건강하게 자연으로 돌려보내는 일이야말로 '순수한 기쁨'이라고 그녀는 말했다.

창조주의 허락 없이는 참새 한 마리도 땅에 떨어지지 않는다는 성경 구절이 있다. 테리 마서와 같은 수많은 동물보호 활동가들은 뭇생명에게 창조주 못지않은 주의를 기울이고 있다.

이런 일이 가능하려면 개인과 단체의 노력이 우선적으로 필요하다. 잔혹하게 다뤄지는 동물, 버려지는 동물 등 모든 동물의 비극은 대부분 인간에 의해 저질러졌다. 인간이 저지른 잔인함과 부주의 때문에 생긴 문제의 뒤처리를 하느라 선량한 사람들이 바쁜 이 세상을 이성적인 세상이라고 할 수 있을까?

자연이 동물에게 혹독하다고 해도 오직 인간만이 잔인한 일을 저지른다. 하지만 인간은 또한 자신이 저지른 잘못을 인식하고 고칠 수 있는 양심적인 존재이기도 하다. 인간의 본능은 선한 방향으로 향하게 마련인데, 이는 동물과의 유대감이 우리 안에 내재되어 있기 때문이다. 인간과 동물의 친밀한 유대와 동료의식은 이 행성에 처음 살게 된 후 동물을 길들여 온 시기를 거쳐 현대에 이르기까지 인류의 경험 전반에 걸쳐 우리와 함께 해왔다.

교황 베네딕트 16세는 동물을 '천지창조 때부터 우리의 동반자'라고 말했다. 동물은 지구상의 생명의 역사에서도 우리와 밀접하게 연관되어 왔으니 동물을 냉담하게 대하는 일은 오랜 유대를 배신하는 행위이다. 그러므로 동물을 향한 연민은 오랜 유대의 약속을 지켜 나가는 일이며, 동물보호는 유대를 바로잡는 일임과 동시에 우리 자신을 위한 일이기도 하다.

오늘날 동물과 사람의 유대에는 균열이 생겼고 일부 진행 중인 일들은 유대를 거의 단절시킬 지경이다. 이런 일들은 전적으로 인간의 자비에 생사가 내맡겨진 동물을 보살펴야 하는 인간을 그릇된 방향으로 이끌고 있다. 특히 지난 200여 년간 인간은 동물을 산업용으로 여겨서 상업적인 상품이나 과학, 농업, 야생동물 관리의 원자재 이상으로 여기지 않았다.

이런 동물에 대한 잔인함과 이기심이 결국 인간에게로 돌아올 것이기에 사람들은 동물학대에 반대하지만 사실 동물학대는 자체로도 문제이다. 동물은 그 자체로 고유 권리가 있고, 그들에게 가해진 잘못은 그 자체로 잘못이다. 따라서 동물에 대한 연민은 보편타당한 가치이며 이 가치는 이전보다 지금 더욱 중요하다.

이 책의 1장에서는 사람과 동물의 유대의 역사에 대해 짚어 본다. 2장에서는 우리가 오늘날 알고 있는 '동물도 생각하고 느낀다.'는 사실이 얼마나 오랫동안 과학자들에 의해 부인되어 왔는지를 여러 증거를 통해 살펴본다. 3장부터 7장까지는 공장식 축산, 투견이나 투우 등의 동물 싸움, 온갖 동물에게 가해지는 학대 등 보다 구조적인 문제에 대해 살펴보고, 이런 악행들이 어떻게 법과 민주주의의 힘에 의해 사라지게 되는지를 살펴본다. 그런 사례를 통해 동물학대를 숨기거나 변명하는 이익집단과 산업의 세계를 자세히 들여다보고 그들의 주장도 주의 깊게 살펴볼 것이다. 끝으로 8장에서는 기존의 잔인한 방식이 아닌

번영 가능한 새로운 실행방식을 제시하는 인도주의적 산업의 장점과 성장 가능성을 조명함으로써 이제까지의 구조적 잘못에 대한 총체적인 극복 방안을 제시한다.

　이 책을 통해 독자는 내가 수십 년간 동물보호 활동에 몸담으면서 겪었던 환호와 좌절을 함께 겪게 될 것이다. 진전과 후퇴가 얽혀 있어 미래를 가늠하기 어려울 때도 있었지만 돌이켜 보면 양심 있는 많은 사람 덕분에 뚜렷한 진전이 있었다. 동물보호는 가치 있는 대의이며 또한 승리하고 있는 대의이다.

　오늘날 사람은 그 어느 때보다 많은 동물과 관계를 맺고 살고 있다. 동물은 스스로를 위해 말할 수 없기에 누군가는 동물의 편에서 행동하고 말해야 한다. 관련 국제기구들은 회의를 소집해서 어떤 종은 보호하고 어떤 종은 보호하지 말지, 수천만 마리의 동물을 죽일지 살릴지 결정하는 용어와 조항을 놓고 다툼을 벌인다. 사람은 가축 수억 마리의 죽음과 탄생을 관장하고, 태어나 몇 시간 또는 며칠 살 수 있는지도 주관한다. 선택교배와 유전자조작, 유전자복제를 통해 동물의 타고난 본성이나 특성과 상관없이 사람이 필요한 대로 동물을 변형시키고 조작한다.

　현재 사람과 동물 사이의 권력은 비대칭적이며 인간에게 철저하게 유리하다. 사냥꾼의 습격을 코앞에 둔 북극권의 아기 바다표범 서식지, 살처분을 목전에 둔 코끼리 무리, 살려 두기에는 비용이 많이 드는 유기동물보호소의 개, 고양이 등의 운명은 전적으로 인간의 관용과 연민에 달려 있다. 인류는 지속적으로 인간이 지닌 권력과 권력을 어떻게 사용해야 하는지에 대한 도덕적 고민을 해왔다. 인간은 동물을 잔인하게 대할 수도 연민을 가지고 대할 수도 있다. 철저히 이기적으로 이용할 수도 있고 공평하게 대할 수도 있다. 교만하게 대할 수도 겸손하게 대할 수도 있다. 그 사이에서 옳은 선택이 필요하다.

언제나 지구상의 다른 생명체를 인간 진보의 장애물로 간주하고 억압하거나 제거하고 인간 뜻대로 말살시킬 수 있다고 주장하는 사람이 있다. 하지만 반대로 생명체를 보호하기 위해 타당하지 않은 오래된 관습과 무가치한 전통, 관행과 관련 산업에 두려움 없이 질문을 던지는 다른 목소리 또한 분명히 있다.

기존의 관습에 의문을 품고, 도전하고, 생명을 잔인하게 다루는 일을 중지하고픈 수백만 명의 사람이 존재한다. 나는 이 책을 통해 여러 전선에서 벌어지고 있는 싸움을 보여 줄 것이다. 인간이 무력하고 연약한 생명체를 돕는 일은 동물이 선하다는 것을 알게 되는 경험인 동시에 우리 안의 선함을 확인하고 발견하는 일이다. 그래서 동물보호는 또한 인간을 위한 것이다. 독자를 이 전투에 초대한다.

차 례

1부 　특별한 유대

동물보호구역

        동부 텍사스의 여름 햇볕이 내리쬐던 어느 날, 160만 평에 달하는 미국에서 가장 큰 동물보호구역인 클리블랜드 아모리 블랙뷰티 목장(Cleveland Amory Black Beauty Ranch) 앞의 캐틀 가드(가축이 탈출하지 못하도록 도로에 도랑을 파고 그 위에 얹은 쇠판) 위를 삐걱거리는 소리를 들으며 건너고 있었다. 꼬불꼬불 휘어진 길을 헤쳐 가자 침팬지 구역을 지나 마침내 코끼리 구역이 나타났다. 그곳에서 느릿느릿 걷거나 헛간의 그늘을 즐기는 코끼리 베이브를 만났다.

        운 좋게 베이브가 밥을 먹을 때 도착해서 식사에 동참하기로 했다. 베이브의 관리인인 아트로는 식사 준비가 한창이었다. 3.5톤의 배고픈 채식동물을 배불리 먹이기 위한 준비는 쉽지 않은 일이라 나도 준비 과정에 동참했다. 아트로는 슈퍼마켓에서 파는 바나나보다 훨씬 더 큰 바나나 한 송이를 내게 건넸다. 그러자 베이브가 다가와 냄새를 맡더니 바나나 송이를 얌전히 잡아 한입에 털어 넣고는 몇 번 우물거렸다. 그게 끝이었다.

다음 메뉴는 수박이었다. 아트로가 건네 준 중간 크기의 수박을 나는 팔을 뻗어 앞으로 내밀었다. 4만 개의 근육으로 구성된 자연의 경이로움 그 자체인 베이브의 날렵하고 강력한 코가 놀라운 정확도로 수박을 감싸 잡았다. 수박은 사람 10여 명이 먹을 수 있을 만큼 컸지만 베이브에게는 한입 간식거리였다. 베이브는 입안에서 수박을 굴려 적당한 위치에 놓은 후 터트렸다. 30여 초간 와삭거리는 소리가 나면서 과즙이 바닥에 떨어졌고, 눈알은 만족스럽다는 듯 머리 쪽으로 굴러 올라가며 놓치기 아까운 미소가 얼굴에 번졌다. 그러고는 금방 쿵쿵거리며 숨겨진 다른 과일을 찾으려고 내 몸을 수색하기 시작했다.

베이브가 겪은 일을 생각하면 기대할 수 없었던 일이지만 베이브는 내가 그의 근사한 코를 몇 번이나 만지는 것을 허락했다. 1980년대 남아프리카공화국 정부는 개체수 조절과 서식지를 보호한다는 명목으로 코끼리 무리를 대부분 살육하고 이주시켰다. '도태(culling)'라 불린 이 방식은 지능이 높은 코끼리에게 심리적인 트라우마를 형성시킨다는 이유로 비난받았지만 계속 이어졌다. 베이브가 크루거 국립공원(Kruger National Park)에서 태어난 이듬해인 1984년에 베이브의 가족은 도태 프로그램에 의해 모두 죽임을 당했다.[1] 베이브는 가족의 죽음을 눈앞에서 지켜봤다. 베이브와 몇몇 아기 코끼리는 동물 거래상이나 서커스단에 팔려고 살려 두었다.

베이브를 구입한 곳은 미국의 조지 바레다 서커스단이었다. 베이브는 사슬에 묶인 채 배에 실려 대서양을 건넜고, 강압적인 훈련을 거친 다음 도시에서 도시로 이동하며 공연을 했다. 미국으로 이송되는 과정과 서커스단 시절에 다리와 발에 부상을 입었는데도 적절한 치료를 받지 못해 영구적인 장애로 남았다. 불구가 된 베이브는 더 이상 무대에 오르지도 못해 서커스단으로부터 버림받았다. 이때 클리블랜드 아모리와 동물보호재단(Fund for Animals)의 도움으로 1996년 발렌타인데이에 은퇴해서 블랙뷰티 목장으로 왔다. 장애 때문에 베이브가 앞으로 얼마나 살 수 있을지 모르지만 이곳에서는 안전하게 사랑받으며 남은 시간을 보낼 수 있다.

블랙뷰티 목장은 이런 씁쓸한 사연으로 가득하지만 적어도 동물들이 이곳에서는 안전하다는 생각에 방문할 때마다 희망을 느낀다. 2008년 여름에 베이브를 마지막으로 만났고 베이브는 2년 뒤인 2010년에 세상을 떠났다. 서커스단 시절에 받은 학대에서 비롯된 심장질환으로 베이브는 스물여섯 살에 생을 마감했다. 코끼리로서는 이른 죽음이다. 다만 생의 후반부를 자신을 사랑하고 존중하는 사람들의 보살핌 속에서 보냈다는 점에서 다행이었다. 인간으로부터 받은 고통에도 불구하고 베이브는 생의 마지막에 사람을 어느 정도 신뢰하는 듯했다.

블랙뷰티 목장의 동물은 사람에 의해 공포스럽고 고통스러운 경험을 했다는 공통점이 있다. 동물 하나하나마다 비통한 사연이 있고, 부당하고 냉혹하게 취급당해 왔다는 점에서 구조된 동물은 모두 현대사회가 동물에게 가한 위협과 슬픔의 연대기라 할 수 있다. 인간사회에서 동물은 한때 상업적으로 각광받다가도 다음 날 순식간에 일회용품처럼 다뤄진다. 동물은 폐기물에 불과하다. 동물에게 몹쓸 짓을 하고도 사람들은 쓰레기를 버린 것처럼 죄책감 없이 그 일을 잊는다.

그러나 이런 슬픈 사연 또한 이면이 있다. 미국과 전 세계에 퍼져 있는 수천 개의 동물보호구역(생명이 다할 때까지 최대한 자연생태 습성에 맞게 살도록 보호하는 곳)이나 보호소(대개 반려동물 등을 일정기간 동안 보호하는 곳)의 동물은 이전에 그들이 알았던 사람들의 이기심과 냉혹함만큼이나 이곳에서 사람들의 자비와 선의를 발견한다. 물론 이런 몇몇 장소가 인간이 동물에게 저지른 일에 대한 책임을 모두 없애지는 못한다. 하지만 이곳의 동물은 인간이 먼저 마음을 열었을 때 선함이 무엇인지 알려 주는 메신저 역할을 하고 있다.

'동물을 죽이는 것'은 어떤 면에서는 참 쉬운 일이다. 관행적으로 해왔기에 재고할 여지도 없어 보인다. 이를 막을 수 있는 법은 없으며 냉혹한 경제논리 속에서 관대함의 여지도 없다. 이런 환경 속에서 동물을 구조하고 또 구조하고, 옮겨서 죽을 때까지 보호하는 일은 쉽지 않다. 무엇보다 비용이 많이 든다. 수박은 공짜가 아니며 블랙뷰티 목장을 유지하는 데 매년 백만 달러 이상이 소요된다.[2] 도움을 필요로 하는 동물은 한이 없고, 구조된 후에 필요한 도움도 끝이 없다. 어떤 측면에서 보면 이런 활동은 인간이 벌이는 사업 중에서 가장 비효율적이다. 그저 이를 설명할 유일한 방법은 사람들이 동물에게 느끼는 사랑과 공감의 유대뿐이다.

나는 지난 20년 동안 여러 차례 블랙뷰티 목장을 찾았다. 사람들에게 이곳을 소개하거나 새로 들어온 동물을 만나기 위해서였다. 베이브를 마지막으로 만난 날 침팬지 키티, 룰루, 미지를 만났다. 새로운 삶의 기회를 얻은 이 침팬지들은 이곳에 오기 전에 실험실의 좁디좁은 철장에 갇혀 지냈다. 키티는 교배용, 룰루와 미지는 외과 실험용이었는데 다행히 구조되어 이제는 침팬지의 특징인 길고 근육질인 팔을 뻗으며 살 기회를 얻었다. 밝은 빛과 신선한 공기가 흘러들어 오는 곳, 나무와 대형 타이어, 로프, 그네 등 기어오르거나 가지고 놀 것이 갖추어진 3층 높이의 넓은 공간이 그들의 새로운 집이다. 나를 보자 셋이 하나씩 다가왔다. 룰루는 잠자리와 운동장을 연결한 구름다리 위를 걸어서 내게 왔다.

몇 년 전 이곳에서 유명한 언어학자이며 인간 언어구조의 최고 이론가인 노엄 촘스키의 이름을 딴 침팬지 님 침스키를 만난 적이 있다. 수화하는 침팬지로 유명한 님은 오클라호마 대학교의 놀먼과 뉴욕 컬럼비아 대학교의 허브 테라스 박사에게 몇 해 동안 언어 훈련을 받았다.[3] 어렸을 때 님은 사람들과 함께 텔레비전을 보고, 냉장고에서 간식을 꺼내 식탁에 앉아서 먹는 생활을 했다. 그 후 다년간에 걸쳐 여러 학자를 만났다. 많은 사람과 만나고 헤어지는 환경 때문에 의심할 여지 없이 감정적인 소모가 있었을 것이다. 이런 역경에도 님은 125개의 미국식 수화(ASL, American Sign Language)를 익혔고,[4] 인간문화의 정의적 표현을 습득할 수 있는지의 여부에 흥미를 가진 다양한 분야의 학계로부터 치밀하게 관찰되었다. 블랙뷰티 목장에 갈 때면 님은 항상 사람들에게 음식을 달라는 요구를 해서 우리를 놀라게 했다. 사실 테라스 박사는 님은 문법을 습득하지 못했고, 인간 언어의 복잡한 패턴을 통달하지 못했다고 결론을 내렸지만[5] 그 연구 결과에 대해서는 여전히 논쟁 중이다.

나는 우리가 침팬지의 언어와 대화 구조를 따라하는 것보다 님이 인간 언어를 훨씬 더 잘 구사한다는 생각이 들어서 큰 감명을 받았다.

님의 수화 행동은 의미 있는 사고와 정신적 감각의 명백한 증거이며, 사람과 고등 포유류는 의식에서 어느 정도의 차이는 있지만 종류가 다른 것이 아님을 보여 주었다. 지난 4반세기 동안 과학자들은 침팬지의 유전자를 해독해서[6] 인간과 98퍼센트 이상 겹친다는 사실을 알아냈다. 님이 자기를 보러 온 사람들에게 물건을 던지거나 굉장히 정확하게 물을 내뿜는 장난을 친 후 통쾌해하면서 운동장을 뛰어다닐 때 나는 자신을 표현하는 님의 행동이 98퍼센트의 인간인지 2퍼센트의 침팬지인지 확신할 수 없었다. 님의 장난 덕분에 블랙뷰티 목장에 갈 때는 멋진 정장을 입지 않았는데, 님은 젊은 나이인 스물여덟 살에 예기치 못한 심장마비로 죽고 말았다.

실험실에서 구조된 키티, 룰루, 미지는 님에 비해 훨씬 온화한 태도로 사람을 대했다. 그들은 눈으로 대화를 했다. 금속 철장을 사이에 두고 응시하는 그들의 눈에는 깊이와 생각, 인간성에 가까운 무언가가 있었다. 그리고 거기에 손이 있었다. 그들은 철망 사이로 손을 내밀어 사람과 접촉하고 싶어했다. 그들의 손은 사람처럼 민첩했는데 우리는 손을 통해 대화했다. 침팬지의 손은 우리와 유사해서 친숙했다.

휴메인소사이어티에서 동물원 관리자로 일하다가 블랙뷰티 목장 매니저가 된 리처드 파리나토는 내게 침팬지의 놀이 모습을 보여 주었다. 리처드는 수컷인 미지를 흥분시키기 위해 앞뒤로 움직이거나 여러 동작을 하며 뛰기 시작했다. 미지를 움직이게 하는 데는 오랜 시간이 걸리지 않았다. 미지는 이내 두 다리로 걷기 시작했고 온몸의 털을 곧추 세우고 가슴을 내밀며 입술을 둥글게 말고 우우 하는 울림소리를 냈다. 그러더니 네 다리로 빠르게 뛰면서 나무를 재빨리 오르내렸다. 미지는 대형 트럭의 타이어를 간단히 집어올리고는 으스대고 있었다. 나는 미지를 보며 사람과 몸무게는 비슷하지만 사람의 5배에 달하는 힘을 가졌다는 침팬지의 힘과 속도를 이해했다. 반면 암컷인 룰루와 키티는 미지의 쇼맨십을 이미 봐 왔기에 조금도 관심을 보이지 않았다. 그러자 미지의 흥분은 시작할 때만큼이나 빠른 속도로 금세 잦아들었다. 미지는 자신의 퍼포먼스가 꽤나 만족스러웠다는 듯 즐거워했다.

이런 침팬지들이 평생 이곳에 갇혀 지낸다는 것은 너무 슬픈 일이다. 야생으로 성공적으로 돌려보낼 수는 없을까? 답은 '없다'이다. 그들은 너무 오랫동안 갇혀 살았고, 생존본능은 사그러들었으며 돌아갈 가족도 없다. 다만 갇혀 지내야 하는 환경 가운데 블랙뷰티는 최상급이고 님이나 다른 침팬지들이 한때 살았던 과거의 블랙뷰티에 비교해서도 현재의 시설은 한결 좋다.

블랙뷰티에서 침팬지를 보살피는 방식과 동물실험실에서 수백 마리의 침팬지를 관리하는 방식에는 큰 차이가 있다. 루이지애나 라파에트에 있는 동물실험 시설인 뉴이베리아연구센터(NIRC, New Iberia Research Center)는 블랙뷰티로부터 겨우 3시간 떨어진 곳에 있다. 그곳에서 동물들은 어떤 학대를 당할까. 우리 단체의 비밀 조사요원은 9개월 동안 실험실 고용인으로 일하면서 몰래 카메라를 이용해 325마리의 침팬지가 시설의 작은 철창에 갇혀 죽을 때까지 어떻게 사는지를 기록해 2009년 3월에 폭로했다.[7]

뉴이베리아연구센터에서 가장 나이가 많은 침팬지 카렌은 아이젠하워 대통령 시절인 1958년부터 반세기가 넘도록 실험실에서 살고 있다. 카렌과 수백 마리의 다른 침팬지는 뉴이베리아연구센터에서 주로 간염 연구에 이용되고 있다. 마취총이나 막대로 진정제가 주사된 후 외과 시술이나 정기적인 채혈의 대상이 된다. 그들은 주삿바늘과 마취 총이 언제 자신에게 향할지 모르는 불안 속에서 삶을 이어가며 사람이란 자신을 고통스럽게 하는 존재라는 두려움 속에서 산다. 스물두 살 먹은 수컷 침팬지 스털링을 포함한 몇몇 침팬지는 평생을 지독히도 따분한 환경에 홀로 갇혀 지내다가 미쳐 버리고 말았다. 이런 환경은 야생에서 집단을 이루며 살아가는 사회적인 동물인 침팬지에게는 특히 혹독한 조건이다. 결국 스털링은 자기 몸을 심하게 물어뜯거나 벽에 몸을 세게 던지는 등의 자해행동를 했다. 뉴이베리아연구센터의 전문가는 이곳에서 동물의 자해행동은 있을 수 있는 일이라고 했다.

현재 미국 연구 시설에만 1,000마리 정도의 침팬지[8]가 갇혀 있다. 키티, 룰루, 미지도 블랙뷰티에서 갇혀 지내지만 실험실 신세에서 벗어난 것만도 위안이 된다. 탁 트인 야외 우리에서 셋이 가족처럼 지낸다. 사람들은 이제 그들에게 고통이 아니라 음식이나 장난감을 가져다주기 위해 다가간다. 키티, 룰루, 미지는 그들이 이전에 경험한 고통 속의 삶과 현재의 삶 속에서 만난 인간의 양면성을 어떻게 이해하고 화해시켜 나갈까? 궁금하다.

동물은 직관이 발달해서 침팬지든 버펄로든 말이든 상관없이 자신이 블랙뷰티에서는 안전하다는 것을 금세 알아차린다. 그런데도 나는 블랙뷰티에 들어오는 동물이 출입문에 걸린 이 안내문을 읽을 수 있기를 바란다. 그렇다면 이곳이 안전하다는 것을 더욱 확신할 수 있을 테니까.

"과거는 끝났으니 더 이상 두려울 것이 없다. 내 고통은 지나갔고, 나는 이제 집에 왔다."

동물들에게 블랙뷰티라는 집을 마련해 준 사람은 클리블랜드 아모리이다. 메리언 프룹스트와 동물보호재단을 공동 창립한 클리블랜드는 오랫동안 여러 분야에서 고통받는 동물을 구조하는 활동을 하면서 학대받고 방치된 동물을 위한 넓은 공간을 만들기를 꿈꿨다. 그러던 중 1979년 그랜드캐니언 국립공원 측이 외래종 당나귀가 토착식물을 위협해서 총살할 것이라고 발표하자 클리블랜드와 재단이 조율에 나섰다. 협곡의 지형이 경사가 급하고 위험하기 때문에 포획이 불가능할 것이라는 국립공원 측을 협상을 통해 설득하여 당나귀들을 포획하여 항공 운송하는 것에 합의했다. 그리고 고용한 카우보이[9]와 함께 그물총을 쏘아 577마리의 당나귀를 구조했다.

그러나 곧 두 번째 문제에 직면했다. 포획에는 성공했으나 당나귀를 풀어놓을 만한 곳이 없었기 때문이다. 그런데 운좋게도 그해 초 한 기부자가 60만 달러를 동물보호재단에 기부했고 그 돈으로 텍사스에 공간을 마련했다. 블랙뷰티라는 이름은 클리블랜드가 어릴 때 감명 깊게 읽은 소설인 《블랙뷰티(Black Beauty)》에서 따왔다. 블랙뷰티 동물보호구역의 안내문도 《블랙뷰티》의 작가 애너 스웰이 1870년대에 쓴 〈말을 친절과 연민, 이해심으로 다루길 바라며〉[10]라는 글에서 나온 것이다.

처음에는 블랙뷰티를 주로 말과 당나귀를 위한 동물보호구역으로 구상했으나 도움을 요청하는 동물이라면 어떤 종이든 거절하지 않았다. 그래서 궁지에 몰린 침팬지 님과 코끼리 베이브에게도 노아의 방주처럼 블랙뷰티의 문을 활짝 열었다. 클리블랜드는 블랙뷰티가 설립되고 20년 정도 지난 1998년에 세상을 떠났는데 그 무렵 이곳 천국에는 1,000마리가 넘는 온갖 동물이 살게 되었다.

나는 매번 블랙뷰티를 방문할 때마다 새로운 동물과 만난다. 애완동물로 키워지다가 버려진 사자와 보브캣, 아프리카와 아시아에서 온 이국적인 사슴[11]도 보았다. 사슴은 트로피사냥(사냥한 후 동물의 사체 전체나 가죽이나 뿔, 머리 등을 박제하여 기념품으로 보관하거나 전시하는 사냥의 종류_옮긴이) 농장에서 살아 있는 목표물로 지내다가 죽기 전에 구조되어 온 것이었다. 또한 자신이 사는 굴에 가스와 독극물이 들어오자 밖으로 나왔다가 죽을 처지에 놓였던 21마리의 프레리도그[12]도 봤다. 블랙뷰티는 늘상 학대받는 동물은 물론 때론 의외의 사건으로 고통받는 동물도 받아들여야 한다는 클리블랜드의 신념을 잘 지키고 있다.

이곳에 온 프레리도그는 새로운 세상을 만났다. 굴에서 몸을 내밀고 보면 미국의 대평원에서는 절대 볼 수 없던 온갖 종류의 생명체가 모여 있기 때문이다. 프레리도그의 눈에 가장 색다른 생명체는 아마도 타조일 것이다. 몇 해 전 오클라호마와 텍사스에서 유행했던 타조 농장[13]이 망하면서 폐기될 타조들이 블랙뷰티로 왔다. 블랙뷰티에는 아메리카들소(bison)는 물론 포니와 얼룩말의 잡종인 '조니(zony)', 한쪽 팔을 잃은 캥거루 루루[14] 등을 비롯해 1,300마리의 동물이 있다.

이국적인 사슴, 아메리카들소, 코끼리 베이브와 비현실적인 우정을 나누던 단봉낙타 오마르[15]도 있다. 코끼리 베이브와 낙타 오마르는 서로를 갈라놓은 담장 위로 함께 놀곤 했는데, 종종 베이브의 코와 오마르의 긴 목이 서로를 껴안고는 했다. 다른 어느 곳에서도 볼 수 없는 결코 잊을 수 없는 광경이었다. 블랙뷰티 동물보호구역을 만든 클리블랜드는 그가 사랑했던 북극곰, 겨울 밤 뉴욕에서 직접 구조한 꾀죄죄한 고양이 스쿠루피와 함께 블랙뷰티에 묻혔다.[16]

블랙뷰티 거주자의 절반 정도는 말이다. 벨지안이나 몸집이 큰 말, 경기용 순종, 다부진 단거리용 경주마뿐 아니라 미니어처 말까지 온갖 종류가 다 있다. 담장은 있지만 푸르른 목초지가 풍요로운 열린 공간인 블랙뷰티에서 이들은 자유롭게 달리고 풀을 뜯으며 산다. 나는 그중 사연이 많은 메리 머라이어와 조시 사하라를 만났다. 말 방목장에서 검은 표식을 한 회색 말 두 마리가 보이자 차에서 내렸다. 블랙뷰티 동물보호구역에서 트럭과 사람은 음식 급여와 우정을 의미하기 때문에 어떤 동물도 달아나지 않는다. 사람과의 접촉에 익숙하지 않았던 야생 당나귀나 야생마도 마찬가지이다. 나는 메리의 목을 쓰다듬고, 조시의 왼쪽 옆구리를 쓸어 주었다. 메리와 조시는 모녀지간으로 이곳의 다른 동물처럼 죽음의 문턱까지 갔다가 살아남았다.

메리와 조시는 말을 고기용으로 사는 '죽음의 매입자'라 불리는 사람들에 의해 일리노이주에 있는 말 도살장[17]인 카벨인터내셔널로 운송되었다. 그곳에서 메리와 조시를 비롯한 말들은 볼트건(penetrating captive-bolt gun, 소나 말 등 대형 동물을 도살할 때 의식을 잃게 하는 것으로 뇌수를 관통하는 큰 나사를 발사하는 총_옮긴이)을 맞은 후 한쪽 뒷다리가 쇠사슬에 묶인 채 거꾸로 매달릴 운명이었다. 말은 매달린 상태로 목이 잘려 피가 쏟아져 나오면 해체 라인으로 옮겨져 가죽이 벗겨진 후 가공되어 포장 냉동된 다음 프랑스와 벨기에, 일본으로 팔려 나간다. 말고기는 고급 요리로 치장되어 손님 테이블에 오른다. 다행히 도살이 시작되기 직전에 이뤄진 법원의 결정[18]으로 작업이 중단되었고, 메리와 조시는 죽음의 기계 앞에서 목숨을 건져 살아서 도살장을 걸어나왔다.

메리와 조시를 죽음 직전에 살릴 수 있었던 것은 몇 년 전 시작된 휴메인소사이어티의 말 도살을 금지하기 위해 벌인 국가적 캠페인 덕분이다. 도살자들은 말 경매장에서 구입 의도를 숨기고 판매자에게 접근해서 말이 좋은 곳으로 가는 것처럼 속이는 비열한 장사를 했다. 하지만 일단 말을 손에 넣고 나면 트럭에 실어 곧장 도살장으로 보냈다. 종마, 암말, 망아지를 좁디좁은 트럭에 뒤엉켜 실은 채로 수천 킬로미터가 넘는 장거리 이동을 했다. 이동 중에 운 좋게 살아남아도 눈 앞에서 동료가 죽어 가는 모습을 보자마자 자신도 도살장으로 끌려 들어간다. 겁 많고 잘 놀라는 동물인 말에게 최악의 최후인 것이다.

휴메인소사이어티는 이 문제에 대해 의회에 법안을 냈고, 2005년 마침내 미국농무부(USDA, U.S. Department of Agriculture)가 말 도살장에 주던 감시(농장동물을 도살할 때 인스펙터라고 불리는 수의사 등 감시관이 위생이나 동물복지 등의 요건이 충족되는지 점검하는 과정으로 합법적인 육류 생산에 반드시 들어가는 과정이다. 따라서 감시 과정이 없으면 육류 유통이 차단된다_옮긴이) 보조금을 지급하지 못하도록 하는 판결이 나면서 도살장을 효과적으로 폐쇄할 수 있게 되었다. 도살장은 연방 육류 감시관 없이는 작업을 할 수 없기 때문이다.

휴메인소사이어티가 판결에서 이겼지만 도축업과 축산업의 대변자[19]처럼 행동하는 미국농무부는 새로운 방법을 고안해 냈다. 도살장에서 연방정부 감시관에서 돈을 직접 지불하도록 하는 방법을 고안해

냈고, 휴메인소사이어티는 다시 소송을 진행했다. 결국 미국 지방법원은 우리의 손을 들어 주었고 공장은 폐쇄되었다.

휴메인소사이어티의 노력으로 메리와 조시를 비롯한 다른 말을 구할 수 있었다. 몇 주 후 일리노이주 입법부는 말 도살을 금지했고, 공장은 영원히 폐쇄되었다. 우리는 미국에 유일하게 남아 있는 텍사스의 도살장 두 곳을 폐쇄하기 위한 활동을 시작했고, 일리노이주 결정에 두 달 앞서 텍사스주의 도살금지법을 유지하라는 연방법원의 판결을 받아들고 환호했다.

블랙뷰티의 많은 동물이 참혹한 과거를 갖고 있지만 메리와 조시처럼 피로 흥건한 도살장 바닥을 걸어서 햇살 속으로 살아 나온 경우는 없다. 메리와 조시는 엄청난 행운아이다. 어느 화창한 날 블랙뷰티의 방목지에서 평화롭게 거니는 그들에게 다가가 너희들이 있어 행복하다고, 이제 더 이상 안전에 대해 걱정할 필요 없다고 속삭여 주었다. 블랙뷰티는 그들의 영원한 집이고, 그곳 사람들은 모두 메리와 조시의 친구이다.

동물은 항상 내 관심을 끌었다. 나는 동물과 가까워지고 싶어서 관찰하고 공부하고 때로는 그림을 그렸다. 동물에 대한 관심과 애정은 어린 시절의 큰 부분이었다. 반려견인 페리클, 브랜디, 랜디는 나의 가장 좋은 친구였다. 리트리버 혼종인 브랜디와는 운동장에서 몇 시간이나 공을 던지고 놀았다.

내게는 누구에게 배우지 않았는데도 동물을 보호하려는 본성이 있었다. 어린 시절 읽은 동물에 관한 책들은 동물에 대한 흥미에 불을 붙였다기보다는 처음부터 내재된 흥미를 배가시켰다. 아동물 출판사, 작가, 삽화가들은 어린이가 동물과 맺고 있는 연대를 이해해 온 사람들이다. 동물과 자연에 대한 사람의 태도에 대해 연구해 온 예일 대학교 교수 스티븐 켈러트 박사는 "미취학 어린이들의 셈이나 언어 습득용 책에서 이용하는 캐릭터의 90퍼센트 이상이 동물"[20]이라는 것을 밝혔다. 어린 시절 내가 좋아하는 것 가운데 하나는 동물이 등장하는 TV 프로그램이었다. TV 자연 다큐멘터리의 원조인 〈오마하의 동물의 왕국(Mutual of Omaha's Wild Kingdom)〉은 한 회도 놓치지 않고 봤을 정도이다.

그림에 재능이 없었는데도 내 스케치북은 사슴, 늑대 등 온갖 동물 그림으로 가득 찼다. 백과사전에 동물이 나오는 페이지는 닳도록 읽었다. 모든 대륙의 주요 포유류와 조류를 익혔고 육지 접경지역에 서식하는 바다표범이나 바다코끼리 같은 해양 포유류에 대해서도 관심이 많았다. 기다리던 《내셔널 지오그래픽》 최신호가 도착하면 표지에 소개된 주제를 재빨리 훑어보고 동물이 나오는 페이지로 넘겼다. 책은 나를 먼 곳으로 데려가고는 했다.

동물은 사람과 많이 달랐다. 동물은 놀랍고 모습이 아름답다. 갈기가 풍성한 아메리카들소의 커다란 머리, 개미핥기의 기괴하고 기다란 코, 강력하고 근육질인 회색곰의 골격. 가지뿔영양은 빠르고, 세발가락나무늘보는 느렸다. 샴페인 잔 손잡이 같은 다리로 서 있는 흰꼬리사슴과 다마가젤은 연약해 보였고, 코뿔소나 하마는 굳세고 튼실해 보였다. 유일하게 뒤로 날 수 있는 벌새는 작지만 강력한 내부 모터를 갖고 있고, 몸집이 큰 코끼리나 흰긴수염고래는 느리게 움직이는 것처럼 보여도 하루 동안 먼 거리를 여행할 수 있었다. 원숭이는 형태도 다양하고, 종도 여럿이다. 마다가스카르의 여우원숭이부터 아시아의 긴팔원숭이, 물건을 집을 수 있을 정도로 꼬리가 긴 신세계원숭이까지 다양하다.

나는 눈이 부셨다. 세상은 믿을 수 없을 만큼 흥미로운 생명의 만화경이었다. 수염고래는 가장 작은 바다 생물인 크릴 새우를 먹고 이 행성에 그 동안 살아 온 어떤 동물보다 크게 자라는 해양 포유류이다. 개보다 크지 않고 독립적인 생활을 하는 족제비의 일종인 울버린은 커다란 포식동물인 곰이나 늑대 무리를 사냥감으로 쫓기도 한다. 북극제비갈매기는 매년 지구 상 동물 이동 경로로는 가장 긴 7만 킬로미터의 곡선 경로를 따라 북극에서 남극을 오간다.

동물이 인간과 다르다는 것이 생명 가치를 떨어뜨리거나 생명체로서 누릴 존중, 자유, 안락함을 부인할 이유는 되지 않는다. 인간이 언어나 창의력 등 주목할 만한 특질을 가지고 있는 것처럼 동물도 그들만의 특질을 가지고 있다. 육체적인 특질에서는 인간은 평범한 골격에 군데군데 난 털 등 그리 아름답지 않다. 반면 동물은 우리와 다른 독특하고 아름다운 특질을 가지고 있었고, 때문에 더욱 사랑할 수밖에 없다. 아마도 나의 이런 느낌은 시대와 문화를 뛰어넘어 모든 사람에게 공통적일 것이다. 구약에 변치 않는 언어로 표현되었듯, 모든 창조물은 창조주의 영광을 노래하며 존재 자체만으로도 창조주에게 소중하므로.

부모님은 일 년에 몇 번씩 나를 데리고 동물원에 갔다. 나는 동물을 보려고 돌아다니기는 했지만 사실 대부분의 시간을 책과 잡지를 통해 공부했던 늑대를 관찰하는 데 썼다. 때로 뉴욕에 있는 브롱크스 동물원에도 갔는데 야구라면 죽고 못살 정도로 좋아했는데도 언제나 나는 양키스타디움 대신 동물원을 선택했다. 아주 가끔 몇 시간을 더 달려 사파리공원을 가기도 했다. 나는 그곳을 정말 좋아했는데 나중에 그런 시설이 동물을 불법적으로 데려오고, 남아도는 잉여동물을 동물 거래상에게 보내고, 때로는 동물을 가둔 채 사냥 사업을 하는 끔찍한 곳임을 알게 되었다. 또한 어른이 되어서야[21] 〈오마하의 동물의 왕국〉의 장면이 연출된 것이라는 사실도 알게 되었다. 곰은 극적인 장면 연출을 위해 급류에 빠뜨려진 다음 구조되었다. 동물을 이용해 돈을 버는 곳에는 어디나 이렇듯 감추어진 진실이 있다.

나는 어릴 때부터 반려동물을 사랑했고, 이국적인 모습의 동물에 대해 읽고 그림 그리고 관찰했다. 그러니 지금 휴메인소사이어티 대표가 되어 동물을 보호하는 일에 전문적으로 나서게 된 것이 전혀 놀랍지 않다. 하지만 이런 내 열정이 그리 기이하거나 특별한 것은 아니다. 친구, 가족 등 내가 알던 많은 사람은 나와 같은 본성을 공유하고 있고, 대부분의 사람은 다른 생명체에 대해 관대함을 가지고 있다.

인간과 동물이 깊게 연결되었다는 것은 미국문화 어디에서나 볼 수 있다. 35년 전 6500만 마리였던 반려견과 반려묘는 지금 약 1억 7000만 마리[22]에 달한다. 반려동물 용품과 서비스 산업[23]은 매년 450억 달러의 매출을 낸다. 미국에는 900만 마리의 말이 있다. 7000만 명의 사람이 야생 생태계를 관찰하기 위해 숲, 수생환경 등의 동물 서식지를 찾고 여기에 수십억 달러를 쓴다. 미국에만 동물을 돕는 단체가 1,000개 이상 있다. 팝스타가 주인공인 MTV처럼 동물만 등장하는 TV

채널인 애니멀플래닛(동물 다큐멘터리 전문 채널)이 있어 동물은 우리 생활과 의식 속에 정기적으로 존재를 드러낸다. 《말리와 나(Marley and Me)》 같은 동물책은 정치 회고록이나 자기계발서 등과 나란히 베스트셀러 서가에 놓인다. 동물을 우리 삶에 포함시키고 곁에 두고 보살피려는 본성에 보편성이 있다는 증거가 아닐까.

그러나 이런 문화는 일부에 불과하고, 부정적인 모습이 항상 존재한다. 오늘날 동물과 환경을 보호하려는 조직적인 노력에도 불구하고 인간이 동물에게 고통을 주는 일은 가히 믿을 수 없을 정도이다. 그 중에서도 가장 잔혹한 것 중 하나는 세계적으로 매년 500억 마리가 넘는 가축이 평생 공장식 농장에 갇혀서 지내다가 도살된다는 것이다.

야생동물의 서식지 파괴와 도로 건설로 인한 서식지 단편화는 수천 종의 동물과 수십억의 개별 야생동물을 위협하고 있다. 또한 증가하는 이산화탄소와 기타 온실가스, 물과 대기로 방출되는 독성물질과 동물 폐기물, 바다와 강을 어지럽히는 부유 플라스틱과 엉킨 낚싯줄, 무분별하게 도입되는 외래종의 증가, 어류 남획을 비롯해 다양한 상업적 이유를 들어 자행되는 살해가 그것이다. 최근 발생하는 다리가 없는 개구리 등 기형 양서류에 대해 과학자들은 유입된 내분비계 교란 화학물질 때문이라고 지적한다.

한때는 밀림 지역이었던 앙고라, 모잠비크, 콩고 일부 지역의 포유류, 파충류 심지어 조류가 사라지는 원인은 전쟁, 빈곤으로 인한 야생동물 고기 거래의 결과로 보고 있다. 남아시아 지역에서는 중국인의 장신구를 만들기 위해 야생동물이 죽임을 당하기도 하고, 산 채로 동물시장에서 거래되기도 한다. 그래서 몇몇 전문가들은 우리가 마지막

빙하기 이래 가장 큰 대멸종을 향해 가고 있다고 말한다. 지구 역사에서 여섯 번째 멸종은 인간의 손에 의해 저질러지는 첫 번째 멸종일 것이다.

이 책은 동물에 대한 인간의 상반되는 마음이 주제이다. 인간은 동물에 대한 동료의식과 연민을 갖고 있으면서도 동물의 존재를 철저히 묵살한다. 인간의 마음은 때로는 선하게 작용하지만 때로는 악한 방향으로 작용한다. 그런데 오늘날 이 모순은 더욱 첨예해졌다. 우리는 그 어느 때보다 동물에 대해 많이 알고 보살피면서 동시에 그 어느 때보다도 무자비하다. 우리는 동시에 두 방향으로 갈 수는 없다. 하나를 선택하려면 다른 하나를 버려야 한다. 나는 이 책이 우리를 악의 방향이 아니라 친절과 자비, 생명이라는 방향으로 나아가게 도와주기를 희망한다.

1부

특별한 유대
A Special Bond

1장
유대의 끈

엄마가 생쥐를 맞닥뜨린 순간 벌어진 일을 나는 아직도 생생히 기억한다. 당시 10대였던 나는 거실에 앉아서 주방에 있는 엄마와 이야기를 나누고 있었다. 이야기를 하는 동안 내 시선은 출입문 쪽을 향하고 있었는데 그때 마침 작은 침입자가 지나가는 것을 보았다. 나는 조금 놀란 정도였는데 엄마가 낯선 손님의 존재를 알아차리는 순간 그때까지 한 번도 들어본 적이 없는 날카로운 비명 소리가 집 안을 가득 메웠다. 쪼르르 부엌 마루를 건너 스토브 아래의 좁은 틈으로 줄행랑 치는 생쥐를 보면서 나는 아마 그 녀석도 이런 비명은 난생처음 들었을 것이라고 생각했다.

엄마는 만화의 한 장면처럼 의자 위로 펄쩍 뛰어올라 서서 훌쩍거렸다. "저기 쥐가 있어!"라고 더듬대던 엄마는 내가 부엌으로 달려가자 황급히 2층으로 도망쳤다. 엄마의 휘둥그레진 눈과 그 눈에 가득한 두려움은 지금도 선명하게 생각난다. 그런데 엄마가 보여 준 반응은 위협을 느꼈을 때의 대응이라고 할 수 없다. 생쥐를 봤다는 것만으로 어떤 사건이 일어난 것도 아니었다. 그저 앞선 인류가 경험을 통해 얻은 두려움이 전해진 것일 뿐이었다. 나는 오히려 생쥐가 위험에 처한 자신을 발견하고 살기 위해 뛰어가는 모습을 보면서 얼마나 놀랐을까 생각했다.

설치류나 뱀 등의 동물을 본 사람의 반응은 대체로 엄마와 비슷하다. 독사가 없는 지역에 사는 사람조차 뱀을 보면 조건반사적[1]으로 두려워한다. 아주 어린아이들은 이런 두려움이 없지만, 대개 대여섯 살 무렵[2]부터 경계심이 높아진다. 영장류도 대개 인간처럼 반응한다.[3] 의자 대신 서둘러 나무 위로 올라간다.

대형 포식자도 유사한 반응을 이끌어 낸다. 동료인 캐서린 브래그던이 털어놓은 경험이 그런 경우이다. 캐서린과 나는 1994년 오리건주에서 곰, 퓨마 사냥에 하운드를 이용하는 것을 금지하기 위한 투표 발의(직접민주주의의 정치적 의사표출 방식으로 일정 수 이상의 유권자가 청원을 통해 헌법, 주법, 조례 등의 제정, 개정을 제안하거나 입법기관이 이 주제를 의무적으로 다루도록 하는 제도)를 진행했다. 그런데 투표 발의에 반대하는 사냥단체들은 만일 발의가 통과되면 퓨마가 교외를 어슬렁거리고 학교 운동장에 나타날 수도 있다고 사람들을 자극했다. 나와 캐서린은 개를 이용한 사냥은 스포츠가 아니며 비인도적이라 맞섰다. 또한 전국적으로 2,500여 마리에 이르는 퓨마 중에서 매년 200~300마리를 죽인다고 공격당할 위험이 줄어들지 않는다고 지적했다. 사실 미국에서 퓨마로 인한 인명피해 기록은 없다. 통계적으로도 북아메리카에서 사람이 퓨마와 맞닥뜨릴 확률은 번개를 맞거나 쓰러지는 나무에 깔리거나 벌에 쏘일 확률보다 훨씬 낮다.

그런데 캐서린이 그런 경험이 있다고 털어놓았다. 캐서린이 남자 친구와 캐스케이드산맥에서 하이킹할 때 퓨마에게 공격을 당할지 모른다는 두려움에 압도되었다고 했다. 숲 속 웅덩이에서 수영을 하고 있었는데 퓨마가 가까이 있다는 증거가 하나도 없었는데도 갑자기 공포를 느낀 것이다. 잠시 동안 움직일 수조차 없는 두려움에 떨다가 겨우 정신을 차리고는 오두막으로 돌아왔는데, 오는 내내 지팡이를 탁탁 치면서 근처에 있는 모든 동물이 소리를 피해 갈 만큼 시끄럽게 소리를 질러댔다고 한다. 퓨마로부터 공격을 당할 가능성이 극히 희박하다는 것을 잘 알면서도 태고부터 내려온 본능적 두려움이 이성을 압도한 것이다.

캐서린은 초기 인류가 검치호랑이나 대형 포식동물에게 가졌던 두려움을 똑같이 느낀 것이다. 이런 두려움은 오늘날에도 유효해서 회색곰이나 늑대에 의한 위협을 과장해 이들을 박멸해야 한다는 주장을 가능하게 만든다. 나는 엄마가 쥐를 보고 공포에 사로잡히는 모습을 보면서 700년 전 유럽을 황폐화시킨 흑사병이 지금까지도 정치·문화 분야는 물론 본능의 영역에도 영향을 끼치는구나 생각했다. 역사상 최대의 전염병이었던 흑사병[4]은 유럽 전체 인구의 3분의 1에 해당하는 1억 5000만 명의 목숨을 앗아갔다. 쥐는 질병을 옮기는 대표적인 동물로 지목되었고, 인간의 뇌는 이 사실을 잊지 않도록 프로그램되었다.

물론 그렇다고 공포심이 인간의 행동을 온전히 지배하는 것은 아니다. 늑대나 퓨마를 죽이고 싶어하는 사람이 있는가 하면 이들을 보호하기 위한 움직임도 활발하다. 연방정부는 서부 일부 지역에 포식동물을 다시 들여오기로 했고, 1994년 오리건에서는 캠페인을 통해 늑대, 퓨마, 곰 사냥을 법으로 통제하는 데 성공하기도 했다.

인간이 야생동물에게 강하게 매료되는 이유에는 양면성이 존재한다. 공포가 하나라면 연대감이 다른 하나이다. 연대감은 반려동물에 대한 애착, 야생동물에게 다가가고 싶은 인간의 본성에서 나온다. 현대의 동물보호 활동이 동물착취가 일상화된 산업사회에서 시작된 것은 맞지만 전적으로 동시대에 국한되었거나 현대 인류가 먹고살 만해서 가능한 것은 아니다. 아주 오래 전에도 이와 동일한 유대감은 존재했다. 이는 고대의 사냥이나 동물희생제 등 인류 역사 전체에 걸쳐 발견된다. 물론 이런 의식이 유대와는 상반되어 보여도 우리가 동물과 가지는 유대는 폭력적일 수도 있고 박애적인 형태를 띨 수도 있다.

인간과 동물의 유대는 어디에나 존재했다. 동물은 인류의 들러리가 아니라 전체 드라마의 중심에 있었다. 그래서 동물과 어떤 관계를 맺는지는 늘 인간사의 중대한 주제 중 하나였다.

| 인간과 동물의 유대를 생화학적으로 증명하다 |

　　　　　인간이 동물을 대하는 태도는 선천적으로 타고나기
도 하지만 배우는 것이기도 하다. 우리에게는 동물을 대하는 긍정적인
본성이 많이 내재되어 있지만 이러한 타고난 박애심은 공포심과 마찬
가지로 문화에 의해 억제되거나 증폭된다. 선천적으로 타고났든 후천
적으로 배웠든 인간이 동물에게 마음을 빼앗기는 현상은 모든 사회에
서 공통적으로 나타난다.

　　최근에는 인간과 동물의 유대의 증거를 생화학적으로 증명하는
이론이 꽤 많다. 이 연구에 20년을 바친 메그 올머트는 인간과 동물의
유대를 포유류의 호르몬인 옥시토신을 이용해서 설명한다. 생화학이
사람과 동물의 행동에 강력한 영향을 끼친다는 것은 이미 널리 알려진
사실이다. 우리가 낯선 침입자나 위협적인 동물과 마주쳤을 때 느끼는
공포는 아드레날린과 코르티솔 분비에 따른 것으로, 이 호르몬은 감정
에 영향을 끼쳐 맞서싸우거나 도주할 수 있도록 포도당 생성을 촉진한
다. 이러한 생화학적 분석은 인간의 공격성, 극심한 공포, 성적인 끌림
등을 설명하는 데 도움을 주었다. 그러니 인간처럼 집단생활을 하는 종
의 사회적 행동에 호르몬이 영향을 미치는 것은 너무나 당연한 일이다.

　　옥시토신[5]은 동물의 모성을 촉진시키는 호르몬으로, 출산 시 자
궁을 수축시키는 작용을 하고 젖의 분비를 촉진한다. 올머트는 옥시
토신이 산모를 차분하게 하고 아기를 사랑스럽게 보이게 한다고 말한

다.[6] 설치류의 경우 옥시토신은 새끼를 보호하기 위해 어미를 보다 공격적[7]으로 만들기도 한다.

그러나 옥시토신은 아이를 낳거나 기르는 시기에만 분비되는 것이 아니다. 남녀 모두에게 있는 옥시토신은 사람을 보다 사교적으로 만들고,[8] 쉽게 관계를 맺도록 돕는다. 사회적 인식 호르몬[9]인 옥시토신은 상대방의 얼굴을 알아보고 다른 이에게 호감을 느끼게 한다. 스트레스와 혈압, 불안감을 줄이는 데도 효과가 있다. 몇몇 연구에서 사람에게 옥시토신을 투여했을 때[10] 상대방의 신뢰와 공감을 쉽게 느끼고 감정을 잘 읽게 된다는 것이 밝혀졌다.

시카고 일리노이 대학교의 뇌·신체센터(Brain-Body Center)의 부대표이자 대표적인 옥시토신 전문가인 수 카터는 옥시토신의 유대 능력에 관해 알아보기 위해 프레리밭쥐(prairie vole)를 연구했다.[11] 프레리밭쥐는 평생 일부일처제를 고집하는 몇 안 되는 포유류이다. 프레리밭쥐 부부가 이처럼 강력한 사회적인 관계를 유지할 수 있는 것은 그들의 뇌가 도파민과 세로토닌을 분비하는 영역에서 옥시토신과 옥시토신과 유사한 작용을 하는 바소프레신 호르몬을 더 많이 만들어 내기 때문이다. 즐거움, 신뢰감을 유발하는 이러한 호르몬은 평생 지속되는 사회적 관계를 엮어 나간다. 그래서 미소, 포옹, 아기 냄새나 웃음 등이 옥시토신 스위치를 눌러 생화학적 연쇄반응을 촉진, 우리가 다른 존재에게 다가가 서로 협력하고 보살피는 유대관계를 형성하도록 만드는 것이다.

《사랑을 위해 태어나다(Born for Love)》의 저자인 마이아 스잘라비츠와 브루스 페리 박사는 옥시토신이 친근함과 공감의 기초가 된다고 말한다. 옥시토신은 엄마와 아기의 유대에서 시작되지만 생애를 통틀어 지속된다. 또한 특정한 존재와 그 존재가 주는 기쁨 등의 감정을 연관시켜 기억하기 때문에 아마도 옥시토신이 없으면 동물은 서로 구별도 하지 못할 것이라고 말한다.[12]

옥시토신이 사람의 관계에서 결정적인 역할을 한다는 것에 대해 이견은 없다. 그렇다면 사람과 다른 종 사이의 관계에서는 어떨까? 남아프리카공화국 출신의 연구자인 요하네스 오덴달과 로이 메인체스는 18명의 사람과 개가 친근한 관계를 맺는 과정 전후에 혈액화학검사와 혈압을 측정했다. 결과에 따르면 상호작용은 사람과 개 모두의 옥시토신 농도를 거의 2배로 올려놓았고,[13] 사람의 혈압은 극적으로 떨어뜨렸다. 이는 '반려동물이 사람에게 가장 효과 있는 옥시토신 생성 촉발인자 중 하나.'[14]라는 사실을 말해 준다.

2009년에 미국 육군[15]은 외상후스트레스장애로 고생하는 퇴역 군인을 도우미견과 짝지어 주는 일을 시작했다. 불안과 불면증으로 약을 복용하고 있던 이라크전쟁 퇴역 군인인 크리스 고너는 도우미견과 함께 살게 되면서 약의 용량이 반으로 줄었다. 또 다른 이라크 퇴역 군인인 애런 앨리스는 도우미견을 만난 후 약을 중단하고 3년 만에 야채가게를 시작했다. 옥시토신이 이들의 활동 복귀를 돕는다는 사실이 학문적으로 증명되지는 않았지만 해볼 만한 일이라는 것은 충분히 증명되었다.

메그 올머트가 옥시토신을 연구하기 4반세기 전에, 저명한 생물학자인 E. O. 윌슨은 인간과 동물의 유대관계를 설명하는 이론을 제시했다. 윌슨은 인간은 "본능적으로 생명체와 생명현상에 관심을 갖는 경향이 있다."[16]고 말한다. 유아기 때[17]부터 인간은 즐거운 마음으로 우리 자신과 다른 생명체에 관심을 갖는다. 인간은 생명체를 무생물로부터 구분하는 것을 배우며, 나방이 불빛에 유인되는 것처럼 생명으로 향한다. 인간과 자연 사이의 이런 유대관계는 '생물학적으로 암호화되어' 우리에게 각인되어 있다. 윌슨은 다년간의 연구와 관찰에 바탕을 둔 그의 이론을 '바이오필리아(biophilia)'라고 불렀다.

윌슨은 수렵채집문화에 주목했다.[18] 자연을 휴양지로 이용하는 현대인과 달리 수렵채집인에게 자연은 삶의 중심적인 활동무대였다. 먹을 수 있는 식물과 독성식물을 구분하고, 동물의 행동과 습성을 이해하는 능력 등 자연에 대한 실질적인 지식은 생존의 문제였다. 그 시절 인간은 다른 생명체와 자연의 리듬에 맞춰 살아갔고, 이러한 세계관은 개개인의 행동부터 종교적인 믿음에까지 영향을 미쳤다.

작은 유목 부족인 초기 인류는 견과류, 식물류, 대형 포식동물이 사냥 후 남긴 것을 먹었고, 선사시대에는 안정적이고 적은 인구를 유지했다. 유타 대학교의 인구유전학자들은[19] 5만 5000명에 불과했던 사람이 100만 년 전에 구세계(유럽, 아프리카, 아시아)로 퍼져 나갔다고 추정한다. 인류의 조상[20]은 약 200만 년 전에 다양한 형태로 존재했다는 증거가 있고, 그 이전인 500만 년 전까지 거슬러 올라가는 단서도 상당수 있다. 이렇듯 셀 수 없이 많은 세대 동안 인간에게 남겨진 수많은 동물에 대한 인상은 우리의 유전자에 영구적인 표식을 남겼다.

약 8만 년 전 현생인류는[21] 보다 커진 뇌와 무기, 불 등을 통해 강력한 포식자가 되었다. 인류는 힘을 다른 종에게 행사하면서 안정적인 성장 가도를 달렸다. 인구는 구세계 전역으로 흩어졌고, 수십만 명이었던 인구는 수백만 명으로 팽창했다. 인간이 베링해의 얼음다리를 건너 신세계(아메리카대륙)에 처음 발을 디딘 것은 약 1만 2000여 년 전[22]이다.

고고학적 증거와 아메리카, 오스트레일리아, 여타 다른 지역 원주민과 만났던 유럽 탐험가들의 수백 년 전 기록을 통해 농경시대 이전의 수렵채집인에 대한 몇 가지 추론을 할 수 있다. 제한적이나마 이런 공동체가 아직까지 남아 있으며 인류학자와 민족지학자에 의해 연구되어 오고 있기 때문이다.

사람들은 농경시대 이전의 수렵채집인을 자연의 모든 생명체와 조화를 이루는 '고상한 야만인'이라고 생각하는 경향이 있다. 그런데 이런 로맨틱한 정의가 증거와 항상 일치하는 것은 아니다. 많은 고고학자는 약 1만 1000여 년 전[23] 끝이 뾰족한 도구를 처음 만든 클로비스인이 매머드, 마스토돈, 미국의 자이언트비버 등 당시 살았던 대형 포유류를 완전히 몰살했다고 추측한다. 물론 이 '오버킬(overkill)' 가설[24]은 논쟁의 여지가 있다. 기후변화로 그 종들이 절멸[25]했다고 보는 이론가도 있기 때문이다. 하지만 클로비스인이 탁월한 사냥꾼이었고 동물을 대량으로 죽이고 생태적으로도 부정적인 영향을 끼쳤다는 데에는 거의 의심의 여지가 없다.

그러나 윌슨이 말했듯 수렵채집인을 "자연사를 통해 습득한 주요 지식"[26]을 바탕으로 한 태생적인 자연주의자로 묘사하는 것은 여전히 타당하다. 생태인류학자인 UCLA의 제러드 다이아몬드는 파푸아뉴기니에서 만났던 수렵채집인들에 대해 이렇게 말했다.

"그들은 걸어다니는 자연사의 백과사전이었다. 1,000여 종 이상의 식물과 동물 종에 대해 각각의 이름(지역 언어로), 생물학적 특성, 분포, 쓰임새에 대한 상세한 지식을 가지고 있었다."[27]

태평양의 솔로몬제도 중 하나인 쿨람방그라 원주민인 튜에 대해서도 말했다.

"쿨람방그라의 8종의 조류에 대해 튜는 이름, 노랫소리, 선호하는 서식지, 개체수, 먹이를 찾을 때의 무리 크기, 음식, 둥지 짓기, 한 번에 품는 알의 수, 번식 시기, 계절별 고도, 수면 위에서의 무리 크기와 발현 빈도 등에 관한 설명을 해 주었다."[28]

많은 수렵채집 공동체는 그들의 생존이 전적으로 다른 생명체에게 의존하고 있다는 굳은 믿음을 가지고 다른 생명을 이해한다. 인간과 동물 사이의 유대 역사에 관한 전문가인 제임스 서펠 박사는 수렵채집인은 "사람은 동물이 될 수 있고 동물은 사람이 될 수 있다."[29]는 우주관을 갖고 있다고 말한다. 이누이트족은 동물의 영혼에 상처를 줄까 봐 동물을 죽일 때 최대한 예의를 갖춘다. 북극에서 살아가려면 동물성 단백질이 꼭 필요하기 때문일 것이다. 수렵채집 공동체에는 특별히 신성시하면서 죽이지 않는 토템 동물도 있다. 서펠은 수렵채집인은 동물을 죽일 때 미안해한다고 말한다.

"이것은 흥미로운 도덕적 딜레마이다. 동물을 먹어야 하지만 죽이는 것에 대해서는 나쁘게 느꼈다. 때문에 죄책감을 덜기 위한 온갖 종류의 의례와 신념 체계를 가지고 있다."

사회인류학자인 팀 잉골드는 덧붙인다.[30]

"사냥꾼들은 동물을 잘 대해 줌으로써 동물도 그들에게 잘 대해 주기를 바란다. 하지만 마찬가지로 동물도 자기 의사와 상관없이 강요

당하면 맞서는 힘을 갖고 있다. …… 잔인하게 다뤄진 동물은 사냥꾼을 돕지 않거나 사냥이 실패하도록 한다."

　　현대의 동물에 대한 생각은 부분적으로 수렵채집인으로부터 상속받은 유산이라고 할 수 있다. 숲과환경연구를위한예일학회(Yale School of Forestry and Environmental Studies)의 스티븐 캘러트는[31] 사람들이 주변 풍경에 이끌리는 이유는 위협이나 사냥 기회를 엿보기 위해 주변을 조망하던 그 시절의 습관이 남아 있기 때문이라고 말한다. 폭포와 쏟아지는 물소리를 통해 안정감을 얻는 것도 마실 수 있는 깨끗한 물이 있다는 것에 대한 안도감 때문이라는 것이다. 이처럼 현대를 사는 우리의 행동은 일정 부분 선사시대 초기 인류가 생존을 위해 취했던 행동에 기인한다.

반려동물과 사는 사람들은 고양이가 장난감 생쥐에 집착하고, 개가 새를 쫓거나 발라당 누워서 배를 보이면서 노는 행동 등을 자주 접한다. 어미와 일찍 떨어져 자란 개나 고양이도 이렇듯 본능적인 행동을 한다. 동물의 행동은 부모의 가르침이나 형제, 친구와의 놀이를 통해서도 완성되지만 핵심 행동은 타고나는 것이다.

인간은 최소 1만 5000년 전부터 개,[32] 4000년 전부터 고양이[33]와 함께 살았다. 수백 세대에 걸쳐 길들이고 선택적으로 교배했지만 사냥본능이나 놀이 방식은 많이 달라지지 않았다. 인간도 별반 다르지 않다. 여전히 동물, 즉 자연계와 관계 맺고 살면서 적당한 계기가 있으면 본능을 발현할 준비가 되어 있다. 캘러트의 언급처럼 인간도 본능을 지난 수천 년 동안 이어오고 있는 것이다.

바이오필리아는 먹는 것이나 숨쉬는 것처럼 '고정된' 본능으로만 구성된 것은 아니다. 사실 인간의 자연에 대한 친밀감은 상대적으로 약한 기질의 집합체이다. 바이오필리아의 모든 기질은 적절한 배움과 경험에 달려 있다.[34]

고기가 널려 있는 시대에 살면서도 남성 인구의 특정 비율은 여전히 사냥에 몰두한다. 사냥은 전 세계적으로 행해지고 있으며, 미국인

중 1300만 명[35] 정도가 매년 사냥에 나선다. 일부 사냥꾼은 인간에게는 사냥의 기질이 내재[36]되어 있다고 주장한다. 남자에게는 원초적인 무언가가 있다는 것이다. 한편 사냥은 아버지나 할아버지로부터 관습적으로 전달되어 온 학습된 행동으로 이런 문화적 지지가 없었다면 사라졌을지도 모를 '약한' 기질이다. 그러나 일단 촉발되면 생명체를 집요하게 추격하여 죽이는 행위는 중독성이 있으며 아드레날린의 폭발적 분비를 가져온다. 많은 사냥꾼이 동물이 사정권 내에 들어왔을 때 일어나는 신체적인 반응인 벅피버(사냥꾼이 사냥감이 가까이 왔을 때 느끼는 흥분)[37]에 대해 이야기한다.

벅피버는 심한 형태의 신경과민으로 목표물을 보게 되면 분출되는 아드레날린과 관계가 있다. 그것은 신경계를 최대로 가동시킨다. 벅피버가 인간을 압도하면 떨림, 땀, 혈압상승과 같은 현상과 함께 오발이 일어날 수 있다.

동물 사냥에 광적으로 빠지는 사람이 있다. 돈 많은 사냥꾼은 대형 사냥감을 찾아 전 세계를 여행하며 동물 300종과 아종을 죽이는 것을 직업적 취미로 삼는다. 그러면서 자신들의 탐욕스러움을 '신이 인간에게 준 권리'라고 말한다.

산업사회로 들어서면서 90퍼센트 이상의 남자가 사냥을 하지 않는다. 사냥은 점진적으로 쇠퇴하고 있다. 사회과학자들은 다른 활동이 사냥과 같은 생물학적 충동의 기회를 제공하기 때문이라고 설명한다. 제임스 서펠은 "인간은 사냥에 적합한 하드웨어는 아니지만 사냥과 유사한 신체 활동에 끌리도록 만들어졌다."[38] 며 "대부분의 스포츠는 빠르게 움직이는 작은 물체를 쫓고 잡고 때리는 활동과 관련이 있다."고 했다.

사냥은 오랫동안 이뤄진 인간 활동이지만 그에 못지않게 오래된 신사적인 활동도 많다. 일반적으로 애완동물과 사는 것이 현대 서구사회의 관습이라고 여겨지지만 인간은 선사시대부터 인류사 전반에 걸쳐 동물에게 끌려 왔다. 엘리트층에서만 키우던 애완동물을 계층과 상관없이 키우게 된 것은 200년밖에 되지 않았다. 영국왕조는 작은 개에게 특별한 애정을 보였고, 고대 이집트인은 동물에 대한 존중의 표현으로 미라도 만들었다. 서펠은 고대 중국에서 "페키니즈의 조상뻘인 개들은 다른 어떤 동물도 필적할 수 없는 특권적 지위를 누렸다. 개에게 왕자나 공주의 직위가 주어졌으며 막대한 봉급이 개별적으로 지급되었다."[39]고 적었다.

서펠에 의해 드러난 가장 놀라운 사실은 애완동물을 키우는 것이 부족사회의 사회적인 활동이라는 점이다. 서펠은 "야생동물을 포획하여 순화시키는 관습은 특히 남아메리카와 동남아시아에 널리 퍼져 있었다."[40]고 전한다. 이는 수렵채집인이 척박한 환경에서 살아남기 위해 안간힘을 쓰느라 애완동물을 키우는 등의 호사를 누릴 수 없었을 것이라는 일반적인 생각과는 정반대의 주장이다. 인류의 조상이 동물을 보살폈던 것은 사실이다. 아마도 사냥으로 죽인 동물이 남긴 새끼를 보살폈을 것이다. 어미는 죽여 놓고 우는 새끼에게는 연민을 느끼는 양면적 감정이 바로 오늘날 인간이 동물을 대하는 모순적인 모습의 뿌리일 것이다.

일례로 초기 아메리칸인디언은 개에게 애정을 쏟았음은 물론 너구리, 말코손바닥사슴, 아메리카들소, 늑대, 때로는 곰까지 애완동물로 키웠다. 노르웨이인 탐험가인 카를 럼홀츠는 오스트레일리아 원주민인 아보리진이 야생개인 딩고를 어떻게 대하는지 관찰했는데, "그들은 자식에게 하는 것보다 더 정성껏 딩고를 보살폈다."[41]라고 했다. 주둥이에 키스도 하고, 털도 손질해 주었다. 가끔 길들여진 동물을 먹기도 했지만 대부분 애완동물로 대했다. 제러드 다이아몬드는 자신이 연구했던 뉴기니 촌락[42]에서 "종종 캥거루, 주머니쥐, 딱새, 물수리를 애완용으로 키우는 것을 관찰했다." 스페인 탐험가들은 남아메리카 인디언 여성이 야생동물을 자신의 오두막에서 키우는 것을 봤는데 동물을 먹거나 팔려고 키우는 것이 아니었다.[43] 키우는 동물을 하나 죽였더니 여성은 비명을 지르면서 "마치 하나뿐인 아들이기라도 한 것처럼" 울음을 터뜨렸다고 전했다.

또한 원주민이 단순한 애완동물 키우기에서 한발 더 나아갔다[44]는 증거도 있다. 아기 동물의 울음소리는 원시 공동체의 여성들로부터 연민을 이끌어 냈을 것이다. 그래서 여성들은 늑대 새끼나 새끼 동물에게 젖을 빨렸고, 이는 보살핌과 친밀감의 시작이었을 것이다. 또한 야생동물 길들이기의 초기 단계 중 하나였다. 이러한 이야기는 동물과 인간의 밀접한 관계가 단지 최근의 일이 아님을 알려 준다.

| 개와 소, 인간의 집에 묶이다 |

　　20세기 후반 어디쯤에서 지구의 동물 왕국은 둘로 나뉘었다. 지구는 야생 포유류보다 가축이 더 많은 행성이 되었다. 소, 돼지, 말, 염소 등 가축의 수가 북아메리카산 순록, 영양, 얼룩말, 동아프리카 평원을 횡단하여 이동하는 아프리카물소, 아프리카들소, 큰뿔양, 사슴, 말코손바닥사슴 등 대형 포유류의 수를 능가하게 되었다.

　　중국에는 미국 인구의 거의 7배인 7억 마리에 이르는 돼지[45]가 있고, 인도에는 3억 마리의 소[46]가 있다. 지금 추세대로 본다면 50년 후의 인구는 현재보다 20~30억 명 정도 불어날 것이고, 그에 따라 가축의 수도 수십억 마리 늘어날 것이다. 가축 수의 증가는 야생동물의 서식지를 파괴해서 야생 포유류 개체수를 감소시킨다. 그래서 가축과 야생동물의 비율은 가축의 증가가 야생동물의 감소로 귀결되는 제로섬게임이 되었다.

　　아직도 지구상에는 경이로운 생물의 다양성이 존재하며 사람은 남아 있는 종을 보존하는 데 관심을 기울이고 있지만, 현재 개체수가 많은 동물은 길들여진 가축 몇 종뿐이다. 아마도 가축화된 닭과 토끼의 수까지 센다면 가축은 1000억 마리에 달할 정도이다. 중생대는 공룡의 시대였다. 신생대는 포유류의 시대였다. 그리고 오늘날 우리는 가축의 시대에 살고 있다.

　　현재 많은 동물은 인간이 그들의 존재를 용인했거나 조장했기에 존재한다. 인간은 가축을 만들어 내고, 모두 음식용으로 죽이고, 다시 더 많은 수를 만들어 낸다. 인간의 개입은 직접적이고 철저하다. 우리는 그들의 살아야 할 장소와 번식 시기부터 먹이, 죽는 방법까지 모든 것을 지배한다.

잡힌 경우가 아니라면 야생동물은 좀 다르다. 야생동물을 보호하겠다거나 적어도 멸종시키지 않겠다는 인간의 결정에 의해서 동물의 생존이 좌우된다. 예를 들어 매년 150여 개국에서 파견된 대표들이 모든 야생동물의 교역과 상업적 이용에 관한 규칙을 정립하기 위해 모인다. 여기서 죽일지 살릴지에 대한 논쟁과 코끼리, 고래, 거북이 등 수백 종의 동물의 운명을 결정하는 투표를 한다.

현재 인간의 삶의 방식에서 소와 양이 차지하는 비중이 너무 커서 이들의 가축화는 마치 역사적인 필연처럼 느껴진다. 갓 태어난 예수가 가축화된 동물이 둥그렇게 모여 있는[47] 마구간에서 태어났으니 그 무엇이 서구 문화에서 동물의 존재 근거를 이보다 더 잘 보여 줄 수 있을까? 역사상 대부분의 시기에 인간은 동물의 목숨을 끊는 그 순간을 제외하면 자신들이 동물을 완벽하게 지배한다고 생각하지 않았다. 동물은 자유로웠다. 자연적으로 번식하고 먹을 것을 찾기 위해 나름의 생존 기술을 익히고, 사람의 영향 없이도 나날의 삶을 영위했다. 가축화[48]는 언어, 불 또는 증기의 활용과 에너지용 화석연료의 개발과 더불어 인류에게 가장 지대한 영향을 끼친 혁신 중 하나이다.

초기 인류는 가축화가 어떻게 결론이 날지 예견할 수 없었을 것이다. 가축화는 원초적인 필요에 의해 시작되었을 것이고, 지구 상에서 가장 내구력 있는 우정 중 하나인 인간과 동물의 유대는 처음부터 존재했을 것이다. 현재 인간이 개에 보이는 특별한 존중[49]은 인간이 늑대가 사냥한 찌꺼기를 찾아다니던 선사시대, 혹은 늑대가 인간이 사냥한 잔류물을 찾아다니던 시절부터 시작되었을 것이다. 늑대가 남은 고기를 얻어먹고 망을 봐주자 사람은 곤히 잠들 수 있었을 것이고, 이는 사람에게 꽤 유용했을 것이다. 또한 무리 지어 사냥하는 늑대의 방법을 연구하고 그로부터 배웠을 수도 있다. 고아가 된 새끼 늑대를 데려와 사람들 틈에서 키웠을 가능성도 높다. 여자와 아이들은 새끼와 함께 놀고, 여자는 젖을 먹이기도 했을 것이다. 경계의 벽이 허물어지면서 인간과 늑대는 나란히 누워 자면서 서로에게 온기를 주기도 했을 것이다. 이런 과정 속에서 구석기시대의 늑대는 인간의 지배하에 들어오면서 이후 영구히 이어지는 유대가 형성되었다.

셀 수 없을 정도로 오랜 세대를 거쳐 선택교배된 개는 다른 크기와 기능으로 광범위하게 특화되었다. 어떤 개는 사람과 재산을 지키도록 개량되었고, 다른 개는 가축몰이용으로 개량되었다. 같은 사냥개라도 각기 다른 능력을 지닌 개로 개량되기도 했다. 사냥감을 쫓아 구석으로 모는 개, 뇌조나 꿩 같은 새를 몰아 날아오르게 하는 개, 물새를 물어 오는 개로 세분화되었다. 북극의 시베리안 허스키는 썰매를 끌어 사람들이 광활한 영토를 오갈 수 있도록 해 주었다. 스노모빌이 등장해 시베리안허스키의 역할이 축소되었지만 여전히 개썰매 여행은 경쟁력 있는 이벤트이다. 범죄자를 추격하는 경찰견, 폭발물을 감지하는 군견, 재난 현장에서 냄새를 맡아 사람을 찾아내는 인명 구조견, 시각장애인을 돕는 안내견, 아픈 사람을 돕는 치료견 등으로 일하도록 개량되기도 했다. 그리고 지구 상 모든 곳에는 개를 가족으로 생각하는 사람과 함께 사는 반려견이 있다.

개에 이어 양, 염소, 돼지, 소는 (아마도 이 순서대로)[50] 약 1만~1만 3000년 전 사이에 가축화되었다. 가축은 인간에게 고기, 유제품, 의류, 노동력을 제공했다. 인간이 사냥 의존성을 줄이고 농작물을 재배하면서 정착생활[51]로 변화할 때 가축은 큰 역할을 했다. 농경생활을 하며 식량을 축적하게 되자 정착지는 확대되었고, 확장된 공동체[52]는 보다 복잡한 사회적·정치적·경제적 조직이 필요했다. 이것은 인간의 건강, 종교, 문학, 예술, 과학, 문화 등 모든 분야에 영향을 미쳤다. 중국, 이집트, 인더스 등 모든 고대문명도 이처럼 동물과 식물을 길들이면서 발전했다.[53]

이 시기부터 소는 인간사의 거의 모든 문화에 존재했다. 오늘날 미국의 소사육산업[54]은 연간 760억 달러의 가치가 있으며, 브라질과 유럽 또한 소사육산업으로 연간 수십억 달러의 매출을 올린다. 아시아와 아프리카에서는 3000만~4000만 명의 유목민에 의해 염소, 양, 소가 사육[55]되고 있는데, 이곳에서는 동물과 관련된 다양한 의례를 행하고 있다. 세계에서 가장 많은 소를 키우는 인도[56]는 힌두경전인 베다에 따라 소를 숭배하며[57] 젖을 제공하므로 '어머니'와 같은 존재로 여긴다. 인도의 소는 음식재료로 쓰이지 않으며 인도 전역에는 세상 어느 곳보다 먼저 생긴 동물보호소인 소를 위한 보호소가 있다. 인도의 고대종교인 자이나교[58]는 동물병원을 세계 최초로 세웠다.

세상의 34킬로그램 이상의 초식성 대형 포유류 150여 종 가운데 단 14종만이 성공적으로 가축화되었다.[59] 얼룩말, 유럽들소, 아프리카물소 등은 갇힌 공간에서 살고 번식하는 방식을 거부했다.[60] 인간의 요구에 굴복하지 않은 것이다. 가축화하려면 온순해야 하고 순화가 가능해야 한다. 인간은 최근 200년 동안 여우, 밍크까지 사육하는 데 성공했다.[61] 하지만 사람을 잘 믿는 큰 동물과 맺은 가축화 관계는 많은 것을 바꾸었다.

말은 가장 가축화하기 어려운 동물 중 하나이다.[62] 말은 몹시 예민하고, 탈출을 잘 하고, 도주 반응이 빠른 동물인데 초기 인류는 말의 악착 같은 포식자였다. 인간의 과도한 사냥으로 멸종으로 향하고 있었던 말은 신생대의 마지막 시기인 홍적세에 가축화가 이루어지면서 극적으로 살아남았다. 사냥감에서 인간의 파트너가 된 것이다.

6,000년 전쯤 시작된 말의 가축화[63]는 인류에게 큰 영향을 끼쳤다. 고기, 우유로 시작된 말의 활용 가치는 노동력으로 발전했고, 이후 전쟁과 운송 부문에서 능력이 최고조로 발휘되었다. 말은 농지를 경작하고 제국의 구석까지 화물을 운송해 로마제국의 권력 확장을 도왔다. 제국의 지배력이 세계 전역에 미치도록 도운 것이다. 13세기에 칭기즈 칸은 역사상 가장 큰 제국을 설립하기 위해 말에 올라타 최고 속도로 달렸다. 16세기에 스페인의 정복자 프란시스코 피사로가 안데스산맥의 강력한 제국인 잉카제국을 무너뜨릴 수 있었던 것도 말 덕분[64]이었다. 이 외에도 말이 없었다면 없었을 중대한 역사가 많다. 미국 역사에서도 사명설(19세기 미국은 앵글로색슨족이 대륙 전역으로 확장되도록 운명지어졌다는 신념으로 영토 확장을 합리화했다_옮긴이)은 말의 질주와 함께 대륙을 횡단했다.

그러나 인류를 위한 노동에도 불구하고 말은 과하게 이용되고, 폭력에 노출되고, 극단적인 기후에 노출되는 등 만연한 학대 때문에

19세기에 인도주의 보호운동이 일어난다. 20세기에 철도, 증기기관이 발명되면서 말의 필요성은 현저히 줄어들었다. 그래서 미국 등 선진국에서는 취미용으로 전환되었지만 여전히 많은 개발도상국에서는 말과 노새가 노동력으로 이용되고 있다. 역사학자 데이비드 앤서니는 "말은 인간의 사냥과 전쟁 방식을 바꾸었고, 공간적·시간적 거리 개념을 변화시켰으며, 지역 간의 교역을 확장하고, 고립되어 있던 문화를 만나게 했으며, 부의 새로운 기준을 제공하고, 초원의 효율적 개발을 이끌었으며, 승마를 하게 된 집단의 문화적 독자성을 재정립했다."[65]고 정리했다. 아직까지도 '마력'은 운송수단의 동력 측정단위이다.

　가축화가 인간 삶의 방식을 얼마나 변화시켰는지 세세하게 알아보는 일은 엄두를 낼 수도 없는데 가축화는 필연적으로 인간과 동물의 관계를 바꿨다. 서펠은 둘의 관계가 지배, 피지배의 유형이 된 것에 주목했다. "동물은 독립적인 동격의 존재,[66] 우월한 존재에서 종속된 존재가 되어 사람에게 보살핌을 받으며 점점 더 의존적이 되어 갔다."

　농경은 음식을 얻는 방법뿐 아니라 기본적인 경제적 질서를 변화시켰다. 물질을 축적한 사람들은 그것을 교환한다. 물물교환은 교역으로 전환되었고, 돈은 교환의 매체가 되었다. 수렵채집문화가 공동체적 삶과 평등주의를 실현했다면 농경문화는 계급과 서열을 정립했다. 재산 소유자는 노역자가 농지를 개간하도록 제도를 만들었고, 오래지 않아 봉건제도와 농노제가 몇몇 지역을, 노예제도가 다른 지역을 장악하게 되었다.

　그러나 가축화를 동물이 가장 아래에 있고 사람이 위에 군림하는 새로운 형태의 서열제로 파악하는 것은 지나친 단순화이다. 인간이 동식물을 관리하고 재배하면서 다른 존재와 친밀한 관계를 맺는 법이 발전했다. 역사학자 루이스 멈퍼드는 유목[67]이란 동물을 유지·관리하고 생산하는 과정에 인간이 포함됨으로써 유기체 간의 새로운 상호 의존성을 만들어 냈다고 주장했다.

이것은 가축화된 동물에게도 그대로 적용된다. 사람이 결국 동물을 죽이기는 하지만 그들에게 생명을 주고, 먹이고 보살핀다. 축산업(animal husbandry)의 '허즈번드리(husbandry)'는 문자 그대로 '집에 연결된(bonded to the house)'이라는 뜻으로 연대감과 책임의 의미를 표현하고 있다. 거기에는 동물에게 음식뿐 아니라 쉴 곳, 보호 등을 제공하지 않으면서 죽이기만 했던 비농경인에 비하면 인간과 동물의 상관성이 높다. 멈퍼드처럼 동시대를 읽어 주는 해설자라고 할 수 있는 제러미 리프킨은 다른 생명을 양육했던 이런 관행[68]은 넓게 퍼져 사회가 작동하는 데 큰 영향을 끼쳤다고 말한다. 리프킨에 따르면 가축화 초기에 동물을 자유롭게 놓아 길렀던 정원문명(garden civilization)은 가장 평화롭고 안정적이며 자급자족적인 사회였다.

가축화가 시작되면서 사람과 동물의 관계는 연민과 이용 사이에서 상충 작용이 일어났다. 야생동물의 살해가 사냥꾼에게 도덕적 모순을 불러일으킨 것처럼 농부에게 이는 큰 딜레마였다. 대부분의 사람이 동물을 관리하면서 사는 시대였다. 농부들은 소규모로 농사를 지었고, 양치기와 그의 가족들은 동물에 대한 많은 지식을 바탕으로 동물을 길렀다. 이 시대 인간과 동물의 관계는 성서 속에 가난한 남자와 그가 아끼는 양의 이야기로 아름답게 포착되어 있다. "양은 남자의 컵으로 물을 마시고, 그의 가슴에 안겼으며, 그에게는 딸과 같은 존재였다."[69]

| 신에게 동물을 제물로 바치다 |

고대부터 행해진 동물을 제물로 바치는 제사의식[70]
은 모든 생명체는 사람이 아닌 신에게 속한다는 생각과 동물을 죽이는
것은 무고한 피를 흘리는 것이라는 인식이 부딪치는 도덕적인 갈등을
내재하고 있다. 이런 의식이 오늘날에는 잔인하게 보이지만 생명체와
조물주에게 존경을 보이는 인간적인 방법이자 폭력의 흔적을 씻어 없
애는 방법이었다.

농경사회에서는 수천 년 동안[71] 신에게 동물을 제물로 바쳤다. 고
대 이집트, 메소포타미아, 아시리아, 인더스, 그리스 문명에서 동물을
제물로 바쳤고 이후 유일신 종교에서도 정형화되어 이어졌다.

성서를 포함한 많은 문헌에는 동물을 제물로 바치는 제사의식을
안내하는 규칙이 전해지고 있는데 종종 먹기 직전에 동물을 죽여서 고
기가 낭비되지 않도록 했다. 종교학자 라우라 호브굿 오스터는 이런
의식이 고기를 부자만 소비하지 않게 하는 "일종의 음식을 분배하는
방법일 수 있다."라고 말한다.[72] 또한 주술사가 야생동물을 죽인 후 속
죄의식을 집행하는데 사냥 공동체의 면죄의례이기도 하다. 평신도는
동물을 죽이는 것이 금지된다.

오직 흠 없는 동물만이 희생제물로 쓰일 수 있기 때문에 도살되
기 전에 보살핌을 받는다. 조너선 클라원스는 고대 이스라엘의 희생제
의[73]에 대해 "희생제물로 쓰일 동물은 태어날 때부터 보호받고 잘 먹여

서 키운 다음 최종적으로 도살될 곳으로 인도된다."고 쓰고 있다. 신에게 희생제물로 바치기 위해 동물을 제대로 다룬다는 원칙이 있는 것이다. 만약 동물이 살아 있는 동안 인간에게 잘 대접받지 못했다면 신에게 제물로 바쳐질 수 없다고 클라윈스는 덧붙였다.

조물주가 모든 것의 위에 있고, 그 아래에 인간이 그리고 동물은 가장 아래에 있다고 고대 이스라엘인은 생각했다. 이스라엘인은 신에게 자비를 구하면서 동시에 동물에게 자비로워야 한다고 생각했다. 모세도 길 잃은 양에게 자비로운 행동[74]을 했기 때문에 선택되었다. 죽음은 희생되어야 할 동물에게는 불가피한 일이지만 죽이기 전에도 많은 의식이 있었다. 헌신적으로 동물을 보살펴야 하며 그들에게 감사하는 마음을 지녀야 한다는 것이 보편적이었다. 오늘날의 산업화된 사회에서는 거의 사라져 버린 미덕이다.

《레위기》를 보면 불구인 동물을 죽이는 행위를 엄격하게 금지했음을 알 수 있다. 또한 어미와 새끼를 같은 날 죽이는 것도 금지한 것을 보면 부분적으로 동물 간의 유대관계에 대해서도 인식하고 있었다고 볼 수 있다. 역사가인 킴벌리 패튼은 "동물은 신의 완벽성을 표현하는…… 신에게 주는 완벽한 선물 혹은 제물"이라고 강조했다.[75]

패튼은 또한 비록 희생된 동물은 느끼기 못했겠지만 도살의식은 무리의 동물 중 희생동물의 위치를 상승시켰다고 주장한다.[76] "희생동물은 특별하다. 심지어 유일무이하고 완벽하다. 아름답게 장식된 뒤 죽음을 맞는 동물은 신과 특별한 유대관계를 가지고 있으며 희생의식을 통해 다시 신에게로 돌려보내진다."

많은 원시사회에서 동물 희생제의를 치를 때에는 야생동물을 죽일 때와 마찬가지로 슬픔의 감정이 표현되었다. 동물을 희생시키는 행동에 함축된 도덕적 문제를 이해하고 있다는 반증이다. 저명한 민족지학자 브로니슬라브 말리노프스키[77]는 1900년대 초반 뉴기니 인근의 트로브리안드군도의 원주민이 치른 동물 희생제를 본 뒤 이렇게 기술했다.

그들은 자신들이 저지르려는 행위에 대해 공들여 용서를 구했다. 양의 죽음을 앞두고는 몸을 떨었고, 마치 부모가 죽은 것처럼 슬프게 울었다. 동물의 숨을 끊는 일격이 가해지기 전에는 용서를 간청했다. 그런 다음 죽은 동물과 같은 종에게 자기들이 하는 행위에 대해 앙갚음하지 말도록 애원하듯 말을 건넸다.

전형적으로 제물로 바쳐진 동물은 그들의 운명에 자발적으로 몸을 바친 것이라고 생각하는 전통이 있었다. 수렵채집인들도 동물은 스스로 사냥꾼에게 몸을 바친다고 생각했다. 하지만 만약 사냥꾼이 동물 무리에게 폭력을 가한다면 다시는 스스로 몸을 바치지 않을 거라고 생각했다.

기독교 전통[78]에서 동물을 희생시키는 제사의식은 예수의 희생에 자리를 내주었다. 예수는 양이 도살장에 가듯 십자가로 갔다. 예수가 인간의 죄를 짊어짐에 따라 동물을 희생시킬 근거가 없어졌다. 기독교 관습에서 동물 희생제의는 사라졌다.

그런데 동물을 희생하는 제사의식이 현대까지 이어지고 있다니[79] 놀라운 일이다. 예전에는 이런 의식이 얼마나 경건했는지 알 수 없지만 오늘날의 동물 희생제의는 의미 없는 대량 살육에 불과하다. 인간이 2,000년 동안 배운 교훈 중 하나는 진정한 존경은 동물을 학대하는 것이 아니라 동물을 죽음으로부터 구할 때 존재한다는 것이다. 이제는 더 이상 무지를 무기 삼아 변명할 수도 없다. 현대인은 옛날처럼 가혹한 조건하에 살지 않는다. 타당한 이유 없이 잔존하는 동물 희생제의는 폭력적이고 허울 좋은 구경거리에 불과하다.

2009년 11월, 네팔 남부에서 열린 간디축제[80]에서 힌두종파 신도는 광란의 동물 희생제에서 50만 마리라는 충격적인 수의 동물을 죽였다. 5년 전 있었던 같은 축제에서 죽인 동물보다 두 배나 많은 수였다. '판치발리(panchbali)'나 '다섯공물제(five offering)'에서는 다섯 종류의 동물, 즉 물소, 염소, 돼지, 수탉, 쥐의 목을 벤다. 도살 참여자 중 한 사람은 "동물을 많이 죽일수록 더 큰 만족감을 느낀다. 나는 오래된 이 전통이 이어지도록 도울 것이다."라고 말했다. 어떤 사제는 "여신은 피를 원한다. 이를 충족시키는 사람은 그의 소원을 이룰 수 있다."고 선언했다. 잔인한 폭력을 변명하고 심지어 장려하는 이런 의식은 의미가 없기에 인도, 네팔의 종교와 사회지도자들은 살해의 광란을 종식시키기 위해 노력하고 있다. 네팔과 접경한 인도의 많은 주에서 이런 의식은 엄격하게 금지되고 있다.

미국 플로리다주 하이얼리어시는 1980년대에 동물 희생제[81]를 법으로 금지했다. 시 당국은 동물을 희생제물로 삼은 의식을 한 혐의로 산테리아교인을 체포했다. 피고인들은 이 사건을 종교의 자유 문제로 비화시켰고, 미국 대법원은 이 주장을 받아들여 피고인들의 손을 들어주었다. 하지만 법률적 문제는 해결되었다고 해도 도덕적인 문제는 여전히 남아 있다. 우리 단체를 포함한 동물권리 옹호자들은 하이얼리어 시의 편에 서서 정형화된 살해 행위는 잘못된 것이라고 주장했다.

동물 희생제가 세계 전역의 많은 곳, 특히 이슬람권에서 실행되고 있기는 하지만 서구 사회에서는 지지를 얻지 못하고 있고, 불교, 기독교, 유대교 등의 주요 종교에서도 더 이상 의식의 일부분이 아니다. 주요 종교의 어느 신자도 동물을 희생제물로 삼는 의식이 빠졌다고 의의를 제기하지 않는다.

| 동물보호운동의 철학적 기반과 조직의 탄생 |

인간이 지구에서 함께 사는 다른 생명체와 어떤 관계를 맺으며 살아야 하는지, 어떻게 대우해야 하는지에 대한 배경에 관한 논쟁은 이어지고 있다. 오늘날 동물보호운동을 비판하는 이들은 동물복지를 현대인의 나약한 감성의 결과물 정도로 치부한다. 그러나 사실 인간과 동물의 유대는 역사상 줄곧 상당히 중요한 문제였다. 외면할지 동정할지, 인간 중심으로 대할지 공평하게 대할지 등 동물을 어떻게 대하는가의 문제는 우리가 어떤 존재인지 말해 주는 척도였다. 그에 따라 인격, 도덕적 수준, 이해관계를 벗어나 판단할 수 있는 능력 등이 규정되었다. 이것이 동물을 대하는 태도에 '인도적'이라는 단어를 사용하는 이유이다.

하찮은 관심사와 달리 동물을 보살피고 잔인함에 저항하는 것은 대가 없는 순수한 이타성을 고무하기 때문에 인간 내면 최고의 것을 발휘하게 한다. 동물보호를 위한 인도주의 운동의 초기 활동가들에게 종교적 신념은 동물의 처우 개선을 위한 아이디어의 원천이었고 잔인함을 잔인하다고 말할 용기를 주었다. 19세기 최고의 기독교도인으로 불리는 영국의 윌리엄 윌버포스는 노예제도와 동물에 대한 잔인성 모두에 반대했다. 그런데 현재에 와서 이러한 생각은 극단적인 것이거나 체제 전복적인 것으로 일축된다. 윌버포스는 답을 알고 있었다. "만일 다른 생명이 겪는 고통을 생생하게 느끼는 것이 광신도적인 것이라면 나는 이제껏 존재한 광신도 중에서도 가장 구제불능인 광신도이다."[82]

    윌버포스 시대의 운동가들은 서구법에 최초의 동물복지 개혁안을 추가했는데, 사실 이 개혁안은 훨씬 이전부터 시작된 논쟁과 과제를 담은 것이라고 볼 수 있다. 지난 1,000년간 기독교, 유대교, 이슬람은 동물에 대한 연민을 요구했고, 힌두교, 불교, 자이나교는 모든 생명에 대한 자비에 기반하고 있다. 중세시대 성인이 동물에게 베푼 배려에 관한 수많은 이야기가 기독교에는 전해져 내려오고 있다. 교황 요한 바오로 2세가 "사람뿐 아니라 동물에게까지 세심한 배려를 베풀었다."[83]고 평가한 아시시의 성 프란체스코가 대표적이다. 인간은 동물에 대해 직접적인 의무가 없다고 주장할 때 인용되곤 하는 토마스 아퀴나스조차도 동물학대를 도덕적 쟁점으로 인식했다. 동물학대가 인간의 폭력성을 조장할 수 있기 때문이다.

    근대 초기에는 동물에 대한 잔인성과 자비에 대해 보다 진지한 질문을 하게 되었다. 1641년 프랑스의 철학자 데카르트가 동물은 로봇과 같아서 영혼도 없고 고통도 모른다고 주장할 때 뉴잉글랜드의 청교도는 최초의 동물보호 조항을 승인하고 있었다. 이 조항은 "사람의 필요에 위해 사육되는 모든 짐승에 대해서 잔인함과 폭력행위를 금지"했다.[84]

    몇 년 후 존 로크는 《교육에 관한 성찰(Some Thoughts Concerning Education)》에서 아이가 생각 없이 잔인하게 굴지 못하도록 자녀를 키우라고 충고[85]했고, 얼마 지나지 않아 동물에게 친절해야 한다는 가르침은 아동문학의 보편적인 주제가 되었다. 18세기 후반이 되어 제러미 벤담과 존 로렌스를 포함한 상당수의 사상가는 법은 반드시 동물도 보호하도록 확장되어야 한다고 주장했다. 벤담은 "문제는 그들이 추론할 수 있거나 말을 할 수 있느냐가 아니라 그들이 고통을 느낄 수 있느냐 이다."라는 질문을 던졌다.[86] 로렌스는 "사람에게 적용되는 정의와 동물에게 적용되는 정의가 완전히 다를 수 있는가? 그들의 감정은 우리와 다른가?"[87]라고 물었다. 1751년에 풍자작가 윌리엄 호가스는 《잔인성의 네 단계(The Four Stages of Cruelty)》라는 판화 시리즈를 통해 동물에 대한 잔인함이 어떻게 사람에게 옮겨지는지를 보여 주었다. 낭만주의 운동의 작가와 시인도 잔인성을 경고하고 자연에 대한 존중을 요구했다. 퍼시 바이시 셀리는 "인간이 가공할 특권을 잃은" 그래서 "모든 생명이 폭력에서 해방된"[88] 세상을 고대했다.

19세기 초반에는 이러한 도덕적 신념이 폭넓게 퍼졌다. 독일의 철학자 임마누엘 칸트가 비록 인간은 동물에게 직접적인 의무를 가지지 않는다는 아퀴나스와 로크에게 동의했지만 그는 잔인성이 사람의 가치를 떨어뜨리고 감성을 둔감하게 만든다고 했다. 수십 년 뒤에 아르투르 쇼펜하우어는 동물을 아무것도 아닌 양 대접하는 인간의 주제넘음을 겨냥했다. "동물은 권리를 갖지 않는다는 가정,[89] 우리가 그들을 대하는 데에 도덕적 의미가 없다는 환상은 터무니없는 서구의 조잡함과 만행이다. 보편적인 연민만이 도덕성을 보장하는 유일한 것이다." 19세기가 가기 직전인 1892년에 개혁가 헨리 솔트[90]는 오늘날까지도 주목받는 책 《사회발전과의 관계를 통해 고찰한 동물의 권리(Animals' Rights Considered in Relation to Social Progress)》에서 동물권리에 대한 현대적 접근의 초석을 놓았다. 솔트는 "'미래의 위대한 국가는 자비를 인간에게만 한정하지 않을 것이다."라고 확언하면서 "모든 살아 있는 생명을 하나의 보편적인 형제애로 묶어 주는 인도적인 유대감을 인정"하라고 했다.

미국 최초의 반학대 법률[91]은 동물보호단체의 요구보다 앞서 있었다. 메인주는 1821년에 반학대 법률을 통과시켰고, 1860년까지 12개 이상의 주가 뒤를 따랐다. 반학대 법률이 있는 주에서 동물 싸움을 금지하기 시작해서 1900년 이전에 절반 이상의 주가 이 조처를 시행했다. 소물어뜯기(bull baiting, 개를 부추겨 소를 공격해서 죽이는 잔인한 영국의 전통놀이), 개를 이용한 쥐 잡기, 거위 목 잡아 뽑기, 투견, 닭싸움, 이와 유사한 볼거리가 금지되었다. 이런 것이 도박 등 부도덕한 행위를 부추긴다고 여겨졌기 때문이다. 동물에 대한 잔인함은 선한 인간 본성에 반하고, 동물을 잘 관리해야 한다는 기독교적 청지기 정신에도 위반된다는 상식적 이해가 퍼져 나갔다.

조직화된 동물보호 활동은 19세기에 처음으로 나타났다. 1822년에 영국에서 세계 최초로 반학대 법률이 제정된 지 2년 후 수십 명의 사람이 최초의 동물보호단체인 동물학대방지협회(SPCA, Society for the Prevention of Cruelty to Animals)를 만들기 위해 런던의 커피숍에 모였다. 그리고 1840년에 빅토리아 여왕의 지지를 받으면서 왕립동물학대방지협회(RSPCA, Royal SPCA)가 결성되었다. 현재 이 단체는 연간 예산이 1억 1000만 파운드에 이르는 영국에서 가장 잘 알려진 동물보호단체이다.

1866년에 뉴욕의 사교계 명사인 헨리 버그는 미국 최초로 동물복지 자선단체인 미국동물학대방지협회(ASPCA, American SPCA)를 설립했다.[92] 뉴욕주 입법부가 반학대 법률을 야심차게 통과시킨 지 단 3일 만의 일이다. 버그에게 영감을 얻어 곤경에 처한 필라델피아 동물을 위해 캐롤라인 얼 화이트와 그녀의 남편이 펜실베이니아동물학대방지협회를 결성했고 1년 후 여성 지부도 생겼다. 기수를 태우고 험한 도로를 60킬로미터나 달린 말 두 마리가 죽은 사건이 일어나자 조지 엔젤은 1868년 보스턴에서 메사추세츠동물학대방지협회를 설립했다. 역사학자 버너드 언티[93]는 버그, 화이트, 엔젤을 19세기 미국 동물보호운동의 창시자라고 부른다. 북동부의 선구자에 의해 자극을 받아 메인주 포틀랜드부터 오리건주 포틀랜드까지 미국 전역에 동물학대방지협회와 휴메인소사이어티가 설립되었다.

《미국의 애완동물(*Pets in America*)》에서 사학자 캐서린 그리어는 "1900년대 사람들이 가축 기르기를 그만두면서 서서히 변화가 일어났다. 애완동물을 키우는 것이 사람이 동물과 직접적으로 관계를 맺는 유일한 길이 된 것이다."라고 언급했다.[94] 특히 도시에서 애완동물은 다른 생명과 교류하고픈 인간의 기본적인 본능을 충족시켰다. 인간의 일종의 '자연결핍장애'를 치유한 것이다.

새롭게 등장한 중산층의 애완동물 키우기는 인간과 동물 관계의 새로운 양상을 낳았다. 도시에는 집 없는 개와 고양이가 생겨나기 시작했고, 새로 만들어진 동물보호단체는 동물 문제에 대한 전체적인 관리, 보호소 운영과 더불어 종종 안락사라는 암울한 일까지 감당해야 했다. 버그와 엔젤은 가축의 비인도적인 운송과 도살, 비둘기 사격, 동물 싸움, 생체 해부 등 모든 종류의 학대에 집중했다. 1873년에 발효된 의회 최초의 〈동물보호법〉[95]은 농장동물을 보호하는 데 주안점을 두었다. 〈28시간 법(Twenty-Eight-Hour Law)〉은 서부에서 동부까지의 긴 철도 여행 중 동물을 객차에서 내리게 해 먹이와 물을 주도록 했다. 영국에서는 1876년 생체해부를 규제했지만, 미국은 여러 운동가의 노력에도 불구하고 1세기가 지나서야 의회에서 연방동물복지 법률을 발효시켰다. 그때까지 동물실험은 거의 규제되지 않았다. 축산과 동물실험 문제는 최근에서야 겨우 자리를 잡아가고 있다. 처음에 산업에서 동물을 이용할 때 최소한의 윤리규범만 갖추었더라도 오늘날의 그토록 많은 동물복지 논쟁을 피할 수 있었을 텐데 애초에 그렇게 하지 못해서 그 사이에 동물학대가 일반화되고 말았다.

1859년 다윈은 《종의 기원(On the Origin of Species)》을 출판했다. 다윈의 생명의 연속성에 관한 주장이 미국 동물보호단체 설립의 발단이 되었다고 생각하는 것도 그럴 듯하다. 하지만 버너드 언티의 지적처럼 인도주의 운동의 선구자는 "종교적 확신, 고통에 대한 우려, 생명에 대한 존중에 바탕"[96]을 두고 있다. 사실 다윈의 주장은 오히려 동물보호 반대 입장에서 보다 쉽게 인용되었다. 동물보호운동의 비판자들은 다윈의 이론을 종간 경쟁과 폭력을 정당화하는 데 이용하기 때문이다. 그들은 인간의 폭력성을 '적자생존'이라고 합리화한다. 만약 삶이 다른 생명체를 억눌러 이득을 취하는 무자비한 것이라면 왜 어떤 이들은 약한 존재를 보살피기 위해 노력하겠는가? 동물보호론자인 헨리 솔트가 다윈의 저작 중에서 동물보호를 지지하는 내용을 찾아낸 것은 1890년대가 되어서였다. 다윈의 연구 업적 중심에는 '고등' 포유류 간의 공통성을 인식하고 투쟁으로 꽉 찬 세상에서 고통을 나눈다는 인식이 담겨 있었다.

| 노예제도와 동물보호운동 |

조직적인 동물보호운동의 탄생은 철학자, 설교자, 동정적인 과학자만으로 만들어지지 않는다. 대부분의 사회운동처럼 동물보호운동도 산업시대의 동물 착취에 대한 반발로 등장했다. 19세기 사냥꾼들은[97] 미국의 광활한 숲과 넓은 평지에서 야생동물을 도살한 후 얻은 고기, 모피, 깃털을 시카고, 뉴욕, 필라델피아 같은 신흥도시에 공급했다. 전통적 농업경제에서는 농장에서 먹을 것을 직접 생산하고 사람들은 자연과 친밀하게 연결되어 있었다. 그러나 도시에 거주하는 사람들은 숲의 벌목, 야생동물의 무차별한 살상행위와 완벽하게 단절되었다. 기준과 한계가 확립되지 않는다면 모든 야생동물을 잃을 수도 있는 상황이었다.

당시 도시인은 잔인성에 완전히 무감각해져 있었다. 업턴 싱클레어가 소설 《정글(The Jungle)》에서 폭로한 모골이 송연한 도살장뿐만 아니라 잔인한 일들이 바로 그들의 눈앞에서 벌어지고 있었기 때문이다. 당시는 1200만 마리가 넘는 말[98]이 미국의 도시에서 사람과 물품을 운송하던 시대였다. 마부는 말을 혹사시키고 무자비하게 채찍질했다. 말에게는 쉴 곳도 없었고 호된 더위와 추위 속에서도 일했다. 헨리 버그 등[99]은 몇 년 동안 집중적으로 말 학대를 고발했고, 1868~1880년에 고발된 동물학대 중 70퍼센트가 말 학대 사건이었다. 이 시기 뉴욕의 말 보호 활동이 우리가 아는 현대 동물보호운동의 시작이다.

캐서린 그리어는 다양한 사회적인 요인이 동물보호운동의 태동과 발전을 도왔다고 말한다.[100] 새롭게 등장한 도시의 중산층 계급은 새로운 사회적 원칙을 받아들였는데 그중에는 애완동물 키우기와 연민의 윤리가 포함되어 있었다. 2차 대각성 운동(Second Great Awakening, 미국에서 19세기 초반에 이루어진 예수 부활 운동. 여러 개혁운동에 자극을 주었다_옮긴이)이 한창인 1820~1830년의 종교부흥기에는 자유주의적이고 복음적인 신교도가 급속히 성장하면서 자비심을 통한 구원이라는 믿음이 함께했다. 물론 그 이전에도 퀘이커교와 감리교의 선구자들은 동물에게 연민을 가지는 기독교 윤리를 옹호했다. 전국적으로 교회와 예배당에서 이 주제와 관련된 감동적인 설교를 들을 수 있었다. 감리교의 창시자 존 웨슬리는 '보편적인 구제'라는 주제의 설교를 통해 왜 인간이 학대받는 동물에게 관심을 가져야 하는지 질문을 던졌다. "불쌍한 존재를 향해 우리의 마음을 확장하는 것은 동물의 고통이라는 용납할 수 없는 행위를 하나님 앞에 비추는 것이다."[101]

하지만 양심에 호소하는 것은 자체로 힘이 되지만 초기에는 법적 효력을 가질 가능성이 없었다. 18세기에 동물보호운동은 여러 관행에 의문을 던지면서 견고하게 자리잡은 규범체계를 뒤집을 준비를 시작했다. 정치사상이 지각변동을 하던 이 시기에 개인의 권리에 대한 이해도 변화했고, 시간이 흐르면서 학대받는 동물을 법적으로 보호해야 한다는 도덕적인 분위기도 확립되었다.

계몽주의 철학자는 군주제의 권력과 비민주적인 규범체계에 대항하는 개인의 권리를 주장했다. 권리는 천부적이고 정의는 보편적이라는 인식이 형성되자 멈출 수 없는 혁신적인 흐름이 세상을 뒤덮었다. 프랑스대혁명과 미국독립혁명을 고무했고, 법과 정부는 피통치자의 동의를 얻어야 한다는 것을 '자명한 진리'로 보는 정치적 신조를 갖게 되었다. 또한 권력의 영구화를 막고, 정의를 실현시키기 위해 민주적 개혁이 요구되었다.

프랑스인권선언과 미국독립선언을 통해 낡은 제도와 규범이 더 이상 용인되지 않는 새로운 시대의 원칙이 천명되었다. 물론 노예제도가 폐지되기까지는 여러 세대에 걸친 분쟁과 남북전쟁에서의 대학살이 있었다. 노예제도의 폐지도 긴 세월 동안 혁명가들의 헌신과 동력이 요구되었으니 최초의 조직적인 동물보호운동이 성공하기까지는 상당한 기간이 필요했다. 그러나 일단 기본적인 진보가 이루어지자 인도주의 운동은 급속히 기반을 넓혀 갔다. 노예제도에 반대했던 사람들 중 많은 사람이 동물보호운동에 포함된 것은 우연이 아니다.

미국 최초의 동물보호단체[102]인 미국동물학대방지협회는 남북전쟁 이듬해에 설립되었다. 미국의 양심을 깨우기 위해 애썼던 해리엇 비처 스토(노예제도 폐지의 내용이 담긴 소설 《톰 아저씨의 오두막》의 작가)는 동물보호에도 목소리를 높였다. 그녀는 "힘없는 동물을 보살피는 것은[103] 기독교가 완벽하게 승리한다는 증거가 될 것이다."라고 썼다.

그보다 반세기 전쯤 영국에서도 노예해방론자의 열정과 신념이 동물학대방지운동으로 급속히 전환되는 비슷한 연쇄반응이 있었다. 영국은 1807년에 노예무역을 금지했고, 약 10년 후 세계 최초로 동물학대에 반대하는 국가적 법률을 발효했다. 윌리엄 윌버포스는 노예제도와 동물학대 모두에 단호히 반대한 사람 중 하나로 노예반대운동에서 동물학대방지협회로 자연스럽게 옮겨갔다. 그는 두 운동을 인간의 오만함과 무자비한 권력의 남용에서 비롯된 피해자를 돕기 위한 동일한 인도주의 운동으로 보았다. 이 정신은 7대 백작 섀프츠베리와 앤서니 애슬리 쿠퍼로 이어졌고, 섀프츠베리는 "나는 확신한다.[104] 신은 내게 부여한 모든 것을 약자, 희망이 없는 자, 사람이든 짐승이든 상관없이 기댈 곳이 없는 자에게 바치라고 했다."고 썼다.

　　섀프츠베리의 선언은 동물보호운동의 도덕적 초석이다. 언제 어디서나 권력을 남용하고 약한 존재를 비참하게 만드는 데 무감각한 사람이 존재하고, 그들은 언제나 자신의 행동을 변명하고 정당화할 구실을 찾아낸다. 다행스런 것은 이런 것을 바로잡기 위해 시도하는 사람 또한 항상 존재해 왔다는 것이다. 그들은 현실이 부당함을 일상적으로 수용하고 당연시해도 늘 그에 맞선다. 그들 덕분에 노예가 사유재산이자 사회를 위한 경제적 필요라는 의견이 팽배했는데도 노예제도가 사라질 수 있었다. 지배적 산업에 도전했고, 어린이가 값싼 노동력으로 착취되지 못하게 막았다. 여성을 시민으로 인정하지 않는 나라를 거부했고, 가정폭력으로부터 여성을 보호했으며, 여성에게 기회의 문을 열어주고, 투표권을 얻을 때까지 함께했다. 어떤 잔인함도 참지 않고 저항했던 사람들은 자연스럽게 학대받는 동물을 돕기 위해 나섰다.

　　오늘날 둘러보면 섀프츠베리 같은 사람이 상상조차 할 수 없을 만큼 다양한 종류와 규모의 동물보호단체가 있다. 누군가는 동물보호운동을 별스럽고 이질적이고 사회질서를 어지럽히는 운동이라고 비판하지만 사실 동물보호의 명분은 서구의 가치 있는 오랜 도덕적 전통의 한 부분이다.

　　이러한 도덕적 전통은 우리가 인간과 동물의 유대를 묘사할 언어를 가지기 이전의 동물에 대한 존중과 친밀함의 시대로 돌아가라고 요구한다. 천지창조의 충실한 지킴이로서 다른 생명체의 고통에 깨어 있는 것이 인간의 의무라는 것이다. 가장 높은 수준의 정의와 자비를 열망하라고 호소한다. 그러려면 높은 수준의 도덕적 기준을 법제화해서 생명체의 권리는 보장하고, 잔인한 사람은 처벌할 수 있어야 한다. 모든 도덕적 명분과 마찬가지로 궁극적으로 동물보호운동은 인간에게 동물학대는 저열하고 수치스러운 일이며 인간과 동물 모두의 수준을 떨어뜨리는 힘의 남용임을 상기시키는 역할을 한다.

2장

동물을 오판하다

뜨거운 8월 중순의 어느 날 시카고의 브룩필드 동물원은 언제나 그렇듯 수천 명의 방문객이 지구 곳곳에서 온 야생동물을 가까이에서 보려고 회전문을 지나갔다. 많은 관람객에게 동물원은 애니멀플래닛 TV 속이 아닌 실제 동물을 가장 가까이에서 볼 수 있는 기회이다. 그런데 1996년 어느 여름날 이곳을 방문한 사람들은 저마다 가슴속에 잊지 못할 이야기를 하나씩 품게 되었다.[1]

잘 관리된다는 여타 동물원처럼 브룩필드 동물원도 야생동물의 삶을 완전하게 재현할 수는 없다. 동물원 큐레이터는 여느 때보다 더 동물의 행동적·정신적 욕구[2]에 많은 주의를 기울이고 있지만, 현실은 무수히 많은 생명체가 함께 어우러져 있는 자연 서식지와는 완전히 다르다. 동물은 종에 따라 분리되어 수용된다. 하마는 여기, 북극곰은 저기, 재규어는 다른 어떤 곳 등등. 만약 동물원 설계자[3]가 우리 안팎에 친근한 식물을 심는다 해도 평지, 숲, 습지 등 이들이 자연에서 알아왔

76

던 것과 같을 수 없다.

음식과 물이 공급되니 동물은 먹이 활동, 사냥, 숨어 있기 등을 할 필요가 없다. 단지 먹고 누워서 빈둥거리거나 때때로 약간의 놀이를 할 뿐이다. 간혹 사자나 호랑이가 몇 미터 뛰어오르거나 기어오르고 서로 추격하며 노는 모습을 볼 수 있다. 하마가 목욕을 하는 모습을 보는 것도 색다른 경험이다. 관람객은 동물이 야생에서 벌이는 다양한 여러 가지 활동 중 하나를 보고갈 뿐이다. 사람들은 인공적인 환경에서도 동물이 보여 주는 본연의 아름다움과 동물의 육체가 뿜어내는 위엄에 감탄하고, 이것이 다시 사람을 동물원으로 불러들인다.

1996년 여름, 그날의 사건은 순식간에 시작되었다. 세 살 된 아들과 동물원을 찾은 한 여성이 동물원에서 놀던 중에 아들이 시야에서 사라진 것을 알았다. 아들을 찾아 미친 듯 달리던 엄마는 아들이 고릴라 전시관의 보호 담장을 기어올라 5미터가 넘는 구덩이가 있는 바닥으로 떨어지는 것을 보았다. 주변 사람에 따르면 아이는 머리를 쿵 찧으며 떨어졌다고 했다. 아이는 땅에 엎어져 사지를 뻗은 채 움직이지 않았다.

아이의 추락도 추락이지만 떨어진 위치가 문제였다. 사람들은 당장 담장을 넘어가 아이를 구하고 싶었겠지만 위험을 감수할 만한 사람은 아무도 없었다. 누구든 담장을 넘는 순간 7마리의 로랜드고릴라와 맞닥뜨려야 했기 때문이다. 어른 로랜드고릴라는 이 세상에서 가장 크고 강한 대형 영장류로 성인 남자보다 힘이 몇 배는 더 세고, 다 큰 수컷은 몸무게가 180킬로그램이 넘으니 만약 아이의 숨이 붙어 있다고 해도 조만간 고릴라에게 죽을 운명이었기 때문이다. 고릴라들도 금방

소란을 알아챘다. 고릴라들은 놀란 모습으로 아이에게 가까이 다가가 호기심을 보였다. 구경꾼들은 비명을 지르고 동물원 관리자와 구조원이 급하게 달려왔다.

그런데 그때 예상치 못한 일이 벌어졌다. 자신의 새끼를 등에 업은 어미 고릴라 빈티 주가 엎어져 있는 아이에게 다가가더니 수컷들이 가까이 오자 마치 '물러서!'라고 말하듯 팔을 뻗어 수컷의 접근을 막았다. 그런 다음 아이를 조심스럽게 들어올려 부드럽게 안았다. 빈티 주는 새끼를 업은 채로 아이를 안아서 사육사가 드나드는 문 쪽으로 옮겼다. 그러고는 문 바로 옆에 아이를 내려놓고 물러섰다. 사람이 아이를 데려갈 수 있도록 한 것이다. 구조원이 황급히 아이를 꺼내 응급조치를 한 후 병원으로 후송했다.

아이는 극적으로 회복되었고 이 이야기는 세상으로 퍼져 나갔다. 방송을 통해 연약한 어린이를 도우려고 다가와 보살피는 고릴라의 모습이 퍼져 나갔다. 이 사건을 통해 사람들은 동물에게 아예 없다고 믿거나 종종 간과하는 생명체의 한 단면을 얼핏 접할 수 있었다.

| 사유와 감정이 인간만의 것인가 |

2005년 12월, 샌프란시스코 근처 패럴린섬 주변[4]에서 보트를 타던 사람들은 게잡이용 그물에 걸린 혹등고래를 발견했다. 당국에 연락을 하자 잠수부 구조요원들이 즉시 도착했다. 사람의 도움이 없다면 혹등고래가 오래 버틸 수 없는 상황이었다.

1세기 전 사람들도 보트를 탄 채 손에 작살을 들고 고래를 노려보았을 것이다. 그러나 지금 날카로운 무기를 들고 고래에게 다가가는 잠수부의 목적은 다르다. 그들은 고래의 몸이 아닌 그물을 자르기 위해 다가가고 있다. 하지만 공포에 질린 55톤짜리 동물이 어떻게 반응할지는 아무도 알 수 없다. 고래의 거대한 몸에 부딪쳐 튕겨져 나갈 수도 있다. 그물이 고래의 입에도 걸려 있었기 때문에 임무 완수를 위해 고래와 눈도 맞추어야 하는 상황이었다. 그런데 잠수부가 그물을 잘라 내는 동안 고래는 꼬리나 몸으로 잠수부를 해치려고 들지 않았다. 심지어 두려움 없이 조용하고 차분하게 작업이 끝나기를 기다렸다. 마치 자기를 돕기 위해 왔다는 것을 아는 것처럼 신뢰를 보냈다고 잠수부들은 말했다.

한 잠수부는 "내가 입 주위의 그물을 잘라 낼 때 고래가 내게 윙크를 했다."[5]고 말했다. 마침내 로프를 잘라 내는 긴 작업이 끝난 후 풀려난 고래는 곧장 떠나지 않고 잠수부 한 명 한 명에게 다가가 코를 살짝 비볐다.

서아프리카에서도 비슷한 일이 있었다. 아이보리코스트에서 숲 침팬지를 연구하던 독일인 현장 연구진[6]은 혈연관계가 없는 침팬지 암수가 고아 침팬지를 입양하여 보살피는 것을 발견했다. 수컷 침팬지는 매일밤 자신의 보금자리에 고아 침팬지를 재우고, 오래 이동할 때는 등에 업고, 쿨라너트(coula nuts)도 나누어 먹었다. 연구진은 이런 식의 고아 침팬지 입양 사례를 총 18건 목격했다. 이런 행위는 자신이나 무리에 아무런 이익도 되지 않는다. 어려운 처지의 고아 침팬지를 보살피는 것은 희생이 따르기 때문이다. 침팬지의 입양 사례는 인간의 자선행위와 같은 것이다.

이와 같은 침팬지의 입양 사례가 50년 전쯤 관찰되어 발표되었다면 논쟁이 되었을 것이 분명하고 어쩌면 보고조차 되지 못했을 것이다. 인간만의 특질을 침팬지에게 적용했다고 비난받았을 테니까. 아니라면 침팬지 입양은 연민, 동정에 따른 행동이 아니라 진화 전략 중 하나로 설명되어 버렸을지도 모른다. 또한 동물에게 의식이 있다고 말한 과학자들은 과학의 길을 저버렸다고 비난받고, 연구는 또 하나의 '의인화'로 일축되었을 것이다.

1960년 제인 구달이 곰비 국립공원 침팬지 관찰 보고서를 학계에 처음 보고하면서 실제로 이런 일이 벌어졌다.[7] 동료 과학자들은 침팬지의 삶과 감정에 대한 구달의 발견을 여자의 감상적인 생각으로 치부하기에 바빴다. 그들은 심지어 구달이 정식으로 교육받지 않았다고 지적했다. 그녀는 침팬지에 대해서 무엇을 알아낸 것일까?

하지만 이후 그녀는 《내셔널 지오그래픽》이나 TV를 통해 엄청난 인기와 반향을 일으켰다. 잡지나 TV 속에서 그녀는 침팬지에게 이름을 붙이고[8] 개별적인 존재로 대했다. 데이비드 그레이비어드는 처음으로 제인 구달을 무리에 받아들인 수컷이고, 골리앗은 데이비드 그레이비어드의 친구이자 대담무쌍한 대장 수컷이었다. 그녀는 침팬지의 활동과 감정, 지적 능력에 대해 각자의 개성을 더해 풍부하게 기록했다. 시간이 가면서 구달은 침팬지 무리의 일원처럼 받아들여졌고, 그들과 섞여 22개월을 살았다. 20세기 중반의 행동주의자에게 이런 종류의 관찰 내용은 통설에 반하는 것이다. 당시 사람들은 인간만이 정교한 행동, 의식적인 사고, 감정을 보유한 유일한 동물이라고 교조적으로 믿었다. 인간 이외의 어떤 동물[9]도 개성과 자각을 가진 '누구'로 불리지 않고, 단지 음식 모으기나 번식 기계로 관찰되고 연구되는 대상인 '그것'으로 불렸다.

케냐의 전설적인 고생물학자 루이스 리키는 많은 야생동물을 관찰하면서 기존의 전통적인 사고를 받아들일 수 없었다. 리키는 다이앤 포시, 비루테 갈디카스와 대형 영장류 연구를 함께하면서 제인 구달[10]에게 야생으로 들어가 침팬지 사회를 연구할 것을 권했다. 스물여섯 살의 제인 구달은 펜과 종이만 가지고 침팬지의 숨겨진 삶을 기록하기 시작했다. 그러자 침팬지의 놀이방식, 가족 간의 다툼, 권력 투쟁, 개체 간의 폭력, 애정 문제 등이 생생하게 드러나기 시작했다.

어느 날 그녀는 데이비드 그레이비어드가 흰개미집 더미에서 개미를 잡기 위해 막대기를 이용하는 것을 보았다. 얼마 지나지 않아 골리앗은 흰개미를 잡는 도구로 쓰려고 줄기를 훑어내며 다듬었다. 이는 많은 것을 함축한다. 그때까지 인간만의 특질이라고 여겨졌던 도구 만들기가 인간만의 것이 아니라는 뜻이므로. 구달이 그녀의 발견을 리키에게 알리자 리키는 "우리는 '도구', '인간'에 대해 다시 정의하거나 침팬지를 인간으로 받아들여야 한다."[11]고 대답했다.

오늘날 구달의 발견은 더 이상 놀라운 것이 아니며 리키의 결론은 과장되어 보인다. 사람들은 이제 뉴칼레도니아까마귀에서부터 병코돌고래에 이르기까지 초보적인 도구를 만들어 쓰는[12] 온갖 종류의 동물을 알고 있다. 그리고 사람들은 또한 개는 공감하는 특별한 능력이 있고, 코끼리는 정서적인 트라우마를 겪으며,[13] 새는 문제를 추론하고 풀 수 있다는 사실을 알고 있다.

그러나 그 시절 구달의 방법론, 사용하는 어휘, 발견은 전혀 새로운 것이었다. 과학논문은 수 세기 동안의 철학적인 교조에 사로잡혀 인간을 다른 모든 종으로부터 격리해 분리시켜 왔다. 인간은 도구 사용, 인지 능력, 언어 능력, 추론의 모든 요소를 인간의 고유한 특질이라고 주장해 왔다.

동물이 생각하고 느낀다는 진실이 인간에게 받아들여지기까지는 오랜 시간이 걸렸다. 그 사실을 보지 못했거나 본 것을 부인하는 이가 대부분이었다. 그럼에도 불구하고 개나 고양이의 행동, 코끼리와 침팬지의 사회, 많은 생명체의 삶을 통해 진실은 드러났다. 동물은 그들만의 소박한 방식으로 생각하고 느낀다. 이제 인간에게는 동물과 공감하고 존중해야 하는 일만 남았다.

| 동물의 지성에 대한 집요한 부정 |

　　다른 존재의 지성을 부인하거나 폄하하는 것은 존재를 억압하고, 잔인하게 대하고, 냉담하게 대하는 것을 정당화하고, 도덕적 책임을 피하는 전략이다. 인간은 수 세기 동안 동물의 도덕적 가치를 떨어뜨리기 위해 이런 전략을 사용해 왔다. 또한 이런 전략은 노예제도를 지속하고, 여성이나 소수자의 권리를 부정하며, 지적 장애인을 격리하는 등 도덕적으로 문제가 있는 현상을 정당화하는 데도 이용되었다.

　　최근 하버드 대학교의 고생물학자 스티븐 제이 굴드는 《인간에 대한 오해(*The Mismeasure of Man*)》에서 흑인이 백인에 비해 지적 능력이 낮다고 주장한 '생물학적 결정론자들'[14]이 이른바 '과학'이라고 부른 것에 대해 회고했다. 그들은 두골계측법(인류학에서 머리뼈의 형태를 정량적으로 표현하기 위해 실시하는 계측법)이나 뇌의 크기 측정, 모종의 심리학적 검사 방법을 통해 흑인의 열등성에 대해 생물학적인 근거가 있다고 주장했다. 하지만 굴드는 합리적인 근거를 가지고 한 단계 한 단계 객관적이라는 과학의 거짓을 벗겨 냈고 그들의 자료가 조작되었으며 결론은 이미 정해져 있었음을 밝혀냈다. 굴드의 연구는 과학자들이 때로 자신이 만든 편견의 노예일 수 있음을 상기시켰다. 그런 과학자들은 과학이라는 이름으로 군림하는 거짓을 깨뜨려 없애는 대신 거짓을 지지 강화할 수 있다.

굴드는 인종 간의 차이를 날조하기 위해 이용된 거짓 과학의 한 형태를 폭로했다. 하지만 인종 간의 문제가 아니라 인간과 동물의 차이를 강조하기 위해 사용했던 방법에 대해 문제점을 지적하는 것은 그리 쉬운 문제가 아니다. 과학자들은 인간과 동물의 차이를 강조하기 위해 동물의 지성을 부정했는데 인간과 동물은 지성이나 뇌의 크기에 실질적인 차이가 많다. 특히 특별한 인지 능력, 생각하는 힘, 뛰어난 창의성을 인간이 소유하고 있는 것은 분명하다.

문제는 동물이 인간의 수준에 필적하는 수준의 지성을 소유했느냐가 아니라 어느 정도의 지성과 자각을 갖추고 있느냐이다. 인간이 도덕적인 문제로 다뤄야 할 정도로 동물은 생각하고, 감정이 있고, 고통을 느끼는가? 세상의 여러 생명체 중 인간만이 옳다고 믿는 대로 행동하는 양심을 가지고 있고, 다른 존재의 가치를 인정하고, 다른 존재가 어떻게 다루어지는지 주의를 기울인다. 또한 아마도 인간만이 무엇이 옳고 정당한지를 알며, 동물의 당연한 권리를 그들에게 찾아줄 수 있다. 19세기의 반노예제도 운동가이자 여성권리 옹호자인 소저너 트루스는 당시 권리를 빼앗기고 사는 사람들을 위한 연설에서 이 문제를 잘 표현했다. "내 컵은 0.5리터짜리이고, 당신의 컵은 1리터짜리라고 해서 그것이 내 컵을 가득 채우지 말아야 하는 이유가 되는가?"[15]

측정단위에 대해서 엄격했던 르네 데카르트는 동물은 '단순한 기계'[16]로 의식적인 감각을 느낄 수 없는 객체이므로 고통도 느끼지 못한다고 확언했다. 동물이 사고의 필수 요소인 언어를 사용하지 않으므로 생각하지 못한다고 주장했다. 이런 주장에 기반해 생체해부학자들은 이후 수십 년 동안 개를 마취하지 않고 살아 있는 채로 해부학 수업에 사용했고 개의 비명 소리를 단순한 자극반응이라고 대수롭지 않게 여겼다. 사유나 지각 능력이 없는 개에게 고통을 주는 것이므로 도덕적인 책임감을 느낄 필요도 없었다. 개를 사용해서 어떤 일이든 할 수 있었으므로 사람들의 흥미를 위해 공개적으로 생체해부 쇼까지 열 정도였다.

이런 관행이 정당화되던 시절에도 앞서가는 사람은 있었다. 18세기에 볼테르는 동물이 아무것도 느낄 수 없다는 가정에 의문을 던지며 핵심에 접근했다. "기계론자는 대답해야 한다. 자연이 동물에게 모든 감각기관을 부여했는데도 그들이 느끼지 않는다는 말인가?"[17] 그는 동물이 인간과 놀라울 정도로 유사한 해부학적 구조를 갖고 있으므로 동물 역시 고통을 느낄 가능성이 매우 높다고 추론했다. 때마침 이 시기에 인간과 동물의 생물학적인 유사성이 보다 분명히 드러났다.

무엇보다 막 등장한 그 시대의 가장 명성 있는 과학자가 이를 부인할 수 없는 사실로 받아들인 것은 큰 힘이 되었다. 1859년 《종의 기원》에서 찰스 다윈은 천지창조에서 인간의 역할에 대해 의문을 제기했다. 그는 인간과 동물 간의 차이는 정도의 차이일 뿐 동물 역시 복잡한 감정을 느끼는 삶을 산다고 주장했다. 야생동물에 대한 연구에서 포유류는 "(많든 적든) 불안, 비탄, 실의, 절망, 기쁨, 사랑, '다정한 느낌', 헌신, 심술, 성냄, 단호함, 증오, 화, 경멸, 모욕, 혐오, 죄책감, 자부심, 무력감, 인내, 놀람, 경악, 두려움, 공포, 수치심, 수줍음, 겸손을 경험한다."[18]고 썼다.

1872년 다윈은 《인간과 동물의 감정표현(The Expression of the Emotions in Man and Animals)》을 출간했다. 이 책은 인간과 동물이 동일

한 마음 상태를 표현하기 위해 어떤 몸짓언어와 얼굴 표정을 짓는지 기록했다. 다윈은 원숭이가 행복할 때 어떻게 웃고 춤추는지, 개가 화났을 때 자신을 어떤 식으로 위압적으로 보이게 하는지 등을 관찰했다. 다윈은 동물의 감정은 진화론적 의미를 가진다고 지적했다. 두려움이 없다면 가젤은 언제 도망쳐야 할지 모르고, 내재된 공격성이 없다면 개는 자신의 영역을 방어할 때 절박함을 느끼지 못할 것이다. 동물이 먹기, 짝짓기 등의 삶의 필수 행위에서 즐거움을 느낀다는 것도 명백했다.

하지만 여전히 데카르트의 동물의 지적 능력과 합리성의 부인(이는 아리스토텔레스까지 거슬러 올라간다)은 한 시대의 사상을 형성했다. 인간과 동물의 유대는 다른 어떤 철학보다 먼저 형성되었지만 당시의 심리학, 동물행동학 현장 과학자들은 동물은 본능에 의해 움직이며 지성과 의식을 어느 정도 흉내 낼[19] 뿐 실제로는 없다는 관점이 지배적이었다.

20세기 중반 과학자들은 대부분 동물이 고통을 느낄 수 없다는 데카르트학파의 정의를 폐기[20]했지만 동물이 인지 능력을 갖고 있다는 사실은 여전히 부인했다. 그들은 다윈의 진화론을 수용했으나 동물의 지성과 감정에 관한 발견을 전부 거부하거나 무시했다. 행동주의학파의 선구자인 미국의 심리학자 존 B. 왓슨은 과학자는 반드시 동물의 행동에 대해서만 언급해야 하며 생각이나 느낌 등의 내면적 상태에 대한 가정을 피해야 한다고 선언했다. 동물은 감정이 없는 것으로 가정해야 한다는 의미이다. 이는 동물행동학자 로이드 모건이 최소화의 법칙(law of parsimony, 가정을 가급적 적게 해서 설명해야 한다는 법칙)[21]이라고 부른 것과 일치하는 내용이다. 만일 어떤 행동이 직접적인 자극에 반응한 것이라고 설명 가능하다면 절대로 더 고등한 특질인 지성에 따른 것이라고 말해서는 안 된다는 것이다. 1913년 왓슨은 이렇게 썼다.[22]

행동주의자의 관점에서 심리학은 자연과학의 객관적이고 실험적인 분파이다. 심리학의 이론적인 목표는 행동의 예측과 조정이다. 내성법(의식적 경험의 요소를 찾아내기 위하여 경험의 심적 과정을 관찰하여 분석하는 방법)은 필수적이지도 않고 과학적으로도 가치가 없다. 그런 정보는 그들이 의식에 관해 설명하기 위해 차용한 것에 불과하다.

그 시대의 유명한 행동주의자[23] B. F. 스키너는 동물이 추론할 수 있다는 가능성을 무시하지 않았지만 그것을 알아내는 것은 매우 어려운 일이라는 이론을 세웠다. 스키너는 단순히 행동을 관찰만 할 것이 아니라 그것을 '의인화'로부터 자유로운 과학적인 방법으로 묘사해야 한다고 주장했다.

작가 제프리 매슨은 스키너식 행동주의 모델이 20세기 전체에 걸쳐 과학자들의 연구에 각인되어 있다고 보았다. 매슨은 이렇게 썼다.[24]

의인화는 대단히 심각한 오류이자 죄라는 믿음 때문에 언어의 사용규칙 등 연구 상의 금기는 점점 심해졌다. 이런 식이었다. '원숭이는 화낼 수 없다—그것은 공격성을 보인다', '두루미는 애정을 느끼지 못한다—그것은 교미행동 혹은 부모 행동을 보인다', '치타는 사자에게 겁먹지 않는다—그것은 도주 행동을 보인다'.

이는 단지 묘사의 미묘한 차이가 아니라 동물을 바라보는 시각을 보여 준다. 동물은 생각하지 않고, 그저 단순히 프로그램된 행동을 보일 뿐인 것이다. 동물은 본능에 의해 기계적으로 작동할 뿐 감정도 의식도 없다.

그런데 진화론은 과학자들의 이런 잘못된 인식을 해결하지 못했다. 동물을 여전히 행동주의자의 구속복(정신이상자 등 폭력적인 사람의 행동을 제압하기 위해 입히는 특수복) 안에 감금한 채 과학자들은 어려움 없이 그들의 세계관에 진화론을 맞춰 해석했다. 그들의 시각에 따르면 자연선택은 동물을 먹이를 찾고 번식하고 생존에 힘써서 그들의 유전자가 후대에 전달되도록 하는 프로그램이다. 동물은 유연성이라고는 없는 경쟁적인 생존 투쟁에 갇힌 존재일 뿐이었다. 동물의 모든 에너지는 번식 성공을 위해 쓰이고, 모든 행동도 번식 성공이라는 단 하나의, 맹목적인 목적을 위해 이뤄진다.

이들 견해로는 야생동물이나 반려동물의 놀이는 즐거움 그 자체를 추구하는 것이 아니다. 놀이는 사냥 기술을 연마하기 위한 것이거나 생존을 위한 훈련이다. 또한 동물은 결코 사람이나 다른 존재를 위해 위험을 경고하거나 걱정하지 않는다. 다른 존재를 돕는 행위는 그 무리의 생존에 이득을 주기 때문이다. 짝짓기는 오로지 번식만을 위해 한다. 일부일처제든 일부다처제든 상관없이 번식행위는 그들의 유전자를 후대에 확실하게 전달하는 기계적인 짝짓기일 뿐이다.

데카르트는 동물을 기계로 보았다. 행동주의자는 데카르트의 공식을 거부했지만 그들 또한 다른 종류의 기계라는 견해, 즉 생물학적 기계라는 관점을 갖고 있었다. 동물은 자연선택에 의해 형성되며 오로지 본능에 의해서만 작동되는 존재라는 것이다.

우리는 삶이 번식행위 이상임을 알고 있다. 번식하려는 본능이 분명 강력한 생물학적 충동임에 틀림없지만 우리의 행동이 모두 성적인 번식과 자손의 양육만을 위한 것은 아니다. 우리는 놀거나 웃거나 그냥 누워 빈둥대는 등 번식 목적이나 특별한 이득이 없는 행동을 하는 것을 좋아한다. 물론 이 같은 행동을 진화론적으로 설명할 수도 있지만 그저 좋아서 하는 일일 수도 있다. 즐거워서 하는 일의 이유를 설명할 때 거창한 과학적 이론은 필요하지 않다.

이는 인간에게 적용하든 동물의 행동에 적용하든 행동주의자가 범하는 환원주의적 오류의 하나이다. 동물도 재미있게 노는 것을 좋아하고 삶을 즐긴다. 개가 차창 밖으로 머리를 내밀고 있을 때 개는 멋진 시간을 보내고 있는 중이다. 고양이들이 서로 찰싹 때리며 노는 것은 그저 장난기 가득한 모습일 뿐이다. 송아지들이 서로 추격하며 잽싸게 움직이는 것은 단지 삶의 즐거움일 뿐이다. 동물행동학자 조너선 발콤[25]은 동료학자들의 관습에 도전했다. 그는 너무 많은 과학자가 자연을 '기쁨이 없는 끝없는 투쟁'으로만 보고 행복한 순간도, 심지어 빈둥거리는 순간도 전무한 것처럼 본다고 지적했다.

개의 모든 행동을 인간으로부터 먹을 것과 잠자리를 얻기 위한 정교한 진화론적 전략으로 설명하는 이론이 있다. 개를 지구의 지배종인 인간에 붙어 있는 영리한 기생충으로 설명하는 것이다. 그래서 사람들이 개의 행동을 사랑과 충성으로 받아들일 때 행동주의자는 그 모든 것을 집에서 펼쳐지는 진화론적 게임이라고 고집한다. 세상에, 개가 우리를 이용해 왔다니!

다윈의 동물 감정과 사유에 대한 관찰은 동물행동학이 발전할 수 있는 좋은 토양을 제공했다. 하지만 진화론을 받아들인 과학자들은 여전히 동물에게 생각이 있다는 다윈의 견해를 무시했고, 이 분야는 이후 연구진의 몫으로 남겨졌다. 1950년대에 동물학자 콘라드 로렌츠는 동물에게 생각과 감정이 있다[26]고 주장하면서 지배적이었던 행동주의에 반론을 제기했다. 하지만 스키너 이외 여러 사람이 남긴 문제점을 보다 설득력 있게 해체하기 시작한 것은 1970년대에 새롭게 대두한 분야인 인지행동학[27] 덕분이다.

1976년에 하버드 대학교의 동물학자 도널드 그리핀[28]은 《동물의 자의식에 관한 문제(*The Question of Animal Awareness*)》에서 동물이 사람과 유사한 의식을 가지고 있다고 주장해 학계에 충격을 주었다. 그리핀은 혁신적인 과학자였다. 학부 시절이었던 1930년대에 그는 기숙사 방을 가로질러 기타줄을 걸고 어둠 속에서도 박쥐가 어려움 없이 날아다니는 것을 알아챘다. 이 발견은 반향정위(동물이 소리나 초음파를 낸 후 다른 물체에 반사되어 오는 정보에 의해 위치를 측정하는 것)의 발견으로 이어졌다.

그리핀의 경력은 정통 행동주의학파에 속했기에 동료들로부터 신망을 얻고 있었다. 그러나 1970년대 이후 자연 서식지의 동물을 연구하는 새로운 기술을 개척하면서 그리핀은 동물이 단지 본능에 의해 행동하지 않는다는 것을 입증했다. 그리핀은 《네이처》[29]에 "자연은 상상 가능한 모든 경우의 수에 대해 동물에게 행동양식을 고정화하기보다는 어느 정도의 지각을 부여하는 것이 더 효율적임을 발견했을 수 있다."라고 썼다. 그리핀은 지성 그 자체가 적응 특질의 하나로 시작되었다고 주장했다. 동물행동학자인 마크 베코프는 그리핀이 동물의 지성에 대해 학술회의에서 논의하기 시작하자 사람들은 그가 미쳤다고 생각했다고 그때의 떠들썩한 상황을 내게 들려주었다.[30] 그만큼 그리핀의 주장은 획기적이었다.

  그리핀에 힘입어 학계는 최근 30년 동안 보다 나은 방향으로 변화했다. 학술회의에서 동물의 감정에 대해 말하면 비웃던 시대는 지나갔다. 현재 인지행동학은 인정받으면서 계속 성장하고 있으며 매년 동물의 지성과 감정에 대한 연구는 점점 더 많이 발표되고 있다. 마크 베코프는 존경받는 과학자들이 2000년에[31] 동물의 감정에 대해 쓴 글을 찾아보니 50편이 넘는다는 것에 주목했다. 그렇게 만들어진 책이 스티븐 제이 굴드가 서문을 쓴 《돌고래의 미소(The Smile of a Dolphin)》이다. 사람들이 오래 기다려 온 이 책은 행동주의자들의 기계론적이며 인색한 관점에서 탈피한 변화의 신호탄이었다.

2007년 9월 6일 밤, 서른한 살의 회색앵무 알렉스는 그를 교육시키는 아이린 페퍼버그 박사에게 여느 때처럼 굿나잇 인사를 했다.

"잘 있어. 사랑해."[32] 알렉스가 말했다.

"나도 사랑해." 페퍼버그 박사가 대답했다.

"내일 올 거야?"

"응, 내일 올게."

다음 날 아침 페퍼버그가 왔을 때 알렉스는 죽어 있었다. 이어지는 몇 주 동안 알렉스는 역사상 그 어떤 새보다 대중의 관심을 많이 받았다. 《굿모닝 아메리카》를 시작으로 《제이 레노의 투나잇 쇼》까지 TV 프로그램은 알렉스의 죽음을 보도했고, 《뉴욕 타임스》에서는 앵무새 알렉스의 삶과 놀라운 지성에 대해 3쪽지나 되는 기사를 실었다. 전 세계 수천 명의 사람이 알렉스를 통해 동물의 경이로움에 대해 편견 없이 바라보게 되었다고 페퍼버그 박사에게 진심어린 편지를 보냈다. 유명인과 정치인의 부음만 알리던 《이코노미스트》도 부고란에 "알렉스는 생의 끝 무렵에 다섯 살 아이의 지성을 가졌지만 그의 잠재적 역량을 다 이룬 것은 아니다."라고 언급했다.[33]

1977년 페퍼버그 박사가 펫숍에서 앵무새를 무작위로 선택해서[34] 데리고 왔을 때 알렉스가 동물과학 분야에 어마어마한 변화를 가져다

줄 것이라고는 아무도 짐작하지 못했다. 연구진은 침팬지에게만 말하는 것을 가르치려고 시도했지 호두만 한 뇌를 가진 앵무새가 침팬지보다 더 잘할 것이라고는 아무도 생각하지 못했다(침팬지에게 수화교육을 시도해서 성공한 것은 알렉스 한참 후의 일이다).

행동의 진화론적 설명은 새로운 국면을 맞고 있었다. 예를 들어 영국의 과학자 니콜라스 험프리[35]는 지성은 자연적 환경보다는 사회적 환경에 대한 반응으로 진화되었다고 주장했다. 험프리에 따르면 침팬지가 그토록 영리한 이유는 그들이 복잡한 사회에 살고 있기 때문이다. 복잡한 사회 속에서 그들은 지속적으로 추론하고 배우며 생존을 위해 타협한다.

이것이 페퍼버그 박사의 생각을 사로잡았다. 앵무새 또한 야생에서 복잡한 사회에서 살고 있고, 수명이 길어서 침팬지처럼 배우는데 시간을 투자할 수 있으니 그들 또한 진보된 지성을 갖도록 진화되었을 것이라는 생각이 들었다. 게다가 앵무새는 말하는 데 침팬지보다 더 적합한 성대를 갖고 있기 때문에 어쩌면 알렉스는 사람의 언어를 배울 수 있을지도 모른다고 생각했다.

알렉스의 교육은 천천히 시작되었다.[36] 애리조나 대학교에서(이후 하버드, MIT, 브랜데이스에 이르기까지) 페퍼버그 박사와 동료들은 알렉스 앞에서 물건을 들고 그것에 대해 상세한 이야기를 나눴다. 앵무새는 단순히 단어를 듣고 따라하는 '앵무새처럼 따라하기(parroting)'를 하는 것이 일반적이지만 알렉스는 곧 사람과 매우 유사한 방식으로 생각을 표현하기 시작했다. 놀이터에 데려가 달라고 요구했고 다른 장소로 데려가면 불평했다. 알렉스는 '더 큰', '더 작은', '같은', '다른'과 같은 개념을 이해하고 토론할 수 있었다. 생의 끝 무렵에는 50가지 물건의 이름을 알았고, 이전에 본 적이 없는 물건의 형태와 색깔도 묘사할 수 있었다. 심지어 페퍼버그 박사에게 화낸 다음에는 언제 어떻게 사과해야 하는지도 알았다. 죽기 전 알렉스는 착시(optical illusion, 시각적 자극을 잘못 해석하는 현상)에 대해 배우고 있었는데 놀랄 만큼 사람과 유사한 방식으로 인지했다.

페퍼버그 박사는 훗날 이렇게 고백했다. "과학적으로 말하자면 알렉스는 나를 비롯한 우리 모두에게 동물의 정신이 다수의 행동학자들이 믿거나 추측한 수준보다 훨씬 더 사람과 비슷하다는 교훈을 주었다."[37]

앵무새만 이처럼 놀라운 능력을 보여 준다고 생각한다면 착각이다. 2003년 케임브리지 대학교의 연구진[38]은 까마귀 연구를 위해 뉴칼레도니아의 정글에서 몇 달 동안 캠핑을 했다. 그들은 까마귀의 날개에 소형 카메라(이 카메라는 털갈이 때 상처를 남기지 않고 떨어져 나간다)를 부착해서 관찰했다. 관찰 결과 까마귀는 도구를 다루는 수준이 아주 높았다. 동료 까마귀가 개미를 찾기 위해 마른풀을 살피는 동안 어떤 까마귀는 유충을 얻기 위해서 막대기를 썩은 나무에 집어넣고 팠다. 한 용감무쌍한 까마귀는 유용한 도구인 큰 막대기를 수백 미터나 끌고 오기도 했다. 연구진은 사람 손에 키워져 경험을 통해 알 기회가 없었던 까마귀도 도구를 만들고 다듬어서 쓰는 방법을 알고 있다는 사실도 발견해 나가고 있다.

최근 알려진 스크럽제이(미국 어치의 일종으로 참새목 까마귀과의 조류)의 행동은 우리가 새의 지성에 대해 짐작하고 있는 것이 틀렸다는 사실을 보여 준다.[39] 스크럽제이는 우리처럼 일화적 기억(개인의 경험에 대한 기억)을 가졌을 뿐만 아니라 미래도 계획했다. 이는 인간 유아에게도 부족한 특성이다. 연구진은 기억력을 시험하기 위해 그들이 썩는 벌집나방과 썩지 않는 땅콩 중 어느 먹이를 선택해서 감추는지를 관찰했다. 스크럽제이는 이틀 후에 먹이를 감춘 곳에 갈 수 있다면 벌집나방을 선택해서 감췄다. 하지만 몇 주 동안이나 숨긴 곳에 돌아갈 수 없다면 당연히 땅콩을 선택해서 감췄다. 스크럽제이는 경험에 의해 벌집나방은 짧은 시간에 썩어 없어진다는 사실을 아는 것이다.

연구진은 이번에는 스크럽제이에게 미래를 계획할 능력이 있는지를 시험하기 위해 먹이를 어느 장소에 감추는지 관찰했다. 스크럽제이는 다음 날 아침 자신이 배가 고파질 것으로 예측되는 장소쯤에 먹이를 감췄다. 또한 좋아하지 않는 먹이를 사냥할 경우에 대비해 좋아하는 먹이를 저장해 두었다. 스크럽제이는 마치 우리가 주말에 바쁠 것이 예상되면 미리 냉장고를 채우는 것처럼 자기가 좋아하는 먹이를 비축했다.

개 역시 놀라운 능력이 많은데 행동주의자들은 '흥미있는 이야기' 정도로 묵살했다. 개는 상상 이상으로 똑똑하다. 2004년 실험에서 보더콜리종인 리코[40]는 단어 200개 이상의 의미를 인식했고, 이전에 보지 못했던 물체의 이름을 추론하는 능력으로 과학자를 놀라게 했다. 《사이언스》에 소개된 실험에서 연구진은 다른 방에 여러 가지 물건을 놓아둔 다음 리코에게 이름을 말하면 그것을 가져오도록 시켰다. 그러다가 지금까지 훈련받지 않은 낯선 이름의 물건을 가져오라고 하자 리코는 낯선 이름이 어떤 물건인지 고민했다. 그러고는 연구진이 '단순

논리'라고 부르는 추론방식을 이용해 정확하게 물건을 골라냈다.

브리티시 컬럼비아 대학교의 심리학 교수 스탠리 코렌[41]은 이런 결과가 예외적인 것이라고 생각하지 않는다. 인간 유아용으로 고안된 언어와 인지 실험을 개에게 적용하면 영리한 견종은 곧잘 해내기 때문이다. 또한 푸들, 리트리버, 래브라도, 셰퍼드는 250여 개의 단어, 몸짓, 신호를 배울 수 있었다. 심지어 몇몇 개는 개가 찍힌 사진과 없는 사진을 구별할 수 있었다. "개인 자신의 존재를 이해한다."는 것이다.

최근에 대형 영장류에 관한 연구 결과는 제인 구달도 놀랄 정도로 인상적인 것이 많다. 그들의 정신적인 명민함의 증거가 속속 나오고 있기 때문이다. 교토 대학교의 다섯 살 된 침팬지 아유마[42]는 기억력이 사람보다 뛰어남을 보여 주었다. 아유마 앞의 컴퓨터 스크린에는 1부터 9까지의 숫자가 연속적으로 나타났다가 사라졌다. 그러자 아유마는 숫자의 위치를 순서대로 거의 완벽하게 기억해 냈다. 반면 사람들은 겨우 4~5개의 숫자를 기억해 냈다.

연구진은 아유마를 영국의 기억력 챔피언인 벤 프리드모어와 대결시켰다. 프리드모어는 섞어 놓은 카드의 순서를 30초 만에 기억해 냈다. 그런데 침팬지인 아유마는 이보다 3배나 빠른 속도로 카드의 순서를 기억했다. 조너선 발콤은 "5초 동안 9개의 숫자가 나타났다가 사라진 후 프리드모어가 33퍼센트 기억한 데 비해 아유마는 90퍼센트 정확하게 기억했다."고 말했다.[43] 발콤은 침팬지는 200여 종에 이르는 식물에 대해 식물학자 정도의 지식을 가지고 있는데, 그것이 기억을 빨리 불러내는 것을 도왔을 것이라고 결론짓는다. 인간과 침팬지의 정면대결에서 침팬지가 이긴 것이다.

물론 언어 측면에서는 대형 영장류도 앵무새도 인간에 필적할 수 없다. 하지만 그들의 능력은 분명히 의미가 있다. 로랜드고릴라 코코(동물원에서 떨어졌던 어린아이를 구조한 빈티 주가 그의 조카다)는 미국식 수화 중 1,000개 이상을 완전히 익힌 것으로 유명하다. 고릴라가 인간의 언어를 배운 사례를 보면서 우리는 고릴라의 언어를 얼마나 잘 배울 수 있을까 생각해 본다. 우리는 아마도 그리 잘하지 못할 것이다. 발콤은 이렇게 표현했다.[44]

만일 고릴라에게 중요한 것, 예를 들어 토착식물 중에서 먹어도 되는 것과 먹을 수 없는 것을 구별하는 내용으로 실험했다면 어땠을까? 혹은 고릴라가 살고 있는 울창한 아프리카 정글의 날씨 변화를 예측하게 했다면? 혹은 다른 고릴라의 기분을 얼굴 표현, 몸의 자세나 냄새로부터 알아내게 했다면? 이러한 내용으로 실험했다면 고릴라는 인간에게 천재 대접을 받았을 것이다. 고릴라 진화의 역사와 생존법은 이러한 정신적인 능력에 달려 있다. 그러므로 고릴라는 고릴라로서 똑똑하다. 마찬가지로 쥐는 아마도 코뿔소보다는 덜 똑똑하지만 쥐는 쥐로서 똑똑하다. 코뿔소가 코뿔소로서 똑똑한 것처럼 말이다.

지능이 높다고 찬사를 받는 돌고래는 인간을 계속 놀라게 한다. 돌고래는 인간의 뇌와 기초적인 구조가 놀랄 만큼 유사한데 인간의 많은 정신적 위업을 가능케 한다고 알려진 대뇌피질에 주름도 갖고 있다. 산호초, 가시 돋친 물고기와 맞서며 사는 오스트레일리아 서부 연안의 돌고래[45]는 바다 밑바닥을 저인망식으로 훑으며 먹이를 찾을 때 해면 동물(감각세포와 신경세포가 없는 동물로 후생동물 중 가장 원시적 체제를 이루고 있다)로 입을 덮고 사냥하는 법을 부모로부터 배워 왔다.

또한 포획된 돌고래 아케아카마이[46]는 수화 명령을 완벽하게 이해하고 행동했다. "가져와." 같은 기초적인 명령을 받아들이는 것은 물론 명령을 해석해서 행동하는 일련의 사고과정을 연속적으로 이해했다. 이와 별개의 연구에서 관리자가 수신호를 이용해서 돌고래에게 놀이를 스스로 개발해 보라고 제안했다. 그러자 돌고래들은 수면 아래서 자기들끼리 대화를 했고, 마침내 이전에 결코 함께한 적이 없는 동작을 동시에 같이 보여 주었다.

심지어 훈련된 돌고래의 놀이가 야생 돌고래에게 전파되기도 한다. 잡힌 병코돌고래는 물속에서 공기 고리와 나선을 만든 후 그것을 통과하며 놀고, 그 놀이를 다른 돌고래에게 가르치면서 갇힌 시간을 견뎌낸다. 야생 돌고래가 파도타기를 하거나 다른 돌고래와 투닥거리는 놀이를 즐기며 시간을 보내는 동안에 말이다. 2009년 오스트레일리아의 야생동물보호 활동가들은[47] 구조된 돌고래에게 꼬리로 걷기를 가르쳤다. 그리고 3주 후에 야생으로 돌려 보냈다. 그런데 몇 주 후 활동가들이 경악할 일이 생겼다. 바다의 돌고래들이 이 묘기를 펼치면서 놀고 있었던 것이다. 구조되었다가 이 놀이를 배운 돌고래가 야생으로 돌아가 친구 돌고래에게 가르치자 이 놀이가 돌고래 무리에서 대유행한 것이다.

| 당신의 생각보다 이타적인 동물 |

　　　　돌고래 등 동물에 관해 알게 되면서 우리가 겸허해지는 이유는 아마도 그들의 지능뿐만 아니라 그들이 지능을 어떻게 사용하는지에 대해 알게 되면서부터이다. 자기의 위험을 감수하면서 뱃사람이나 바다에서 수영하는 사람을 구조한 돌고래 이야기는 너무 많다. 돌고래의 이런 행동을 그래도 진화에 유리해서라고 해석하고 싶을까? 2004년 뉴질랜드의 4명의 인명구조원이 갑자기 한 무리의 돌고래에게 에워싸였다. 사람들은 처음에 자신들이 곤경에 처한 줄 알았지만 결국 돌고래의 도움으로 목숨을 구했고, 돌고래야말로 시속 55킬로미터로 수영할 수 있는 진정한 인명구조원임을 인정했다.

　　인명구조원 롭 호웨[48]는 3명의 여성 구조대원과 함께 북섬 왕가레이 인근 오션비치에서 약 100미터 떨어진 곳에서 수영훈련을 하고 있었다.

　　그때 한 무리의 돌고래가 '사람 쪽으로 몰려'와서 주위를 빙빙 돌기 시작하자 사람들은 깜짝 놀랐다.

　　호웨는 돌고래가 다가오는 속도를 보고 공격적인 수컷이나 새끼를 보호하려는 돌고래 무리라고 생각해서 불안감을 느꼈다.

　　돌고래들은 구조대원을 한데 몰아 놓고 약 4~8센티미터 떨어진 밖에서 빙빙 돌면서 40여 분간 계속 꼬리로 물을 철썩거렸다.

호웨는 틈이 조금 생기자 구조대원 무리에서 떨어져 나와 수면으로 올라가기 위해 몸을 돌렸다. 그러자 한 마리의 커다란 돌고래가 물살을 휘저으며 호웨에게로 잠수해 왔다.

바로 그때 호웨는 2미터 정도 떨어진 곳에 있는 백상아리를 보았다.

"상어가 다가와 내 주변을 아치형으로 돌고 있었다. 나는 본능적으로 무슨 의미인지 알았다."

상어가 그의 열다섯 살 난 딸과 함께 있는 여자 쪽으로 움직이기 시작하자 돌고래들은 '특단의 조치'에 돌입했다.

"돌고래들은 여자들을 둘러싸고 혼란용 장막을 치는 것 같았다. 그것은 마치 사람의 머리, 돌고래의 지느러미와 등을 이용한 거대한 덩어리처럼 보였다."

상어는 구조 보트가 다가오자 피했고, 돌고래들은 사람 무리가 해안으로 헤엄쳐 갈 때까지 곁을 지켰다. 상어는 바닥 가까이에 머물러 있었지만 수면 위로는 올라오지 않았다.

이와 비슷한 뱃사람들의 이야기는 아주 옛날부터 있었고, 이야기의 발생 빈도로 볼 때 단지 구비설화는 아니다. 2007년 캘리포니아 해안에서 토드 엔드리스는 파도타기를 하다가 백상아리에게[49] 물어 뜯겼다.

"불쑥 나타난 백상아리가 그를 3번 크게 치더니 등 피부를 벗겨내고 오른쪽 다리를 뼈가 보이도록 살을 찢어 놓았다. 병코돌고래가 개입한 것은 바로 그때였다. 돌고래들은 엔드리스 주변에 링을 만들면서 보호막을 쳐서 해안으로 갈 수 있게 도왔고, 엔드리스는 신속히 응급조치를 받은 덕분에 살았다."

　토드 엔드리스에게 일어난 일은 기적이다. 그런데 엔드리스를 사람이 도왔다면 이타적이고 용기 있는 행동이라고 난리가 났을 텐데 돌고래의 행동은 그저 동물의 학습된 행동이라고 설명되었다.

　시각장애인 안내견에게는 훈련으로 가르칠 수 없는 지적 능력, 즉 조심성, 헌신성 등이 있음을 안내견을 접해 본 사람이라면 누구나 안다. 이런 안내견의 헌신성 덕분에 많은 시각장애인이 안내견에 의존한다. 안내견과 시각장애인의 특별한 유대는 칭찬과 체벌의 훈련으로 획득될 수 있는 것 이상이다. 그리고 무엇보다 중요한 것은 안내견처럼 훈련된 개만 이러한 자질을 갖추고 있는 것은 아니라는 점이다. 개는 위기의 순간에 언제나 수완을 발휘하는데, 유기동물보호소에 있다가 입양된 개들은 특히 그렇다.

　휴메인소사이어티에서는 최근 보호소에 있다가 입양된 개 중에서 충성심과 용맹함을 발휘해서 사람을 구한 개 이야기를 듣는 '용감한 개' 경연대회를 개최하고 있다. 2010년 우승자 열네 살 케나이[50]는 버니즈마운틴도그 혼종으로 콜로라도 이리에 산다. 토드 스마르 부부는 가족, 친구, 반려견 케나이와 함께 주말여행을 떠나 숙소의 지하실에서 자고 있었다. 그런데 새벽 4시에 케나이가 끙끙거리고 짖으며 그들을 깨웠다. 토드가 케나이를 진정시키려고 일어났을 때 함께 자던 친구도 깨더니 기분이 이상하다고 말했고 잠시 후 아내가 의식을 잃고 쓰러졌다. 토드는 곧장 위층으로 올라가 사람들을 깨웠고 집에 일산화탄소가 가득 찼다는 사실을 알았다. 그날 케나이의 경고 덕분에 7명의 어른과 2명의 어린이, 개 4마리가 숙소를 탈출해 살아남았다.

2010년 경연대회의 차점자[51]인 컬래미티 제인의 이야기도 감동적이다. 제인은 임시보호자인 샤르 파울리와 함께 차가운 1월의 밤 텍사스의 올레도에서 산책을 하고 있었다. 당시 제인은 총상을 입어 다리 절단수술을 받은데다 새끼를 7마리나 낳은 후라서 회복 중이었다. 이웃집을 지나 걷고 있을 때 제인이 쇠약한 상태인데도 갑자기 맹렬하게 짖으며 이웃집 앞마당으로 불쑥 뛰어들어갔다. 그리고 잠시 후 쾅하고 차 문이 닫히는 소리와 함께 차 한 대가 급히 빠져나갔다. 샤르는 재빨리 집으로 돌아와 911에 전화를 했다. 이웃집에 총을 든 강도 무리가 침입해서 가족과 손님이 한 시간 가까이 감금되어 있던 상태였다. 그런데 제인이 짖자 강도가 밖에 사람이 있다고 생각해 도망친 것이다.

쓰레기통에서 구조된 테리어 혼혈견인 잭[52]의 이야기도 있다. 잭이 새로운 집에 입양된 후 가장 좋은 친구는 꼬마 마야 파이터였다. 마야는 세 살 때부터 입의 움직이는 기능에 영향을 미치는 매우 드문 신경중의 하나인 선천성 양측실비우스주위피질증후군(CBPS, congenital bilateral perisylvian syndrome)이라는 희귀병을 앓고 있었다. 어느 날 자기 집에서 자고 있던 잭이 마야의 방이 있는 위층으로 쏜살같이 올라가 문을 긁고 짖어댔다. 마야의 부모는 직감적으로 뭔가 잘못되었다는 생각이 들어서 따라 올라가자 마야가 자다가 발작을 일으키고 있었다. 부모는 아이를 안고 응급실로 달려갔고, 다행히 회복되어 집으로 돌아왔다. 그 후 잭은 자신이 마야를 도울 수 있다고 생각하는 듯 늘 마야 곁에 머문다. 현재 잭은 마야가 간질 증세를 보일 때마다 미리 알아채는 것 같다. 한 번은 마야가 발작으로 고통스러워하자 잭은 자신의 몸을 이용해서 마야가 받을 충격을 완화시켜 주었다.

잭처럼 발작의 전조를 감지하는 초자연적인 능력이 있는 개가 많은데, 그것이 냄새 때문인지 행동변화 관찰에 따른 것인지는 분명하지 않다. 헝가리의 한 연구자는 시각장애와 간질을 가진 사람에게 발작 전에 경고를 하도록 개를 훈련시켰다.[53] 발작이 일어나기 수 분 전에 짖거나 핥아서 장애인이 도움을 요청하도록 하기 위해서이다. 이 외에도 개는 충격적인 경험으로 어둠을 두려워하는 사람을 위해 불을 켜고, 아픈 주인이 약을 먹도록 알려 주고, 심각한 우울증 환자를 돕도록 훈련되고 있다.

지적 능력과 공감 능력이 모두 요구되는 이런 능력은 개의 야생 친구들에게도 나타난다. 마크 베코프가 처음 코요테를 연구하기 시작했을 때[54] 그는 코요테 무리에서 도덕적 행동의 유형을 보았다. 당시에는 도덕적 감수성이 엄격히 인간만의 것이라고 여겼고, 이는 '우리'와 '그들'을 나누는 과학적인 장벽의 일부로 작용했다. 그러나 베코프는 실험실이 주는 공간적 제약이 자연스러운 사회적 행동을 왜곡할 수 있다고 생각해서 와이오밍주의 그랜드테턴 국립공원에서 증거를 수집했다. 거기서 그는 야생 코요테를 관찰했고, 그들만의 놀라운 규칙을 가진 복잡한 사회를 발견했다.

그는 코요테를 비롯한 다른 개과 동물이 싸우듯이 놀 때[55] 앞다리를 굽히고 짖거나 꼬리를 격렬하게 흔들면서 '절'하듯 하는 행동을 발견하고 비디오 카메라로 기록했다. 이 몸짓을 반복해서 돌려보면서 베코프는 이것이 다른 동물에게 '우리 한 판 붙자. 물론 이건 싸우자는 것이 아니라 노는 거야.'라고 말하는 신호라는 사실을 알았다. 코요테는 싸우듯이 놀 때면 종종 이런 행동을 반복한다. 특히 상대방을 물거나 진짜 싸움과 혼동될 수 있는 행동을 하기 전에는 더욱 그렇다. 또한 도를 넘어서 상대를 너무 세게 물었을 때도 사과하기 위해 절을 한다. 놀이의 규칙을 깬 코요테는 절차에 따라 벌이 주어지기도 하고, 놀이가 아니라 공격을 한 코요테는 다음 놀이 때 파트너로 선택될 확률이 떨어지고 기피되기도 한다.

베코프는 이런 유의 많은 이야기[56]를 '야생의 정의(wild justice)'라고 부른다. 수컷 코끼리가 다리 부상으로 고통받는 암컷 코끼리를 때려눕힌 일이 있었다. 그때 제3의 코끼리가 달려와서 마치 아픈 다리의 고통을 잠재워 주려는 듯 코를 암컷의 다리에 댔다. 또 다른 이야기도 있다. 우두머리 암컷(matriarch, 코끼리는 모계사회로 경험 많은 암컷 코끼리가 우두머리가 된다)이 코를 사용해서 방목장 문에 부착된 걸쇠를 열어 갇힌 한 무리의 영양을 풀어준 적도 있다. 과학자 조녀선 발콤은 흡혈 박쥐조차 아프거나 보살핌과 도움이 필요한 다른 박쥐와 음식을 나누는 등 상호 호혜적인 이타주의를 보인다고 말한다.[57]

동물이 서로를 돌보는 사례는 그들에게 도덕성이 있음을 증명한다. 또한 도덕적 행위의 시작점이라고 할 수 있는 공감도 몇몇 종에게서 발견된다. 영장류 동물학자 프란스 드 발은 꼬리감는원숭이를 대상으로 공감의 범위를 시험해 왔다. 그는 원숭이들을 짝지은 후 각각의 원숭이에게 선택권을 주었다. 원숭이는 오직 자신만 간식을 받을 수 있는 교환권과 둘 다 간식을 받을 수 있는 교환권 중에서 선택해야 한다. 원숭이는 짝이 친숙하고, 눈앞에 있고, 공평하게 보상을 받는 경우에는 지속적으로 둘 다 간식을 받을 수 있는 교환권을 선택했다. 드 발은 "그들은 친한 원숭이의 행복을 소중히 여기는 것 같다."[58]고 결론 내렸다.

친절한 행동이 공감의 한 표현이라면 비탄 역시 공감의 표현이다. 연구자 신시아 모스는 코끼리 가족이 죽은 친척 코끼리를 나뭇가지로 덮은 후 밤새도록 시체 옆에서 돌보는 장례의식에 대해 기록했다. 베코프는 이런 비통함[59]은 야생에서 흔하다고 강조한다. 배우자, 가족, 친구를 잃은 동물은 무리에서 빠져나와 혼자 틀어박히기도 하고, 죽은 동물을 되찾으려는 행동을 하거나 며칠 동안이나 사체 옆에 있기도 한다. 슬픔이 극심한 일부 동물은 먹지도 짝짓기도 하지 않는다. 이런 반응은 진화론적 자기 이익과는 전적으로 거리가 먼 것이다.

2009년에 아프리카 서부의 동물보호구역에 사는 침팬지들은 나이 든 침팬지 도로시를 잃은 후[60] 애도하기 위해 일종의 장례행렬 같은 것을 만들어 자원봉사자들을 깜짝 놀라게 했다. 동부 카메룬에 있는 사나가-용 침팬지 구조센터(Sanaga-Yong Chimpanzee Rescue Center)에서 봉사자들이 도로시의 시체를 손수레에 싣자, 보통은 잠시도 가만 있지 못하는 침팬지들이 철장으로 달려와 침묵했다. 그러고는 서로서로 팔을 감거나 동료의 어깨에 기대어 도로시가 매장되는 동안 내내 서 있었다.

동물도 인간처럼 우울증에 빠진다. 특히 동물원에 갇힌 동물에게 우울증은 흔하다. 우울증에 걸린 동물에게는 사람에게 처방되는 항우울제를 준다. 다른 쥐로부터 분리되어 사회적인 관계를 맺지 못하는 쥐는 여러 음식 중에서 모르핀이 첨가된 음식을 선택한다. 그러다가 정상 환경으로 돌아오거나 우리에 홀로 두지 않으면 이런 선택을 하지

않는다. 다른 쥐와 함께 놀다 보면 행복의 생화학적 증거인 도파민 수치가 상승하기 때문이다.[61]

고립되거나 학대당하거나, 가족이나 친구를 잃은 동물이 정서적인 트라우마를 경험하는 것은 당연하다. 신경과학자 약 판크세프는 포유류는 대부분 이런 조건에서 사람과 유사한 뇌신경 반응을 보이며, 따라서 사람용 진통제가 동물에게도 동일한 효과를 가진다는 사실에 주목했다.[62] 포유류는 사람처럼 음식이나 사회적인 접촉 등의 환경적 보상에 이끌린다. 2008년 서식스 대학교의 연구진[63]은 고릴라의 얼굴 표정이 사람과 마찬가지로 좌뇌의 반응과정에 의해 조절된다는 사실을 알아냈다. 이는 고릴라가 윙크하고, 얼굴을 찡그리고, 능글맞게 웃는 것이 인간과 같은 의도에서 나오는 것이라는 의미이다.

동물이 경험하는 상실이나 고통의 깊이는 부모 코끼리가 밀렵자에게 살해되는 것을 목격한 아기 코끼리 사례에서 보듯 표면적인 것 이상이다. 일상으로 돌아간 듯 보여도 고통은 그들 삶속 깊숙이 들어가 영구적이진 않더라도 외상후스트레스장애를 일으킨다. 우간다의 과학자들은[64] 최근 10년 동안 마을을 공격하는 코끼리의 폭력적인 행동에 대해 조사했다. 일반적으로 코끼리의 공격은 부족한 식량 경쟁 때문이라고 알려져 있다. 하지만 공격이 일어난 시기는 어느 때보다 음식이 충분했고 코끼리 수는 어느 때보다 적었다. 과학자들은 다른 설명을 찾아야 했다. 당시 우간다는 30여 년에 걸친 무자비한 밀렵으로 코끼리의 90퍼센트가 사라졌고, 결국 고아가 된 단 400마리의 코끼리만 남아 있었다.

과학자들은 고아 코끼리들이 어른으로 성장한 후에도 여전히 어릴 적 트라우마의 영향을 받는지 궁금했다. 또한 코끼리들이 왜 코뿔소를 공격해 밟고 때려 눕히는지도 알 수 없었다. 이런 행동은 같은 서식지를 공유하는 초식동물 사이에서는 결코 볼 수 없는 괴이한 종류의 폭력이었다. 남아프리카공화국 필라네스버그 공원에서는 전체 코뿔소 개체수의 10분의 1에 해당하는 39마리가 코끼리에 의해 살해되었다.[65] 과학자들은 연구 끝에 비행을 저지른 코끼리의 부모와 조부모가 크루거 국립공원의 도태 프로그램에 의해 사살되었음을 밝혀냈다. 아기 코끼리들은 어린 시절 본 광경을 결코 잊지 못했고, 어떻게 행동해야 하는지 가르쳐 줄 어른 없이 자라게 된 것이다. 연구진은 고아가된 코끼리들에게서 악몽을 꾸거나 다른 코끼리와 정서적인 연대를 맺는 데 곤란을 겪는 등 외상후스트레스장애의 신경학적 징후를 찾아냈다. 고아가 된 코끼리의 모든 문제는 부모나 가족이 살해되는 장면을 목격한 것과 분명히 연관되어 있다. 어떤 연구진은 코끼리들이 자신들이 겪은 끔찍한 일을 복수하고 있는 것일지도 모른다는 가능성도 제안했다. 암보셀리코끼리연구프로젝트의 연구 책임자인 조이스 풀은 말했다. "그들은 뛰어나게 총명하고 복수를 할 만큼 충분히 좋은 기억력을 가지고 있다."[66]

아기 코끼리가 겪은 일을 생각하면 그들이 인간에게 복수하는 것은 당연하다. 그러나 이런 사례는 매우 드물고 오히려 많은 동물이 사람과 작은 관계라도 맺게 되면 인간에게서 좋은 점만 본다. 그들에 비해 많이 부족한데도 동물은 여전히 인간에게 유대를 느끼는 것이다.

| 동물원의 코끼리와 80년을 사는 앵무새 |

동물도 우리처럼 생각하고 느낀다는 것을 알게 될수록 동물을 돌보는 방법을 변화시켜야 한다는 의무감이 생긴다. 그래서 오늘날의 동물복지는 우리가 알게 된 내용을 어떻게 각 분야에 일관되게 적용할지 고민하게 만든다. 가령 동물원에 가둬 키우는 야생동물을 어떻게 보살피느냐에 대한 고민이 좋은 예이다.

론 케이건은 동물원업계에서 35년 동안 일했다. 그는 동물복지 법안과 관련해서 로비를 하고, 동물원을 버려지거나 압수된 외래종 동물을 위한 동물보호구역으로 사용하자거나 동물원에 동물복지 교육센터를 갖추자는 제안을 줄기차게 내놓는다. 동종업계 관계자의 반대에도 불구하고 그의 의지는 굳건했다.

그러나 정작 케이건을 곤경에 빠뜨린 것은 내부 인물이 아니라 디트로이트 동물원에 살고 있던 코끼리[67]를 코끼리보호구역으로 보내려는 그의 결정이었다. 아무리 최고의 사육사를 고용하고, 우리를 확장하고, 환경을 개선하기 위한 돈이 충분하다고 해도 동물원은 코끼리가 원래 살던 지역과 같은 따뜻한 기후와 실컷 돌아다닐 수 있는 넓은 공간이 있는 코끼리 전용 보호구역에 견줄 수 없다.

그래서 케이건은 디트로이트 동물원의 코끼리를 코끼리보호구역으로 보내기로 결정했고, 이것은 결코 충동적인 것이 아니었다. 코끼리가 동물원에서 제대로 살기 어렵다는 확신은 오랜 경험을 통해 알게 된 것이었다.

1974년에 그는 보스턴 동물원의 사육사로 코끼리와 코뿔소를 담당했다. 코끼리를 처음 만났을 때[68] 코끼리는 머리로 케이건을 벽에 밀어붙여 꼼짝 못하게 했다. 거대하고 고도로 영리한 동물을 다루는 동물원 직원이 처할 수 있는 위험에 대한 경고였다. 몇 년 후 결국 그 코끼리는 동물원 직원을 죽였고 자신도 죽임을 당했다.

10년 뒤 댈러스 동물원의 큐레이터로 근무하던 케이건은 삶의 계기가 된 몇몇 동물을 만난다. 무대에 올라 동물쇼를 하던 오랑우탄, 워싱턴주 쇼핑몰에 있던 고릴라, 플로리다 서커스단의 코뿔소를 구조하는 일을 도우면서 우리에 갇힌 포유류의 삶의 질에 대해 고민하기 시작했다.

여전히 댈러스에서 일하던 1990년 케이건은 케냐 암보셀리 국립공원의 코끼리 연구자 조이스 풀을 만났다.[69] 풀과 동료 신시아 모스는 야생에서 코끼리를 수년간 연구하면서 코끼리는 모계가족으로 무리생활을 하며, 일흔 살 이상 살기도 하고, 하루에 60킬로미터 이상 여행할 수 있다는 사실을 밝혀냈다. 케이건은 그가 알고 있는 대부분의 코끼리가 발과 피부에 생긴 만성 질환으로 고생하고 있음을 알기에 암보셀리의 야생 코끼리도 이런 문제를 갖고 있는지 물었다. "그녀는 내게 무슨 바보 같은 질문이냐고 묻더라구요."[70]라고 케이건은 내게 말했다. 그런 질환은 야생 코끼리에게는 없고, 오직 가둬 키우는 코끼리에게만 나타나는 것이었다.

2년 후 케이건은 디트로이트 동물원의 책임자가 되었다. 디트로이트 동물원에는 코끼리가 2마리 있었는데 이곳의 추운 겨울은 사바

나와 열대우림 기후에 사는 코끼리에게는 적합하지 않았다. 윙키는 새크라멘토 동물원, 완다는 산안토니오 동물원에서 디트로이트로 왔다. 케이건은 코끼리를 가둬 키우는 것에 대해 의구심을 갖고 있으면서도 완다를 실은 트럭이 다가오자 새로운 동물을 갖게 된다는 생각에 흥분했다. 그러나 그 설렘은 코끼리의 비명과 울부짖음을 듣는 순간 비통함으로 바뀌었다. "완다는 앞으로 자신에게 무슨 일이 일어날지 알지 못했다. 정말 가슴 아픈 일이었다." 그는 이미 코끼리에 대해 너무 많이 알아 버렸다. "그것은 끔찍한 경험이었고 몇몇 동물은 결코 가둬서는 안 된다는 논의를 시작하는 계기가 되었다."

2003년 케이건과 동료들은 디트로이트 동물원에서 코끼리를 사육하는 것을 포기[71]하고 완다와 윙키를 캘리포니아에 있는 동물복지구현협회(Performing Animal Welfare Society)의 동물보호구역으로 옮기기로 결정했다. 그곳은 코끼리의 생태에 맞는 온화한 기후와 4만 평이 넘는 넓은 공간, 함께 지낼 수 있는 코끼리가 있으며 코끼리에 대해 잘 아는 사람들의 보살핌을 받을 수 있는 곳이었다. 처음에는 시의회와 일부 시민의 반대가 심해 공공의 논의 과정을 거치는 데에만 1년 6개월이라는 시간이 걸렸다. 결국 디트로이트 동물원의 결정은 지역사회의 반대 여론을 돌리는 데 성공했다. 하지만 미국의 주요 동물원이 디트로이트 동물원의 정책을 받아들이도록 설득하는 데는 실패했다. 다른 동물원은 디트로이트의 결정을 반기지 않았고 케이건이 제기한 논의에는 신경도 쓰지 않았다. 이 일은 동물원 관계자들에게 케이건이 골칫거리임을 보여 주는 증거일 뿐이었다. 그렇지만 케이건은 사람들이 반기지 않는 논쟁의 장을 넓히는 역할을 해냈다.

캘리포니아로 옮겨진 완다와 윙키는 탁 트인 공간과 따사로운 태양에 잘 적응했다. 얼마나 잘 적응하는지 딱히 도울 일도 없었다. 작은 공간에 갇혀 이리저리 짐처럼 실려 다니고, 전시되던 생활에서 드디어 풀려난 것이다. 두 코끼리는 결코 다시 야생으로 돌아갈 수 없지만 이것이 최선임에는 분명했다.

누가 집 없는 코끼리나 가둬 키워진 야생동물에게 공간을 제공하고 보살펴 줄 수 있을까? 케이건은 길거리 동물원(좁은 공간, 조악한 우리, 동물에 대한 지식이 없는 관리자 등 복합적인 문제를 지닌 사설 동물원으로, 야생동물을 구입해서 우리에 넣기만 해도 바로 길거리 동물원이 된다)의 동물과 이국적인 애완동물 애호가들이 더 이상 감당할 수 없게 되자 폐기한 동물 등 갇힌 동물에 대해 계속 관심을 기울여 온 보기 드문 동물원 관리자이다.

1995년 케이건이 구조했던 고릴라의 경우도 마찬가지이다. 아프리카에서 태어나기는 했지만 쇼핑몰에 팔려 콘크리트 철창에 갇힌 채 쇼핑객의 호기심거리로 지내던 고릴라가 서른 살이 되어서야 구조되었다. 구조된 후 갈 수 있는 곳이라고는 동물원뿐이었지만 동물원으로 간 것만으로도 극적으로 삶의 질이 개선되었다. 그러나 여전히 수천 마리의 폐기되거나 쉴 곳이 필요한 동물에게 블랙뷰티 목장 같지는 못해도 작은 형태라도 쉼터를 제공하는 일은 대부분 민간단체와 자원봉사자의 몫이다. 어떤 동물이든 어떤 종류의 학대든 필요한 동물에게 피난처를 마련해 주기 위해 헌신하는 사람은 늘 있다. 관심의 대상과 실행방법은 다르지만 숭고한 일을 하는 것임에는 틀림없다. 이런 사람이 경솔하고 이기적이고 악의적인 사람들이 저지른 일의 뒷감당을 맡는다.

동물보호 활동은 훌륭한 일이지만 힘들다. 2009년 5월의 아름다운 봄날 버지니아에서 앵무새 쉼터를 운영하는 매트 스미스를 만나러 갔을 때 안에서 들려오는 귀청이 찢어지는 듯한 앵무새의 쇳소리에 제대로 찾아왔구나 생각했다. 정겹게 인사를 건네는 말쑥한 서른두 살의 청년 매트는 놀랍도록 똑똑하고, 손이 많이 가고, 오래 사는 새인 앵무새를 구조해 원서식지로 복귀시키거나 가능하다면 새로운 가족을 찾아 입양 보내는 몇 안 되는 앵무새 쉼터 중 하나를 운영하고 있다.

매트의 젊음은 이곳에서는 하나의 자산이다. 앵무새 돌보기는 울타리를 치고, 앵무새 각각에게 관심을 주는 등 바삐 움직여야 하는 젊음을 필요로 하는 일이다. 나중에 매트의 나이가 여든 살을 넘어도 여기 있는 새 중 많은 수는 여전히 그의 곁에 있을 것이다. 어쩌면 현재 그가 돌보는 어린 새들은 그보다 더 오래 살 것이다.

매트는 사람들은 앵무새를 입양할 때 자기가 무슨 일을 벌이는지 알지 못한다[72]고 말한다. 앵무새는 죽을 때까지 평균 5~10곳의 집을 전전한다. 이는 대부분의 앵무새가 반려인의 죽음으로 인한 상실과 버려짐을 끝없이 반복 경험한다는 의미이다.

야외 새장으로 자리를 옮기자 매트는 내게 앵무새 칼리가 내려앉을 수 있도록 팔을 뻗어 보라고 했다. 칼리는 머리 부분이 아름답고 화려했다. 만약 내가 어미새라면 칼리의 풍성한 색색의 깃털을 자랑스러워했을 것이다. 그런데 칼리는 목 아래부터 깃털이 전혀 없었다. 털은 모조리 뽑혀 있었고 맨살 전체에 아파 보이는 흉터만 남아 있었다. 털이나 깃털이 없는 동물은 보는 것만으로도 안쓰럽고 가련하다. 칼리의 눈부시게 아름다운 몸에 남은 거라곤 닿지 않아 뽑을 수 없었던 깃털뿐이었다.

칼리의 전 주인은 앵무새의 소음과 오랜 수명을 감당하지 못했다. 그래서 마련한 해결책이라는 것이 방 안에 혼자 격리시키는 것이었다. 야생에서 앵무새는 무리 지어 살면서 하루에 수 킬로미터를 날아다니고, 강한 부리로 견과류나 음식을 깨서 먹는다. 그런데 칼리는 이런 자극이 전혀 없이 살았다. 아니, 살았다기보다 독방에 감금된 것이다. 2008년 경기가 나빠지자 주인은 그 방마저 세를 놓기로 했고 칼리는 버려졌다. 그나마 주인이 칼리를 매트의 쉼터에 데리고 온 것이 칼리에게는 행운이었다. 주인은 위탁금도 내지 않고 가 버렸고, 매트는 수많은 문제가 있는 칼리를 떠맡음과 동시에 칼리를 보살펴야 하는 책임도 떠안게 되었다.

"훌륭한 가정에서 왔는데도 털을 뽑는 새가 있고, 학대에서 구출했는데도 털을 뽑지 않는 새가 있어요. 여기서 중요한 것은 깃털 뽑기는 야생에서는 존재하지 않는다는 것이죠." 가두어 키우는 앵무새의 30~40퍼센트가 자신의 깃털을 뽑는다.

자기 파괴적 행동을 최소화하기 위해 매트는 새들의 서식 환경을 최대한 자연에 가깝게 재현한다. 나뭇가지와 밧줄, 무리 짓기와 충분한 비행은 상황을 개선시킬 수 있는 필수 조건이다. 그럼에도 여전히 두려움을 느껴서 깃털 뽑기보다 더 무서운 자해 증상을 보이는 새가 있다. "상처받은 새들은 자기 살을 뜯어냅니다. 근육이 드러나고 피가 날 때까지. 우리가 할 일은 칼라(동물이 상처나 치료 부위를 긁거나 핥지 못하도록 목 둘레에 씌우는 차단막)를 씌어 보살피고, 좀 더 나은 삶을 살 수 있도록 도와주는 것뿐입니다."

통계 수치는 더 참담하다. 매트는 미국에서 갇혀 키워지는 조류의 수를 앵무새부터 연작류(제비, 참새류가 대표종인 참새목의 새)까지 5000만 마리 정도로 추산한다. 이는 업계 추산을 훌쩍 뛰어넘는 수이다. 마라 트웨티도 조류의 상업적 포획과 거래의 폐단을 보여 준 《앵무새와 사람들(Parrots and People)》에서 비슷하게 추정했다.[73] 트웨티는 사람들이 집에서 키우는 나이 든 새 중 많은 수가 야생에서 포획되어 미국으로 수입된 것이라고 말한다.

1992년 제정된 〈야생조류보호법(Wild Bird Conservation Act)〉은 야생에서 포획된 새의 수입을 금지했는데, 이 법은 예기치 않게 거대한 규모의 '새 공장' 산업을 유발했다. 따라서 현재 집에서 키우는 어린 새들은 대부분 새 공장에서 태어나 길러져 팔려온 것들이다. 새를 생산하는 대규모 교배산업은 강아지 공장과 비슷해서 캄캄한 창고의 새장에 수백 마리씩 과밀하게 갇혀 있다가 팔려 나간다. 매트는 이런 지저분한 환경이 놀랍도록 명민한 새에게 끼칠 영향을 우려했다.

"이 지적인 동물에게 탈출구는 없습니다. 구조자, 쉼터 관계자는 새를 보호하기 위해 새가 얼마나 지능이 높은지에 대한 연구 결과를 인용하는 데 반해 애완동물 장사를 하는 사람은 같은 연구를 새를 애완용으로 소유하도록 부추기는 데 사용합니다. 새와 함께 살아보면 새가 얼마나 영리한지 알게 되죠. 그래서 결국 새를 가두어 키우는 것이 얼마나 잘못된 일인지 알게 되고 죄책감을 느끼게 됩니다. 이것은 반복되는 문제예요."

매트는 직접 고안한 새장을 보여 주었다. 새장은 새가 날 수 있게 디자인되었다. 매트는 나는 것이야말로 새의 삶에 가장 중요한 요소임을 강조한다. 이곳의 새장에서 새들은 날개가 이미 잘린 새를 제외하면 다른 새와 함께 지내며 날개를 활짝 펼쳐서 맘껏 날 수 있다.

새를 사고 싶은 사람이 매트의 쉼터를 모두 봤으면 좋겠다. 이곳은 하늘을 날며 살아야 하는 생명체를 키우고 유지하는 게 얼마나 어려운 일인지를 보여 주는 본보기로 가득 찬 거대한 집단이다. 키우던 새를 끝까지 책임지는 사람은 거의 없다. 결국 매트와 같은 사람이 어리석은 결정을 한 사람의 뒷감당을 하고, 잘못된 현실을 바로잡기 위해 노력할 뿐이다.

새를 위해 삶을 헌신하는 매튜와 같은 젊은이가 있어 기쁘다. 다른 존재의 고통에 반응하는 사람이 점점 늘고 있고, 이런 사심 없는 노력이 매일매일 세상에 흔적을 남길 것이다. 그것은 생명의 불꽃을 가진 모든 생명체, 우리가 대하는 것보다 훨씬 더 가치 있는 존재에 대한 존중과 인정, 이해와 공감의 흔적이다.

앵무새는 하늘을 나는 모든 새가 그렇듯 하늘을 동경한다. 코끼리는 사람이 만든 울타리 너머까지 걷고 싶어한다. 침팬지는 나무에 오르고, 그네를 타고 춤추며, 준비된 삶을 기쁘게 살고 싶다. 동물은 모두 자신만의 생각과 욕망을 갖고 있으며, 자기가 있어야 할 자리와 목적이 있다. 동물에게는 사람의 능력으로는 알 수 없는 그들만의 존엄성과 이뤄야 할 숙명이 있다. 그러므로 동물을 학대로부터 구조하고 보호하는 것은 인류가 보여 줄 수 있는 최선의 모습이다. 사실 우리가 동물을 대하는 최선은 그저 물러서서 그들을 그냥 그대로 놔두는 것이다.

동물도 정신적이고 감정적인 삶을 영위한다는 사실이 비록 최근에 밝혀졌지만 이미 명백해진 사실이다. 이제는 행동주의학파의 전문 저널이나 동물을 이용하는 산업으로부터 보조금을 받는 극소수의 동물과학 종사자만이 동물은 생각하지도 느끼지도 못한다고 말한다. 하지만 그 동안의 증거를 통해 이제 사람들은 그 말이 틀렸다는 사실을 안다. 물론 아는 것을 일상에서 실천하고 있지 못하는 것이 우리의 문제이지만.

1870년대에 다윈은 동물의 풍부한 감정적 삶을 간파하고 인정했다. 하지만 그의 진화 이론은 후대에 이상한 방식으로 선택적으로 수용되어 인간을 이해하는 방법에 대해서는 심대한 영향을 끼쳤지만 동물의 감정적 삶을 이해하는 데에는 거의 영향을 미치지 못했다. 그리고 다윈 1세기 후 하버드 대학교의 동물행동학자 도널드 그리핀의 개척자적 연구에도 불구하고 아직도 사람들은 행동주의자의 기계론적 독단에 휘둘리고 있다. 그들이 퍼뜨린 거짓과 그들 방식대로 짜맞춘 이론은 동물도 슬퍼서 눈물을 흘리고, 고통스러워서 비명을 지른다는 당연한 진실을 받아들이지 못하고 외면하게 만든다.

이는 영화 〈터미네이터 2〉의 한 장면을 떠올리게 한다. 아놀드 슈워제네거가 연기한 터미네이터는 심판의 날 인간의 눈물을 보고 묻는다. "왜 울어?" 터미네이터는 소년과 예상 밖의 유대감을 느끼고, 소년은 사람은 슬프거나 상실감을 느낄 때, 때로는 행복할 때도 운다고 설명한다. 터미네이터는 회의적으로 쳐다보면서도 잠시 동안일지라도 소년이 알려 준 눈물의 의미를 프로그램화된 지식을 넘어서 이해하게 된다.

오랫동안 동물을 다룰 때 인간은 동물을 우리와 다른 세상의 존재처럼 여겼다. 인간만이 전능하고 동물은 의식도 감정도 없다는 듯 이상하고 냉정한 시선으로 바라봤다. 인간은 인간 역시 동물과 마찬가지로 피와 살로 이루어지는 등 그들과 많은 것을 공유한다는 사실을 인정하지 않았다. 인간 역시 그들과 마찬가지로 무력하고, 상처받기 쉽고, 겁많은 존재라는 것도 인정하지 않는다. 인간은 때로 세상을 정해진 방법으로만 보도록 프로그램되어 있는 것 같다. 그런 까닭에 동물이 인간과 다르지 않다는 생각으로 찬 세상은 느리게 오고 있다. 우리가 동물을 이해하면 할수록 유대감을 더 느끼고, 그들이 곤경에 빠졌을 때 더 마음을 열게 될 텐데 말이다.

동물이 지성과 의식적인 삶을 살아간다는 사실을 믿지 않으려는 것은 직관에 반하는 편의적인 방식이다. 동물 이용 산업에 종사하는 사람들은 수의사와 과학자를 고용해 동물의 감정적 지성을 부인한다. 이는 한때 생물학적 결정론자들이 특정 인종이 열등하다고 진실을 왜곡했던 것과 유사하다. 사이비 과학자들이 동물은 의식도 자각도 없고, 기계적으로 무의식적인 본능에 의해 움직인다고 말하는 것은 도덕성이 나아갈 길이 경제적 이익에 의해 막히는 것에 다름 아니다.

기계적이고 무감각하다는 용어는 사실 동물이 아니라 끝없는 학대를 자행하는 인간을 묘사할 때 더 잘 어울리는 표현이다. 우리가 아는 것과 받아들이는 것, 객관적인 과학이 증명한 것과 법이 실천하는 것 사이에는 거대한 틈이 있다. 대부분의 현대 동물보호운동은 그 틈을 메워 도덕 방정식이 일관된 답을 내올 수 있도록 노력한다. 그 동안 용인되어 온 믿음은 더 이상 타당하지 않고 존속할 수도 없다. 이제 우리는 돼지가 동물이지만 영리하고 사회적임을 안다. 그리고 이런 얇은 도덕적 책임을 수반한다. 돼지를 어둡고 더러운 공장식 축산의 가축으로 선고해 버리는 것은 옳지 않다. 영장류를 실험을 위해 폐기 가능한 원재료처럼 다루는 일, 어획 과정에서 의도치 않게 잡힌 것처럼 돌고래를 잡는 일, 보호자가 없는 반려동물을 과잉 생산물로 간주하는 것도 마찬가지이다.

동물보호운동에서 고집스럽게 반대만 하는 것은 상황을 더 나쁘게 만든다. 차라리 도덕적인 문제이자 도덕적 기회로 바라보는 것이 더 낫다. 생각하는 것은 상당한 노력이 필요하고, 오래된 사고방식을 털어내는 것은 추가적으로 용기가 필요한 일이다. 물론 노력과 용기가 필요한 불편한 일이지만 끔찍하고 불쾌한 문제가 발생했을 때 변명이나 하면서 사는 것보다는 나을 것이다. 게다가 이미 그 길을 가고 있는 용기 있고 따뜻한 마음을 가진 사람이 많으니 든든한 일이다.

2부

유대를 배신하다
The Betrayal of the Bond

3장

홀마크가 알려 준
공장식 농장의 실체

나는 《뉴욕 타임스》 기자인 메기 존스와 점심을 먹고 하루 종일 함께 있을 계획이었다. 오전에 로스앤젤레스 국제공항에서 그녀를 만난 뒤 애리조나와 네바다의 경계 지역인 인랜드 엠파이어(미국 캘리포니아 남부의 리버사이드와 샌버너디노를 중심으로 하는 지역) 중심부로 데려갈 예정이었다.

메기와는 전화로만 이야기를 나누었을 뿐 한 번도 만난 적이 없었다. 그녀는 30대 후반의 보스턴 사람으로 아이 엄마였고 더할 나위 없이 유쾌했다. 전화 통화를 해보니 그녀는 동물학대 문제에 대해 꽤 잘 알고 있었고, 더 세세한 면에 직면하는 것을 두려워하지 않았다. 그런데도 나는 경계를 늦추지 않았다. 가끔 인터뷰하는 동안 지나치게 긴장을 풀었다가 바보 같은 실수를 해서 중요한 일을 망치는 유명인을 종종 보아 왔기 때문이다. 그런 일은 나나 〈법률개정안 2〉에 일어나서는 안 된다. 캘리포니아 주민 발의 투표인 〈법률개정안 2〉는 축산에서 가장 심각한 감금식 사육방식을 개정하기 위한 운동이었다. 나는 《뉴욕 타임스》 기자와 긴 동행을 하는 동안 정신을 똑바로 차려야 했다.

메기는 공장식 축산에서 벌어지는 동물학대에 맞서는 휴메인소사이어티의 캠페인과 정치적 영향력에 대한 기사를 준비 중이었다. 나는 공장식 축산으로 키워지는 동물의 삶과 죽음을 보여 줄 수 있는 몇몇 장소를 그녀에게 보여 주고 싶었다. 사람 마음이라는 것이 떨어져 있으면 무관심해진다. 무심한 회의론을 깨는 데 직접 경험 이상의 것은 없다. 나는 그녀가 무엇을 보게 될지, 어떻게 반응할지 충분히 알고 있었다. 그리고 나 또한 공장식 축산의 실체를 다시 봄으로써 우리가 캘리포니아에서 벌이고 있는 거대한 전투의 기운을 새롭게 하고 싶었다. 이번 캠페인은 미국 동물복지 역사상 가장 큰 승리가 되거나 가장 큰 실패가 될 것이었다.

〈법률개정안 2〉 투표까지 딱 석 달 남은 2008년 7월의 마지막 토요일이었다. 1800만 명에 이르는 유권자[1]를 포함한 3800만 명의 캘리포니아 주민은 11월에 있을 총선에 점점 관심을 보일 것이다. 주민 발의 투표 전에는 항상 긴장이 된다. 선거는 목전에 다다른 것처럼 느껴지기도 하고, 영원처럼 멀게 느껴지기도 한다. 우리는 이 캠페인을 차근차근 준비해 왔다. 2006년 중간선거에서 투표법안 명부를 통과시킨 후 몇 주 지나지 않은 시점부터 준비한 캠페인이었다. 낙관할 만한 분위기였지만 유권자가 실제로 캠페인에 귀 기울이지 않는다면 여론조사는 큰 의미가 없었다.

주 전체에서 이루어지는 경쟁적 선거전이 대개 그렇듯 이번 전투는 마지막 6주가 중요하다. 언론은 촉각을 곤두세우고 주요 논쟁을 비

중 있게 보도했다. 20만 달러에 육박하는 선거 자금은 대부분[2] 결정을 내리지 못한 부동층의 마음을 흔들 수 있는 허위사실에 대응하거나 마지막 주장을 부각시키는 TV 광고에 쏟아부어진다.

물론 주된 이벤트는 버락 오바마와 존 매케인 간의 대통령 선거전이다. 하지만 1988년 이후 캘리포니아주에서는 대통령 선거에서 공화당이 단 한 번도 이기지 못했기 때문에 큰 관심을 끌지 못했다. 오히려 대통령 선거 이외의 선거전 중에 몇몇은 아주 아슬아슬했다. 캘리포니아는 진보적인 투표 결과가 나오는 곳으로 유명해서, 이곳에서 벌어지는 논쟁은 전 국가적 논쟁이 되었다. 돈과 언론의 관심은 온통 동성애자 결혼을 금지하는 〈법률개정안 8〉과 이를 반대하는 캠페인에 8000만 달러가 몰린 것에 쏟아졌다. 중절수술을 하려는 미성년자의 부모에게 이를 알리도록 하는 법안과 대체에너지 개발 법안 등 굵직굵직한 사안도 많았다.

이런 여건 속에서 휴메인소사이어티와 여러 동물보호단체는 〈법률개정안 2〉를 관철시키기 위해 싸웠다. CAFO로 알려진 이 법안은 2000만 마리의 동물을 심각하게 과밀하게 가두어 키우는[3] 고밀도 동물사육 방식, 즉 공장식 축산을 금지하는 개선안이다. 〈법률개정안 2〉는 거대 축산업계와 동물권리 옹호자들이 벌이는 최대의 정치적 충돌이었다. 그 동안 다른 곳도 공장식 축산을 제한해 왔다. 2002년 플로리다주는 교배용 암퇘지를 임신용 감금우리(철제로 만든 틀로 암퇘지는 몸을 돌리지도 못할 정도의 좁은 이곳에서 강제 임신과 출산을 반복한다)라고 불리는 작은 철제틀에 가두는 것을 금지했다. 2006년 애리조나주는 임신용 감금우리와 송아지 감금우리(연한 고기를 얻기 위해 송아지를 움직이지 못하게 가두는 좁은 우리) 두 가지를 단계적으로 금지했다. 이번에 캘리포니아에서는 이 같은 감금식 사육 우리 불법화 제안에 더해 공장식 양계장의 아파트형 닭장(겹겹이 쌓인 좁은 철제 우리에 산란계를 가둬 키우는 밀집 사육형 닭장)에서의 달걀 생산도 금지하기 위한 법안을 통과시키려 하고 있었다.

| 집 옆 도살장 : 캘리포니아 육류 공장의 비밀 |

　　　　　정보력이 뛰어난 메기는 최근의 이런 움직임을 잘 알고 있었다. 우리를 압박하려고 축산업계가 로비를 하고 있다는 사실도 알았다. 만일 축산업계가 야당색이 강한 캘리포니아에서 지금 같은 위치를 유지한다면 다수의 국민이 도덕성보다는 당장의 이익을 원한다는 의미이니 우리의 투쟁 의지가 꺾일 수도 있었다. 하지만 만일 투표에서 우리가 이긴다면 공장식 축산 방식의 개선이 전국적으로 시행될 발판이 마련될 터였다.

　　나는 메기에게 현재 휴메인소사이어티는 개, 고양이의 유기, 학대 문제만 다루던 과거의 동물보호단체가 아니라고 설명했다. 그런 생각으로는 휴메인소사이어티를 제대로 평가할 수 없다. 1950년대 설립이후[4] 휴메인소사이어티는 도덕적인 판단을 반려동물에만 국한시키지 않았다. 우리의 관심은 반려동물은 물론 모든 동물에게 미치고 있다.

　　우리 단체는 현대의 동물권 옹호 단체가 필요로 하는 자산인 로비스트, 법률가, 과학자, 잠입 조사원, 집필자, 편집자, 풀뿌리 활동가 등을 갖추기 위해 노력했다. 활동 영역을 넓히려는 우리의 시도가 어떤 사람에게는 신선한 뉴스가 되기도 하지만 거대 축산업계, 모피업계, 버려진 개·고양이를 위한 보호소를 운영하는 전통적인 동물단체의 활동을 중요시하는 사람들에게는 환영받지 못했다. 사실 우리는 도움이 필요한 모든 동물[5]을 돕고 있고, 그런 필요는 이전보다 훨씬 더 커진 상황이다. 그러다 보니 동물산업계는 우리를 사업을 위협하는 존재로 간주한다. 하긴 우리를 그렇게 생각해 주지 않는다면 그거야말로 큰 문제이다.

2004년에 미국의 가장 큰 동물보호단체인[6] 휴메인소사이어티의 대표가 되었을 때 나는 당면한 동물복지 문제와 정면으로 부딪치는 것을 두려워해서는 안 된다고 맹세했고, 축산업계에서 벌어지는 가축에 대한 구조적인 학대에 도전하기로 약속했다. 미국에는 100억 마리에 가까운 동물[7]이 공장식 육류생산 시스템에 갇혀 있다. 생산, 운송, 도살 방법을 조금만 바꿔도 동물의 고통을 엄청나게 줄일 수 있는데 어떻게 우리가 이 일을 모른 척하겠는가.

메기와 나는 일정을 로스앤젤레스 외곽에서 시작했다. 이곳은 공장식 농장과 도살장이 많은 데다 결정적으로 부동표 지역이기 때문이었다. 리버사이드와 샌버너디노는 내 집 마련의 꿈을 이루기 위해 열심히 일하는 중산층이 많은 지역으로 전문직인 화이트컬러도 있지만 대부분 급속히 늘어나는 라틴계 인구를 포함한 노동자 계층이다. 게다가 이곳은 캘리포니아의 강력한 두 흐름이 충돌하는 곳이다. 거대하고 생산적인 농업경제와 새롭게 대두되는 교외경제가 불안하게 공존하고 있는 곳, 캘리포니아주의 전통적인 농업경제와 로스앤젤레스, 오렌지 카운티로 대표되는 새로운 교외경제가 공존하고 있는 곳이다. 그래서 이 지역은 캘리포니아 투표의 승패를 가르는 기준이 된다.

인랜드 엠파이어는 코스탈레인지(멕시코에서 미국 알래스카주 동남부에 걸친 북아메리카 태평양 연안의 산맥)와 시에라 네바다 사이의 광활한 범람지로 센트럴 밸리(캘리포니아주 중앙부의 대지구대)의 정남향에 있는 세계에서 가장 비옥한 지역 중 하나이다. 일년 내내 기후가 따뜻하고, 비옥하고 풍부한 토지 덕분에 야채, 과일, 아몬드, 아보카도 등 다양한 종류의 농작물을 재배하는 캘리포니아는 국가 세수 창출면에서도 최고의 영농 지역이다.[8] 이곳은 곡창지대라기보다는 미국의 샐러드 그릇이라고 할 만하고, 주요 축산물 생산지로도 의미가 있다. 캘리포니아는 미국에서 유제품을 가장 많이 생산하는 곳[9]으로 2,000명의 축산업자가 180만 마리의 암소를 키우며, 2008년에는 1900만 톤의 우유를 생산하고, 69억 달러의 세수를 창출했다.

지금은 5위로 밀려나긴 했지만 얼마 전까지 최대 달걀 생산지이기도 했다. 지금도 여전히 2000만 마리의 암탉이 닭장에서 연간 50억 개라는 어마어마한 수의 달걀을 생산한다. 최근에는 아이오와, 오하이오 등 중동부의 옥수수 재배지역이 달걀 생산에서 캘리포니아를 앞섰다.[10] 사료에 쓰이는 옥수수 등의 곡물은 무거워서 운반이 어렵기 때문에 달걀 산업이 사료 생산지와 가까운 곳으로 옮겨가고 있는 추세이다.

인랜드 엠파이어에는 800만 마리의 닭을 사육하는 리버사이드 카운티의 달걀 공장[11]을 포함해 많은 달걀과 유제품 생산업체가 있는데, 주거단지가 교외로 급속히 확장되면서 축산업체의 바로 옆까지 주택지가 형성되기 시작했다. 조립식 주택 옆으로 양계장이, 쇼핑몰 바로 옆으로 도살장이, 복합상업지구 옆으로 낙농장이 들어선 것이다. 축산업과 주택지가 분리되어 있는 다른 지역과는 달리 이곳에서는 성격이 다른 두 공동체가 마구 혼재되어 있다.

포모나에서 LA 동부 지역을 운전해 가면서 나는 메기에게 휴메인 소사이어티의 목표와 〈법률개정안 2〉의 쟁점에 대해 설명했다. 첫 목적지인 치노의 홀마크/웨스트랜드공장은 샌버너디도와 리버사이드 카운티 경계지역에 걸쳐 있다.

공장의 남쪽 건물의 뒤쪽 노변에 주차를 했다. 이곳에서 어떤 일이 벌어졌는지 잘 알고 있는 나도 현장에 온 것은 처음이었다. 공장은 알루미늄과 콘크리트로 보기 좋게 지어졌다. 배기관, 파이프, 붙박이식 공기순환장치가 보였다. 3층 높이의 공장 옆으로는 금방이라도 주저앉을 것 같은 작은 건물이 연결되어 있었다. 주차장과 동물이 잠시 머무는 계류장이 보였고, 계류장에는 튀어나온 구조물, 우리, 미끄럼식 이동장치도 보였다.

홀마크는 돼지 떼 속의 한 마리 소처럼 주변과 어울리지 않았다. 건물의 북쪽으로는 들판이, 남쪽으로는 현대적 사무실 단지가 마주하고 있었다. 서쪽 끝에는 번잡한 도로가 있고, 말끔히 포장된 길 위에는 노란 차선이 그어져 있었다. 도살장 건너편에는 사무실 복합단지가 있었다. 회계사, 사업가, 사무직 노동자들은 보기 흉한 이웃을 어떻게 생각하고 있었을까? 사무실에서 모닝커피를 홀짝거릴 때 소가 내지르는 비명 소리와 울음 소리가 들리지 않았을까? 아니면 그저 익숙해진 것일까?

〈법률개정안 2〉는 동물의 도살방식에 관한 것은 아니지만 홀마크/웨스트랜드공장에서 매일같이 벌어지는 도살 장면을 폭로한 보고서를 계기로 시작되었다. 때문에 이 공장은 〈법률개정안 2〉를 촉발한 곳으로 기억될 것이다. 우리는 캠페인 기간 동안 유권자들이 이 연관성을 잊지 않도록 노력했다.

2007년 가을, 휴메인소사이어티의 조사원이 인랜드 엠파이어의 달걀 생산 시설에 취업을 계획했다. 그곳에서 어떤 일이 벌어지고 있는지 기록하기 위해서였다. 몇 주, 몇 달 등 일정 기간 동안 공장식 농장에서 일하면서 도살의 실태를 폭로하는 방식은 우리 단체의 새로운 전략이었다. 잠입 조사원의 눈과 카메라를 통해 온 국민이 공장식 축산에서 어떤 일이 벌어지고 있고, 누가 그런 일을 벌이고 있는지 볼 수 있을 것이다.

처음에는 별 소득이 없었다. 달걀 생산 공장에 취업하기가 쉽지 않았기 때문이다. 그러던 중 홀마크공장을 알게 되었고, 달걀 생산 공장에 취업하기 전까지 이곳에서 일하기로 했다. 그러니까 잠입 조사원이 홀마크에 들어가게 된 건 순전히 우연이었다. 사실 그 전까지 우리는 홀마크에 대해 아는 것이 없었다. 그래서 달걀 생산 공장에 취업이 되면 바로 중단하기로 하고 홀마크에 들어갔다.

홀마크는 그를 바로 고용했다. 많은 도살공장의 인력은 거의 100퍼센트의 이직율[12]을 보이기 때문에 그리 놀랄 일도 아니었다. 이곳의 노동은 너무 위험하고 정신적으로 피곤한 일이기 때문에 매해 새로운 노동자들이 이곳을 채운다. 일주일 내내 동물을 죽이고 해체한다고 상상해 보라. 기대할 것도 기분이 좋아질 일도 없는 나날이다.

도살장 노동자는 하루 종일 날카로운 도구를 휘두르고, 바닥은 피 때문에 미끄럽다. 거대한 동물 시체가 벨트 위로 빠르게 지나가고, 공장은 노동자들에게 작업 속도를 높이라고 압박을 가한다. 사고는 다반사이고[13] 자르는 행동을 반복하기 때문에 손목터널증후군이 생기기도 한다. 육체적으로도 정신적으로도 고단하기 짝이 없는데다 임금도 형편없었다.

홀마크는 나이 들고 '쓸모없어진' 젖소 도살을 전문으로 한다. 그래서 업계에서는 '도태된 암소' 도살공장으로 알려져 있었다. 사람들은 선택교배를 통해서 엄청난 양의 우유를 생산하는 홀스타인종 젖소를 만들어 냈다.[14] 하지만 암소는 3년 정도 지나면 계속적으로 그런 수준의 우유를 생산을 할 수 없기 때문에 상업적으로 쓸모가 없어진다. 그런 젖소가 가는 곳이 바로 홀마크이다.

100여 년 전 작가 업턴 싱클레어[15]는 육류산업은 돼지의 꽥꽥거리는 소리만 빼고는 모두 이용한다고 썼다. 이는 오늘날 모든 농장동물에게 해당된다. 도태된 젖소가 은퇴하고 갈 곳은 없다. 낙농업자들은 젖소 폐기 비용을 들이기보다 다진 소고기로 만들어 팔아 부가 수익을 얻는다. 미국에서 생산 판매되는 다진 소고기의 17퍼센트는[16] 쓸모없어진 젖소로 만든다.

공장식 축사에서 도살장으로 온 젖소는 몇 년 동안 우유 생산 기계로 취급받았기 때문에 매우 쇠약해진 상태이다. 젖소는 현재 연간 평균[17] 9톤 이상의 우유를 생산하는데 이는 지난 세대 젖소가 생산하던 양의 5배이다. 미국 낙농업계의 소 중 90퍼센트 이상[18]이 유선염과 젖꼭지감염으로 고통받고 있다. 현재 공장식 축산 시스템 젖소의 젖은 바닥에 끌릴 정도로 커서 괴상해 보이며, 자신의 배설물 위에 하루 종일 서 있어야 하기 때문에 종종 발이 썩어 문드러진다.[19]

홀마크에 비밀리에 파견된 잠입 조사원은 마르고 키가 큰 친구로 그곳에서는 '애덤'으로 불렸다. 그는 홀마크에서 공장에 도착한 소를 트럭에서 내려 분류한 후 일렬종대를 지어 공장에서 도살장을 부르는 말인 '노크박스(커피 찌꺼기를 버리는 통)'로 보내는 일을 배정받았다. 휴메인소사이어티는 어떤 일이라도 동물에게 해를 끼치는 것은 허용하지 않는데 애덤의 업무는 실질적인 도살 과정에는 참여하지 않았기 때문에 가능했다.

입사한 첫날 애덤은 홀마크의 문제를 바로 발견했다. 도살장에 도착한 소는 대부분 병약해 보였고 다리를 절고 있었지만 인부들은 전기 막대기 등으로 소를 도살장 쪽으로 몰았다.

비록 엄격하게 금하지는 않지만[20] 연방정부 규정에는 전기충격은 가능하면 사용하지 않도록 되어 있다. 전기충격을 받은 소들이 눈에 흰자위를 보이며 고통스럽게 쓰러지는 모습을 본 애덤은 그곳에 더 머물며 조사를 계속 진행하기로 결심했다.

그는 도살 과정을 생생하게 보았다. 도살장에 들어간 소는 금속 나사못이 장착된 볼트건으로 머리를 관통당한다. 커다란 권총 모양의 이 총은 나사못이 머리뼈를 관통하도록 고안되었으며, 동물을 기절시켜 무의식상태로 만든다. 동물이 일단 기절하면 뒷다리 하나를 매달아 올린 후 인부가 목을 베어 죽인다. 그런 다음 기계식 벨트 위에 올려져 여러 인부 앞을 지나간다. 인부들은 소의 특정 부위를 도려내는 임무를 수행한다. 기계식 벨트는 꽤 효율적인 조립 라인이지만 역설적이게도 도살장에서는 해체 라인이다.

애덤은 하루에 10시간, 주 5~6일 동안 일을 하고 최저임금을 조금 웃도는 임금을 받았다. 그는 동물을 다루고 도살하는 인부 12명 중 라틴계가 아닌 유일한 사람이었다. 전국의 도살공장은 거의 예외 없이 이민 노동자를 고용한다. 부시 행정부의 마지막 몇 해 동안 불법이민

대책[21]에 따라 몇 곳의 주요 도살장을 급습해서 수백 명의 노동자를 체포했다. 이는 이 산업이 합법적인 입지도, 선택의 여지도 없어서 불평 없이 강요하는 일을 해야 하는 절망적이고 쉽게 착취할 수 있는 노동력에 의존하는 산업임을 보여 준다.

애덤은 평범한 직장인들이 업무를 시작하기 훨씬 전인 오전 6시 30분에 근무를 시작해야 했다. 공장에서는 이른 시간에 대략 350마리가 도살된다. 홀마크는 하루[22]에 대략 500마리, 주당 2,500마리의 소가 도살당한다. 연방 기준에 따르면 소규모 도살공장이지만 젖소의 살처분공장 중에서는 상대적으로 큰 공장이다. 스미스필드푸드는 노스캐롤라이나 타힐에서 돼지 가공공장을 운영[23]하는데 그곳은 하루에 3만 2000마리의 돼지를 도살하고 4,650명의 인부를 고용하고 있다.

미국농무부 수의사 한 명이 인도적인 도살 방법에 관한 법 집행을 위해 홀마크에 배정되었다. 그의 일은 각각의 소를 검사하고 그들을 인도적으로 다루도록 도살 과정을 점검하는 것이다. 그러나 우리 기준에서는 수의학적 검사라고 볼 수 없었다. 수의사는 무릎을 굽히고 앉아 동물을 하나하나 살펴보고 암소의 상태를 평가하지 않았다. 수백 마리의 소를 그렇게 검사할 시간이 없는 것이다. 휴메인소사이어티에서는 여러 해 동안 감시 프로그램 충당금을 더 확보하기 위해 기금을 착실하게 쌓아가고 있다. 하지만 아직도 매년 도살장으로 보내지는 3300만 마리의 소,[24] 1억 1300만 마리의 돼지, 같은 운명의 수백만 마리의 염소, 양을 비롯한 포유류를 보호하도록 규정한 인도적 법률을 집행하기에는 훨씬 못 미친다. 또한 농무부는 도살되는 동물의 95퍼센트 이상이 닭, 칠면조 등 조류임에도 불구하고, 가금류에게는 인도적 도살 법률을 적용하지 않고 있다.[25] 대략 90억 마리의 닭과 2억 5000만 마리의 칠면조가 매년 도살되고 있다.

애덤과 인부들이 정부 감시관인 수의사 앞으로 10여 마리의 소를 몰고 가는데 수의사가 동물의 걸음걸이에서 비정상적인 점을 발견하지 못하면 그 무리는 통과이다. 전혀 서지 못하는 동물이 눈에 띌 때에만 감시관은 부적합 판정을 내리고 도살하지 못하도록 한다. 그는 아침 감시 업무를 오전 6시 30분에 완료하고,[26] 다른 일을 위해 하역장과 계류장을 떠난다. 그가 떠나고 나면 노동자들은 감시받지 않는 상태에서 소를 도살하기 시작한다. 그리고 12시 30분경에 수의사가 돌아와 또 다른 150마리의 도살을 승인한다. 나중에 수의사는 연방조사관에게 시간을 절약하기 위해서 감시 작업을 '쉽게' 했다고 인정했다.

매일 아침 애덤은 옷 아래에 소형 비디오 카메라를 부착했다. 카메라가 굉장히 작아서 배터리 수명이 짧기 때문에 촬영 분량이 하루에 1시간 정도밖에 안 되었다. 밤에는 모텔로 돌아가 비디오 카메라를 풀고 몸에서 오물을 씻어낸 뒤 그날 분량을 기록했다. 그러고는 배터리를 충전한 후 다음 날을 준비했다.

일할 때 애덤은 다른 사람과 어울리지 않았다. 스페인어를 할 줄 몰라 인부들과 대화를 많이 나눌 수도 없었다. 동료들은 그가 채식주의자라는 것도 애덤이 싸오는 샌드위치 속의 고기가 콩고기라는 것도 몰랐다. 1~2주마다 우리는 애덤과 만나서 조사 내용을 정리했다. 사실 애덤은 가능한 한 증거자료를 많이 모을 뿐 테이프의 내용을 자세하게 검토할 시간이 없었다. 애덤은 의심받지 않을 만큼 일도 해내야 했고, 해고도 조심해야 했다.

홀마크에는 연방 수의사 외에 농무부의 감시관 4명이 더 있었다. 그들의 주된 임무는 육류가 가공되는 곳에서 식품의 안전성을 감시하는 것이다. 그들은 소의 사체가 살모넬라균, 대장균, 기타 다른 병원균을 갖고 있는지 검사하고 식용에 적합한지를 확인했다.

도살공장에서 농무부의 존재 의미는 식품의 안전성 확보이다. 농무부 감시관은 도살 후 검사에만 집중했다. 그들에게 가축을 다루는 방법과 생체검사(가축 도살 직전에 하는 검사로 질병이 있을 경우 도살이 금지된다)는 귀찮은 일일 뿐이다. 드와이트 아이젠하워 대통령이 1958년 인도적 도살 방법에 관한 법에 사인했을 때 국회의원들에게 "내가 받은 편지만 보고 판단한다면 이 나라는 오직 인도적 도살만 걱정하고 있는 것 같다."[27]라고 언급했다. 불행히도 농무부는 이 메시지를 전혀 이해하지 못한 것 같다. 그들의 관리 감독은 형편없었고, 특히 가금류에 관해서는 최소한의 조치도 없었다.

1997년에 동물복지 감시관인 게일 아이스니츠는 그의 저서 《도살장(Slaughterhouse)》에서 농무부의 법 집행 관행의 문제[28]에 대해 썼다. 최근 많은 수의 보고서는 연방 공무원들이 도살장에서 죽음을 앞둔 동물의 고통에는 관심이 없고 뻔히 드러나는 학대도 무시한다고 폭로하고 있다. 동물복지단체의 조사에서도 심각한 문제가 드러났다. 현재의 무작위적인 샘플링과 연방의 검사 방식은 감시 프로그램의 만성적인 결함을 드러내고 있다. 이는 법 집행의 구조적인 실패이다.

2001년 《워싱턴 포스트》는 도살장 법규 집행에 관한 문제를 보도했다.[29] 해체 라인에서 일하는 노동자 레이먼 모레노에 대한 이 기사는 보도상을 수상했다. 모레노는 워싱턴 소재 파스코사의 소고기 공장에서 시간당 309마리의 속도로 지나가는 소의 사체에서 무릎관절을 잘라 내는 일을 했다. 그는 《워싱턴 포스트》의 조비 워릭 기자에게 때로는 소가 몸의 일부가 잘려진 상태인데도 불구하고 그의 앞에 올 때까지 살아 있었다고 말했다. "소가 눈을 껌벅거리고 신음 소리를 냅니다. 머리를 움직이고, 놀란 눈으로 주변을 살핍니다." 그는 "소는 조각조각 나서 죽습니다."라고 말했다.

애덤은 홀마크에서 수의사는 도살장으로 들어가기 전에 살아 있는 소가 대기하는 장소에 매일 같은 시간에 나타난다고 했다. 사전에 알리지 않고 방문해야 하는데 그러지 않았다는 의미이다. 수의사는 이런 식으로 10년 이상 홀마크에 대한 감시 업무를 해오고 있었다. 그의 일정은 공장관리자가 잘 알고 있었기 때문에 그가 도착할 때면 도살장 인부들은 정해진 행동을 한다. 또한 홀마크 사람들은 공장 안의 다른 농무부 감시관에 대해서도 거의 신경 쓰지 않는다. 감시관이 도살장에서 무슨 일이 일어나는지 감시하기는 하지만 불시점검 따위는 없기 때문이다.

2005년 농무부 외부 수의사가 도살장이 인도적으로 운영되고 있는지 확인하기 위해 홀마크를 방문했다. 그는 동물에게 물을 제대로 공급하지 않고, 동물을 몰 때 전기충격기를 과도하게 사용하고 부적절하게 기절시키는 문제를 보고했다. 그러고는 이 문제가 농무부 기준에 대한 '엄청난 위반'이었는데도 수의사는 가벼운 경고인 '불이행리포트'만 발부했다. 기록상으로는 정부 기준으로 아무런 결함이 없는 셈이 된 것이다. 같은 해에 농무부는 홀마크/웨스트랜드를 국립학교 급식 프로그램을 위한 '올해의 공급자'로 지명했다. 농무부 감시와 별도로 공장 자체적으로도 감시관이 있는데 홀마크에 따르면 2007년 공장에는 17명의 제3자 감시관이 있었다.[30] 2007년에 모든 제3자 감시관이 홀마크에 가장 높은 점수를 주었는데, 그때가 우리 단체의 조사원인 애덤이 홀마크에 취업해 조사를 했던 바로 그 해이다.

만약 사람들이 제3자 감시관과 농무부의 설명, 공장 경영진의 말을 그대로 받아들인다면 이곳은 모범적인 시설이다. 그러나 애덤은 전혀 상이한 경험을 했고, 그의 카메라는 감시관의 감시 결과와 많은 사람의 찬사가 의미하는 것이 무엇인지를 보여 주었다. 애덤은 걸을 수 없는 10여 마리의 소가 인부에 의해서 강제로 일으켜지고 잔인하게 학대당하는 모습을 기록했다. 다우너 소(downer cow)라고 불리는 소는 다리가 부러졌거나 불구이거나 어떤 이유로든 쇠약해져서 주저앉아 스스로 일어서지 못한다. 다우너 소는 이미 트럭에 실려 올 때부터 주저앉아 있거나, 우리에 분류되는 과정에서 주저앉거나, 도살장으로 가는 길에 그렇게 되기도 한다. 이런 경우 인부는 도구를 이용해 소를 무조건 일으켜 세운다. 농무부 감시관에 의해 적합판정을 받기 위해 인부들은 주저앉은 소를 언제 괴롭혀야 벌떡 일어서는지 알고 있었다.

애덤은 트럭에 주저앉아 있던 소를 최악의 사례로 꼽았다. 인부들은 체인 한쪽을 소의 다리에 묶고 다른 끝을 트랙터에 연결해서 끌어내렸다. 소는 트럭에서 도살 지역으로 끌려가는 30~45분 동안 내내 큰소리로 울부짖었다. "몸부림과 고함이 어느 순간 멈추고 침묵만 흘렀습니다. 소는 그냥 단념한 거예요."

관리자는 어떤 소도 다우너 소로 분류되는 걸 허용하지 않았다. 관리자는 소가 보행불능이라고 판정될 때마다 회사는 돈을 잃게 된다

고 주장하면서 모든 소를 강제로라도 일으켜 세우라고 인부에게 지시
했다. 인부는 소의 생식기나 눈에 전기충격을 가하고, 지게차의 날로
소를 내리찍고 밀어붙인다. 심지어 일으켜세우기 위해 소의 입안에 수
압이 센 호스를 넣어 물고문과 같은 자극을 주기도 한다. 그러면 소는
고통에서 벗어나기 위해 거의 남아 있지 않은 힘을 이용해 일어서려고
노력하고, '충분히' 다시 감시를 통과할 수 있게 된다.

| 주저앉은 다우너 소 |

　　당시 휴메인소사이어티의 조사 책임자였던 캐시 밀
라니는 애덤이 보내온 영상을 긴급히 봐야 한다면서 나와 부책임자,
업무 진행 담당자 마이클 마카리언을 불러 앉혔다. 동물 싸움, 강아지
공장, 바다표범을 몽둥이로 때려잡는 영상 등 어떤 형태의 학대 기록
이든 조사기록 장면을 보는 일은 항상 기대와 두려움 등 복합적인 감
정을 불러일으킨다. 나는 동물이 어떤 방식으로든 고통받는 모습을 보
고 싶지 않다. 보고 있으면 분노가 치밀어 오르기 때문이다. 하지만 봐
야 한다면 마음을 독하게 먹고, 조사원인 애덤이 그런 것처럼 직접 내
눈으로 목격해야 한다고 스스로를 납득시킨다. 본 다음 어떻게 대처해
야 할지 계획을 짜야 하니까.

　　애덤이 보내온 영상을 보기 전에 나는 육류산업에 대한 선입견이
있었다. 20여 년 동안 이 분야에서 일하면서 육류산업은 한때 그들이
가지고 있던 인도주의 정신을 잃고 식용으로 키워지는 동물을 점점 더
고통스럽게 다룬다고 생각했다. 현대의 축산업은 절차와 원칙을 무시
하고 있으며, 최소한의 규제마저 회피하는 방식이 어느 때보다 약삭빠
르다. 특히 그들이 저지르는 가장 큰 잘못은 전통 축산업이 지녔던 오
래된 표준원칙, 즉 농장동물의 욕구와 본성을 존중하고 명백한 윤리적
경계를 두었던 표준원칙을 저버린 것이다. 산업으로서의 축산은 책임
감을 폐기해 버렸다. 모든 단계에서 동물은 감정 없는 상품과 생산 단

위로 취급되면서 끔찍한 장면이 만들어진다. 애덤이 기록한 것을 보기 전에 마음을 단단히 먹어야 하는 이유였다.

학대는 끔찍했고 영상은 나를 동요시켰다. 고통받는 생명체가 죽음을 향해 가는 것만으로는 충분하지 않은지 그들의 마지막 순간은 매질과 고함, 두려움으로 가득했다. 인부들은 최소한의 배려조차 하지 않았다. 그들이 동물에게 느껴 왔을 연민은 축산 노동의 폭력적인 일상 속에서 사라졌다.

내가 영상을 보며 맨 처음 떠오른 것은 캘리포니아 낙농업의 '행복한 암소' 광고였다. 캘리포니아 낙농업계는 3.8리터의 우유당 20원의 추가 요금을 거둬서 조성한 자금으로 수십억 원짜리 홍보 광고를 제작하여 세간의 이목을 끌었다. 광고에는 푸른 초원에서 햇볕을 즐기는 방목된 암소가 등장하고 행복한 암소가 좋은 우유를 생산한다고 강조했다.

우리는 낙농업의 홍보 마케팅이 사기였다는 사실을 증명할 수 있는 증거를 손에 쥐고 있었다. 홀마크의 소는 자신의 발굽을 평생 단 한 번도 풀밭에 디뎌보지 못했다. 그들이 태어나서 죽을 때까지 겪은 일이라고는 갇히고 빼앗기고 비참함을 느끼는 것뿐이었다. 무릎까지 올라오는 진흙과 배설물이 쌓인 콘크리트 우리에 서서 평생을 보내다가 홀마크 같은 도살장으로 오는 것이 그들의 삶이다.

그런데 애덤이 보내온 영상을 보면서 너무 고통스러워 언론이 방송하지 않을지도 모른다는 걱정이 들었다. 이는 학대 문제를 다룰 때 늘 따라다니는 문제이다. 수많은 피디와 기자 입장에서 보면 동물학대 영상 외에도 분노할 만한 뉴스가 매일 충분히 쏟아진다. 그래서 때로는 누락되기도 한다. 이런 이야기를 누락하고픈 유혹은 국민 1인당 연평균 100킬로그램의 고기를 소비하는 미국의 시청자나 신문 구독자[31]가 농장동물과 육류산업에 죄책감을 느끼지 못할 때 더욱 강해진다.

우리가 먹는 음식과 그 음식이 어디서 어떻게 왔는지에 대한 사회적 경각심이 커지고 있는 요즘에도 이것은 마찬가지이다. 베스트셀러 작가 마이클 폴란은 음식의 옥수수 함량이 너무 높음을 지적했다.[32] 우리 식단에도 옥수수 가공식품이 지나치게 많고, 산업화된 축산계는 동물을 일상적으로 학대하면서 동물에게도 막대한 양의 옥수수와 콩을 먹인다고 지적했다. 폴란은 제대로 먹는 방법에 대해 다음과 같이 조언한다. "음식을 먹어라. 너무 많이 먹지는 말고. 가능하면 채식으로."

베스트셀러인 《패스트푸드의 제국(Fast Food Nation)》에서 에릭 슐로서는 패스트푸드 회사가 슈퍼사이즈 제품을 출시해 비만, 당뇨를 비롯한 광범위한 건강 문제를 일으키고 있다고 지적했다. 1970년대에 비해 몸무게가 남자는 평균[33] 8킬로그램, 여자는 4킬로그램 늘었다. 미국인은 더 많이 먹어서 건강에 문제가 생겼다. 폴란과 슐로서를 비롯한 많은 사람이 도살장과 농장에서 무슨 일이 일어나고 있는지 들여다볼 수 있게 창문을 열어주었다. 그곳에는 현대 음식 생산의 냉혹하고 무자비한 세계가 있었다.

〈법률개정안 2〉를 위한 노력이 가속화될 즈음 사람들은 지금의 축산 방식의 문제점을 인식하기 시작했다. 우리 모두에게는 선택권이 있다. 그리고 선택을 하기 위해 공장식 축산의 도덕적 비용에 대해 제대로 보고 평가할 필요가 있었고, 애덤이 찍은 장면은 명료한 시각을 제공할 수 있었다. 캠페인이 대중의 의식 속으로 파고들어 가려면 잘

짜맞춰진 상황 구성이 필요한데 때마침 그런 분위기가 조성되었다. 휴메인소사이어티의 홀마크 사건 몇 달 전, 일련의 식품안전성 소동이 발생하면서 이슈가 되었다. 캘리포니아에서 일어난 이 사건은 어린이, 학교 급식과 관련되었기 때문에 충격적이었다. 학부모는 해결을 촉구했고 학교 급식은 홀마크의 주요 시장이었다. 거기에는 휴메인소사이어티 등의 동물단체와 얼마간의 극적인 사건을 더해 준 용감한 비밀조사도 포함되어 있었다. 그리고 최종적으로 애덤이 촬영한 장면은 유혈이 낭자하지 않고 어린이가 봐도 괜찮을 정도의 폭력성이어서 동물학대에 대해 알리기에 적합했다.

홀마크 동영상은 회사가 동물학대를 저질렀다는 증거가 확실했다. 하지만 그것은 주 차원에서의 문제일 뿐, 연방정부 차원은 아니었다. 농장동물을 보호하기 위한 연방법률은 없었고, 사실상 연방법에 반동물학대법은 없었기 때문이다. 인도적인 도살 방법에 관한 법 위반이 분명했으나 그 또한 범죄적인 수준은 아니었다. 연방정부 법에 따르면 도살공장의 잠정적 폐쇄인데 이 경우에는 그러기에도 너무 늦었다. 게다가 관련된 사람의 범죄행위를 처벌할 연방 법규가 없었다.

우리가 이 사건에 대한 자료가 충분한데도 농무부를 찾아가지 않은 이유는 이 외에도 또 있다. 농무부의 고위 관료들이 결단력 있게 행동해 개선을 요구할 것이라는 확신이 없었기 때문이다. 농무부의 고위직 정치적 지명자들은 언제나 육류산업의 법인이나 단체관계자 중에서 나온다. 그래서 그들이 산업계에서 했던 일과 농무부에 들어가서 하는 일 사이에는 별 차이가 없다. 부시 행정부 시절 농무부 책임자였던 데일 무어는 전국축산육우협회(National Cattlemen's Beef Association)

의 로비스트였다. 마치 육류산업이 농무부 고위 업무를 위한 경영 훈련과정처럼 여겨졌는데 실제도 그랬다.

문제는 농무부가 홀마크의 학대를 방지하는 데 실패했다는 것이다. 모든 사건이 농무부의 규제 단속하에 일어났다. 나는 농무부가 그들이 고용한 사람의 업무수행 의지와 공장에서의 형편없는 감독 절차를 지적할 가능성이 결코 없다고 생각했다.

이제 남은 방법은 그 영상을 12월에 샌버너디노 카운티 지방검사 마이클 라모스의 사무실에 넘기는 것이었다. 라모스의 보좌관인 데비 플로그호스는 믿을 만한 학대기소 사례 기록을 가지고 있었고, 법률을 제대로 집행하려는 의지가 있는 사람이었다. 우리는 그 영상과 함께 공장 인부들의 행동이 동물학대를 금지하는 캘리포니아법률과 〈캘리포니아주저앉은동물보호법(California Downed Animal Protection Act)〉 위반임을 주장하는 법률 분석을 라모스의 사무실로 보냈다. 다른 많은 주와 달리 캘리포니아는 통상적이고 관례적인 축산 실행 방식이라고 해도 쉽사리 면죄부를 주지 않는 경향이 있었다.

그렇다고 해도 이제까지 어떤 주도 도살장 인부를 기소하지 못했다는 것을 고려하면 홀마크를 정의의 앞에 불러올 수 있을지 확신하기 어려웠다. 또한 강력한 축산 전통을 지닌 지역사회에서 벌이는 배심 재판은 우리가 극복해야 할 또 다른 부담이었다. 따라서 우리는 참혹한 현실을 보여 주는 압도적인 사례를 제공해야 했고, 그것이 애덤이 몇 주 더 공장에 머물러야 했던 이유이다.

농장동물 문제를 다루는 대표적인 변호사 피터 브랜트는 이전에 함께 일했던 적이 있는 라모스의 보좌관인 데비와 증거자료를 넘기기 위해 준비를 했다. 그는 이내 지방검사 사무실에서 조사가 개시되었다고 우리에게 알려 왔다. 그런데 시간이 지나도 지방검사 사무실에서는 이 사건의 진전에 대한 말이 없었다. 조사 중에 있는지, 다른 문제를 다루느라 이 문제를 미뤄 두었는지 알 수가 없었다. 라모스의 사무실에 자료를 넘긴 지 거의 한 달이 지나자 우리는 인내심을 잃어갔고, 이 일이 묻혀질까 봐 걱정되기 시작했다. 이 사건은 축산업이 중심인 지역에서 선출된 지방검사가 다루기에는 논란이 많은 주제였을지도 모른다. 어쩌면 다른 곳으로부터 압력을 받고 있을지도 몰랐다.

우리는 영상을 언론에 보내면 홀마크 경영진, 농무부, 지방검사 모두에게 압력을 가할 수 있다고 판단했다. 그래서 2008년 1월 29일, 《워싱턴 포스트》의 기자에게 전화를 걸어 독점 뉴스를 제안했다. 《워싱턴 포스트》에 기사가 실리는 날 우리는 기자회견을 하기로 했다. 이 것은 동물학대 사건이고 미국 정부가 육류산업을 통제하는 데 실패한 수치스러운 본보기이기도 했다. 농무부와 의회 관계자에게 영상을 보여 주기에 《워싱턴 포스트》보다 더 좋은 매개체가 있을까?

확실히 《워싱턴 포스트》의 기사는 강력했고[34] 공신력이 있었다. 다른 매체도 영상을 보고 싶어했다. 우리는 기자 회견장에서 남캘리포니아 도살공장에서 발견한 주저앉은 다우너 소에 대한 대규모 학대와 이 소들이 음식 공급 시스템으로 들어가고 있다는 사실을 폭로했다. 게다가 이 공장은 국립학교 급식 프로그램에 두 번째로 많은 양을 대는 공급자로 전국에 있는 학교 어린이들에게 2만 톤이 넘는 다진 소고기를[35] 공급한다는 사실도 밝혔다. 이런 사실은 지게차가 암소를 굴리는 장면 등의 영상과 결합되어 강한 인상을 남겼고 기자들은 자세한 취재를 위해 자리를 떴다.

우리는 영상을 아침에 배포했고 웹사이트에도 게재했다. CNN, 폭스 뉴스 등의 매체가 차례로 보도하기 시작했고, 곧장 최고 이슈가 되었다. 우리는 영상과 보고서를 바로 하루 전날 임명된 새로운 농무부 장관 에드 샤퍼에게도 보냈다.

폭발적인 반응이 쏟아졌다. 홀마크에 심각한 잘못이 있음을 부인하는 이는 없었다. 농무부와 동종업계도 즉각적으로 반응했다. 농무부는 곧바로 홀마크 공장의 농무부 감시관들을 불러들였다. 연방법은 고기가 사람이 먹기에 적합한지의 판단을 농무부가 승인하도록 했는데 농무부가 임무를 다하지 못한 것이었다. 이 조처 하나만으로도 홀마크의 도살 라인을 중지시키기에 충분했다.

주요 매체는 며칠 동안 이 사건을 계속 보도했다. 홀마크가 다진 소고기를 학교 구내식당에 공급했다는 사실을 알게 된 미국 전역의 학부모들이 목소리를 내기 시작했다. 대장균과 광우병에 대한 걱정 때문이었다. 공포에 빠진 학부모들이 즉각적인 조처를 요구하자 학교 측은 구내식당에서 육류를 빼기 시작했다.

이런 분위기는 샌버너디노 카운티의 지방검사 사무실도 움직이게 만들었다. 2월 14일, 지방검사 라모스에게서 연락이 왔고, 바로 다음 날 나는 라모스와 함께 기자회견에 참석했다. 그는 영상 속에서 소에게 가장 극악한 잔학행위를 저지른 두 명의 인부를 기소할 것이라고 밝혔다.

공장 인부 다니엘 우가르테 나바로[36]는 캘리포니아의 반학대법에 의거해서 5건의 중범죄와 다우너 소를 움직이게 하려고 기계장치를 사용한 혐의 등 3건의 경범죄로 기소되었다. 중범죄는 15년 징역형과 10만 달러의 벌금형을 내릴 수 있고, 여기에 경범죄에 대한 처벌이 더해지는 것이다. 또 다른 인부 호세 루이스 산체스는 주저앉은 다우너 소에 대한 학대 등 3건의 경범죄로 기소되었다.

라모스가 밝힌 기소 사유는 전체 산업계가 귀 기울여야 한다. "나는 동물학대뿐만 아니라 모든 사건을 심각하게 받아들인다. 학대당한 동물이 반려동물이든 도살장의 암소든 달라질 것은 없다. 불필요한 잔인함이 용인되어서는 안 된다. 법이 허용하는 최대한의 범위에서 기소할 것이다."

새로운 농무부장관 에드 샤퍼는 업무 파악을 하기도 전에 홀마크 사건으로 끔찍한 충격을 받았다고 말했다. 하지만 그는 육류업계의 휴메인소사이어티 비난에도 동참했다. 그는 CNN에서 "그들(휴메인소사이어티)은 4개월 동안이나 그 정보를 쥐고 앉아 있었다."고 말했다. 농무부장관과 육류업계는 우리가 영상을 즉각 농무부에 전달하지 않았다는 핑계를 대며 고통받은 소와 식품안전성 위험에 대해 우리 탓만 했다.

육류업계는 이렇다 할 설명 없이 방어적인 입장을 취하면서 엉뚱한 곳에 화풀이를 하고 있었다. 우리는 이런 역습을 예상하고 있었다. 우리는 이미 농무부에 조사 일정을 보낸 상태였고, 언론과 대중의 반응에 적절하게 대응했다. 이번 학대는 우리가 아닌 농무부 감시하에 발생했다는 것, 연방법을 유지하고 공공의 이익을 위해 봉사해야 할 정부기관과 육류업계의 지긋지긋하고 은밀한 관계를 상기시켰다.

농무부는 라모스가 소송 중인 학대혐의에 대해 따를 수밖에 없었다. 전 국민이 주시하고 있었기 때문이다. 농무부는 지난 2년간 홀마크 공장에서 유통시킨 모든 육류를 홀마크가 자진 회수한다고 발표했다. 6만 5000톤의 소고기 리콜, 이는 미국 역사상 가장 큰 육류 리콜 기록이다.[37]

많은 양은 이미 소비되었지만 전국의 학교와 가정의 냉장고에 냉동되어 있던 수천 톤의 홀마크 소고기가 폐기 처분되었다. 휴메인소사이어티의 임원인 앤드류 웨인스테인은 자신이 항공모함을 둘러본 적이 있는데 7만 5000톤이나 나가더라고 말했다. 그 무게가 바로 리콜된 홀마크 소고기의 무게와 비슷하다고 보면 된다.

농무부 대변인은 홀마크의 리콜을 등급 II 리콜이라고 했다. 가장 놓은 등급의 리콜은 아니고 '주의요망' 정도의 조치였다는 것이다. 위험은 없지만 주저앉는 다우너 소의 취급기준 위반을 관리하기 위한 조처라는 말이다. 정말 아무런 위험이 없다면 왜 이런 대규모 리콜을 했을까?

사실 농무부에 대한 신뢰도는 높다고 할 수 없다. 의회에서는 미국의 식품안전체계가 구시대적이고, 너무 많은 연방기구에 분리되어 있다고 지적했다. 특히 미국농무부 자체가 산업계와 너무 밀착되어 있어서 이해관계가 상충될 때 쉽게 타협하는 것에 대한 우려가 커지고 있었다.

국민들은 주저앉은 다우너 소가 유발할 수 있는 공공보건상의 위기를 걱정했다. 땅에서 뒹굴다 도살되는 소는 배설물을 뒤집어쓰게 되고, 다우너 소를 도살한 장비를 재사용하면 교차오염이 되는 등 대장균의 전파 가능성이 높아지기 때문이다. 또한 주저앉은 다우너 소는 정상보행이 가능한 소보다[38] 우해면양뇌증(BSE, bovine spongiform encephalopathy), 즉 광우병에 걸렸을 가능성이 훨씬 높다는 사실은 이미 유럽의 많은 증거로 인해 확인되었다. 인간광우병인 변종 크로이츠펠츠-야콥병은 치명적인 뇌 소모성 질환이다.

모든 것이 밝혀지자 홀마크의 대표인 스티브 멘델은 자취를 감추었다. 홀마크 사건을 중심으로 한 8차례의 청문회가 이어지는 동안 그를 불러내기 위해 하원 에너지통상위원회는 소환장을 발부해야만 했다. 결국 모습을 드러낸 멘델은 밝혀진 학대행위에 대해 아는 바가 없고 자신도 영상을 보고 큰 충격을 받았다고 증언했다. 그는 다우너 소는 도살되지 않았고, 판매된 소고기는 먹어도 안전하다고 장담했다.[39]

미시건주의 민주당 하원의원인 바트 스튜팩은 이번 사건을 바라보는 관점이 달랐다. 전직 보안관으로 감독조사소위원회 위원장인 그는 멘델과 위원회실에 들어찬 사람들에게 모니터를 주목해 달라고 부탁한 다음 영상을 틀었다. 이미 수 차례 방송된 까닭에 모두에게 익숙한 영상이었다. 그러나 스튜팩은 한 다우너 소가 도살장으로 끌려 들어가는 순간을 포착해서 발언했다. "지금 다우너 소가 도살되었다는 것을 부인하셨죠. 자 이제, 당신이 선서를 했다는 걸 잊지 마시고 답변하시기 바랍니다. 저래도 다우너 소가 식용으로 도살되었다는 사실을 부인하시겠습니까?" 스튜팩은 멘델을 추궁했고, 멘델은 모든 사람이 방금 눈으로 확인한 것을 마지못해 수긍해야만 했다.

곧 이 위기는 전 세계적으로 확산되었다. 미국의 무역 상대국들은 미국 소고기의 안전성에 의문을 표했다. 영상은 전 세계 텔레비전에 방송되었고, 그중에는 미국 소고기를 두 번째로 많이 수입하는 한국도 포함되어 있었다. 한국 국민은 미국 소가 어떻게 자신들의 식탁까지 오게 되는지 알게 되자 신뢰하지 않았다. 시위가 일어났고, 어느 날은 한 번에 7만여 명의 사람이 서울의 거리로 쏟아져 나왔다.[40] 시위는 여러 날 지속되었고, 미국농무부와 미국무역대표부사무국은 한국의 미국 소고기 시장이 완전히 닫히는 것을 막기 위한 외교적 노력을 서둘러 시작했다.

몇 달 후 캘리포니아 입법부는 〈주저앉은동물보호법〉을 상향 제정하는 대책을 발표했다. 도살장에서 주저앉는 다우너 소의 도살과 고기 판매를 금지하고 이를 어길 시에는 최고 20만 달러의 벌금과 1년 이하의 징역을 부과했다. 이어서 휴메인소사이어티는 모든 주저앉은 가축에게서 나오는 육류의 식품 공급을 농무부에서 금지시켜 줄 것을 촉구했다. 샤퍼 장관은 그럴 필요까지 없다면서 망설이다가 마침내 4개월이 지난 후에 모든 다우너 소의 도살과 식품 공급을 금지하는 것에 찬성한다고 발표했다.[41]

그런데 문제는 부시 행정부의 농무부가 최종 조처를 취하지 않는다는 것이었다. 약속만으로 다우너 소들이 식품으로 공급되는 것을 중지할 방책은 없었다. 부시 대통령의 임기가 끝날 때까지 다우너 소의 도살을 금지하기 위한 일은 하나도 해결되지 않았다. 결국 오바마 행정부와 새 농무부장관 톰 빌색이 인계받고 나서야 다우너 소의 도살이 연방법으로 금지[42]되었다. 병들고 다리를 저는 동물이 결코 더 이상 학대되어서는 안 된다는 간단한 최소한의 기준이 워싱턴에서 최종적으로 법으로 제정되기까지 20여 년간의 논쟁과 일련의 국가적인 위기를 거쳐야 했다.

| 스스로 죽으러 걸어갈 수조차 없는 동물 |

　　이것이 홀마크 육류공장의 추악한 이야기이다. 그리
고 이것이 내가 《뉴욕 타임스》 메기 존스와 인랜드 엠파이어 투어를 홀
마크에서 시작한 이유이다. 우리는 2008년 7월 휴메인소사이어티가
최종 조사 결과를 공개한 지 7개월 만에 폐쇄된 공장에 도착했다. 1억
1000만 달러짜리 회사는 농무부에서 감시관을 불러들이자 망하고 말
았다. 대표인 스티브 멘델은 치노를 떠나 오렌지 카운티에 있는 400만
달러짜리 그의 집으로 돌아갔다.[43] 공장 출입문 앞에 주차하자 경비 한
명만 눈에 띄었는데 함께 이야기를 좀 하자고 청해도 그는 경비초소를
떠나지 않았다.

　　우리는 공장 외곽을 걸으며 둘러보다가 시설을 둘러싸고 있는
1.5미터 담장 위로 기어올라가서 몇 년에 걸쳐 수십만 마리의 소가 죽
임을 당한 곳을 내려다보았다. 이제 그곳은 버려진 채 평화로워 보였
다. 건물은 거의 그대로여서 마치 공장이 당장이라도 다시 돌아갈 것
처럼 보였다. 나는 애덤에게 전화를 걸어 우리가 무엇을 둘러보면 좋
은지 물었다.

　　우리가 있는 곳을 설명하자 애덤은 우리가 있는 곳이 계류장이라
고 알려 주었다. 계류장은 트럭에서 내린 소들이 처음으로 거치는 장
소이다. 애덤은 우리에게 계류장에서 도살장으로 이어지는 곳을 보라
고 했다. 도살장은 해체 작업과 포장이 진행되는 거대한 공장으로, 입

구가 덮개로 덮인 채 있었다. 나는 한동안 그곳을 응시했다. 그곳은 영상 속에서 인부가 주저앉은 소의 입에 물줄기를 퍼붓던 곳이었다. 도대체 그토록 무력하고 온순한 생명체에게 그런 짓을 할 수 있는 사람은 어떤 사람일까? 그런 행동을 하도록 부추기는 기업은 어떤 기업일까?

메기는 동물과 그들의 고통에 공감하는 능력이 큰 애덤이 어떻게 공장에서의 시간을 견뎠는지 물었다. 애덤은 특유의 겸손함으로 동물 학대를 폭로하려면 개인적인 희생이 요구된다고 대답했다. 우리는 애덤과 통화를 마치고 담장에서 뛰어내렸다.

나는 스티브 멘델이 하원위원회에서 분개하며 명백한 사실을 부정하던 태도는 기업가에게는 당연한 것이라고 말했다. 현재 축산업계는, 의혹은 부정하고 진실은 은폐하면서 존재하기 때문에 기업가는 모든 것이 문제없다고 확신한다. 덕분에 축산업은 농무부와 밀착관계를 유지하면서 매우 제한적인 감시와 규제만 받는다. 하지만 그들에게 최악의 적수가 등장했다. 그것은 바로 한 명의 용감한 사람과 소형 카메라였다. 그리고 그들이 가장 두려워하는 진실을 알아 버린 대중과 직면하게 되었다.

2009년 오바마 대통령이 주저앉은 다우너 소의 도살을 연방법으로 영구적 금지를 선포한 것은 대단한 승리였지만 그렇게 되기까지 참으로 오랜 세월이 걸렸다. 휴메인소사이어티와 동물보호단체인 팜생크추어리(Farm Sanctuary)는 오래전부터 의회와 농무부에 다우너 소를 식품으로 공급하면 공공의 건강을 위협할 것이라고 경고했다. 우리는 다우너 소를 식용으로 가공하는 것을 금지하기 위해 싸워 왔다. 그러나 단계마다 전국축산육우협회와 그들을 옹호하는 의회 세력의 저항에 직면했다. 2001년에는 상하 양원이 모두 주저앉은 동물의 도살금지 수정 조항을 통과시켰지만, 농무위원장을 내세운 양원협의회는[44] 2002년 〈농업법(Farm Bill)〉에서 수정 조항을 폐기했다.

우리는 포기하지 않고 다시 시도했다. 2003년 상원은 주저앉은 동물의 도살금지를 다시 승인했다. 그러자 축산업계는 하원에서 반발하며 농무부의 지출법안 심사 중에 법률 조항 논쟁에 불을 붙였다. 개정안 발의자인 뉴욕주 민주당 의원 게리 애커먼은 다우너 소를 확대한 사진을 동료들에게 보여 주면서 한 마리의 병든 소가 도살되면 미국은 물론 전 세계적으로 미국 소고기에 대한 신뢰가 바닥으로 떨어질 것이라고 경고했다. 애커먼은 매년 3400만 마리의 소가 도살되는 미국에서 20여 만 마리나 되는 다우너 소가 포함되는 것이 이해가 가지 않으며, 병든 동물까지 식재료로 이용하는 것은 비인도적이며 잘못된 일이라고 주장했다.[45]

하원 축산위원회의 위원장인 공화당의 버지니아주 의원 밥 굿라트와 텍사스주 의원 헨리 보닐라는 수정안을 끈질기게 반대했다. 그들의 동료인 축산위원회의 민주당 텍사스주 의원 찰스 스텐홈 또한 하원에서 다우너 소의 도살금지에 대한 어떤 대화에도 반대하며 "애커먼의 사진 속 아픈 동물은 절대로 식품 공급 시스템으로 들어가지 않을 것이다. 이만 끝."[46]이라고 확언했다. 그 후 그는 재선공천을 받지 못하자 자신이 속했던 곳인 육류산업의 로비스트로 돌아갔다.

국회의원들이 축산업계와 협력관계에 있는 동료 의원들의 확언을 믿어 준 덕분인지 의회는 애커먼의 수정안을 202 대 199로 무산시켰

152

다. 단 두 명만 '반대'가 아닌 '찬성' 표를 던져서 수정안이 가결되었다면 주저앉은 동물은 합법적으로 식용이 금지되었을 것이다.

그 해 크리스마스 직전 농무부는 워싱턴주에서 주저앉은 다우너 소가 광우병 양성 반응을 보였다고 발표했다. 미국 최초의 광우병 사례였다. 병든 소는 사람 식용으로 가공되었고, 그 공장에서 나온 육류가 나라 전체에 유통된 후였다. 이 사건은 2주일 동안 신문 1면을 장식했다.

영국에서는 첫 광우병 발생 이후 100명이 넘는 사람이 죽었다.[47] 사람들이 광우병을 두렵고 불길하게 생각하는 이유 중에는 잠복기가 길다는 것도 있다. 영국은 소를 살처분한 후 화장했다. 광우병은 공중 건강의 위기이고 경제적인 면에서도 재앙이었다. 그리고 미국 또한 같은 운명으로 고통받게 될 것이라는 공포가 있었다. 불안한 소비자들은 고기를 덜 먹기 시작했고,[48] 영국에서 광우병이 발생한 덕분에 50개가 넘는 나라는 미국 소고기와 더 가까워진 상황이었다.

이 위기와 무역 상대국의 불안감을 해소시키려고 농무부장관 앤 베너먼은 주저앉은 다우너 소가 식용으로 쓰이는 것을 금지하는 내용을 포함한 일련의 응급정책을 발표했다. 만일 동물이 바닥에 주저앉아 일어설 수 없다면 그 자리에서 안락사시키는 내용이 포함되어 있었다. 농무부는 보행 불능인 소들은 소극적인 방식(특정 질병의 임상 증상을 보이는 개체만 검사하는 방식)을 통해서 확인된 것보다 광우병을 앓을 가능성이 49~58배 더 높다[49]는 스위스의 연구를 인용했다.

이미 의회에서 10년 동안 논쟁해 왔음에도 불구하고 해당 정책의 법제화를 위해서는 이 모든 소동이 필요했던 것이다.[50] 그런데 축산업계는 대중과 무역 상대국을 진정시키고 싶어하면서도 최소한의 개선안마저 약화시키려 했다. 광우병 이야기가 뉴스에서 사라지자 축산업계는 곧 베너먼 장관의 법령을 무효화하기 위해 농무부를 상대로 로비를 하기 시작했다.

국민은 물론 휴메인소사이어티도 눈치 채지 못하는 사이 축산업계의 로비가 진행되어 농무부의 관료는 정책내용을 변경했고, 2007년 7월 농무부는 주저앉은 다우너 소 관련 최종 정책을 공표했다.[51] 정책은 다리를 절거나 병든 소가 식용으로 가공되는 것을 일부 허용하는 허점을 가진 개악이었다. 특히 도살 승인된 소가 승인 후 검사에서 주저앉으면 농무부 감시관이 재확인해서 감시관이 도살과 가공에 적합하다고 판정하면 도살할 수 있게 바뀌었다.

이는 홀마크 육류공장에서 하던 방식 그대로였다. 홀마크 공장에서는 주저앉은 동물을 몇 분 동안 일으켜세우기만 하면 검사를 통과해 도살할 수 있었다. 최초에 홀마크의 방식을 모두 인정하지 않던 정책은 이해 불가능한 내용으로 변경되어 있었다. 만약 병든 소가 검사 후 쓰러진다 해도 검사 불합격이 아니었다. 오로지 필요한 것은 감시관에 의한 또 한 번의 적합 판정뿐이고, 공장은 수의사를 불러오는 정도의 신경만 쓰면 된다. 수의사가 동물을 한 번 더 보는 것으로 소는 도살장으로 보내진다.

이 두 경우를 보면 미국 축산업계는 장기적으로 봤을 때 사업 이익에 보탬이 되지 않는 근시안적 사고방식과 미봉책에 의해 움직인다. 심하게 병들고 다리를 절어 스스로 죽으러 걸어갈 수조차 없는 동물을 축산업계 사람들은 이익의 손실로만 보는 것이다. 수백만 명의 안전을 무시한 이런 사고방식은 결국 훨씬 더 심한 손실과 심각한 상황을 초래했다.

소를 연민 없이 키우고 죽이는 축산업에 대해 동정심을 갖기는 어렵다. 공장식으로 키운 동물을 죽이기 위해 로프와 쇠사슬로 끌고 지게차로 시멘트 바닥에 패대기쳐 봤자 줄일 수 있는 돈은 푼돈에 불과하다. 수십억 달러 규모의 산업에서 얼마 안 되는 돈 때문에 이런 일을 저지르는 것은 수준 이하의 일이다. 홀마크는 억울할지 모르지만 사업이 망한 것은 이런 무자비함에 대한 최소한의 벌에 불과하다.

다우너 소의 사례를 통해 목축업과 낙농업계, 도살공장 운영자들이 최소한의 자비심이라도 가지기를 바라는 것은 어렵더라도 적어도 무엇이 업계의 이익을 위한 것인지라도 깨우치기를 바랐다. 축산업계가 최소한의 조치만이라도 취했더라면 워싱턴주의 광우병 사건을 피할 수 있었고, 사리에 맞게 다우너 소에 대한 정책을 받아들였다면 홀마크의 공장이 문을 닫는 낭패를 면할 수 있었을 것이다. 2008년의 보고서에 따르면[52] 워싱턴주의 다우너 소 도살이 축산업계에 110억 달러의 손해를 초래했다. 홀마크 사례도 틀림없이 수십억 달러 혹은 더 많은 비용의 손해를 초래했을 것이다. 당시 캐나다와 미국에서 12마리 이상의 광우병 양성 소[53]가 발견되었는데 이 중 4분의 3이 주저앉은 다우너 소였다. 한때 축산업계가 터무니없다고 일축했던 것이 사실임이 드러난 것이다.

| 보수주의자의 반란 : 공장식 농장은 옳지 않다 |

2008년 〈법률개정안 2〉를 통과시키려는 활동을 시작하자 축산업계는 익숙한 반론을 내놓았다. 공장식 농장에서의 가혹한 학대, 공장식 축산으로 생산된 식품은 안전하지 않다는 것, 수십만 마리를 한 곳에 가두는 것은 올바르지 않다고 하자 그들은 언제나 그렇듯이 자신들의 송아지, 돼지, 달걀 농장은 안전하다고 말했다.

주저앉은 동물 문제와 마찬가지로 이번에도 축산업계는 우리의 주장을 무시했다. 경제가 어떻게 돌아가는지도 모르는 순진한 소리라고 하면서 우리더러 개, 고양이 문제나 신경 쓰라고 했다.

나는 홀마크에 가면서 메기에게 오만하고 잔인하고 부패한 산업의 한 단면을 보여 주고 싶었다. 많은 포상과 훈장을 받은 홀마크의 육류공장은 이 산업의 본보기로서 입지를 다져 왔다. 그리고 정말로 본보기가 되었다.

홀마크 공장을 떠난 우리는 동쪽에 있는 리버사이드 카운티의 유카이파로 향했다. 축산업계가 '새로운 축산'이라고 부르는 현대판 동물농장의 다른 일면을 보기 위해서였다. 깔끔하게 잘 정돈된 집과 허술하게 지어진 건물이 공존하는 그곳에서 우리는 데이브 롱을 만났다.

언젠가 동료인 폴 샤피로가 데이브 롱이 리버사이드 카운티의 신문에 기고한 글을 내게 내밀었다. 데이브가 그의 집 옆에 있는 달걀농장에 대해 지역 민원의 소리에 글을 올린 것이다. 폴이 데이브에게 전화를 걸어 공장식 양계장에 대한 휴메인소사이어티의 활동에 대해 알리고 도움을 청하자 데이브는 자신의 경험을 우리에게 알려 주겠다고 했다.

그의 집은 단층주택과 이동주택이 결합된 형태로 마당에는 모터와 금속부품이 흩어져 있었다. 둘러보니 폐금속이나 예비 부품, 기계를 취급하는 육체노동을 하는 사람인 것 같았다. 그러다 보니 외부에서 일을 해야 해서 집 바로 옆의 농장에서 벌어지는 일에 민감할 수밖에 없었던 것이다.

드문드문 흰머리가 섞여 있는 탄탄한 몸매의 50대 초반으로 보이는 데이브는 청바지와 티셔츠 차림으로 우리를 맞았다. 그가 이곳으로 처음 이사 온 30년 전에는 농장에 약 4만 마리의 닭이 있었다고 한다. 그런데 지금은 76만 3000마리의 닭을 키우는 바람에 처음에 이 동네에서 느꼈던 좋은 감정이 다 사라졌다고 했다. 바람이 불면 그의 집에는 검정파리 떼가 몰려든다. "나는 공화당원입니다. 총기 마니아이고, 고기도 먹지요. 그렇지만 나는 〈법률개정안 2〉를 지지합니다. 닭을 저런 곳에 쑤셔 넣는 것이 옳지 않기 때문입니다."

우리는 혹시 그 농장을 좀 더 가까이에서 볼 수 있는지 물었다. "물론이지요." 데이브는 산악용 소형 오픈카인 ATV 운전석에 뛰어올라 탔고, 메기는 조수석에, 나는 뒤쪽 십자형 틀 위에 섰다. 데이브는 총알처럼 달렸고 메기와 나는 차에 매달려 가면서, 그가 어떻게 닭 사육장이 하나씩 늘어나면서 100만 마리의 닭이 감금된 공장을 건너편에 두고 살게 되었는지에 대한 이야기를 들었다.

우리는 몇 차례 커브를 돌아 데이브의 집 반대편에 있는 달걀공장

옆을 지났다. 차는 비포장도로로 올라가 울퉁불퉁 흔들리며 가다가 갑자기 멈추었다. 달걀농장의 전경을 한눈에 볼 수 있는 곳이었다.

데이브는 커다란 헛간 두 곳을 가리키며 닭들이 완벽하게 갇힌 채 키워지는 현대식 감금 빌딩이라고 말했다. 그곳은 공장식 닭장이라고 불리는 아파트형 닭장 시설이었고, 닭장은 축구장 길이만큼 4~5층으로 줄지어 쌓여 있었다. 닭장 하나마다 대개 6~8마리의 닭이 쑤셔 넣어져 있는데 닭 1마리당 산업표준 공간이 가로, 세로 20미터이므로, 이곳의 닭에게는 1마리당 대략 A4용지 3분의 2가 삶의 공간으로 주어지는 셈이었다. 데이브는 이 빌딩 하나에만 15만 마리 이상의 닭이 있을 것이라고 했다.

그 달걀공장에는 옛날 방식의 사방이 뚫린 개방형 작은 헛간도 20개 정도 있었다. 안에는 다섯 줄의 닭장이 헛간 길이만큼 길게 줄지어 있었는데 각 줄은 2마리의 닭이 든 닭장이 2단으로 쌓여 있었다. 데이브는 그런 식으로 헛간 하나마다 약 2만 마리의 닭이 있으니 20개의 헛간에는 40만 마리 이상의 닭이 있을 것이라고 추측했다.

아파트형 닭장 시설의 바닥은 조금 기울어져 있어서 달걀은 컨베이어 벨트로 떨어진 후 굴러가서 다음 공정으로 이어진다. 외부 개방형 헛간의 닭장 바닥도 마찬가지로 기울어져 있지만 컨베이어 벨트 없이 사람이 직접 달걀을 수거한다.

현대식 아파트형 닭장 시설에서는 컨베이어 벨트가 닭장 아래로 떨어지는 닭의 배설물을 제거한다. 그러나 오래된 시설에서는 닭장이 떠 있는 상태라 배설물이 닭장 아래로 떨어진다. 그래서 꼭대기에 있는 닭이 아래쪽에 있는 닭보다 하얗다. 아래 칸의 닭 깃털이 더 어두운 이유는 다른 종이어서가 아니라 매일매일 위에서 떨어지는 배설물 때문에 더럽혀졌기 때문이다. 이렇게 아래에 쌓인 배설물은 때로 1미터 정도 쌓여 닭이 배설물 위에 서 있기도 한다.

배설물 더미는 파리를 불러모은다. 파리떼는 검은 구름처럼 그곳을 뒤덮고 있었고, 이 파리떼가 바로 데이브의 일상을 망치는 주범이었다. 실제로 바람이 불자 악취로 질식할 지경이었는데 그나마 바람의 방향이 바뀌어 숨을 돌릴 수 있었다.

데이브는 이곳의 문제에 대해 공정성이라는 잣대로 명쾌한 견해를 밝혔다. "닭 헛간의 높이 쌓인 배설물을 보고 나는 이런 식은 안 된다고 느꼈습니다. 배설물을 훨씬 더 자주 치워야 하고, 닭에게는 꼼짝달싹할 수 없는 닭장 대신 발로 디디며 다닐 수 있는 공간이 주어져야 합니다."

데이브는 우리를 ATV에 태워 다른 헛간으로 데리고 갔는데 그곳은 더 심했다. 그곳에는 사람은 없고 엄청난 수의 닭만 있었다. 데이브는 인부 1명당 담당하는 닭이 8만 마리라고 했다. 인부는 배설물이 닭장을 꽉 채울 정도가 되면 배설물을 치우는데, 문제는 다시 또 그렇게 쌓이기까지 오래 걸리지 않는다는 것이다. 배설물은 작업하는 통로를 막을 정도가 되어야 치웠다. 물론 닭이나 이웃에 대한 배려에서 하는 일은 아니다. "그들이 많은 닭을 그런 닭장에 쑤셔 넣는 이유는 돈을 벌기 위해서입니다. 그 외 다른 이유는 아무것도 없습니다."

우리는 데이브의 집으로 가서 〈법률개정안 2〉에 대한 이야기를 나누었다. 데이브는 공장식 농장에 화가 난 이웃도 많지만 불평만 하다가 그친다고 했다. 그는 공개적으로 반대 의견을 말하는 몇 안 되는 사람 중 하나였지만 반대하는 사람을 모아도 우리를 도울 수 있다고 생각하지 않았다. 지치고 좌절감에 젖은 그는 승리를 기대하지 않았다. 100만 마리의 닭을 기르면서도 이웃에 대해 신경 쓸 필요가 없다고 생각하는 기업을 이웃으로 둔 그가 느끼는 무력감을 비난할 수는 없었다.

나는 데이브에게 이 달걀공장도 끔찍하지만 더 나쁜 경우도 있다고 말할까 생각했다. 그는 돼지공장 옆집이 될 수도 있었다. 돼지는 평균적으로 사람보다 3배 정도 많이 배설하고,[54] 배설물은 대개 처리되지 않은 채 거대한 유독성 오수 처리용 못으로 옮겨진다. 이를 노스캐롤라이나에서 미주리, 오하이오까지 시골에 사는 사람들이 처리하고 있는 실정이다. 정말 데이브의 생각처럼 이웃 공장이 문제를 처리할 수 없을까? 그가 공장식 농장을 운영하는 사람을 몇 명 만나 본다면 답을 알 수 있을 것이다.

20세기 후반 동안 돼지산업은 달걀산업과 유사한 변화를 겪었다. 전통적인 축산 방식은 헛간과 외양간 안에 대량의 동물을 채워넣는 산업화된 방식으로 바뀌었다. 암돼지는 최악의 장치인 가로 60센티미터, 세로 214센티미터의 철제 임신용 감금우리에 갇혀서 몸을 뻗거나 돌거나, 심지어 편하게 누울 수조차 없다.

돼지는 호기심 많고 사회적인 동물이다.[55] 야외에서 돼지는 코로 땅을 파며, 먹이를 찾고, 둥지를 지으며, 진흙에서 구르는 정상적·본능적 행동을 하는데 감금우리에 갇혀서는 어느 것도 할 수 없다. 4개월에 이르는 임신기간[56] 동안 어미 돼지는 배설물이 쌓인 바닥에서 올라오는 유독성 암모니아 가스를 맡으며 콘크리트 바닥에 서거나 눕는 일만 반복한다. 그 외에는 할 수 있는 것이 아무것도 없다. 긍정적 자극이나 사회적 상호 관계도 없다. 이런 극단적인 감금 상태에서 암퇘지의 근육은 퇴화하고 뼈는 약해진다. 형편없는 건강, 비위생적인 환경, 심리적 고통으로 인해서 돼지들은 고통받는다.

새끼를 낳기 직전에 암퇘지는 분만용 감금우리로 옮겨진다. 임신용 감금우리와 다른 점은 측면의 아랫부분이 뚫린 채 쇠가 휘어져 있어서 새끼 돼지들이 쇠막대 아래에서 어미젖을 빨 수 있다는 것이다. 덕분에 어미가 움직이지 못하게 고정되어서 종종 다리를 저는 어미에게 새끼가 압사당하지 않도록 되어 있다. 이렇게 만들어진 우리 안에서 어미 돼지는 자연적인 수유 기간보다 훨씬 짧은 기간 동안 새끼에게 젖을 준다. 젖을 떼기도 전에 어미로부터 분리된 새끼 돼지들은 살찌워져 결국 도살장으로 향한다. 그러는 동안 어미 돼지는 다시 인공수정을 당하고 다시 임신용 감금우리로 끌려가 4개월 동안 감금당한다. 어미 돼지가 갈 곳이 임신용 감금우리든 분만용 감금우리든 상관없이 어미 돼지의 삶은 언제나 똑같다. 박탈의 삶과 변함없이 이어지는 고통.

돼지는 15년 이상을 살 수 있지만 공장식 축산에서 어미 돼지는 유용성이 없어지면 그 자리에서 바로 죽임을 당하거나 쓸모없어진 낙농 암소처럼 도살장으로 보내진다. 임신 출산이 가능한 암퇘지는 죽음이 유예되지만 사는 것은 아니다. 감금우리 이곳에서 저곳으로 끌려 다닐 뿐 병이라도 걸리면 구원은 없다. 몸을 회복하거나 쉴 수 있는 시간도 없고, 자유롭게 움직이거나 야외로 나갈 기회도 없다. 인간의 배려나 동정 같은 것은 기대할 수도 없이 7~8번의 임신주기를 견뎌야 한다.

2006년 11월 휴메인소사이어티를 포함해 여러 단체가 연합하여 돼지를 임신용 감금우리에 가두는 것을 금지하는 주민법안 발의를 애리조나주에서 통과시켰다. 그 투쟁에서 우리는 TV 광고 제작을 도왔던 마리코파 카운티 보안관 조 아르파요라는 어마어마한 친구를 만나는 행운을 잡았다. 자신을 미국에서 가장 거친 보안관이라고 소개하는 그는 예상 밖의 홍보대사였다. 그는 흉악범을 엄하게 다루었고, 특히 동물학대에 대해서는 용서하는 법이 없었다. 터프한 아르파요의 모습은 사람들이 흔히 생각하는 동물애호가는 감정적이라는 고정관념을 날려 버리고 임신용 감금우리라는 심각한 이슈를 편견 없이 바라보도록 만들었다.

아르파요가 우리 광고에 나온 덕택에 애리조나주에서 찬성표를 62퍼센트나 얻었고, 15개 카운티 중 13개 카운티를 휩쓰는 등 크게 승리했다. 승리한 13개 카운티 중에는 돼지 1만 7000여 마리가 임신용 감금우리에 가득 차 있는 농장이 속한 카운티도 포함되어 있었다.

이 승리로 세계에서 가장 큰 공장식 돼지농장을 운영[57]하는 스미스필드푸드가 향후 약 10년 안에 감금우리를 단계적으로 없앨 것이라고 공표했다. 스미스필드푸드는 미국에서 임신용 감금우리 안에 갇혀 있는 암퇘지 500만 마리 중 120만 마리를 소유하고 있는 대기업이다. 곧 캐나다의 가장 큰 돼지생산기업인 메이플리프푸드도 감금우리를 단계적으로 없애겠다고 발표했다. 그리고 몇 개월 후 동물학대의 상징이었던 대표적 기업연합인 미국송아지고기연합(American Veal Association)이[58] 10년 안에 송아지 감금우리를 없애겠다고 약속했다.

| 두 살 아기의 체중이 158킬로그램이 되는 성장 속도 |

　　돼지를 임신용 감금우리에 가두는 것을 금지하는 주민발의 법안의 성공은 문제를 느낀 사람들이 발언해 준다면 축산업계의 변화가 가능하다는 사실을 일깨워 주었다. 투표를 통해 결정적 성과를 거두게 되면서 우리는 갑자기 축산업계의 주목을 받게 되었다. 축산업계의 경영진과 로비스트는 입법부 적재적소에 그들의 이익을 대변할 만한 사람을 심어 두고 문제를 제기하는 우리를 무시하거나 토론 자체를 불가능하게 만들었다. 하지만 이제 유권자를 그런 방식으로 다루는 것은 어려워지고 있다. 그들은 민주적 논쟁과 다수결의 불편함에 이제 막 적응해 가고 있는 중이다.

　　미국 축산업계는 조 아르파요와 데이브 롱 같은 사람의 의견에 귀를 기울이지 않으면서 중산층의 지지를 잃었다. 많은 사람이 축산업계가 자부하던 '새로운 축산'이 어떤 것인지 확실히 알아 버린 것이다. 데이브와 같은 수백만 명의 시민은 시골 지역공동체의 수준과 특성을 무시하는 기업의 남용과 오만에 대해 입을 열었다. 축산업계는 시골 사람들은 당연히 자신들을 정치적으로 지지할 것이라고 여겨 왔지만 공장식 축산이 확산되면서 그런 날은 옛날 이야기가 되어 가고 있다. 현재 농촌 사람들은 공장식 축산의 가장 큰 희생자이고, 가장 설득력 있는 목격자이기 때문이다.

　　헤어지면서 나는 데이브에게 우리가 만약 캘리포니아에서 〈법률개정안 2〉관련 투쟁에서 승리한다면 그것은 희망이 없어 보이던 대의의 편에 서서 더 나은 길을 모색하는 당신과 같은 사람들 덕분이라고 말했다. 그리고 종종 싸움이 외롭게 느껴지더라도 혼자가 아니며, 이번이 이길 수 있는 좋은 기회라고 상기시켰다. 이번에 승리한다면 미국 전체에 자극이 되어 더 많은 개선안이 뒤따를 것이다. 데이브와 다시 만날 것을 약속하면서 헤어졌다. 데이브는 〈법률개정안 2〉에 대해 계속 알리겠다고 약속했다.

메기와 나는 또다시 먼 길을 가야 했다. 홀마크 육류공장과 흉물스러운 공장식 달걀농장을 보고 난 후 나는 메기가 이것이 현대 축산의 '평균'임을 이해해 주기를 바랐다. 홀마크가 국가적인 분노와 공포를 유발했지만 사실 다른 모든 도살장 역시 터무니없고 무자비하기는 마찬가지이다. 홀마크는 현대 축산의 얼굴이다. 이런 사실을 사람들이 알게 된다면 어떻게 느낄까?

공장식 농장의 문제는 단지 동물을 집약적으로 가두는 것에만 국한되지 않는다. 밀집 사육은 인간이 동물 삶의 모든 면을 지배하면서 그들을 생명이 아니라 물건이나 상품으로 취급하는 축산업의 여러 문제 중 하나에 불과하다. '과학적으로 설계'된 농장, 효율성을 앞세워 이익만 추구하는 축산업계의 문제를 데이브 롱은 정확하게 파악하고 있었다. 최대 이익 이외에 고려해야 하는 사항은 없다. 비용을 조금이라도 낮추고, 이익을 조금이라도 더 낼 수 있다면 동물에게 어떤 고통을 주거나 아무렇게나 대해도 되는 것이다.

산업적으로 가치가 있다고 생각되는 모든 농장동물은 그 어느 때보다 가혹한 시스템 안에 놓여 있다. 나는 메기에게 칠면조에 대해 알려 주었다. 칠면조는 본래의 타고난 모습과 축산업이 그들의 용도에 맞추어 변형시킨 모습이 가장 극명하게 다른 사례이다.

야생 칠면조는 시속 40킬로미터로 달릴 수 있고[59] 순간적으로는 시속 80킬로미터의 속도로 날아오를 수 있다. 무리를 지어서 살며 하루 12시간 이상 먹이 찾기 활동을 하다가 밤이 되면 나무에서 쉰다. 칠면조는 매우 경계심이 많고 빨라서 사냥꾼이 칠면조를 잡으려면 얼굴에 페인트칠을 한 채 위장복을 입고 녀석의 짝짓기 노랫소리를 흉내 내야 할 정도이다. 그런데도 잡지 못하고 빈손으로 돌아오기 일쑤이다.

이와 대조적으로 유전적으로 조작된 현재 축산업의 칠면조는 가슴의 지방과 근육이 엄청나게 커서 마치 야생 칠면조를 우스꽝스럽게 묘사한 캐리커처 같다. 수컷의 덩치가 너무 커져 암컷을 해치지 않고 정상적으로 짝짓기를 할 수 없게 되자[60] 교배시설에서는 수컷을 수음한 후 '정액을 짜서' 암컷에게 인공수정한다.

민첩성과 날거나 달릴 때의 속도에 맞게 적응된 야생 칠면조 다리와 달리 공장식 축산의 칠면조 다리는 비대한 몸을 지탱하기조차 힘들다. 걷거나 서 있는 것조차 고통이다. 사육되는 칠면조는 관절과 엉덩이에 문제가 생겨[61] 고통을 받고, 힘줄과 인대가 파열되기도 한다. 칠면조 1마리당 가로, 세로 50~60센티미터인 0.15~0.18평(야생에서는 61만 평이 필요하다)을 차지하는 '밀집도'로 갇혀 있다. 농장의 칠면조는 축사 안에 가두지 않아도[62] 심하게 근육질에다가 극도로 비만이어서 비행을 할 수 없다. 그들은 과밀한 헛간에 날개와 날개가 맞닿을 정도로 쑤셔 넣어져 암모니아 배설물 위에 앉아 평생을 보낸다.

칠면조의 신체상의 변화만큼 성장 속도 또한 부자연스럽다. 공장식 농장의 칠면조는 불과 4개월 만에 야생 칠면조의 3배의 무게가 되도록 성장 속도가 가속화되었다.[63] 이처럼 압축적인 '몸집 부풀리기'를 통해 더 많은 칠면조를 생산함으로써 농장주는 더 많은 이익을 얻게 된다.

농장 칠면조의 생존 환경[64]이 이토록 척박한 까닭에 치사율이 7~10퍼센트나 된다. 축산업계에 종사하는 과학자는 축산업이 무엇을 최우선으로 생각해야 하는지에 대해 이렇게 요약했다. "정교하게 선택 교배되어 고속 성장을 하는 혈통을 사용할 것을 권장한다. 물론 이런 방식은 약간의 칠면조가 죽기도 하지만 사료비와 시간이 절약되기 때문에 손실보다 이익이 훨씬 많다." 그가 언급한 '약간'이란 2007년 한 해 동안 공장식 농장에서 죽은 1800만~2600만 마리의 칠면조[65]를 말한다.

고기용으로 키워지는 닭인 육용계도 칠면조와 크게 다르지 않다. 거대하고 더러운 헛간에 가둬져 빠르게 성장하면서 확대된 가슴살을 위해 선택교배된다. 육용계는 태어난 지 7주가 지나기도 전에 도살된다. 70년 전에는 12주였는데 이렇게 줄어들었다. 전보다 반밖에 안 되는 시간에 '판매용 체중'에 도달하게 되는 이런 상황을 아칸소 축산전문대학의 연구자는 이렇게 비유했다. "만일 사람이 닭처럼 빠르게 성장한다면 사람은 두 살에 158킬로그램이 될 것이다."

이런 빠른 성장은 이미 기형인 몸에 스트레스를 더한다. 사람의 청소년기에 해당되는 연령의 닭이 힘줄이 늘어나거나 찢어지는 좌상을 입고, 관절질환을 앓거나 다리를 저는 기형뿐만 아니라 호흡기, 순환기, 폐 관련 질환에 시달린다. 태어난 지 단지 몇 주밖에 안 된 동물에게 나이 든 동물에게서나 나타나는 질환이 광범위하게 나타나는 것이다. 가금류 과학자 이언 던컨 박사는 "고기용 조류의 가장 큰 문제가 빠른 성장과 관련되어 있다는 것은 의심할 여지가 없다."고 지적한다.[66]

통계수치는 믿기 힘들 정도이다. 이전보다 빠른 성장 속도에 힘입어 현재 미국에서는 연간 90억 마리의 닭이 키워지고, 시간당 100만 마리의 닭이 도살되며, 미국인은 1인당 연간 30마리의 닭을 먹는다.

매년 수십억 마리의 닭이 공장식 양계장에서 키워지다가 도살장으로 향하기 위해 붙잡힌 후 상자에 넣어져 거대한 트럭에 쌓인다. '캐처'라고 불리는 닭을 잡는 사람들은 한 번에 몇 마리씩 닭의 다리나 날개를 잡아 상자에 던져 넣는다. 캐처는 시간당 1,500마리라는 광란의 속도로 닭을 잡아서 상자에 넣어야 하기 때문에 그 과정에서 닭이 심각한 부상을 입는다. 20~30퍼센트의 닭[67]이 다리와 날개의 골절, 내출혈, 힘줄파열, 엉덩이뼈 탈골 등의 부상을 입고 고통을 겪는다.

트럭에 실린 후에는 음식이나 물을 주지 않고 비바람이 불어도 아무런 조치도 취하지 않는다. 바람과 햇빛, 비, 수송 시의 소음은 닭이 처음으로 경험하는 낯선 환경이어서 충격과 두려움에 휩싸인다. 감염성 질병, 심장과 순환기계 이상, 잡히고 상자에 넣어질 때의 트라우마로 인해 운송 과정 중에 죽기도 한다. 도착 시 죽어 있는 비율이[68] 0.19~0.46퍼센트로 운송 과정에서 연간 1700만~4100만 마리라는 가공할 만한 수의 닭이 죽는다.

50년 전 동물은 소규모 가족농에 의해 각기 다른 모습으로 키워졌고, 축산과 학생은 '목축'을 배웠다. 자립적 농부들이 점차 기업 공장에 밀려나면서 '목축'은 '동물과학', 심지어 '육류과학'에 자리를 내주었다. 용어의 변경은 우리가 동물을 보고 다루는 방식이 바뀌었음을 보여 준다. 동물은 '생산 단위'가 되었고, 축산업의 목표는 수십억 마리의 동물을 가능한 한 싸고 빠르게, 작은 공간에서 '성장'시키는 것으로 이동했다. 이 모두가 기쁨과 고통을 느끼는 생명체의 복지를 희생하는 대가를 치르고 얻은 것이다.

| 공장식 축산 거대기업과의 싸움에서 당당히 이기다 |

　　　　　　어떻게 이런 변화가 농촌, 농업학교, 축산업에서 동시에 일어났을까? 아마도 최근 수십 년간 축산업 내부가 급격하게 통합된 것이 한 이유일 것이다. 1970년에 돼지를 키우는 농장 수는 87만 곳이 넘었는데, 2009년에는 10퍼센트에 불과한 7만 2000곳에서 1억 1000마리를 키우고 있다. 마찬가지로 1910년에는 농부 87만 명이 370만 마리의 칠면조를 키웠으나 2007년에는 도살되는 2억 6500만 마리의 칠면조 중 절반 이상이 단 3개 회사의 공장식 농장에서 키워진다.

　　닭, 달걀, 낙농 산업 모두 밀집형 공장식 농장에서 키우지만 육우산업은 드물게 예외이다. 100만 개의 소사육목장 중 4분의 3 정도가 소를 방목해서 키운다. 하지만 육우산업의 가장 큰 문제는 도살 전에 일어난다. 육우산업의 소는 그들의 먹을거리인 풀이 아니라 엄청난 양의 옥수수를 먹고 자라기 때문이다.

　　축산은 동물을 대하는 방식과 실행방식, 윤리적인 문제에서 전대미문의 변화를 겪었다. 기업 농장주들은 시골 지역에 혹독한 산업적 가치를 도입한 장본인이면서도 마치 자신이 시골의 가치를 대표하는 것처럼 행동한다.

　　캘리포니아의 송아지와 돼지 산업은 상대적으로 소규모여서 〈법률개정안 2〉의 논쟁은 아파트형 닭장에 갇힌 2000만 마리의 산란계에 집중될 수밖에 없었다. 미국 내 총 산란계 2억 8000만 마리 중 상당한 수가 이 지역에 있다. 상업적 이익을 위해 유전적으로 조작된 다른 동물과 마찬가지로 달걀을 낳는 암탉인 산란계도 엄청난 변화를 겪었다. 100년 전에 1년 동안 달걀 100개를 낳던 암탉은 오늘날 공장식으로 키워지면서 연간 달걀 250개를 낳는데 300개 이상을 낳는 닭도 있다. 거의 매일 달걀을 낳으면서 칼슘이 빠져나가 몸의 체계가 엉망이 된 산란계의 90퍼센트가 골다공증으로 고통받고 있다. 골다공증으로 인해 골절에 극도로 취약해서 종종 뼈골절로 고통스럽게 죽어 간다. 한 연구에서는 공장식 양계장에 갇힌 닭의 주된 치사 이유가 골절이라고 밝혔다.

공장식 축산에 반대하여 운동을 벌이는 일은 낙관적이어야 한다. 메기에게 〈법률개정안 2〉가 최근의 설문조사에서 상승세를 보였다고 말하는 순간에도 우리는 그 모든 것이 언제든지 뒤바뀔 수 있음을 염두에 두어야 한다. 그러니 낙관적이지 않으면 힘든 일이다. 거대 축산업은 우리 계획을 무산시키기 위해 노력과 자원을 투입할 것이기 때문이다. 축산업계는 우리가 캠페인을 벌이는 내내 돈을 모았고, 달걀산업, 가금류업계의 대표 회사들은 법안을 좌절시키기 위한 기금에 하루만에 500만 달러를 기부하기도 했다. 기부한 기업을 살펴보면 대부분 요령을 부리고 있거나 위법을 저질러서 벌금을 내야 하는 곳이다.

내부 고발자에 의해 공장에서 인부가 닭을 짓밟고 벽에 던지는 행위가 녹화된 필그림스프라이드는 〈법률개정안 2〉를 반대하는 기금에 2만 5000달러를 기부했다. 18만 5000달러를 기부한 달걀생산자연합도 동물복지 표기에 관한 사기성 광고를 한 행위로 17개 주로부터 벌금형을 받았다. 과거에 동물학대죄로 10만 달러의 벌금을 지불했던 모락 LLC도 50만 4000달러의 기부금을 쏟아부었다. 60만 달러를 기부한 전국 최고의 달걀생산회사인 칼메인푸드는 닭 부산물과 배설물을 수로로 내보내 수천 톤의 어류를 죽인 사건으로 법정에 소환된 상태였다.

축산업 이익집단이 이처럼 많은 돈을 기부하는 까닭은 자신들이 잃을 것이 많음을 스스로 알기 때문이다. 우리는 인도적인 축산을 위해 단체끼리 연대했고, 지역주민, 교회와 시민운동단체에서 활동하는 수천 명의 자원봉사자 등과 함께하는 인상적인 캠페인을 전개했다. 물론 상대 측은 든든한 재정적 뒷받침이 있었지만 누가 봐도 이 싸움은 노골적인 자기 이익추구 세력과 도덕적 열망의 싸움, 가진 것을 잃을까 봐 두려운 세력과 이상주의의 싸움이었다. 유권자는 그 차이를 구별할 수 있었다. 축산업계는 대중광고를 통해 〈법률개정안 2〉가 통과되면 제품 가격이 오른다고 소비자를 위협하면서 동물단체의 개선방안은 어차피 실현 불가능하며 비현실적이라고 호도했다. 그러나 그들이 못하는 것 중 하나가 바로 진심에 호소하는 것이다. 공장식 축산 문제에 있어서 가장 설득력 있게 대중의 마음을 움직일 수 있는 것은 바로 진심이다.

메기와 헤어질 때쯤 나는 그녀가 〈법률개정안 2〉의 세부 내용과 우리가 말하려는 바를 정확히 알게 되었고, 자신만의 시각도 확립했음을 느꼈다. 그 후 우리는 전화로 몇 차례 더 대화했고, 메기의 기사는 선거 일주일 전에 나왔다. "휴메인소사이어티가 이길 것 같지만[69] 〈법률개정안 2〉의 승패 여부에 상관없이 파셀은 이미 승리를 손에 쥐었다. 〈법률개정안 2〉는 캘리포니아를 넘어 농장동물 복지에 대한 메시지를 온 나라에 전파했다. 〈법률개정안 2〉 지지를 위해 100만 달러의 기금을 조성한 코미디언 엘런 드제너러스는 9월 말 파셀을 자신의 쇼에 초대해 주민발의 투표에 대한 대화를 나누었다. 10월 중순에는 오프라 윈프리가 파셀과 반대 측 인사들을 함께 초대해 〈법률개정안 2〉에 관한 토크쇼를 진행했다. 아기 바다표범과 고래처럼 사람들에게 사랑받는 동물이 아닌 소, 돼지, 닭이 최고 인기 TV 프로그램의 주인공이 된 것이다."

고맙게도 기사는 우리 쪽에 너그러웠지만 우리는 승리를 원했다. 패배는 우리를 좌절에 빠뜨릴 뿐이다. 반대 측은 홍보전문가 골린 해리스를 고용해 〈법률개정안 2〉에 반대하는 900만 달러짜리 캠페인을 벌였다. 예상대로 그들은 달걀 가격이 치솟고, 식품안전성은 떨어지고, 농부는 파산하여 캘리포니아에서 밀려나게 될 것이라고 주장했다.

우리는 달걀 가격이 조금 오를 뿐이며, 안전성은 향상될 것이고, 전통적인 가족식 농부의 시장 점유율이 높아질 것이라고 맞섰다. 또한 우리쪽 법률가와 경제학자들은 달걀생산자연합이 대규모 가격담합을 했음을 알아냈다. 그들은 마치 닭에게 공간을 더 제공하면 소비자가 돈을 더 지불해야 하는 것에 대해 걱정하는 척하면서 실제로는 사육 개체수를 인위적으로 조절하면서 달걀값을 올려왔던 것이다. 우리는 그들이 담합을 통해 가격을 40퍼센트 이상 인상시켜 왔다는 사실을 밝혀 냈다. 자료를 법무부에 넘긴 후 법무부는 조사에 착수했고, 10여 건이 넘는 소송이 전국에서 진행되었다.

우리는 또 다른 방법으로도 반격을 가했다. 데이브 롱의 집 옆 달걀공장 주변에서 웅웅거리는 시커먼 검정파리 떼를 출연시켜 비디오와 광고를 제작했다. 현재의 공장식 축산업이 동물을 얼마나 무자비하게 대하는지를 상기시키기 위해 홀마크의 영상도 짧게 넣었다.

마침내 선거날, 나는 로스앤젤레스의 한 선거구에서 전단지를 나눠 주고 있었다. 여론조사는 60퍼센트의 득표율로 우리의 승리를 점치고 있었지만 절대 긴장을 풀어서는 안 된다. 유권자 한 사람이라도 더 설득해야 했다. 그날밤 나는 선거의 밤 모임을 갖기로 한 하야트리젠시호텔로 향했다. 캘리포니아 민주당도 버락 오바마의 당선 축하연을 열고 있어서 호텔 분위기는 열광적이었다.

국무장관이 캘리포니아 전역의 카운티와 선거구의 결과를 발표했다. 처음에 약 60퍼센트에서 시작된 수치는 저녁 내내 천천히 올라갔고 결과적으로 우리는 63.5퍼센트의 표를 얻었다. 미국 역사상 어떤 주민발의 투표보다 많은 표를 득표한 것이다. 우리는 캘리포니아 해안 지역뿐 아니라 전통적인 축산 지역인 내륙 지역에서도 승리했고, 58개 주 중에서 47개 주에서 이겼다.

우리는 인랜드 엠파이어에서 가장 높은 득표율을 기대했다. 예상대로 리버사이드에서 62.5퍼센트, 샌버너디노에서 62퍼센트의 득표율을 기록했다. 이 지역은 우리의 생각대로 변화의 시작점임이 증명되었다.

축산업계는 강력한 활동을 펼쳤지만 동물을 평생 좁은 우리에 구겨 넣어도 좋다는 대중의 허락을 받지 못했다. 그런 무자비한 모습은 보통 사람이 축산업에 대해 갖는 생각과는 어울리지 않는다. 캘리포니아에서 우리는 인류와 동물 간의 유대가 한낱 미사여구가 아니라 마음으로 깊이 느껴지고 실재하는 것임을 알았다. 만일 동물이 음식이 되기 위해 키워지고 우리를 위해 도살되어야 한다면 우리는 그들에게 보답해야 할 무엇인가를 신세지고 있는 것이다. 그리고 더 많은 생명에 대한 존중과 연민을 갖고 보답을 시작해야 한다.

나는 데이브 롱 같은 많은 농촌 지역 사람들이 농장동물 처우 개선에 찬성표를 던졌다고 생각한다. 물론 어쩌면 그들은 데이브 롱이 주장하는 대의를 전적으로 공유하지는 못했을지 모르지만 그가 지닌 선한 바람은 나누었을 것이다. 농촌 지역 사람들은 잔인함을 본 그대로 인식하고 있었고, 누구도 잔인함의 일부가 되고 싶어하지 않았다.

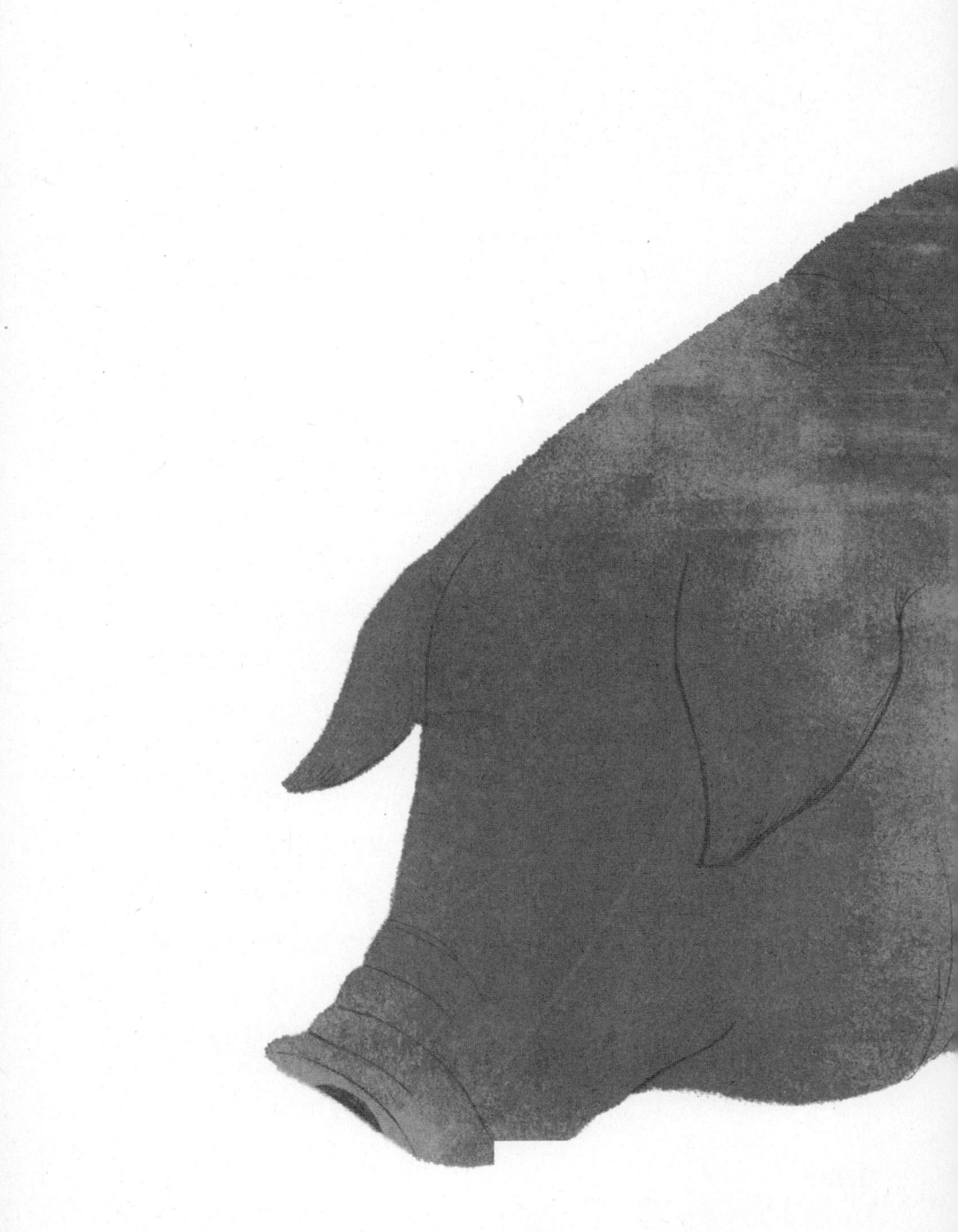

4장
이것도 문화인가?
잔인한 동물 싸움

마이클 빅은 동물을 사랑한다. 적어도 포트레번워스 교도소에서는 그랬다. 교도소에서 마이클 빅을 만났을 때 그는 진지한 표정으로 동물을 사랑한다고 말했다.

2009년 5월 말, 한때 애틀란타팰콘스 프로볼(전국풋볼리그(NFL)의 올스타 게임) 쿼터백이었던 마이클 빅은 출소를 며칠 앞두고 있었다. 투견 관련 범죄로 구속되어 18개월의 복역기간[1]은 거의 다 채웠지만 이후에도 고난은 계속될 것이 분명해 보였다.

교도소 마당이라는 사실만 잊는다면 따뜻하고 쾌적한 캔자스의 오후였다. 포트레번워스교도소는 공식적인 분류로는 '중급 보안' 시설이지만 오랫동안 '상급 보안' 시설로 유지되고 있는 곳으로 탈옥을 할 수 없는 구조이다. 담장은 하늘뿐 아니라 땅 밑으로도 12미터나 뻗어 있어 터널도 뚫을 수 없다.

나는 빅을 처음 면회하는 것이라 교도소장의 출입허가증을 받아야 했다. 면회는 백악관 언론 담당비서 보좌관을 지냈고 지금은 위기관리 전문가로 활동 중인 주디 스미스와 함께했다. 주디는 미 상원의원 래리 크레이그, 모니카 르윈스키 등 곤란에 처한 명사를 사회에 복귀하도록 도운 인물로, 마이클 빅의 추락한 명성을 회복시켜야 하는 힘든 일을 맡았다. 접견실에 있는 경비원에게 출입신고를 하자 그가 내게 물었다. "제가 한번 맞춰 볼까요? 휴메인소사이어티에서 오셨죠?" 나는 신분증을 보여 그의 궁금증을 풀어 주었고 빅이 나타날 때까지 함께 이야기를 나누었다.

빅은 먼저 약혼녀 키자파 프린크를 포옹했다. 이번 면회는 빅의 출소 전에 갖는 마지막 면회였다. 빅은 출소하면 약혼녀와 버지니아 햄프턴가에 있는 집으로 갈 것이다. 둘은 집까지 차로 갈 예정이라고 했다. 며칠 동안 확 트인 길을 달리며 자유의 몸이 된 것을 만끽하고 싶다고 했다. 빅은 주디 스미스와 잠깐 이야기를 나눈 뒤 이윽고 내게 몸을 돌렸다. 우리는 호기심어린 시선을 교환하며 악수를 나눴다.

"만나서 반가워요. 웨인."

"나도 만나고 싶었어요." 수년 동안 개를 학대했던 남자와의 만남에 대한 복잡한 심경을 담지 않은 사교적인 인사였다.

우리는 밖으로 나갔다. 바닥에 부착된 작은 금속탁자를 보며 그가 물었다.

"여기 괜찮아요?"

"그럼요."

마당 곳곳에서 다른 재소자들이 친구, 가족과 만남을 갖고 있었지만 누구도 우리에게 신경 쓰지 않았다. 2년 전만 해도 최고 연봉을 받으며 우리를 흥분시켰지만 지금은 추락한 NFL 스타 플레이어를 보는 게 새로운 일은 아닌 것 같았다.

　나 역시 몇 년 전만 해도 이런 곳에 와서 마이클 빅 같은 사람을 면회할 거라고는 상상하지 못했다. 마이클 빅이 악명 높은 동물학대자로 밝혀진 순간부터 나는 그를 강도 높게 비난해 왔다. 그를 감옥으로 보내 끝장내 버리는 것이 내 일이라 여겼다.

| 스포츠 스타 마이클 빅의 투견사업이 베일을 벗다 |

2007년 4월 25일, 경찰이 빅의 집을 급습했다.[2] 빅의 사촌 데이븐 보디가 도로 검문 중에 마약을 들킨 지 얼마 지나지 않은 때였다. 보디가 경찰에게 알려 준 집 주소는 마이클 빅이 2001년에 구입한 버지니아 스미스필드 문라이트가 1915번지였다. 그곳은 빅이 NFL 드래프트에서 첫 지명[3]을 받고 애틀랜타팰콘스와 1억 3000만 달러에 계약을 맺은 직후, 다시 말해 리그에서 연봉이 최고로 높은 선수가 되자마자 유니폼도 입기 전에 구입한 집이다.

경찰은 2005년 빅이 투견에 개입했을 가능성이 있다는 제보를 받았지만 신경조차 쓰지 않았다.[4] 하지만 보디가 체포되면서 집을 수색할 영장을 청구할 수 있게 되었다. 베테랑 동물관리관인 캐시 스트라우스는 집을 급습한 법률집행단의 일원이었다. 투견 행위를 발각한 후 그녀는 친구에게 말했다.[5] "우리가 마이클 빅을 잡았어."

빅과 그의 친구들은 문라이트가의 사유지를 투견용 무대로 사용했다. 빅은 친구인 토니 테일러에게 돈을 주고 시설과 장비를 갖추고 투견을 진행시켰다. 그들은 또 다른 친구인 퍼넬 피스, 쿼니스 필립스와 함께 배드뉴즈케닐스(Bad Newz Kennels)라는 투견회사[6]를 운영했다.

버지니아 동부 지방검사가 내놓은 자료에 따르면 그곳에는 투견을 키우고 경기를 치르는 사육장 등의 시설이 있었다. 그곳에서 발견된 아메리칸핏불테리어 54마리 중 일부는 싸움 때문에 생긴 것으로 보이는 부상이 있었다. 또한 교배 시 수컷에게 굴복하지 않는 사나운 암컷의 머리를 강제로 고정시키는 장치인 '강간용 스탠드', 싸움 중인 개의 입을 여는 데 쓰는 꼬챙이, 투견을 훈련시키는 러닝머신 등 여러 물건이 발견되었다.[7]

이틀 후 빅은 자신의 집에서 벌어진 투견에 대해 아무것도 모른다는 공식 입장을 내놓았다. 자신은 집에 거의 들르지 않았고 친구들이 자신의 호의를 이용해 벌인 일이라는 것이 그의 주장이었다. "비난을 받는 것이 억울하지만[8] 좋은 교훈을 얻은 셈이죠."라고 그는 NFL 선발 하루 전인 4월 27일 뉴욕에서 기자에게 털어놓았다. 몇 개월 뒤 빅은 이 거짓말을 철회했다.

동물관리관 캐시 스트라우스가 빅의 집에서 본 것을 자세히 설명해 준 덕분에 우리는 법률집행단이 투견 시설을 적발했고, 마이클 빅이 범죄자 중 하나로 지목되었음을 알았다. 문제는 검사가 과연 충분한 증거와 의지를 가지고 이 사건을 밀고 나가느냐의 여부였다.

빅과 친구들이 당연히 기소되어야 했지만 당시에는 기소가 불투명했다. 일반적으로 동물 싸움 기소는 지방검사의 관할인데 담당자인 제럴드 포인덱스터는 이 사건을 다룰 생각이 전혀 없는 것처럼 보였기 때문이다. 조사는 지지부진한 채 시간을 보내고 있었다. 그는 마이클 빅의 집에서 투견이 벌어진 것은 맞지만 너무 많은 사람이 그 집을 거쳐 가서 사실을 규명하기가 힘들다[9]고 주장했다. 또한 자신이 빅을 직접 알지는 못하지만 젊은 풋볼 스타가 정말 괜찮은 사람이라는 말을 들었다고도 했다. 그는 빅의 범죄 혐의를 입증할 증거를 손에 쥐고 있었지만 고향의 영웅을 철장 안에 넣기를 꺼리는 것이 분명했다.

포인덱스터가 이 일에 열의를 보이지 않는다는 사실을 감지한 우리는 연방법 기소라는 대안을 꺼내 들었다. 몇 년 전 우리는 싸움용 동물을 주에서 주로 이동시키는 것을 금지하는 연방법 개선안을 위해 활동했고,[10] 의회에서 이 법의 강화와 동물 싸움을 연방법상의 중범죄로 만들기 위한 또 다른 로비 활동을 막 끝낸 상태였다.[11] 2007년 2월, 의회위원회 증언[12]에서 나는 연방정부가 동물 싸움 사건을 거의 다루지 않는 이유는 동물 싸움이 경범죄로 처리되어 다른 우선 사항에 밀리기 때문이라고 지적했다. 동물 싸움 행위가 중범죄로 처벌되면 경찰과 보안관은 당연히 시간과 에너지를 투자할 것이다. 투견 행위를 조사하고 불시 급습을 해봤자 투옥은 고사하고 벌금 몇 푼 내면 풀려나는데 경찰이 왜 힘들게 수고를 하겠는가?

빅의 집을 불시에 급습해 수색하기 몇 주 전 상하 양원은 싸움용 동물을 주에서 주로 이동하는 것을 중범죄로 규정하는 입법을 승인했다. 공교롭게도 빅의 집을 급습했던 바로 그날, 법안은 대통령 조지 W. 부시의 책상 위에 놓여 있었다. 그 법안이 대통령 앞에 몇 주 전에만 도착했더라면 빅의 사건은 그 법안의 적용을 받았을 것이다. 하지만 오클라호마 상원의원 톰 코번의 의사진행 방해 전략[13]과 또 다른 상원의원 때문에 입법이 늦어진 터였다.

우리는 동물 싸움에 관한 기밀 정보를 연방 당국자에게 전달했다. 최소한 심각한 사건만이라도 조사해 달라는 바람에서였다. 우리가 동물 싸움이 마약밀매, 폭행, 살인 등의 다른 범죄행위와 빈번하게 긴밀히 관련되어 있다는 사실[14]을 보이면서 그들을 설득했기에 빅의 사건은 그들의 관심을 끌 만했다. 우선 대중과 언론의 이목을 단번에 사로잡을 수 있었다. 또한 그의 기소는 전국의 투견꾼에게 유의미한 경고가 될 것이었다. 이 외에도 자신의 의무를 등한시한 지방검사, 빅의 투견 연루설을 담은 예전의 보고서, 이 사건이 거대한 투견연합조직과 연결되었다는 방대한 증거 등 관심을 끌 만한 내용이 충분히 있었다. 빅의 사건은 주 경계를 넘나든 증거가 많아 연방법으로 충분히 기소할 수 있는 큰 사건이었다.

급습이 있던 다음 날, 카운티 보안관 사무실[15]은 농무부의 법률집행분과에 지원을 요청했다. 연방정부는 이미 이 사건과 중요한 연관이 있었던 셈이다. 지방검사 포인덱스터가 머뭇거리자 연방정부의 관심이 커지는 것 같았다. 우리는 연방 당국자가 빅의 집에서 구조된 개들의 양육권을 주에서 연방으로 옮겨가는 것을 보고 믿을 만하다고 판단했다. 농무부 대행 짐 크노르와 법률집행 직원들은 FBI 요원, 연방지방검찰청에서 파견된 직원과 협력하여 사유지를 수색할 수 있는 영장을 받아냈다.[16] 그런데 포인덱스터가 5월 말에 이를 무산시켰다.[17] 그러나 연방요원들은 몇 주 후 다시 영장을 발부받았고,[18] 마침내 빅의 집에 들어가 죽은 개의 사체를 찾아내는 등의 범죄현장에 대한 법의학적인 활동을 개시했다.

같은 시간 법무부 보좌관 마이클 길란과 브라이언 휘슬러는 증인 리스트를 준비했다. 증인은 배드뉴스케널스에서 무슨 일이 있었는지 털어놓았고, 이를 통해 빅, 테일러, 피스, 필립이 뉴욕에서 노스캐롤라이나, 텍사스까지 연결된[19] 투견 활동에 관여했다는 사실이 밝혀졌다. 길란과 연방검찰은 7월 17일 네 남자를 기소했다.[20] 최초 급습이 있은 지 3개월가량 지나서였다. 어려운 상황에서도 성공해 왔던 쿼터백이지만 이번에는 내뺄 곳이 없었다.

문라이트가 빅의 벽돌집은 흰색 출입문과 앞마당에 흰 울타리가 있는 하얀 집이다. 그러나 집 뒤편 1만 8000평에 달하는 땅에는 5개의 작은 건물[21]이 칠흑같이 까맣게 칠해져 있다. 이곳이 바로 투견 시합이 벌어지고 개와 투견용품이 보관되어 있던 건물이다. 증인의 말에 따르면[22] 경기는 주로 새벽 2시 이후에 시작되었는데 건물이 검은색이라 새벽에는 구분하기 어려웠다고 했다. 주시하는 눈길로부터 범죄 현장을 은폐하기 위해 토니 테일러가 복합 건물을 고안해 낸 것이다.[23]

건물의 벽과 경기장 안의 카페트(카페트는 개가 미끄러지지 않도록 해준다)에서 핏자국이 발견되었다. 빅의 패거리들은[24] 경기장 안에 소형견을 '미끼'로 던져 넣어 핏불이 죽이도록 했다. 핏불을 공격적으로 만드는 훈련이었다. 그것으로 충분치 않았는지 '실전 테스트'라는 역겨운 짓도 시켰다.

투견꾼들이 내기 돈을 걸기 전에 스파링 게임을 시키는 것은 흔한 일이다. 이때 제대로 해내지 못하는 개는 바로 죽임을 당한다. 증인 중 한 사람은 2002년 2월 버지니아 해변에서 빅의 무리가 개에게 실전 테스트를 시키는 것을 봤다[25]고 말했다. 그러고는 약한 개를 22구경 소총으로 바로 쏘아 죽였다.[26] 그러나 총살은 다른 방법과 비교했을 때 이곳에서는 자비로운 편이다. 급습이 있기 몇 주 전에도 "피스, 필립, 빅이 매달기, 물에 빠뜨리기, 바닥에 내팽개치기[27] 등의 다양한 방법으로 약 8마리의 약한 개를 처형했다."고 밝혔다. 조사원들은 죽은 개의 사체를 파내서 검시했고, 언론은 학대행위의 세부 내용을 보도했다. 빅에게 쏟아지던 대중적 지지는 모두 사라졌다.

모든 증거를 종합하면[28] 피의자는 투견을 사고팔았고, 실적이 좋지 않은 개는 악독한 방법으로 죽였고, 자정 넘어 투견을 무대에 올리고 입장료를 받았으며, 경기를 위해 버지니아주를 가로지르는 것은 물론 다른 주까지 이동했고, 판돈 수천 달러를 걸었다. 무엇보다 충격적인 것은 백만장자인 빅이 이 일을 돈이 아니라 재미로 했다는 것이다.

대배심이 그들을 기소하자 빅의 공범들은 감형거래를 받아들이기 시작했다. 이는 유명한 피의자인 빅에게는 결코 좋은 징후가 아니었다. 처음으로 테일러가 다른 사람의 죄를 경찰에게 찔러 바치며 자신의 죄도 인정했다.[29] 이어서 피스와 필립이 자백했다.[30] 빅도 죄를 인정할 수밖에 없었다. 빅의 변호사 빌리 마틴과 비싼 법률팀도 법정의 자비를 구하는 것 외에는 할 수 있는 일이 없었다.

2007년 8월에 빅은 유죄를 인정하고,[31] 11월에 있을 공식 선고를 기다리는 동안 형기를 시작했다. 그는 연방검사는 물론 NFL 위원 로저 구델, 애틀랜타팰콘스의 구단주 아서 블랭크에게도 거짓말을 했다고 시인했다. 블랭크는 팀에서 빅을 빼는 것 외에 다른 선택의 여지가 없었고,[32] 법과 질서를 중시하는 위원으로 명성을 쌓아온 구델 역시 NFL에서 그를 무기한 출장 유예시킬 수밖에 없었다. 그러는 동안 휴메인소사이어티 회원들은 마이클 빅이 광고 모델인 나이키 등의 회사를 상대로 빅과 맺은 계약을 종료하라고 요구했다. 우리는 나이키 등의 회사에게 '저스트 두 잇(just do it)' 하라고 요구했고, 그들은 결국 빅과의 관계를 끊었다.

가을 무렵 검찰청은 배드뉴스케널스의 다섯 번째 구성원[33]인 '버지니아 O'로 알려진 오스카 엘런을 기소했다. 11월 지방법원 판사 헨리 허드슨은 빅[34]에게 2년형을 선고(2개월 구금, 18개월 레번워스교도소 복역, 2개월 자택 구금 추가)하고 3년간의 보호관찰 기간을 덧붙였다.

마이클 빅은 법을 어기고 개를 학대했으며 그 사실을 감추려고 했다. 때문에 나는 빅의 홍보담당자인 주디 스미스와 변호사 빌리 마틴이 그가 풀려 나기 6개월 전쯤에 내게 접근해서 빅이 나를 만나고 싶어 한다고 말했을 때 비웃었다. 논의의 여지가 없었다. 빅은 그가 운영했던 투견 조직명처럼 '나쁜 뉴스'였다. 그는 사악한 일을 저질렀고 나는 교섭에 관심이 없었다.

나는 그 사건이 일어났을 때, 검사가 유명인이 연루된 동물학대 사건에서 유명인을 끝까지 추궁할 수 있는지, 동물 싸움을 심각한 범죄행위로 다룰 수 있는지에 대한 중요한 시험대라는 생각이 들었다. 만일 이 사건이 배드뉴스케널스를 없애고 소유자를 처벌하는 것으로 끝나면 기회를 놓치는 것일 수 있었다. 빅과 공범자들은 불법 투견에 연루된 수십만 명 중 일부였다. 이 사건은 투견에 대한 더 큰 문제에 대해 알릴 수 있는 절호의 기회였다.

우리는 사건이 발생한 초기 단계부터 투견이 도덕적·법적으로 중대한 범죄행위임을 언급했다. 투견은 도박이고 피를 보는 스릴을 부추기는 잔인한 범죄이다. 우리는 투견 영상을 전국 텔레비전 방송을 통해 내보냈고[35] 대중은 그들이 모르던 잔인한 세상의 실제 모습을 봤다.

휴메인소사이어티의 노력에도 불구하고 그 동안 투견은 인도주의 운동 내부에서도 별 주목을 받지 못했다. 그런데 빅의 사건은 모든 사람의 관심을 투견장으로 끌었고 사람들은 '강간용 스탠드', '실전 테스트' 같은 낯선 용어를 알게 되었다. 사람들은 투견이 도덕적으로 타락하고 잔인한 것임은 알았지만 실제로 얼마나 널리 퍼져 있고 혐오스러운지 몰랐다가 빅의 사건을 통해 통렬히 알게 된 것이다.

조사에 따르면 조직적인 투견에 연루된 사람은 4만 명,[36] 덜 조직적인 길거리 투견에 연관된 사람은 10만 명에 달한다고 한다. 빅은 길거리 투견꾼으로 시작해[37] 부유해지면서 전문적인 투견꾼으로 이름을 알리게 되었다. 배드뉴스케널스에 합류한 버지니아 O는 일당에게 개의 혈통과 컨디션을 관리하는 방법에 대해 가르쳤다. 우리는 마이클 빅과 이 사건을 통해 두 하위 문화인 길거리 투견과 조직적인 투견 문화에 대해 많은 것을 알게 되었다.

주디 스미스가 나를 찾아온 이후 수개월 동안 나는 빅을 동물학대 반대투쟁에 합류시키는 것이 과연 옳은가라는 불편한 고민을 계속했다. 우리는 빅의 사건으로 터진 분노 덕분에 투견과 관련된 개선안을 이끌어 내고 있었다. 어쩌면 빅은 출소 후에 우리와 같은 대의에 봉사할 수도 있다. 하지만 그것은 그가 진심으로 자신의 행위를 뉘우치고 동물학대가 왜 심각한 범죄행위인지를 말할 수 있을 때만 가능했다. 빅 같은 인간과 같은 공간에 있다는 사실만으로도 치가 떨리는데 하물며 같은 일을 한다니 상상조차 하기 싫었다. 그러나 나는 이 사건이 빅의 불명예와 처벌로 끝나서는 안 된다는 생각을 떨칠 수가 없었다. 때로 가장 훌륭한 증인은 실수를 반성하는 죄인이고, 마이클 빅이 그런 선택을 할 수도 있었다.

동시에 휴메인소사이어티 지지자들에게 우리의 입장을 이해시킬 수 있을지도 의문스러웠다. 나이키와 NFL에 수만 통의 항의편지를 보내고 전화를 했던 이들이[38] 배신감을 느끼지 않을까? 우리는 좋은 사람과 나쁜 사람을 확실하게 구분해 왔는데 그토록 욕을 먹은 사람과 함께 일하는 것이 쉽게 용인될 것 같지 않았다.

나는 여전히 빅에 대해 회의적이었지만 이 사건이 그에게 단지 배드뉴스케널스 이상의 무엇인가가 있을 것이라는 작은 희망을 가져보기로 했다. 이 사건은 빅의 인생을 뒤엎어 놓았다. 또한 투견 반대라는 이슈를 밖에서 중심으로 옮겨놓았다. 만일 빅이 자신의 인생을 변화시키겠다고 약속한다면 그는 투견과 동물학대가 끼치는 해악을 어린이와 흑인 청소년에게 설득력 있게 전달할 수 있을 것이다. 또한 투견사업 자체를 쇠퇴시킬 수도 있을 것이다. 시도해 볼 만한 가치가 있었다. 나는 주디 스미스와 빌리 마틴에게 전화를 걸어 빅과 만나보겠다고 했다.

빅과 그쪽 사람들은 이 일이 하나의 돌파구가 될 것이라고 생각했다. 주디는 빅이 동물보호운동에 참여할 수만 있다면 출소 후의 삶이 훨씬 쉬워지리라는 것을 알고 있었다. 주디는 빅이 다시 사회로 돌아왔을 때 우리가 그를 예전처럼 대하지 않기를 바랐다. 우리는 NFL 출장정지를 연장하라고 요구하고, 풋볼경기장 주변에서 조직적인 항의와 구단주와 빅의 스폰서 기업에 항의편지를 써서 그의 복귀를 더 어렵게 할 수 있었다. 하지만 빅은 풋볼선수로 재기하길 원했고, 그러려면 대중에게 다가가려는 피나는 노력이 필요했다.

| 동물을 학대하면서 사랑한다는 모순 |

　　　　　예상한 대로 빅은 자신의 직업적 이해 때문에 동물보
호운동에 참여하는 것이 아니라고 했다. "제가 저지른 일에 대한 죄값
을 치르고 싶습니다." 교도소 앞마당에서 햇빛이 눈부신 듯 눈을 찡그
리며 그가 말했다. "여기 있는 사람 중에서 몇몇은 투견 같은 일로 감
옥까지 오는 건 말도 안 된다고, 그건 심각한 범죄가 아니라고 내게 말
합니다. 그러면 나는 당신들이 틀렸다고, 당신들은 내가 무슨 짓을 저
질렀는지 잘 모른다고 말해요. 나는 내가 저지른 바보 같은 짓 때문에
이곳에 있는 거라고 그들에게 말합니다."

　　그는 수감 생활이 간단치 않다고 했다. 음식은 나쁘고, 시급 1달
러를 받는 일은 단조롭고 규율은 엄격했다. NFL 선수들이 부상과 경
쟁이 심해 선수 생명이 4년에도 못 미치는 것을 감안하면 전성기의 빅
이 2년을 잃은 건 일종의 추가 징벌인 셈이다. 그는 그 세월을 결코 돌
려받을 수 없다. 오랫동안 운동과 멀어진 상태에다 무엇보다 이미지에
치명상을 입어서 재기가 불투명한 상태였다. 어떤 스포츠 종목이든 스
타급의 운동선수가 이렇게 길게 쉬었다가 전성기 때로 재기한 경우는
거의 없다. 풋볼은 빅을 가난에서 구해 준 희망이었지만 이 사건으로
그는 경력과 명성을 잃었을 뿐 아니라 경제적으로도 파산했다.

　　마이클은 다른 재소자와 같은 평범한 갈색 옷을 입고 있었다. 옷
이 헐렁했지만 나는 강인하고 탄탄해 보이는 그를 보자마자 사람들이

왜 그를 가장 새롭고 흥미로운 풋볼선수라며 감탄하는지 알 수 있었다. 사람들은 그를 쿼터백의 강한 팔과 러닝백의 다리와 움직임을 가진 하이브리드 선수라고 말했다.

마이클에게 이 사건은 모종의 경험학습이 되었겠다는 확신이 들었다. "지금 나는 좀 더 나은 사람이 되었고, 내게는 미래가 있습니다. 깨달은 것이 많고, 사회로 복귀할 준비가 되었습니다. 내가 저질렀던 끔찍한 동물학대를 후회하고 있습니다." 마이클은 계속했다. "이제 나는 동물을 학대하는 일원이 아니라 해결을 위해 일하는 일원이 되고 싶습니다. 투견과 동물학대에 반대하는 일을 하고 싶습니다. 나는 동물을 사랑합니다."

나는 그에게 그가 저질렀던 끔찍한 일에 대한 한 점의 변명도 없는 사과와 시인을 듣고 싶었다. 그런데 빅은 자신이 동물을 사랑한다는 말만 쏟아냈고 내가 보기에 그 말은 너무 과했다.

왜 그는 하고 많은 사람 중에 내게 이런 말을 할까? 그가 동물 사랑을 털어놓는 동안 나는 검찰청의 기소장과 농무부의 조사요약서, 그와 친구들이 개에게 한 짓만 생각났다.

"마이클, 당신은 동물에게 끔찍한 짓을 했어요. 동물을 '사랑하는' 사람은 그런 일을 할 수 없다구요." 나는 덧붙였다. "당신의 지난 행적과 지금의 감정은 전혀 들어맞지 않아요. 사람들의 신뢰를 다시 얻고 싶다면 그런 말을 함부로 하면 안 될 것 같아요."

"무슨 뜻인지 아는데 나는 정말로 동물을 사랑해요. 그리고 지금까지도 도무지 왜 내가 그런 짓을 했는지 이해할 수가 없어요."

동물을 사랑한다는 공식적인 표현이 문제를 악화시킬 뿐임을 알았지만, 빅의 마음이 무엇인지 도무지 알 수가 없어서 알아내려고 노력하면서 그의 이야기를 계속 들어주었다. 동물에게 무자비한 짓을 해 놓고도 여전히 동물을 사랑한다고 자신을 평가하는 남자. 사실 이런 고백은 동물 싸움꾼들로부터 통상적으로 들어왔던 후렴구라 큰 충격은 아니었다.

"동물을 사랑한다고 말할 때 어떤 의미로 하는 건가요?"

"나는 개를 사랑해서 언제나 곁에 두길 원했어요."

"당신이 투견에 이용한 개들은요? 사랑하는데 그렇게 다루나요?"

"그 개들은 검투사 같았어요. 강인하고 빠르고 힘이 넘쳤지요. 그리고 그 개들은 어떤 소리도 내지 않았어요." 그는 적합한 말을 찾으려고 애썼다.

"싸울 때 저먼셰퍼드나 다른 개처럼 으르렁거리거나 짖거나 하지 않았다는 말인가요?"

"맞아요. 개들은 싸우는 동안 정말 조용했어요."

나는 투견반대운동에 빅을 받아들여야 하는지를 결정하기 위해서 온 것이라 솔직히 그를 가르치고 싶은 마음이 없었다. 하지만 지금은 동물보호 운동가로서 가르쳐야 할 때라고 생각했다.

"그래서 그들에게 매료되었군요. 강인함과 용기에 말이죠."

"예."

"그건 좁은 의미에서의 감탄이지 사랑이 아니에요. 사랑하는 사람이나 동물에게는 상처를 주지 않아요. 아마도 당신은 개에게 매료되고 흥미를 느꼈을 수 있어요. 그러나 사랑은 감탄이나 매혹 이상의 것이에요. 사랑은 애정과 보살핌이죠."

빅 외에도 내가 상대한 투견꾼 등 동물 싸움꾼들은 자기가 얼마나 동물을 사랑하는지에 대해 말했다. 그들은 동물의 신체적인 특징인 힘과 용맹함을 언급했다. 전문 동물 싸움꾼은 분명 동물에게 매료되고, 자신의 삶에서 동물이 차지하는 비중 또한 크다. 그들은 하루의 대부분을 동물을 훈련시키고 길들이며, 특별식을 먹이고 그들을 돌보는 데 바친다. 그들은 동물에게 상처를 입혀 괴롭히고 공포에 떨게 하면서도 동물과 끈끈한 유대를 형성한다.

투견꾼의 이런 사고방식은 내가 이전에 듣고 보았던 것들을 떠오르게 한다. 투견꾼보다 고등교육을 받아서 훨씬 더 '교양 있다'는 오리 사냥꾼들은 해가 뜨기 훨씬 전인 새벽 4시부터 매복장소에 가서 일을 시작한다. 하루 할당량을 채우기 위해 얼어붙는 추위 속에서 오리를 부르면 오리는 짝과 함께 날아오르다 갑자기 공격을 당한다. 탄환이 오리의 몸을 관통하지만 즉사하지는 않아서 떨어지지 않기 위해 몸부림치면서 고통과 두려움에 떤다. 결국 오리는 바닥에 내동댕이쳐지거나 사냥개에 의해 명이 끊긴다.

내가 아는 수많은 오리 사냥꾼은 끊임없이 오리에 대해 말하고, 오리 조각품으로 집이나 사무실을 장식하고, 오리 그림을 벽에 건다. 미국어류및야생동식물보호국(U.S. Fish and Wildlife Service)은 매년 오리 우표미술대회를 여는데[39] 종종 사냥꾼들이 뛰어난 작품을 출품한다. 사냥꾼들은 이 생명체에게서 동물애호가는 찾아내지 못하는 눈부시게 아름다운 것을 감지해 낸다. 그들은 오리에 대해 유대와 특별한 공감을 느낀다고 말한다. 그래서 그들이 오리 번식지를 보호하기 위해 노력하는 것이 자기들이 지른 죄를 갚기 위해 그러는 것인지, 오리를 더 오래 사냥하기 위해 그러는 것인지 궁금해지곤 한다.

물론 스포츠로서의 오리사냥은 합법이다. 오리를 죽이는 일은 흔한 일이며 사냥꾼은 먼 거리에서 총을 쏜다. 반면 동물 싸움은 불법이고 음성적인데다, 동물의 고통을 가까이에서 본다. 그래서 빅이 하는 동물을 사랑한다는 말이 내게는 꽤 친숙하게 들렸다. 스스로 동물을 사랑한다고 말하면서 학대하는 많은 사람 중 하나였기 때문이다.

빅이 지닌 이 모순을 강제로 깨부수고 싶지는 않았다. 내가 심리학자도 아닐 뿐더러 이 문제를 풀 수 있을지 확신할 수도 없었다. 게다가 그는 자신의 머릿속에서 어떤 일이 일어나는지 명확하게 알지도 못했다. 스스로를 이해하기 위해 노력하고 있는 중이었다. 나는 다른 질문으로 넘어갔다.

"당신과 투견반대운동을 함께할지 내가 결정하기 전에 당신이 좀 더 알아야 할 것이 있어요. 함께 일한다고 해도 나는 당신이 공익광고나 언론에 나와서 이 문제에 대해 이야기하는 것을 원하지 않아요. 그건 너무 쉬운 방법이고, 그런 방법으로는 대중의 마음을 얻지 못해요. 당신이 이 운동을 함께한다면 많은 시간을 투자해야 해요."

"좋아요. 어떤 생각이신지요?"

"우리는 투견이 증가세여서 우려하고 있어요. 그래서 우리는 전직 투견꾼, 범죄조직에 속했던 사람들과 함께 거리의 아이들이 투견에 연루되지 않도록 노력하는 활동을 시작했어요.[40] 위험군에 속하는 아이들은 대부분 아프리카계 미국인이지만 여러 인종에 걸쳐 있어요. 텔레비전이나 라디오의 공익광고는 아이들에게 그다지 영향력이 없지만 우리의 풀뿌리 활동은 거리의 아이들에게 직접 영향을 끼칠 수 있어요."

"정말 좋은 생각입니다. 나는 어린이들과 함께 일하는 걸 좋아해요. 잘 할 수 있을 것 같아요."

"그런데, 마이클, 당신이 재기에 성공하면 이 일을 잊지 않을까요? 그때는 당신이 이 일을 계속할 필요를 느끼지 않을 테니까요."

"아뇨, 잊지 않을 겁니다. 이건 내가 하고 싶은 일이에요. 시즌 동안에는 일주일에 하루를 쉬니까 쉬는 날에 활동가로 일할 수 있어요. 시즌이 끝나면 시간이 많을 거고요."

"나는 2년이나 3년을 말하는 거예요, 마이클. 그 정도는 이 운동에 헌신해야 한다는 말이에요."

"많은 시간과 노력이 든다는 걸 잘 알고 있어요. 나는 내 생의 나머지를 동물학대와 싸우고 싶어요. 은퇴하게 되면 버려진 야생동물을 위한 보호시설을 갖고 싶어요."

또다시 동물사랑론이 시작되는구나 생각했다.

"버려진 동물을 위한 보호시설을 갖고 싶다는 건 무슨 말이에요?"

"동물이 쉴 수 있는 보호시설을 운영하고 싶어요. 나는 애완조류를 키워요. 디스커버리채널(자연, 과학, 탐험 전문 다큐멘터리 채널)과 자연 프로그램을 시청하는 것도 좋아하고요."

그는 완전히 제정신이 아니어서 나를 속이려고 시도하고 있거나 아니면 내가 추정했던 것보다 훨씬 더 미묘한 감정을 가진 사람인 것 같았다. 어쩌면 마이클은 비록 뒤틀리고 무자비하게 변질되었지만 정말로 동물과 유대감을 느낄 수 있을지도 모른다는 생각이 들기 시작했다.

"마이클, 우리가 당신과 함께 활동하려면 나는 모든 사실을 알아야 해요. 휴메인소사이어티는 큰 동물보호단체이고 중범죄인으로 구형된 동물학대자와 함께 일하는 것에는 분명 위험성이 있어요. 당신이 한 일을 증오하는 사람들은 여전히 화가 나 있습니다. 그래서 우리는 당신이 동물에게 한 일에 대해 알아야 하고, 투견에 어느 정도 연루되었는지도 알아야 해요."

빅은 한숨을 쉬고는 대답했다. "나는 오랫동안 투견에 몸담았습니다. 투견에 돈만 댄 것도 아니고, 실제 싸움에 참여했습니다."

"개 살해에 대한 기사 내용은요? 모두 사실인가요?"

"네. 사실입니다. 내가 한 가장 나쁜 짓은 개를 익사시킨 겁니다. 그러나 감전사시킨 적은 결코 없어요. 그건 사실이 아닙니다."

"어떻게 익사시켰나요?"

"양동이에 물을 받고 녀석의 머리를 넣었어요."

"몸부림치던가요?"

"네, 몸부림쳤어요."

빅은 고개를 숙였다. 그러고는 진실된 어투로 말했다. "돌아보면 내가 이런 일을 저질렀다는 걸 믿을 수가 없어요. 그런 상황에서 벗어나야 한다고 생각은 했지요. 투견이 나쁘다는 걸 알고 있었고 더 이상 몸담아서는 안 된다고 생각했어요. 그저 빠져나올 힘이 부족했던 거지요. 그런 생각을 한지 정확히 일주일 후에 경찰이 들이닥쳤어요."

경찰이 들이닥치지 않았다면 자신이 어떤 선택을 했을지에 관해서는 아무런 말도 하지 않았다. 나는 내가 듣고 있는 게 진정한 회한인지 강렬한 액션인지 확신할 수가 없었다. 지금은 참회하는 사람으로 보이지만 그는 자신의 손으로 살기 위해 몸부림치는 개를 익사시켰고 개가 서로 물어뜯는 것을 보면서 즐거움을 얻었던 바로 그 사람이다. 그는 현장에 있었고 그 모든 것에 친숙했다. 어쨌든 몇 주 안에 어떻게 할지 결정해야 했다.

나는 마이크에게 이제껏 나눴던 대화에 대해 생각해 보고 답을 주겠다고 했다. 우리 둘은 방문자 라운지로 돌아왔고 기다리던 주디는 잠시 빅과 이야기를 나누었다. 나는 빅의 약혼자 키자파와 이야기가 끝나기를 기다렸다.

키자파는 이번이 마지막 면회가 될 것이라는 사실에 크게 안도하고 있었다. 나는 그녀에게 마이클이 진짜로 투견을 그만둘 것이라고 생각하는지 물었다. 그녀는 그가 틀림없이 투견을 청산했으며, 만약 조금이라도 의심이 된다면 그의 곁을 떠날 것이라고 했다. 나는 그녀가 투견에 관해 얼마나 많이 알고 있었는지 묻고 싶었지만 입 밖에 내지 않았다. 그 질문은 재판 내내 해결이 안 된 것이었다.

키자파는 휴메인소사이어티가 어떤 일을 하는 곳인지 물었다. 그녀는 〈오프라 윈프리 쇼〉에서 강아지 공장(개를 대규모로 번식시키는 곳으로 잦은 번식과 비위생적인 환경으로 일상적인 동물학대가 발생한다)에 관해 보고[41] 놀랐다고 했다. 나는 그 프로그램에 초대 손님으로 참석했다. 나는 그녀에게 강아지 공장에서는 개를 돈벌이용으로 취급하고 개가 너무 많아서 적절한 보살핌이 불가능하다고 말했다. 물론 강아지 공장의 개들이 투견처럼 물어뜯기지는 않는다. 하지만 번식견으로 쓰이는 종견이나 모견의 경우 평생을 좁고 더러운 환경에 갇혀 지내고, 외로움과 우울함을 느끼게 해 비인도적이다.

"개에게는 사람들의 사랑과 우정이 필요합니다. 개는 사람을 사랑하고 함께 살도록 그렇게 키워져 왔어요."

나는 휴메인소사이어티의 동물 싸움 반대 캠페인에 닭싸움도 포함되어 있고,[42] 공장식 축산과의 싸움, 모피동물 문제, 해양 포유류 문제와 다른 여러 동물보호 활동에 대해서 말했다. 그녀는 이런 것에 대해 아무것도 모르는 것처럼 보였다. 그녀의 태도는 동물학대 문제를 매일 다루며 살아가고 있는 나와는 달리 대부분의 사람은 동물학대 문제에 거의 관심이 없다는 사실을 상기시켜 주었다. 그러니 동물학대에 반대하는 우리의 활동에 대해서는 더욱 그럴 것이다. 빅으로 인해 매일 뉴스로 다루어지기 전까지 투견은 수많은 사건 중 하나일 뿐이었다. 사람들은 투견으로 인해 어떤 일이 일어나고 있는지, 그것이 얼마나 끔찍한 일인지 몰랐다.

키자파는 마이클이 항상 애니멀플래닛 채널을 시청했고, 애완조류를 키운다고 했다. "새 때문에 집이 더러워져도 마이클은 새를 새장에 가두지 않고 자유롭게 날아다니게 뒀어요." 그 말은 사실 같았다. 만약 거짓이었다면 그녀는 천부적인 거짓말쟁이일 것이다.

얼마 동안 더 이야기를 나눈 뒤에 주디가 돌아와 우리는 헤어졌다. 나는 레번워스를 뒤로하고 떠났고, 빅도 그곳을 며칠 후면 떠날 것이다. 그를 다시 만날지 말지 나는 여전히 결정을 내리지 못한 채였다.

| 긴 역사를 가진 피의 스포츠 |

　　빅의 사건은 동물 싸움 근절을 위한 운동을 급속도로 발전시키는 계기가 되었다. 빅의 사건이 있고 내가 빅과 면회를 갖기까지 2년 동안 우리는 연방법을 강화[43]시키기 위해 노력했다. 2008년 가을에는 동물 싸움의 중범죄 규정을 강화하고, 투견을 이송하거나 소유하는 것을 연방법상의 범죄로 만들었다. 동물 싸움 행위로 기소된 사람들은 최고 25만 달러의 벌금과 5년 이하의 징역이 선고된다. 2002년 이래 3차례[44]의 법 개정이 이루어졌지만 최근의 강화된 개정은 빅의 사건 덕분이었다.

　　또한 25여 개 주[45]에서 투견을 중범죄로 규정하는 등 동물 싸움 반대 법률을 강화시키는 데 성공했다. 동물 싸움꾼의 체포는 2배 이상 늘었고, 우리는 지역 사회에 기반을 둔 문제 해결 프로그램을 확대시켰다.[46] 동물 싸움꾼들은 어느 때보다 심하게 처벌되는 등 상황은 전반적으로 극적으로 개선되었다.

　　동물 싸움이 생소한 범죄는 아니다. 빅을 음지로 끌어들여 열광시킨 투견은 이전에도 많은 사람을 사로잡았다. 1866년 미국에서는 동물학대방지활동을 이끈 헨리 버그[47]에 의해 뉴욕주의 '스포츠맨 명예의 전당'으로 알려진 곳이 투견장임이 폭로되었다. 당시에도 동물 싸움은 주법에 의해 금지되어 있었지만 지금과 마찬가지로 실효성이 없었다. 버그가 설립한 미국동물학대방지협회(ASPCA)는 동물 싸움을 근절시키기 위해 불시에 급습하는 활동을 벌였고, 1880년까지 투견, 투계와 관련된 510건의 체포에 관여했다.[48] 덕분에 1895년에는 조직적인 동물 싸움이 현저히 줄어들었다. 그런데도 동물 싸움은 지금까지 음지에서 지속되고 있고, 근절해야 할 심각한 범죄행위로 여겨지게 되었다.

사실 역사상 어느 시간과 장소로 돌아가더라도 동물을 억지로 싸우게 하는 모습을 볼 수 있다. 고고학자들은 동물 싸움이 최소한 3,000년 전에도 벌어졌다고 말한다. 인더스 문명의 부족은 반야생의 정글 가금류를 구덩이 안에 던져 넣어 서로 싸우도록 했고,[49] 이렇게 시작된 투계는 동쪽의 페르시아, 인도, 중국으로 이동한 것으로 보인다.[50] 그리스인은 날카로운 면도날[51]을 닭의 뒷다리 박차에 부착해서 더욱 피비린내 나는 싸움으로 변형시켰다. 그리스의 장군 테미스토클레스는 병사들의 투쟁심을 고취시키기 위해 전쟁 직전에 투계를 선보였다.[52]

고대 로마인은 잔인한 유흥을 다른 차원으로 확장시켰다. 원형경기장 아래의 동물 우리에는 제국의 전 지역에서 포획해 온 코끼리, 아메리카들소, 사자,[53] 곰 등의 동물은 물론 심지어 바다표범까지 갇혀 있었다. 동물들은 환호하는 청중 앞에서 그들끼리 싸우거나 검투사를 상대로 죽을 때까지 싸웠다. 이것이 로마제국 시절 동물[54] 수십만 마리의 운명이었다. 로마의 다른 풍습과 마찬가지로 이런 조직화된 동물 싸움은 전 유럽으로 퍼져 나갔다.

인도주의 운동이 영국에서 시작된 것은 우연이 아니다. 동물 싸움이라는 학대행위가 가장 흔한 곳이 영국이었기 때문이다. 중세 영국에서는 개를 이용해 황소나 곰을 괴롭히는 일이 일상적인 여흥이었다. 1050년 에드워드 참회왕(신앙심이 깊어서 참회왕이라고 했다)[55]은 곰 1마리와 마스티프 6마리의 싸움을 붙였다. 구경꾼이 링 주변에 모여들면 개를 풀어 기둥에 묶여 있는 곰을 공격하도록 했다. 엘리자베스 1세 때[56] 황실에서는 개와 황소 싸움을 지원했고, 외국 사절에게 개와 곰이 싸우는 것을 여흥으로 선보였다.

투계는 영국에서 12세기부터 상류 지주계층과 평민 모두의 오락거리였다. 영국 당국자와 로마 교황청은 이런 분위기에 눈살을 찌푸렸지만 피의 스포츠는 불법화되기에는 인기가 너무 많았다. 에드워드 3세는 1365년 투계 금지를 시도했고 3세기가 지난 후 올리버 크롬웰도 금지령을 선포했지만 소용없었다.[57] 근본적으로 투계는 황소 괴롭히기나 투견보다 더 단단하고 깊게 자리 잡고 있어서 투계 금지는 마지막에야 가능할 일이었다.

헨리 8세가 가톨릭교회를 맡게 되자 교회의 투계 반대에 대한 도덕적 영향력은 서서히 줄어들었다. 헨리 8세 이후 제임스 1세, 찰스 2세, 윌리엄 3세, 조지 4세는 투계광이었다. 18세기 후반과 19세기 초반 투계의 인기는 대단했다. 닭은 세인트폴대성당 근처 코크래인(수탉거리)에서 교배되고, 지금의 트라팔가광장에서 가까운 코크스퍼(수탉박차) 거리에서 만들어진 은으로 된 박차를 찬 후 도시 전역의 투계 경기장으로 보내졌다. 의회가 있는 웨스트민스터에도 투계경기장[58]이 3개나 있었다. 동물 싸움에는 강력한 팬과 옹호자들이 있었다.

투견은 한 작가가 '불도그국가'라고 이름 붙였[59]을 정도로 영국에서 인기 있는 오락이었다. 강인한 아래턱과 코가 깊숙이 눌린 정통 잉글리시불도그는 다른 동물을 괴롭히기 위해 만들어진 교배종이다. 19세기에는 날렵하고 빠른 테리어 종과 교배해서 지금의 불테리어, 핏불이 만들어졌다.[60] 이런 견종은 투견 전성시대에 번성해서 오소리와 쥐를 죽이고 괴롭히는 싸움에도 이용되었다.

시간이 흐르자 서로 다른 교배종끼리 싸움을 붙이는 일이 잦아졌고, 핏불은 투견을 위해 특별하게 교배된 개와 맞붙어 싸우기도 했다. 때로는 개와 원숭이의 싸움판이 벌어지기도 했다. 1820년 야코 마나코라는 이름의 원숭이는[61] 개와의 싸움에서 승승장구했고 결국 마지막 전투에서 개와 함께 끔찍한 최후를 맞았다.

그 즈음 영국에서 인도주의 운동이 힘을 키우면서 동물 싸움 폐지를 요구했다. 1800~1835년 영국의회는 동물학대에 관한 11개의 법안을 심사했는데[62] 대부분 동물 싸움 금지에 관한 것이었다. 그 법안은 윌리엄 윌버포스(정치인으로 영국 노예해방운동의 선구자)의 지지를 받고 있었다. 1826년 52건의 지지 청원을 확보[63]했지만 정작 의회에서는 쏟아지는 조소 속에서 폐기되었다. 하지만 반대운동가들은 끈질겼고 마침내 1835년과 1849년에 법안을 통과시켜[64] 다양한 동물 싸움은 불법이 되었다.

영국을 비롯한 유럽 이민자들은 투계, 투견, 황소 괴롭히기, 거위 잡아당기기(말을 타고 전속력으로 달리다가 기름칠되어 매달린 거위의 목을 잡아당기는 네덜란드의 전통놀이)[65]를 비롯한 피의 스포츠를 미국으로 들여와서 남부에서 번창시켰다. 그러자 북동부와 중부 애틀랜타는 청교도와 퀘이커 개혁가들이 동물 싸움 반대활동을 벌여 일정 정도의 성공을 거두었다. 1641년 메사추세츠의 '자유의 몸(Body of Liberties, 유럽 식민주의자에 의해 미 동부 6개 주에서 최초로 제정된 공식 법률_옮긴이)'은[66] 황소 괴롭히기 금지가 함축된 내용을 포함했고, 1687년에는 청교도장관 인크리스 매더가 "투계는 엄청나게 비인도적이고 여섯 번째 계명 위반"[67]이라고 규탄했다.

영국의 가장 강력한 동물학대 반대활동은 청교도정신에서 나왔다. 청교도는 동물 싸움과 도박, 음주 등을 죄악으로 간주했다. 1682년 펜실베이니아의회는 지역 내 다수의 퀘이커교 인구에 영향을 받아 투계, 황소 괴롭히기, 이 외의 '저속하고 폭력을 행사하는 스포츠'[68]를 금지했다. 최초의 대륙회의(미국 독립혁명 당시 미국 13개 식민지의 대표자 회의)도 혁명을 성공시키기 위한 미담이 필요했으므로 피의 스포츠를 잠정적으로 금지했다.[69] 하지만 이는 오래가지 못했고 독립 이후에 투계는 다시 빠르게 유행하기 시작했다.

미국에서 동물 싸움 금지 법안은 주에서 주로 확산되어 몇몇 동물 싸움 금지법안은 1866년 미국동물학대방지협회 설립 이전에도 있었다.[70] 투계는 1828년 대통령 선거 때도 이슈[71]가 되어서 당시 앤드류 잭슨 후보는 지난 13년 동안 투계 근처에도 가지 않았다고 유권자들에게 주장했다. 〈투계금지법〉[72]은 펜실베이니아(1830), 메사추세츠(1836), 버몬트(1852)로 이어졌다. 1856년 뉴욕주는 모든 형태[73]의 동물 싸움을 금지했고 다른 주도 이를 따랐다. 세기말이 되자 대다수의 주가 동물 싸움을 불법화했다. 이렇게 해서 동물 싸움 금지는 미국 내 동물보호운동이 거둔 최초의 승리 중 하나가 되었다.

동물보호운동은 초기의 성공 이후 다시 진전을 이루기까지 수십 년이 걸렸다. 게다가 불법화에도 불구하고 동물 싸움은 계속되었다.

미국에 1860~1870년대에 등장한 핏불은[74] 20세기 초까지 투견의 희생양이 되었다. 심지어 1881년까지 오하이오와 미시시피 철도는[75] 루이스빌 투견경기장행 열차의 특별요금 광고를 하기도 했다.

1930년대에 이르러 투견을 인정했던 케널클럽연합(United Kennel Club)[76] 등의 유명 단체가 공식적으로 투견 지지를 철회하는 등 지지를 잃어갔다. 하지만 실효성도 의지도 없는 법 집행 덕분에 동물 싸움은 여전히 유행산업이었다. 때문에 현대에도 동물 싸움 반대는 인도주의 단체와 동물보호단체의 과제로 남아 있다. 휴메인소사이어티는 1950년대 중반 이후 줄곧 이 일을 해오고 있다.

| 학대 뒤처리가 아니라 반학대정책이 필요하다 |

1997년 휴메인소사이어티는 대대적인 투계 반대 캠페인을 시작하기로 결정하고 거점을 미주리로 잡았다. 당시 동물 관련 정책에 관한 활동을 하는 동물보호단체는 거의 없었다. 휴메인소사이어티로 온 지 3년이 되었을 무렵 나는 이 상황을 바꾸고 싶었다. 동물보호단체는 동물구조, 보호소 운영, 동물을 보살피는 일을 하고 있었는데, 내 생각에는 그것도 중요하지만 학대 뒤처리를 하는 것일 뿐 근본적인 해결은 아니었다. 동물을 학대해 돈을 버는 행동을 근절할 수 있는 유일한 방법은 강력한 법을 제정해서 교도소에 수감하거나 돈을 벌지 못하도록 만드는 것뿐이다. 목표는 학대방지지만 그러려면 입법자나 주민투표를 통해 법을 개정해야 했다.

휴메인소사이어티에 몸담은 첫 몇 년 동안 주 입법기관과 의회로 활동 범위를 넓혔고 중대한 정책의제를 개발하기 시작했다. 그러나 축산업, 사냥업과 얽힐 때에는 입법위원회와 충돌하는 일이 많았다. 입법위원회를 주도하는 지역구 선출 의원들은 우리가 제안한 법안이 시민의 호응을 얻고 있든 아니든 개의치 않았다. 입법을 중지시킬 힘이 있는 그들은 권력을 이용해 우리를 방해했다.

예전의 다른 개선운동과 마찬가지로 우리는 많은 정치인과 충돌했다. 그들은 우리에게 도움을 주지 않는 것은 물론 시간도 내 주려고 하지 않았다. 우리가 승리하려면 유권자에게 사안을 직접 전달하는 전략이 필요했다. 우리는 사냥대회, 곰 괴롭히기, 철제덫 사용 같은 야생동물 문제에 대해 일련의 주민발의 투표를 개시했다. 우리는 그 동안 대부분의 싸움에서 승리했고 심지어 가장 힘들다는 미국총기협회(NRA, National Rifle Association) 같은 정치적으로 영악한 집단과도 싸워서 승리한 경험이 있다. 우리의 싸움 상대인 동물학대산업은 많은 돈과 정치적 영향력을 가지고 있지만 동물보호가 이슈가 된 선거 때에는 그리 큰 힘을 발휘하지 못했다. 대중은 주로 우리와 동물 편에 서 주었고 동물학대산업과 입법자들은 들러리일 뿐이었다.

　동물 싸움의 현황을 파악하려면 에릭 사카치에게 의지해야 한다. 에릭 사카치가 휴메인소사이어티와 1975년 투견반대운동을 시작했을 때 동물 싸움은 이미 50개 주에서 불법이었지만 그 어느 곳도 투계는 중범죄가 아니었다. 투계를 중범죄로 규정한 법도 없었고,[77] 투계가 합법인 주도 대여섯 곳 이상이었다. 동물 싸움에 집중하는 단체도 거의 없었고, 법 집행자들은 경범죄 위반에는 관심이 없었다. 에릭과 앤 처치, 휴메인소사이어티의 주 입법 담당자의 노력으로 우리는 벌을 강화하자는 운동을 시작했다. 진전은 느렸고 자주 중단되었지만 몇몇 주에서 중범죄 수준의 법을 제정하는 데 성공했다.

　조직화된 동물 싸움을 근절하는 가장 빠른 길은 법적 조처이다. 우리가 어린이를 교육하고 투견이나 투계에 대해 경고하는 동안에도 수만 명의 투견꾼, 투계꾼은 동물 싸움에 열광한다. 체포의 위협이나 엄중한 처벌만이 그들의 행위를 중지시킬 수 있었다.

　에릭은 내게 동물 싸움에 관한 잡지를 보면서 동물 싸움이라는 하위문화를 익히라고 조언했다. 사우스캐롤라이나에서 발행되는 《투

지와 강철(*Grit & Steel*)》, 아칸소에서 발행되는 《싸움닭(*Gamecock*)》과
《깃털 달린 전사(*The Feather Warrior*)》 등 전국적으로 주요 잡지가 3개
발행되고 있었다. 잡지는 매월 발행되는데 컬러판 유료 잡지로 투계
꾼에 의해 쓰여지고 발행되고 있었다. 수천 명의 구독자를 갖고 있는
이 잡지들은 나중에 알아보니 인터넷 서점 아마존에서 가장 잘 팔리는
150개 정기간행물 중 하나였다.[78]

투계문화에는 도박 외에 세 가지의 주요 산업 영역이 있다. 싸움
닭과 새끼의 판매와 교배가 한 영역, 전투 능력을 향상시키는 자극제
와 기타 약물 판매가 또 한 영역, 경기할 때 부착하는 도구 매매가 나
머지 한 영역이다. 칼이나 가프(gaff)라고 불리는 구부러진 송곳은 경기
중 상대에게 치명적인 상처를 입힐 수 있도록 닭의 다리에 고정하는
도구이다.

투견 애호가를 위한 공식 잡지는 없지만 《스포팅 도그 저널(*Sporting
Dog Journal*)》, 《아메리칸 게임 도그 타임스(*American Game Dog Times*)》
등의 음성적인 잡지도 최소한 10개 정도 된다. 투계와 마찬가지로 핏
불 판매는 큰 돈벌이고, 성장 촉진용 약, 러닝머신, 투견용 막대 등 마
이클 빅의 집에서 발견된 것과 같은 투견용 장비도 돈이 된다. 투견꾼
이 되는 기초 지식은 인터넷에 광고가 뜨는 잡지, 비디오, 책을 통해
얻는다.

투계를 길러내는 업자인 '투계 브리더'는 전국에 퍼져 있지만 대부
분 투계가 합법인 지역에서 사업을 한다. 서쪽으로는 애리조나와 뉴멕
시코, 중서부의 오클라호마와 미주리, 최남단의 루이지애나가 그 중심
이다. 물론 투계가 불법화된 지역에도 투계 브리더가[79] 수천 명 있다.

잡지에는 코네티컷, 오리건, 텍사스, 캘리포니아 등에서 영업하는 브리더의 광고가 실려 있다.

광고는 광고주가 원하는 방식으로 제작되지만 기본 방식은 똑같다. 광고주는 자신의 닭이 주요 투계 경기에 출전해서 이겼다고 자랑한다. 승리한 닭이어야 높은 값을 받을 수 있다. '브리더'와 '싸움꾼'은 구별되지 않았다. 돈을 벌려면 두 가지를 다 해야 했다.

예를 들어 켄터키 로바즈에 있는 '방울뱀 게임 농장'의 데이비드 미첼은[80] 《싸움닭》의 정기 광고주였다. 미첼은 '싸움닭' 200달러, '교배용 암탉' 500달러, 수탉 한 마리와 교배용 암탉 두 마리를 '그레이 삼종 세트'로 묶어 750달러에 팔았다. 미첼은 이름, 주소, 이메일주소, 무선 호출기 번호까지 공개하면서 자신이 주 전체의 전문 투계 거래 단체인 켄터키투계생산자협회(Kentucky Gamefowl Breeders Association) 대표라고 소개했다.

닭을 자극하는 약품과 스테로이드 광고도 자주 등장한다. '완전한 공격(Pure Aggression)'이라고 불리는 제품[81]은 "당신의 닭이 경기장에서 끝까지 싸우도록 도와준다."고 광고한다. 중추신경 흥분제인 스트리키닌으로 만든 '스트리키닌의 속도(Strychly Speed)'라는 제품은 "닭의 반응과 쪼는 공격을 빠르게" 하고, '차단제(Insulator)'는 "충격으로부터 닭을 구해 주는 매우 강력한 자연 성분 함유"라고 선전하고 있었다. 잡지는 그야말로 투계 약물 구매 가이드나 다름 없었다.

에릭 사카치는 이 세계를 잘 알고 있었다. 193센티미터의 키에 강한 골격, 숱이 많고 짧은 머리의 에릭은 동물 싸움 사건에 관한 한 보안관이라고 해도 될 정도였다. 그가 20대 초반에 휴메인소사이어티에

206

왔을 때 그는 동물 싸움이라는 음성적 세계의 조사원이자 잠입조사원이었고, 이 주제에 관한 한 걸출한 전문가로 수년에 걸쳐 활약한 인물이다. 에릭은 투견과 투계 현장 급습에 수십 차례 참여한 경험이 있어서 법정에서도 인정받는 권위자였다. 그는 입법자 앞에서 동물 싸움 관련법 개선에 관해 증언했으며 관련 산업에 대한 정보를 제공해서 법 집행팀을 도왔다.

에릭은 늘 힘겨운 싸움 속에 있었다. 1980년대에 웨스트코스트 지역 지사에서 일하기 시작해 책임자가 되어 서부 여러 주의 동물 문제를 총괄했다. 바쁜 일정 속에서도 수억 달러 규모의 동물 싸움 관련 사업과 맞섰고, 앤 처치 등과 함께 여러 주에서 투견을 중범죄로 하는 법 개정에 앞장섰다. 하지만 상황을 개선할 수 있는 자원은 늘 부족했고 체포도 드물었다. 1986년 플로리다주는 투계를 금지했고,[82] 1994년 켄터키주 상소법원[83]은 〈반동물학대법〉을 투계 금지로 해석했지만 여전히 투계가 합법인 주가 5개나 남아 있고, 불법인 주에서도 경찰도 투계꾼도 법을 신경 쓰지 않을 정도로 유명무실했다.

정치적으로 이상한 상황이었다. 대부분의 사람이 동물 싸움을 범죄로 인식하고 있을 만큼 도덕적으로는 거의 해결된 문제인데도 동물 싸움은 여전히 번창하는 음성적 사업이자 활발하게 진행 중인 사업이었다. 이 산업의 뒤에는 많은 돈과 규제를 막는 정치적 활동, 예상치를 뛰어넘는 많은 참가자가 있었다. 현재의 법은 동물 싸움꾼을 신경 쓰이게 할 수준은 되지만 위협할 정도는 되지 못했다.

전통적으로 투견에 참여하는 사람[84]은 거의 농촌에 사는 백인이며 이들 중 많은 사람이 직업적인 투견꾼이다. 그들은 개의 혈통을 중시하며 투견를 판매해 생계를 꾸린다. 동부 유럽, 러시아, 이탈리아에서는 국제적인 개 시장[85]이 평탄한 성장을 보이고 있고, 미국의 투견꾼들은 그곳을 통해 자신들이 기른 교배종을 세계 전역에 판매했다.

1980년대 대두되기 시작한 길거리 투견[86]은 또 다른 골칫거리이다. 마이클 빅과 같은 도시에 사는 젊은이들은 도박과 으스대고 싶은 마음에 핏불 투견을 한다. 투견의 증가는 힙합 음악과 함께 걸어다니는 무기인 핏불의 유행을 부채질했다. 이러니 젊은이들이 뒷골목이나 버려진 빌딩에서 어떤 개가 더 강한지 겨루기까지 오랜 시간이 걸리지 않았다. 훔치든 교배하든 개는 손에 넣기 쉬웠고 때로는 입양을 사칭하여 동물보호소에서 데려오기도 했다.

투견과 마찬가지로 투계도 관련법이 거의 없다 보니 막기가 쉽지 않았다. 몇몇 주에서는 합법이었지만 다른 많은 주는 벌이 너무 경미해 기소 대상이 되지도 않았다. 가장 골칫거리인 지역은 동료 존 굿윈이 '투계로'라고 부르는[87] 앨라배마에서부터 테네시, 켄터키를 거쳐 오하이오까지 이어진 주이다. 이런 주는 투계를 금지시키는 법률을 제정하기도 어렵고 법이 있다고 해도 별 효력이 없다. 앨라배마는 투계 벌금[88]이 최대 50달러, 오하이오는 250달러[89]인데 싸움닭 3종 세트가 1,000달러에 팔리니 억제력이 전혀 없었다. 게다가 이 사람들은 도박꾼이었다. 싸움에 판돈을 5,000달러 걸었다면 벌금 250달러 정도는 감수할 것이다. 그들에게 〈투계금지법〉 위반은 주차 위반 수준의 범죄였다. 에릭과 존은 일부 지역 법집행관들이 뇌물을 받고 있다고 말했다. 투계장을 운영하는 사람들로부터 상납금을 받고 있으니 관할 지역 내에서 벌어지는 투계를 처벌하지 않고 내버려 두는 것이다.

동부 테네시는 부패의 전형이었다. 테네시는 전국에서 가장 큰 투계장이 있는 지역[90]으로 특히 코크 카운티가 유명하다. 델리오투계장은 수십 년간 운영되어 왔고 지역 사람들은 여기에서 매주 투계꾼이 꽉 들어차는 경기가 열린다는 사실을 잘 알고 있었다. 1988년 주 당국자들이 델리오투계장을 급습해서[91] 400명을 체포한 일은 동물 싸움에 중범죄에 준하는 벌을 줄 것을 입법자에게 요구하는 압력이 되었다. 하지만 오래가지 못했다. 주 대표가 경범죄로 낮추자는 활동을 시작하자 델리오투계장은 금세 원래 상태로 돌아갔다.[92] 그후 17년이나 지나서야 연방정부에 의해 델리오투계장이 폐쇄되었다. 2005년 FBI는 이곳을 급습해[93] 법 위반과 성매매, 도박 증거를 찾아냈고 이후 경기장 소유주와 코크 카운티 보안관 사무소의 책임자를 체포했다.[94] 보안관이 델리오투계장으로부터 상납금을 받아 왔음이 밝혀졌기 때문이다.

경기가 있는 날이면 델리오투계장에는 600~700명의 사람[95]이 운집한다. 증언에 따르면 "이곳에서는 하루 저녁에 닭싸움이 약 182번 벌어졌고,[96] 경기당 판돈이 2,000~2만 달러나 되었다."고 한다. 남부 전역의 투계꾼이 이곳으로 몰려들었고, 일부 사람들은 이곳에 오는 것을 가족 나들이 정도로 여겼다. 부모는 자녀를 데리고 와서 돈을 걸어 보도록 부추기기도 했다. 열 살 정도 되는 어린 소녀가 100달러짜리 지폐 다발을 들고 돈을 거는 것을 보았다는 증언도 나왔다.[97]

이런 사실만큼이나 암담한 것은 투계가 다른 여러 문제와 결합되어 있는 범죄이기 때문인데, 특히 최근에는 사람들의 건강까지 위협하고 있다. 2008년 동남아시아에서 조류인플루엔자가 발병했을 때 투계가 질병을 전파시키는 경로[98]로 지목되었는데도 불구하고 많은 나라가 투계를 근절시키지 않았다. 태국에만 3000만 마리의 싸움닭이 있고,[99] 투계꾼들은 투계가 세계적으로 축구 다음으로 인기 있는 스포츠라고 떠벌린다. 투계가 합법인 나라에서 몰려오는 이민자들은 미국 투계산업에 기운을 불어넣고 있다. 한때 시골 백인의 여흥이었던 투계는 이제 멕시코, 필리핀, 베트남 등에서 오는 이민자의 열광적인 지지를 받고 있고, 그들이 미국의 투계장 관람석을 채우고 있다.

투계가 합법인 주에는 10여 개의 경기장과 수백 개의 투계농장이 있다. 오클라호마에만[100] 주요 경기장이 40여 개 있는데 그중 일부는 관람석까지 갖추었다. 전문가들은 오클라호마에만 싸움닭이 280만 마리[101] 있다고 추산했고, 일부 교배 농장은 닭 수천 마리를 삼각뿔 모양의 좁은 우리나 통에 묶어서 키운다.

1976년 의회는 동물 싸움을 금지하는 법률을 통과시켰고[102] 싸움 동물의 이송을 제한했다. 그러나 이 법규에는 빠져 나갈 구멍이 많았고 처벌도 약했다. 투계 로비 세력은 켄터키의 상원위원 웬델 포드를 내세워 로비를 시작했다. 원래 법안은 싸움 동물 이동을 전면 금지했지만 포드는 투계가 합법인 미국 관할 영토나 국가에 싸움닭을 운송하는 것을 허용하는 수정안을 통과시켰다.[103] 이것은 투계꾼들이 싸움닭을 애리조나, 켄터키, 루이지애나, 미주리, 뉴멕시코, 푸에르토리코, 버진아일랜드 등과 외국 여러 곳으로 보낼 수 있음을 의미했다.

그들은 사실 어디로든 닭을 보낼 수 있었고 법률 집행부는 이를 중지시킬 의지가 없었다. 제럴드 포드 대통령이 승인한 이후 20년 동안 단 한 건의 투계 사건도 연방법으로 기소되지 않았다.[104] 덕분에 방울뱀 사냥 농장 등의 수백 개의 싸움 동물 농장은 태연하게 싸움닭을 밀매했다. 심지어 투계가 법으로 금지된 주에서도 그랬으니 무의미한 법이라는 것을 산업계의 모든 사람이 알고 있었다.

나는 동물보호단체가 어떻게 이런 동물 싸움 관련 잡지, 광고, 농장, 경기장을 용인할 수 있는지 의아했다. 우리가 이런 불필요한 학대에 맞서지 않는다면 어떻게 농장동물, 트로피사냥, 모피 등의 정치적으로 어려운 문제에 항의할 수 있을까? 우리가 합법적 학대를 단속하는 데 힘을 쏟는 사이 부패한 불법적 산업은 법의 약점을 틈타 번창하고 있었다. 드물게 경찰이 동물싸움장을 급습해도 싸움꾼들은 별다른 처벌 없이 과태료를 내고 나와 다시 동물을 학대했다.

이것이 1997년 휴메인소사이어티가 동물보호라는 대의를 위한 최우선 과제로 동물 싸움 반대를 내세운 배경이었다. 우리는 목표를 설정했다. 투계가 합법인 5개 주에서 투계를 불법화하기. 모든 주에서 투계와 투견을 중범죄 수준의 법률 위반으로 만들기. 싸움용 동물을 훈련시키거나 소유, 싸움에 투입시키는 행위를 중범죄로 만들기. 동물 싸움 조사 업무를 담당하는 법 집행 부서 교육하기. 연방법으로 싸움용 동물의 모든 상거래를 중범죄로 규정하기. 공격적인 법 집행 활동을 통해 미국 전역에서 주요 싸움꾼과 싸움장 철폐하기.

투계가 합법인 주가 한 곳이라도 있으면 다른 곳에서의 법 집행 노력도 약화된다. 투계꾼에게 합법성을 주장할 만한 빌미를 주고 싸움 동물을 사고팔 합법적인 기반을 제공하기 때문이다. 5개 주에서 마약이 합법인 상황에서 마약 단속이 가능할지 가정해 보자. 연방법이 나머지 45개 주의 마약을 마약이 합법인 5개 주나 해외 시장으로 파는 것을 허용한다면 마약 근절이 가능할까? 같은 상황인 셈이다.

투계가 합법인 애리조나, 루이지애나, 미주리, 뉴멕시코, 오클라호마의 몇몇 정치인은 투계꾼을 중요한 투표 집단으로 여겨 투계를 반대하는 사람들에게는 별 관심이 없다. 시골 지역 출신 정치인은 투계를 '대안축산(alternative agriculture)'의 한 형태로 본다. 투계꾼이 싸움닭을 판매하는 행위를 가축을 고기로 판매하는 것과 같다고 보는 것이다. 투계꾼들은 프랭크 퍼듀(미국 닭고기 생산업체인 퍼듀팜의 창업자)의 닭 수백만 마리가 태어나서 죽을 때까지 끔찍한 닭장에 갇혀 지내는 것에 비하면 자신들의 닭은 야외에서 싸울 기회를 갖는다고 내세우곤 한다.

투계가 합법인 5개 주 중에서 애리조나, 미주리, 오클라호마의 3개 주에서 시민 발의 허가를 받아 우리는 활동을 시작했다. 그런데 오클라호마에서 오클라호마농장위원회(Oklahoma Farm Bureau)가 반대했고, 오클라호마수의사협회(Oklahoma Veterinary Medical Association)도 우리를 돕기를 거절했다. 하지만 얼마 지나지 않아 유권자가 우리 편에 섰다. 유권자는 투계업자와 입법기관의 관행에 반대를 표했고, 아직 투계가 합법인 루이지애나와 뉴멕시코는 고립되었다.

1999년 오클라호마에서 활동을 막 시작하면서 나는 싸움 동물의 주 사이의 교역을 중지하도록 의회를 설득할 수 있는 기회가 왔다고 판단했다. 먼저 우리는 설득할 가능성이 크지는 않지만 협력해야 할 이들을 찾아나섰다. 콜로라도주 공화당원으로 전직 대형 동물 수의사인 상원의원 웨인 앨러드, 미네소타 시골 지역 출신 민주당 대표이자 의회 스포츠맨 간부회의의 부의장인 콜린 피터슨은 사냥과 축산 로비 세력과 강하게 밀착된 사람들이었다. 그들은 우리와 다른 견해를 갖고 있었지만 투계법안이 사냥과 축산을 불법화하는 전 단계가 아니라 오직 투계꾼에 대한 제재라면 동의한다는 뜻을 우리에게 전달해 왔다. 1999년 3월, 앨러드와 피터슨이 상하 양원 법률안을 들고나오면서[105] 드디어 연방 차원의 활동에 시동이 걸리기 시작했다.

우리는 의회에서도 반대 세력을 만났다. 전국적 투계 거래 단체인 미국투계생산자협회가 로비에 열심이었다. 전직 미국 상원의원인 아이다호의 스티브 심스, 루이지애나의 베넷 존스턴은[106] 법안을 망설이고 있던 하원축산위원회가 아무런 조처를 취하지 않도록 돕고 있었다.

그 즈음에 절호의 기회인 농장법률안 개정이 다가오고 있었다. 농장법률안 개정은 의회가 5년 정도의 주기로 국가의 축산정책을 재수립하는 것으로 우리에게는 좋은 기회였다. 우리는 위원회와 의원 전원에게 농장법률안에 대한 우리의 개정 의견을 피력하기로 결정했다. 우리는 하원 법률안 발의자인 피터슨 대표에게 개정 의견을 진행해 줄 것을 요구했지만 피터슨은 텍사스 출신 위원장인 공화당 래리 콤베스트와 고위 민주당원인 찰스 스텐홈의 압력 때문에 거절했다. 이번이 의회 투표에서 이길 좋은 기회임을 안 우리는 신뢰할 만한 동료인 오리건주 민주당 대표 얼 블루메나우어에게 이 싸움을 이끌어 줄 것을 요청했다.

"의장님, 이 개정안의 목적은 연방정부가 야만적인 행위를 돕고 방조하는 데 연루되지 않도록 확실히 하자는 겁니다."[107] 블루메나우어는 하원에서 주장했다. "연방정부가 싸움닭이 주 경계를 넘을 수 있도록 허용함으로써 47개 주의 법을 약화시킨다는 것은 말도 안 됩니다. …… 연방정부는 200~300년 묵은 부끄러운 유산을 돕거나 방조하는 것을 중지해야 합니다."

그러자 콤베스트와 스텐홈이 의원석에서 일어나[108] 개정안 내용에 대해 항의했다. 그러면서도 자신들이 명확하게 투계를 옹호하는 것처럼 보이지 않도록 노력했다. 그러나 이번에는 그들의 뜻대로 되지 않았다.

블루메나우어의 개정안은 성공했다.[109] 이어서 그는 싸움용 동물을 수입하거나 수출하는 것을 금지하기 위한 두 번째 개정안을 제안했다. 법을 위반하면 중범죄에 해당하는 벌을 받는다는 조항이 포함된 이 수정안도 통과되었다. 이 법안은 해외 판매를 막아 마지막 시장 하나까지 폐쇄하는 것으로, 처음 개정안보다 훨씬 더 강력한 효과를 기대할 수 있었음에도 거의 반대 의견 없이 통과되었다.

상원에서는 저항이라고 할 만한 것도 없었다. 상원축산위원회의 수장인 민주당 톰 하킨과 공화당 리처드 루거는 우리의 변함 없는 지지자였고, 상원의 농장법률안위원회 최종안은 하원에서 통과된 내용들이 포함되었다. 상원의원 중 그 누구도 법안을 탈락시키려고 시도하거나 반대표를 행사하지 않았다.

그 즈음 축하하기에 이르다고 생각했는데 우리의 직감이 맞았다. 농장법률안과 같이 거대 권한이 주어지는 법안에 대해서는 의회 수장들이 상하 양원협의회를 지명하여 하원안과 상원안의 다른 점을 화해 조정하도록 되어 있다. 동물 싸움은 하원안과 상원안이 동일했기 때문에 주제는 양원협의회에 상정될 필요조차 없었다. 그런데 콤베스트와 스텐홈은 포기하지 않았다. 그들은 논쟁을 유발하며 싸웠고, 결국 경험이 없는 상원의원 일부를 이용해 법안의 중범죄 벌칙을 삭제했다.

콤베스트와 스텐홈에게 동물 싸움은 경범죄였고, 이들 덕분에 마이클 빅은 훨씬 유리한 입장에 설 수 있었다. 만일 의회축산위원회가 중범죄 벌칙을 약화시키지 않았다면 아마도 빅은 훨씬 더 긴 기간 동안 감옥에 있어야 했을 것이다.

그나마 싸움 동물 운송금지법이 통과되어 상황은 전반적으로 나아지고 있었다. 수십 년 동안 투계를 불법화하지 못한 지역에서도 우리는 승리했다. 투계가 합법이던 5개 주 중 3개 주에서 투계가 금지되었다. 우리는 안정적으로 성장하고 있는 투계산업에 강한 일격을 가했고 완전히 금지시키기 위해 공격적인 활동을 시작했다.

이제 루이지애나와 뉴멕시코 지역으로 활동을 전환할 때가 왔다. 두 주 모두 주민 발의 투표를 허용하지 않았기 때문에 주 내 입법기관을 통해야 했다. 하지만 수년간의 노력에도 개선이 이루어지지 않아 정치적 관행에 도전해야만 했다. 2004년 미국 상원의원 선거가 루이지애나에서 치러지면서 기회가 찾아왔다. 현역 의원인 존 브로가 4번째 재선에 도전하지 않기로 하면서 2명의 후보가 각축전을 벌였다. 뉴올리언스의 보수적 지역인 메타리 출신의 공화당 대표 데이비드 비터, 남서부 시골 중심 지역이자 투계의 근거지인 크로올리 출신의 블루도그 민주당원(보수적인 남부 출신 민주당원) 크리스 존이 그들이다.

크리스 존은 하원에 있는 투계 척후병이라 할 만하다.[110] 2000년 축산위원회에서 허점이 있는 연방법 개정을 위한 증언을 할 당시 나는 그와 설전을 벌였다. 그는 루이지애나 전통인 투계와 사냥을 위협한다면서 우리를 비난했다. 존은 "나는 루이지애나의 투계산업을 강력히 지지합니다."[111]라고 말하면서 투계는 매우 중요한 산업이라고 말했다. 그는 일간지 《배턴 루지 애드보케이트》에서 "투계는 가족적인 문화와 관련된 것이다."[112]라고 말하기도 했다.

반면 공화당의 데이비드 비터는 공공연하게 내세우지는 않았지만[113] 투계에 반대하는 입장이어서 동물보호론자들에게는 크리스 존보다 더 선호되는 정치인이었다. 우리는 선거에서 투계를 이슈로 만들면서 존의 지지자가 늘어나지 않도록 유권자를 설득해야 했다. 루이지애나 정치계의 오랜 통념은, 이곳은 투계를 지지하는 유권자가 많다는 것이었다.

하지만 설문조사 결과는 이런 정치적 통념이 얼마나 틀렸는지 보여 주었다. 투계를 지지하는 사람은 많지 않았다. 설문조사 결과 루이지애나 인구 중 82퍼센트가 투계 금지를 원하고, 투표자 대다수가 후보자가 투계를 선호할 경우 그 사람에게 투표하지 않겠다고 했다. 단지 2~3퍼센트의 사람만이 투계산업을 지지하는 후보자에게 투표하겠다고 밝혔다. 루이지애나 유권자들은 투계를 '가족적인' 전통이 아니라 골칫거리로 보았으며, 사라진다 해도 신경 쓰지 않는 것으로 드러났다.

이런 결과를 손에 쥐고 휴메인소사이어티와 별개로 독립적으로 활동하도록 설립한 정치적 행동단체인 HUSA(Humane USA)는[114] 존에 반대하는 풀뿌리 활동을 전개했다. 존이 투계를 가족의 즐거움이라고 말한 괴상한 언급을 TV 광고와 집집마다 배포되는 전단지에 실었다. 주에서 발행되는 모든 신문이 우리와 함께 투계를 규탄하기 시작했고 투계를 수치라고 표명했다.

투계가 선거 이슈가 된 이후 존은 지지율 조사를 신속히 진행했던 모양이다. 투계 반대 활동 이후 그는 가능한 한 이 주제에 대해 말하지 않는 방식을 택했다. 투계꾼도 침묵했다. 투계가 전통이고 많은 사람들이 지지한다는 그들의 허풍은 간 곳이 없었다. 투계를 불법화하려는 사람들은 한 무리의 급진적인 아웃사이더가 아니라 루이지애나의 평범하고 선한 사람들이었다.

마침내 선두주자 존과 비터를 포함해 10여 명의 후보가 입후보한 투표가 루이지애나에서 열렸고 비터가 완승했다. 그는 재건기(미국 시민전쟁 이후 분리되었던 남부동맹이 재조직되고 연방정부에 재통합되기까지 1865~1877년의 기간_옮긴이) 이후 공화당원으로는 최초로 루이지애나에서 상원의원석을 얻었다.[115] 이런 결정적인 결과를 만들어 낸 것은 그의 동물복지에 대한 지지였다. 선거 후 여론조사 결과[116]는 HUSA가 가장 집중했던 그룹인 32퍼센트의 민주당 여성 투표자가 존을 버리고 비터를 지지했음을 보여 주었다. 하룻밤 사이에 루이지애나 정치계와 동물 싸움에 대한 원칙이 뒤집혔다. 합법적 투계는 주의 명성에 해가 되었고, 투계를 옹호하는 것은 투표에서 악재가 되었다.

50개 주에서 투계를 불법화하려는 우리의 목표는 그 후로도 몇 년 계속되었다. 뉴멕시코가 그다음이었다. 2007년 이른 봄, 뉴멕시코 주지사 빌 리처드슨은[117] 민주당 대선 캠페인에서 투계 금지를 지지한다고 밝혔다. 그를 위해 수년간 정치적 기금을 조성해 왔던 투계단체는 주지사가 자신 편에 서겠다는 약속을 받았다고 주장했지만, 2008년 민주당 경선에 들어가기 직전에 투계를 반대한다고 입장을 표명했다. 그는 대선에 대한 야망이 있었고 날개 달린 전사인 투계꾼을 공공연하게 지지하는 것은 이로울 것이 없었다.

루이지애나의 투계 찬성 성향의 의원들은 불길한 조짐을 느꼈고 투계의 즉각적인 금지 대신 3년에 걸쳐 차차 금지하자는 안을 제안했다.[118] 결국 1년간의 단계적 철폐 기간[119]을 두고 2008년 8월에 금지하는 것으로 협의되었다. 입법부에서 우리를 지지해 준 상원의원 아서 렌티니 공화당원은 보완적 전략으로 앞서 나갔다. 그는 투계 반대 법안을 도입하는 동시에[120] 투계에서 도박을 금지하는 별도의 법안을 제안했다. 투계장에서는 늘 도박이 일어나기 때문에 이 입법은 사람들의 흥미를 반으로 줄이는 효과가 있었다. 이 법안 덕분에 몇몇 주요 투계 경기장이 문을 닫았다.[121]

2008년 8월, 루이지애나는 투계를 중범죄로 다루는 금지법을 발효시켰고, 나는 루이지애나의 법무장관과 주 경찰, 보안관연합의 수장들과 함께 기자회견에 참석했다. 투계꾼에게 이제 그만둘 시간이라고 말하기 위해서였다. 불과 몇 년 전만 해도 가장 안전한 요새에 있는 것처럼 보였던 투계를 불법화하기 위해 우리는 노력했고, 이제 투계는 50개 모든 주에서 불법이 되었다.[122] 애리조나와 미주리에서 시작한 지 10년 만에 우리는 민주적 의사결정을 통해 대중이 원하는 법개정을 이루어 냈다. 대중은 잔인함을 원하지 않았다.

우리는 또한 이 일을 연방 수준까지 끌어올렸다. 몇 차례의 불필요한 시간낭비가 있기는 했지만 싸움용 동물을 주 경계를 넘어 운송하는 것을 중범죄로 규정하는 개정안이 2007년 4월 부시 대통령에게 도달했다. 마이클 빅에게 적용되기에는 며칠 늦었지만 빅의 사건이 터진 덕분에 의회는 몇 달 동안 이 사안을 심도 있게 논의했다.

의회의 논의를 주도한 사람은 상원의원 존 케리로 그는 마이클 빅이 관여한 배드뉴즈케널스에 대한 세부 내용을 잘 알고 있었다. 그는 다른 개사육장에도 경찰력이 필요하다고 생각했다. 그의 개선안은 투견의 소유와 훈련을 금지하는 것으로,[123] 〈농장법률안〉 최종안에 대한 개정안으로 제안되었다. 그런데 문제는 하원이 이미 최종안을 몇 개월 전에 승인했다[124]는 것이었다. 당시는 마이클 빅이 뛰어난 운동선수로 유명세를 떨치고 있을 때였다.

별수 없이 2002년 〈농장법률안〉 때와 마찬가지로 법안은 양원협의회에 넘겨졌다. 그때와 달라진 것이 있다면 마이클 빅 사건이 터지는 바람에 의회 안의 동물 싸움 옹호자들이 막판에 힘을 쓸 수 없게 되었다는 점이다. 존 케리의 동물 싸움 개정안은 양원협의회에서 통과되었을 뿐 아니라 실제로 더 강력해졌다. 하원법사위원회 의장인 존 콘이어는[125] 케리의 개정안을 확장해 모든 동물 싸움을 포함시켰고, 위반 시 중범죄에 준하는 처벌을 받고, 싸움용 동물을 훈련하거나 소유하는 것과 관련된 모든 행위를 연방법 위반으로 만들었다. 또한 개정안은 싸움용 동물이 주를 넘나들지 않았을 때에도 연방 당국자들이 기소할 수 있도록 허용했다. 2007년과 2008년에 잇따른 법률 개정으로 동물에 관한 법규가 이제 엄중한 법적 효력을 발휘하게 되었다.

| 모든 동물보호 활동가는 전향자이다 |

　　마이클 빅은 자신이 밤마다 저지른 부도덕한 일로 인
생의 굴곡을 겪었고, 동물보호운동 진영은 덕분에 쉽게 이룰 수 없다
고 생각했던 관련 법의 개정을 얻어 냈다. 마이클 빅의 진심이 무엇이
든, 진짜 회개했는지 알 수 없지만 그가 한 일은 세상을 변화시켰다.

　　수형 기간을 끝낸 빅은 과연 자신을 우상화하는 청소년에게 좋은
영향을 끼칠 수 있을까? 나는 여전히 그를 우리 활동에 끌어들여야 할
지 확신이 없었다. 빅을 동물 싸움 금지의 선봉장으로 내세우기 전에
그와 좀 더 이야기를 나누고 싶어서 버지니아에 있는 그의 집을 찾아
갔다.

　　출소한 지 한 달이 지났을 무렵이라 기자들은 더 이상 그의 집 앞
에 진을 치고 있지 않았다. 위기관리 전문가 주디 스미스와 나를 빅과
어린 두 딸이 상냥하게 맞았다. 키자파는 딸들을 데리고 전시회에 가
려던 참이라 우리는 편하게 이야기를 나눌 수 있었다. 마이클은 발목
에 전자발찌를 차고 있었다. 마지막 형기인 60일간의 자택구금을 치르
고 있다[126]는 증거였다.

　　나는 그가 어떤 경로로 동물 싸움을 시작하게 되었는지와 그의
경험이 같은 상황에 놓인 청소년에게 잘 전달될 수 있는지 알고 싶었
다. 빅은 자신의 이야기를 솔직하게 들려주었다.

　　"여덟 살 무렵에 투견을 시작했어요. 동네 친구 대부분이 비슷했

지요. 공공주택에 살고 있어서 집에서 개를 키울 수 없으니까 버려진 빌딩에서 개를 키웠어요. 낮에는 싸움을 시키고 밤에는 고양이를 쫓게 했지요."

"여덟 살이요? 그렇게 어릴 때요?"

"그 동네 아이들은 조숙합니다."

"그러면 그때 이미 빠져 버린 건가요?"

"네, 그랬습니다. 정말 재미있어서 투견에 빠져 버린 거지요. 나이가 들어서도 계속했어요. 그런데 누구도 나한테 그만두라고 말하지 않았어요. 나쁘다는 것을 알게 된 후에도 경범죄 정도라 심각하게 생각하지 않았고 언제든 끊을 수 있다고 생각했어요. 버지니아 공대에 다닐 때도 야외에서 개싸움을 시켰어요. 그때 경찰차를 봐서 도망칠 준비를 했는데 경찰차가 그냥 지나가더라구요."

"그러면 팰콘스에서 풋볼선수로 뛸 때도 계속했나요?"

"일주일에 하루 쉬는 날이면 버지니아로 돌아갔어요. 단지 투견을 하려고요. 지금 생각해 보면 미쳤던 거지요. 그토록 무의미한 일에 그렇게나 많은 시간을 소비했어요."

그는 계속 말했다. "한 남자를 만났는데 우리에게 투견산업의 내막 등 많은 것을 알려 주었어요. 우리는 점점 깊이 빠져들었습니다. 당시 투견은 내 삶의 정말 큰 부분이었어요." 그 남자는 2007년 기소된 '버지니아 O'로 알려진 오스카 앨런[127]으로 배드뉴스케널스 일당 중에서 가장 나중에 체포되었다.

나는 결정을 내렸지만 증표를 남겨놓고 싶었다. "우리는 당신에게 변화할 기회를 주고 싶어요. 당신 개인이든 사회든 분명 변화가 있을 것입니다. 다만 약속을 철회하거나 지속적인 열의를 보여 주지 않으면 아마 나는 당신에게서 등을 돌리는 첫 번째 사람이 될 것입니다. 마이클, 당신에게 선택의 여지가 없다는 걸 당신도 잘 알 거예요. 이 일을 잘해 내야만 해요."

"실망시키지 않겠습니다."

나는 그와 주디가 상의할 수 있도록 자리를 비켜 주었다. 나는 들판을 바라보며 휴메인소사이어티의 임무와 마이클 빅이 잘해 낼 수 있을지에 대해 생각했다.

나는 아직도 그가 마음속까지 변화되었는지 알지 못한다. 아마도 결코 알 수 없을 것이다. 그러나 그의 말과 행동은 배드뉴즈케널스 시절 때와는 달라졌다. 그가 대중에게 한 말과 NFL 위원인 로저 구델 앞에서 휴메인소사이어티와 함께 일한다고 한 약속을 믿고 싶었다. 내식으로 말하면 그가 한 말과 행동은 일종의 보험이었다. 그가 약속을 저버리면 모두가 알게 될 테니까.

나는 우리 단체의 많은 회원이 빅과 함께 일하는 것에 대해 좋아하지 않는다는 것을 알고 있었다. 사람들은 여전히 빅이 한 일을 증오한다. 나도 그렇다. 그러나 그를 멀리한다고 개 목숨을 하나라도 건질 수 있는 것도 아니다. 설혹 이 연대가 불편해도 무엇이 동물을 위한 최선인가를 찾는 것이 내 일이다.

빅이 배드뉴즈케널스에서 구조된 개들을 돌보는 비용으로 100만 달러[128]를 낸 것과 마찬가지로 이제 빅은 지역공동체 봉사활동 프로그램을 통해 어린이에게 다가가기 위해 시간을 투자해야 한다. 동물싸움 업계는 아프리카계 미국인과 라틴계로부터 젊은 피를 공급받고 있었기 때문에 우리는 어린이에게 늦지 않게 다가가 그보다 더 나은 세상이 있음을 보여 줘야 했다. 빅의 헌신은 우리가 막 시동을 건 봉사활동에 도움이 될 것이었다.

모든 동물보호 활동가는 일종의 전향자이다. 고기를 먹던 사람이 채식인이 되고, 사냥꾼이 야생동물 감시자가 되고, 모피를 입던 사람이 면 소재를 고집한다. 우리는 모두 온전한 삶을 살려고 노력하는 각자의 긴 여정 속에 있다. 그리고 생의 다른 도덕적 시험과 마찬가지로 그 누구도 완벽하거나 순결하지 않다. 물론 빅은 끔찍한 범죄를 저질렀고 동물에게 지독한 짓을 했다. 그러나 배드뉴스케널스 같은 곳을 운영한 사람에게도 속죄할 기회가 한 번 더 주어질 수 있다. 우리가 원하는 변화는 낯선 방향에서 오기도 한다. 때로는 가장 부적절해 보이는 사람을 통해서 오기도 한다. 모든 위대한 도덕적 이상은 보다 나은 길로 가기 위해 전향자와 증인이 필요하다. 마이클 빅이 그런 길을 걷고자 한다면 그의 앞에서 문을 닫는 사람이 되어서는 안 된다고 생각했다.

한 달 후 빅의 가택구금이 끝나고 우리는 애틀랜타의 침례교도 지역센터에서 행사를 처음 가졌다.[129] 청중은 투견계로 빠질 위험이 있다고 파악되는 어린이 55명이었다. 내가 먼저 짧은 연설을 했고 내 뒤를 이어 아프리카계 미국인으로 지역공동체 기반 프로그램을 이끌고 있는 티오 하디맨이 아이들에게 말을 건넸다. 그리고 빅의 차례였다. 아이들은 빅이 하는 모든 말에 귀를 기울였다. 〈60분(미국 방송사 CBS의 인기 시사 프로그램)〉팀이 녹화를 하고 있었다. 휴메인소사이어티나 빅 모두에게 분명 모험이었다.

"내가 투견을 하고 개를 죽인 일이 나를 괴롭힌다는 것을 여러분이 알았으면 좋겠어요. 스스로 '이 짓을 그만둬야 하는데.'라고 말한 적도 많았어요. 옳지 않다는 걸, 그만둬야 한다는 것을 직감적으로 알고 있었지만 그만둘 수가 없었어요. 같이 일하던 친구들의 압박도 있었구요. 그만둬야 한다는 생각을 한 지 5일 뒤에 내 사촌이 체포되었고, 모든 일이 무너지기 시작했어요. 무슨 일이 일어났는지 미처 깨달을 시간도 없이 나는 감옥에 가게 되었고요. 나는 감옥에서 544번의 밤을 보냈고 운 날도 많았어요. 그 상황은 힘들었지만 출소를 하면 세상을 바꾸는 일을 해야 한다는 걸 깨달았어요. 그래서 형무소에 있는 동안 사람들에게 전해야 할 가장 중요한 메시지를 준비했어요. 그것은 바로 우리가 인간에게 가지고 있는 감정을 핏불에게도 가져야 한다는 것입니다.

지금 투견과 관련되어 벌어지는 일들은 나를 아프게 하고 화나게 해요. 왜냐하면 나는 그 일의 선봉이 아닌 그저 끌려다니는 추종자였기 때문입니다. 이제 나는 투견 반대 활동의 선봉에 설 것입니다. 다시는 투견꾼에게 끌려다니지 않을 것입니다. 되돌아갈 수 있다면 나는 이 세상을 바꿀 것입니다."

빅은 몇 주 뒤 시카고에서도 같은 메시지를 전달했다.

"우리는 동물들에게 친절해야 합니다. 개뿐 아니라 말, 새, 고양이를 비롯한 모든 동물에게요. 내가 저지른 짓을 여러분은 하지 마세요. 나는 의미도 없는 일 때문에 동물에게 고통을 주었습니다. 앞으로는 많은 동물을 돕고 싶어요."

빅의 말을 경청하면서 나는 생각했다. 우리는 이런 변화를 포용해야 한다. 그것이 우리가 원하는 세상이다. 우리는 이런 변화를 퇴짜 놓을 이유를 찾아서는 안 된다. 우린 그럴 여유도 없다.

이 프로그램은 아이들을 투견으로부터 멀어지게 한 후 개를 어떻게 다뤄야 하는지를 알려 준다. 우리에게 사랑을 주는 동물을 존중과 친절, 사랑으로 대해야 한다는 것을 가르친다. 누군가 어린 빅에게 이렇게 알려 주었다면 빅이 지금의 모습은 아니었을 테고, 수많은 개 역시 공포에 시달리지 않았을 것이다.

현재 빅은 NFL의 스타로 재기했다. 그런 빅이 이 프로그램에 평생 참여할지는 모르겠지만 현재 함께하고 있다는 사실이 기쁘다. 2010년 말 그는 1만여 명의 취약 지역 아이들을 향해 연설했다. 아이들은 완전히 몰입하여 그의 말을 경청했다. 빅은 좋은 일을 한다는 것에 어느 정도 자부심을 느끼고 있는 것 같았다. 나는 그가 그렇게 오래 머물러 주길 희망한다. 그의 진심이 우리에게 전해지는 한 우리는 언제나 그를 환영한다.

5장

반려동물,
사랑하거나 학대하거나

동물에 둘러싸여 살아오면서 흥미롭고 특이한 일을 꽤 경험했지만 그날의 일은 전혀 다른 차원이었다. 그날 나는 배턴루지공항을 막 떠나려는 콘티넨탈항공 727편의 조리실에서 음식을 준비 중이었다. 비행기는 승객으로 꽉 찼는데 탑승객은 모두 개였다. 그것은 마치 명랑한 승무원이 개 비스킷과 물을 서빙하는 만화 〈더파사이드(The Far Side)〉(1980년부터 1995년까지 연재된 만화로 동물을 자주 등장시켜 불편한 사회현실을 재미있게 폭로했다)의 한 장면 같았다. 개 승객은 모두 조용하고 예의 발랐으며 기장의 목소리가 들리자 귀를 쫑긋 세우고 고개를 갸우뚱거렸다. 강아지 140마리는 중간 자리에 끼인 녀석까지 포함해 한 마리도 비행하는 동안 짖거나 끙끙거리지 않았다.

강아지 승객들이 겁먹은 얼굴을 하고 도대체 무슨 일이 일어나고 있는지 궁금해하는 모습을 보면서 웃음이 나오기도 했지만 감동이었다. 그들은 모두 허리케인 카트리나(2005년 8월 말 뉴올리언스를 비롯한 미국 남동부를 강타한 초대형 허리케인)재난 후 뉴올리언스를 떠나게 된 행운아들로 그 사이 많은 일을 겪었다. 재난을 당해 텅 빈 도시의 차오르는 물속에서 살아남거나 먹을 것이 떨어진 빈집에 홀로 남겨진 녀석들이었다. 살기 위해 버티던 그들을 다정하게 부른 사람은 구조대원이었다. 그들은 캘리포니아로 갈 예정이었다. 운좋게 가족이 찾으러 와 집으로 돌아가면 좋겠지만 그것은 나중 일이고 당장 가장 중요한 일은 개들을 안전하게 보호하는 것이었다.

허리케인 카트리나로부터 구조된 개들은 일단 라마딕슨엑스포센터에 모여 있었다. 루이지애나 곤잘레스에 있는 라마딕슨센터는 승마 시설인데, 하룻밤 사이에 미국에서 가장 큰 응급 동물보호소가 되었다.[1] 휴메인소사이어티에 장소를 빌려 준 관리회사가 허락만 한다면 센터는 2,000마리 이상의 동물을 수용할 수 있을 만큼 여유 공간이 있었다. 하지만 2,000마리가 규정이었고 절박한 상황에서도 규정은 지켜야 한다고 했다. 다른 공간을 마련해서 새로 들어오는 동물을 옮겨야 했다. 새롭게 수백 마리가 더 도착하는 바람에 쩔쩔매고 있을 때 한 통의 전화를 받았다. 힘들 때 돌파구를 만들어 주는 것은 언제나 낯선 사람의 친절이다. 전화기 너머의 마들렌 피켄스는 뉴올리언스의 동물에 대해 읽었다면서 동물을 데리고 공항으로만 올 수 있다면 비행기가 기다리고 있을 거라고 했다.

마들렌은 이동에 소요되는 비용을 모두 지원했을 뿐만 아니라 동물을 트럭에서 내리는 것을 돕기 위해 공항에 나와 있었다. 그녀는 통로를 오가면서 좌석에 앉은 개들을 쓰다듬으며 애정을 표현했다. 비행기가 이륙하기 직전 그녀는 필요하면 비행기를 더 지원할 수 있다고 했고, 우리는 그 제안을 감사히 받아들였다. 이렇게 카트리나재난 속에서 우리는 마들렌 피켄스라는 엄청난 새로운 동지를 알게 되었다.

　많은 사람이 카트리나로 인해 피해를 입은 동물을 구조하고, 가족을 찾아 주기 위해 애썼다. 하지만 피해가 워낙 커서 곤경에 빠진 사람이 많았기 때문에 언론이 동물에게 관심을 갖기까지는 시간이 걸렸다. 언론이 동물 이야기를 전하기 시작하자 사람들은 동물 역시 심한 고통과 비극 속에 있음을 알게 되었다. 갈 곳도 없는데 열심히 헤엄치는 개, 한여름의 뙤약볕이 내리쬐는 지붕 위에 갇힌 고양이, 다락방 창문으로 밖을 내다보고 있는 버려진 개 등등. 이런 모습을 본 수백만 명의 사람은 즉각 행동에 나섰고, 그들이 보여 준 관심과 우려는 이전에 휴메인소사이어티에서 겪은 어떤 것보다 대단했다.

　그리고 항상 희망해 왔지만 결코 일어날 수 없을 것 같은 일이 일어나기 시작했다. 동물을 돕는 것이 곧 사람을 돕는 일임을 세상이 알게 된 것이다.[2] 사람 구조와 동물 구조에 관한 사연이 함께 엮이기 시작했다. 당국이 두 문제를 통합적으로 다루지 않으면 각각의 노력은 실패할 것임을 증명하듯이 이런 일들이 실제로 반복적으로 발생하기 시작했다. 반려동물을 어쩔 수 없이 남겨 두고 떠났던 사람들이 위험을 무릅쓰고 집으로 돌아가 반려동물을 찾기 시작한 것이다. 어떤 이들은 반려동물을 남겨 두고 사람만 탈출하라는 정부의 명령을 거부하고 집에 남기를 고집했다. 사람들은 홍수가 난 집에 남거나 반려동물과 함께 물길을 헤치며 길을 나섰다. 친구란 자고로 위험에 맞닥뜨렸거나 나를 필요로 할 때 그 곁을 떠나지 않는 법이다. 카트리나재난은 사람들에게 동물보호운동을 발견하고 새롭게 정의하는 시간이었다.

재난 중에도 서로를 애타게 찾으며 보여 준 인간과 동물 사이의 유대감은 많은 사람에게 감동을 주었다. 또한 최악의 상황에서도 발휘되는 용기와 사랑을 봤다.

몇 주 동안의 소동과 스트레스 와중에 나는 그 동안 볼 수 없었던 새로운 것을 감지했다. 휴메인소사이어티의 현장 대변인으로서 나는 구조된 수천 마리의 동물,[3] 곳곳에 배치된 수백 명의 사람, 수백만 달러나 되는 지원금의 흐름 등의 문제에 대해 사람들의 의견을 듣고자 했다. 예를 들면 이런 것이다. '고통받는 사람도 많은데 왜 동물을 도와야 하는가?' 상황이 어떻든 동물이 얼마나 비참한 상황에 놓였든 상관없이 동물을 돌보는 일이 사람보다 우선이 될 수 없다는 사람들이 늘 존재해 왔기 때문이다.

그런데 신기하게도 이번에는 인터뷰를 수백 번 했지만 이런 의문을 제기한 사람이 없었다. 정말이지 단 한 사람도! 그리고 그 이유를 알 것 같았다. TV에서 구조 장면을 본 사람들은 생명을 구하는 것이 당연하다는 것을 느끼면서 우리의 행동을 이해하게 된 것이다. 수많은 사람이 실종되고 비극을 겪는 상황이었지만 누구도 죄없는 동물을 돕는 우리의 행동을 과하다거나 하찮다고 비난하지 않았다.

카트리나로 인한 동물 구조 작업은 연민이 있고 배려할 줄 아는 사회가 당면한 고통에 어떻게 반응하는지를 보여 주는 큰 그림의 일부였다. 동물이 아닌 사람을 도와야 한다는 접근이 아니라 동물과 사람을 똑같이 돕는다는 그림 말이다. 아직도 그런 노력을 폄하하는 냉소주의자가 있다면 자신의 반려동물을 구하기 위해 스스로 위험을 감수했던 카트리나재난 때의 수많은 사람을 보면서 스스로 답을 찾기를 바란다.

| 재난이 일어나면 인간만 대피하라? |

카트리나가 닥쳤을 때 뉴올리언스 지역은 허리케인에 대비한 계획이 거의 없었기 때문에 초기부터 혼란을 겪었고 금세 위험에 처했다. 그러던 중에 이런 혼란을 예상한 루이지애나 주립대학교는 대학 내 타이거스타디움에 피난처를 마련하는 선견지명적인 활동을 펼쳤다. 대학 직원과 수의과대학 학생들은 폭풍우가 오기 전에 반려동물을 데리고 그곳으로 대피한 사람들을 보살폈다.

뉴올리언스 사람들은 반려동물을 집에 남겨 둔 채 탈출해야만 했다.[4] 사람들은 떠나면서 큰 그릇에 밥을, 욕조에 물을 가득 채워 두고 동물들이 폭풍우가 지나갈 때까지 잘 버텨 주기만을 바랐다. 물론 일부 사람들은 떠나지 않았다. 반려동물을 두고 떠나기를 원치 않았고, 그럴 수 없었다. 그들은 반려동물과 함께 최악의 상황이 올 경우를 대비했다.

2005년 8월 29일, 카트리나가 본토 남쪽 지역을 때리고 남서부 미시시피와 뉴올리언스 동부의 해안가 마을을 들이받을 즈음 결정적 순간이 다가오고 있었다. 허리케인의 눈이 뉴올리언스 동쪽으로 80킬로미터 지점에 상륙한 터였다. 직접 강타하지는 않았지만 도시는 부서졌고 피해 상황도 속출했다. 그런데 홍수로 불어난 물이 제방을 터뜨리면서[5] 두 번째 재앙이 시작되었다.

도움이 필요한 상황이었다. 지역 동물보호단체가 총동원되어도 그들이 다룰 수 있는 한계를 훨씬 넘어선 일이었다. 당시 루이지애나 동물학대방지협회는[6] 뉴올리언스 9지구에 있는 보호소가 물에 잠길 위험에 처해 있어서 보호소에 있는 동물 263마리를 미리 텍사스로 보내느라 바빴다. 이 보호소 동물들은 다행히 비극을 피했지만 위험 지역에 있던 보호소 동물들은 비극적인 결말을 맞았다. 남부 미시시피 지역 휴메인소사이어티 보호소에 있던 개, 고양이 23마리는[7] 우리에 갇힌 채 차오르는 물속에서 몇 시간 동안 고통받다가 죽어 갔다.

동물을 구조하여 보호하다가 가족에게 돌려보내는 일은 휴메인소사이어티와 다른 10여 곳 비영리단체의 몫이었다. 동물 구조에 대한 체계적인 시스템은 없었지만 우리는 최선을 다했다. 경찰과 소방관은 동물 구조에 대한 어떤 지침도 받지 못했고, 구조장비도 없고 방법도 몰랐다. 그 모든 일이 우리 몫이었다. 오래지 않아 나는 우리가 미국 역사상 가장 대규모 동물 구조 임무[8]를 수행하고 있음을 알게 되었다.

자원봉사자들이 전역에서 몰려왔다. 로드아일랜드와 뉴저지, 캘리포니아와 하와이에 이르기까지 전국에서 자발적 구조요원이 도착했고, 그중에는 전문적인 동물구조자도 상당했다. 굶주리고 약해진 동물에게 응급처치를 해 줄 수의사팀인 VMATs[9]도 있어서 텐트 안은 마치 야전병원 같았다. 일반 자원봉사자 수백 명은 잠자는 몇 시간을 빼고는 쉼 없이 주어지는 갖가지 일을 감당했다. 개인 사정이나 정부 지시로 수만 명의 사람들이 뉴올리언스를 탈출하고 있었는데도 수많은 자원봉사자가 몰려들었다. 그들은 재난 지역에 닥친 많은 일을 사심 없이 엄청난 기백으로 해냈다. 생명을 구하는 데 견뎌내지 못할 어려움은 없어 보였다.

현장의 자원봉사자와 수십만 명의 국민이 동물 구조를 위해 후원금과 물품을 보내 주었다. 카트리나가 지나간 지 몇 주 지나지 않아 1억 달러에 가까운 성금이 여러 동물보호단체에 후원되었다. 이 금액은 피해를 입은 사람들에게 써달라고 답지한 수십억 달러의 성금[10]이나 정부가 지원한 수십억 달러의 지원금에는 미치지 못했지만 수많은 비극을 막은 경이로운 액수였다.

시간이 흐를수록 자신의 반려동물의 생사 여부를 걱정하는 사람이 늘어났고, 그들에게는 우리 구조요원이 마지막 희망이었다. 제방이 무너진 후 며칠 동안 휴메인소사이어티는 반려동물을 구해 달라는 전화와 이메일을 7,000통 정도 받았다.[11] 다른 단체 또한 수천 통의 요청을 받았다. 국가방위군이 도시를 에워싸고[12] 응급요원을 제외한 사람의 출입을 제한해서 거주자들도 집으로 들어갈 수 없는 상황이었다.

정부가 얼마나 오랫동안 사람들의 도시 진입을 막을지 알 수 없었지만 피해 규모로 보건대 몇 주 혹은 몇 달이 될 수도 있었다. 그것은 집에 갇혔거나 지붕이나 차 위에서 사투 중인 수천 마리의 동물이 견뎌야 하는 시간을 의미했다. 남겨진 동물에게 곧 굶주림과 탈수가 닥칠 터였다. 시간과의 싸움이 시작되었다.

우리는 먼저 소규모 구조대를 편성해 이 집 저 집 창문을 통해 들여다보거나 동물 소리가 들리는지 확인에 나섰다. 생명이 있다는 신호가 감지되면 창문을 통해 기어들어 가거나 강제로 문을 열었다. 많은 동물이 지붕 위로 올라가 있었기 때문에 구조대는 사다리를 이용해서 올라갔다. 방방마다 수색한 후 집에 대한 수색이 완료되었음을 다른 구조대에게 알리기 위해 집의 전면에 크게 쓴 메모를 남겼다.[13] 하루 일과를 마칠 때면 이동용 차량에는 컹컹거리고 야옹거리는 피난자들로 가득 찼다. 간간히 앵무새의 쇳소리와 토끼, 파충류를 비롯한 작은 동물이 상자 안에서 휘젓고 다니는 소리도 들을 수 있었다.

뉴올리언스도 다른 지역처럼 70퍼센트 정도의 가구가[14] 하나 이상의 반려동물과 살고 있었다. 그렇다면 통계적으로 구조요원은 세 집 중 두 집에서 반려동물의 흔적을 발견해야 했다. 사람 가족과 함께 떠났든 홀로 남겨졌든 흔적이 있을 터였다. 통계상 동물보호단체를 적극적으로 지지하는 층이 백인, 여성, 노인으로 편중되어 나타나지만 뉴올리언스에서 우리는 동물에 대해 깊은 연민을 가진 사람이 훨씬 더 넓게 보편적으로 존재한다는 사실을 알게 되었다. 동물에 대한 염려와 사랑은 인구 전반에 퍼져 있었고, 사회계층이나 인종에 국한되지 않았다.

구조된 겁먹은 동물을 태운 구조 차량은 라마딕슨센터로 1시간 정도 달려갔다. 그곳에서 대기 중이던 자원봉사자들은 동물을 내려 구조된 주소와 위치를 기입한 다음 수의사에게 인계했고, 그다음 임시 계류장에 넣었다. 라마딕슨에 늘어선 계류장 길이는 대략 축구장만 했다. 하나는 구조되어 온 말을 위한 것이었고,[15] 두 개는 개와 고양이를 위한 것이었다. 하나의 계류장 안에는 4~5개의 철제 우리가 있었다. 그런데 쉽게 우리를 청소할 방법이 없어서 어려움이 많았다. 배수와 청소도 골칫거리였지만 직원과 자원봉사자를 위한 수면 시설도 에어컨도 없었다. 번개를 동반한 비바람이 몰아칠 때마다 소방훈련을 방불케 하는 소란이 벌어졌고 사람들은 동네 화장실로 달려갔다. 오직 그곳만이 일대에서 유일하게 비바람을 피할 수 있는 시설물이었기 때문이다. 사람들은 최악의 상황이 지나갈 때까지 그 안에서 몸을 웅송그리고 모여 있어야 했다.

하지만 가장 큰 문제는 2,000마리라는 개의 수용 상한 규제였다.[16] 이 규제는 다른 종에게는 적용되지 않았고 오로지 개에게만 적용되었다. 만약 구조된 개가 300마리 도착한다면 다른 300마리는 떠나야 했다. 앞서 말한 마들렌 피켄스가 준비한 비행기편으로 개를 이송했듯이 말이다. 우리는 각지의 보호소와 단체에 연락을 취했고 트럭을 이용해 플로리다, 미주리, 오하이오, 텍사스, 캘리포니아까지 동물을 이동시켰다. 그들은 뉴올리언스 사람들이 상황을 정리하고 반려동물을 찾으러 올 때까지 개를 맡아 주는 데 동의했다. 하지만 사람이나 동물이나 집을 떠나 각자 흩어져 사는 이주민 생활이 되다 보니 재회는 어려웠다. 그래서 휴메인소사이어티는 사람이 반려동물을 찾아갈 때 드는 비용, 동물을 집으로 데려가는 비용을 부담하겠다고 제안했지만 가족을 찾는 일에 돈은 큰 문제가 아니었다.

반려동물을 남겨 두고 도시에서 서둘러 빠져 나왔던 사람들이 라마딕슨센터에 찾아오기 시작했다. 자신의 동물 가족을 찾기 위해 복도를 서성이는 사람 중에 눈먼 고양이를 찾는 존 월맨 부부가 있었다.[17] "우리는 카트리나가 오기 전에 떠났어요. 8월 27일이었지요. 우리는 다른 허리케인 때처럼 3~4일 정도 떠나 있을 거라고 생각했어요." 다행히 부부는 고양이를 찾아서 안을 수 있었다. "고양이가 3주 동안 먹을 수 있는 음식과 물을 남겨 두고 개만 데려갔어요. 고양이는 많이 늙은데다 눈이 멀어서 길이 막혔을 때 녀석이 받을 스트레스가 걱정스러웠거든요. 그런데 우리는 돌아갈 수 없었어요. 9월 28일이 되어서야 집으로 돌아왔으니까요. 그런데 현관 문에 누군가가 '고양이 구조됨'이라고 적어 놓은 메모를 보고 얼마나 기뻤는지 몰라요. 그래서 가장 먼저 이곳으로 왔는데 우리 고양이를 다시 만나다니 이건 정말 기적이에요."

20대 후반의 남자인 제러미 캠벨도[18] 라마딕슨센터에서 그의 두 고양이와 재회했다. "저는 허리케인이 불어닥치기 전에 직장일로 다른 도시로 출장을 떠났어요. 제가 도시로 들어가는 것은 불가능했지만 룸메이트가 있어서 고양이들이 안전할 거라고 생각했어요. 그런데 폭풍우가 몰아쳤고 예상했던 것보다 상황이 훨씬 나빴죠. 3일 후에 룸메이트는 집을 떠나야만 했어요."

그의 룸메이트는 보관했던 음식 전부와 물을 남겨 두고 나왔다.

"저는 휴메인소사이어티에 미친 듯이 전화를 했어요. 제발 도와달라고 사정했죠. 고양이가 걱정되어서 신경쇠약에 걸릴 지경이었어요. 그래서 솔직히 저는 녀석들을 찾으려고 도시로 몰래 들어왔어요. 그렇게 간신히 집에 도착했는데…… 그런데 고양이들이 없는 겁니다. 사라진 물건이 없으니 도둑을 맞은 것은 아니었어요.

나만큼이나 우리 고양이를 사랑하는 친구들과 함께 이곳에 왔어요. 부모님도 마찬가지였어요. 부모님은 '가라. 지금 뉴올리언즈에 가는 게 안전하지 않다는 것은 알지만 고양이들을 거기에서 빼내야지.'라고 말씀하셨어요. 그래서 왔는데 녀석들을 찾을 수 있어서 정말 기뻐요. 여러분이 저보다 빨랐네요."

이런 해피엔딩은 우리에게 계속 일할 수 있는 힘과 용기를 주었다. 그러나 많은 사람은 반려동물을 찾기 위해 더 길고 힘든 여정을 거쳐야 했다.

9지역 제방 바로 옆에 살았던 마흔여섯 살의 건설노동자 리처드 콜라르가 그런 경우이다.[19] 4미터 가깝게 차오른 물에 리처드의 집이 잠겼고, 그와 시베리안허스키 프린세스는 3일간 다락방에서 최대한 버텼다. 마침내 더 이상 버틸 수 없게 되자 마지막 순간 리처드는 작은 뗏목을 만들어 프린세스를 태우고 운명을 하늘에 맡긴 채 떠내려갔다.

떠내려오는 리처드와 프린세스를 발견한 구조대원은 리처드에게 개는 두고 혼자 대피할 것을 명령했다. 리처드가 할 수 있는 유일한 선택은 프린세스를 근처 집에 맡기는 것뿐이었는데 그 집도 곧 사람만 강제 구조될 것이 뻔했다. 그런데 다행히 가까이 있던 동물구조단체 덕분에 프린세스는 함께 구조되었고 리처드와 프린세스는 헤어져서 각각의 대피소로 향했다. 리처드와 떨어진 프린세스는 라마딕슨센터를 거쳐 뉴올리언스에서 멀리 떨어진 보호소로 가게 되었다.

노스캐롤라이나에 새로 정착한 리처드는 프린세스부터 찾았다. 수 많은 인터넷 검색과 전화 끝에 마침내 휴메인소사이어티의 보호소 프로그램 관리인인 코리 스미스와 연락이 닿았다. "코리를 만난 것은 기적이었죠. 나는 모든 걸 잃은 상태였어요. 일도 하지 않고 그저 새로운 곳에 적응하려고 노력 중이었어요. 그런 상황에서 프린세스는 내 전부였어요."

코리는 오하이오보호소에 있는 프린세스를 추적해서 찾아냈지만 보호소 측은 개를 내주기를 꺼렸다. 프린세스가 보호소에 머무르는 동안 남자를 두려워하는 모습을 보여 이전에 학대를 당했는지 의심스럽다고 했다. 코리는 리처드의 진심을 믿었고, 개를 잘 돌봐 왔다고 느꼈기 때문에 보호소 직원을 끝까지 설득했다. 마침내 오하이오에서 노스캐롤라이나까지의 긴 여정이 시작되었다. 한 운전자 모임이 리처드와 프린세스가 만나는 긴 여정의 다리가 되겠다고 자청했고 운전자들은 한 구간씩 맡아서 릴레이식으로 프린세스를 옮겼다. 그리고 리처드가 있는 노스캐롤라이나에서의 마지막 운전을 코리가 맡았다.

"리처드와 프린세스는 키스를 하고 또 했어요. 너무나 달콤한 키스였어요." 코리는 그 순간을 잊지 못한다. "프린세스는 리처드와 함께 있어 행복해 보였어요. 리처드가 잠깐이라도 앉으면 무릎에 올라가 팔 안에서 몸을 웅크리고 쉬었어요." 리처드와 프린세스는 그 후 뉴올리언스로 돌아갔다. 거기서 리처드는 프린세스와 함께 살 집을 다시 짓고 있다. "프린세스는 제 딸이에요. 전 복 받은 사람입니다."

리처드처럼 많은 사람이 반려동물을 포기하기를 거부했다. 동물 역시 사람 가족을 포기하지 않았다. 루이지애나의 한 구조요원은 폭풍우가 몰아친 후 힘들고 혼란스러운 날이 이어지던 와중에 만신창이가 된 주인과 함께 있는 푸들 혼종을 구했다. 구조요원은 으르렁거리며 위협하는 개를 포획 장대로 구조해야 했다.[20] 개가 남자의 곁을 떠나지 않으려고 결사적으로 대항했기 때문이다. 남자는 사망한 지 5일 정도 지난 뒤였는데 작은 개는 충직하게 남자를 지키고 있었던 것이다.

이 이야기는 1920년대 일본의 대학교수와 그의 충직한 아키타 종 개 하치[21]에 대한 이야기를 상기시켰다. 대학교수 히데사부로 우에노는 하치를 매일 집에 두고 나오는데, 하치는 교수가 돌아올 시간이면 어김없이 기차역에 나와 그를 기다렸다. 어느 날 우에노 교수가 갑작스런 심장발작으로 영원히 집에 돌아올 수 없게 되었다. 친구들이 하치를 다른 집에 입양 보냈지만 하치는 늘 탈출을 시도했고 기차역으로 갔다. 10년이 지나 하치가 죽을 때까지 이 일은 매일 계속되었다. 둘의 유대는 죽음까지 넘어설 정도로 강력했다.

카트리나로 고통을 겪은 사람과 동물이 만들어 낸 이야기도 마찬가지이다. 모든 비극에는 상징적인 순간이 있는데 카트리나에서는 AP통신이 포착한 어린 소년과 개 스노볼이[22] 만들어 낸 순간이 바로 그런 순간일 것이다. 안전을 위해 소년의 가족은 집을 떠나 대피소인 슈퍼돔으로 향해야 했다. 그런데 소년의 가족이 버스에 올랐을 때 경찰이 스노볼은 가족과 함께 갈 수 없다고 했다. 소년의 부탁에도 불구하고 경찰은 스노볼을 빼앗았다. 소년은 경찰이 개를 떼내려 하자 발작적으로 울면서 "스노볼! 스노볼!" 개의 이름을 속절없이 부르다 토하고 말았다.

허리케인 때문에 집에서 쫓겨나면서도 사랑하는 반려동물과 헤어지지 않으려고 온힘을 다하여 매달리는 소년. 소년에게 개는 몇 안 되는 소중한 존재 중 하나일 텐데 자기를 돕는다고 온 사람들이 우악스럽게 그 존재를 빼앗아 가버린 것이다. 사람들은 이런 방법이 고통을 당한 사람들의 상처를 더 악화시킨다는 사실을 알게 되었다. 사람들에게 스노볼의 이야기는 지금의 재난정책이 사람과 동물 모두에게 실패한 것임을 증명했다.

이처럼 휴메인소사이어티가 카트리나재난 동안에 목격한 혼란과 비통의 상당수는 응급상황에서 동물을 안전하게 구조하는 데 정부가 전적으로 실패했기 때문이었다.

몇몇 동물보호 활동가들은 반려동물을 집에 남겨 둔 사람들을 비난했다. 물론 무책임하게 행동한 주인도 있었겠지만 그보다는 정부가 동물 구조에 대한 정책이 없는 상황에서 반려동물과 함께 대피하려는 사람들에게 어떤 도움도 주지 못했다는 것이 더 중요한 문제이다. 많은 사람이 위기 상황에서도 반려동물과 함께하기 위해 최선을 다했고, 힘든 선택을 해야만 했다. 리처드 같은 사람은 떠나라는 명령이 있기까지 프린세스와 집에 머물렀고, 스노볼의 가족처럼 가혹하고 불필요한 정부정책 기준 때문에 정신적 외상을 입은 경우도 있었다.

정부의 재난대책은 최악의 상황이 닥치면 사람은 별다른 고민 없이 반려동물을 버리고 떠날 것이라는 추정하에 세워진 것이다. 하지만 인간과 동물의 유대는 그 이상이다. 동물은 압수하거나 버릴 수 있고 눈물 따위는 중요하지 않다고 추정하는 것은 지극히 일차원적이고 관료적인 사고방식이다.

사람은 대부분 어려움에 처하자 기대 이상의 품성과 확고한 우정을 보여 줬다. 사람들은 가족으로 여기는 반려동물을 저버릴 생각이 없었다. 정부정책은 동물의 가치뿐 아니라 사람의 가치도 낮게 평가했고, 그 과정에서 사람들의 정부 구조작업에 대한 믿음도 약해졌다. 사람들은 재산과 귀중품 일체를 남겨 두고 떠날지언정 절대 반려동물을 저버리려고 하지 않았다.

이 사실을 깨달은 나는 다시는 충분한 대비 없이 이런 재난을 접하는 일이 없도록 만반의 준비를 해야 한다고 결심했다. 그럴려면 먼저 법 개선이 시급했다. 곤경에 처한 사람에게 반려동물을 버리라고 강요하는 일이 없도록 법을 뜯어고치는 것이 우선이었다.

다시는 같은 상황이 반복되지 않도록 의회에서 우리 의견에 협력해 줄 사람을 찾아 공동 작업에 나섰다. 피난자들은 "반려동물은 집에 두세요."라는 말 대신에 자신과 동물을 모두 구해 주기를 원했다. 사람들은 무력한 동물을 끔찍한 운명 앞에 버리는 것이 잘못이라는 것을 아는데 법이 다른 말을 해서는 안 된다. 수송 수단은 누구나 이용 가능해야 하고, 모든 대피소는 아니더라도 최소한 몇 개는 사람과 반려동물을 함께 수용할 역량을 갖추거나, 사람 대피소 옆에 반려동물 계류장을 둬 그들이 오래 떨어져 있지 않도록 해야 한다.

수년 동안 동물보호단체에서 활동하면서 여론이 들썩일 경우 의회가 신속하게 행동하는 것을 봐왔다. 이번에도 마찬가지였다. 구조 활동이 채 끝나기도 전에 우리는 의회 내 지지자와 함께 '반려동물 대피와 수송기준(PETS, Pet Evacuation and Transportation Standards)'[23]에 관한 법률 초안을 작성했다. 이는 연방재난관리청(Federal Emergency Management Agency)으로부터 기금을 받는 모든 지역과 주의 재난 대응 기관이 동물을 위한 재난계획을 준비해야 한다는 연방 요구사항이다. 이번에는 의회 로비가 어렵지 않았다. 의원들은 TV에서 방영되는 극적인 영상을 보면서 반려동물을 돌볼 대책이 없으면 광범위한 재난 대응책도 효력이 약해진다는 사실을 알았기 때문이다. 많은 동물보호단체들이 지난 20여 년간 법제화하려 시도해 왔던 사안이 카트리나로 인해 많은 설명이 필요하지 않게 되었다.

캘리포니아 출신의 민주당 국회의원 톰 란토스는[24] 하원에서 PETS 법을 이렇게 설명했다.

"저는 어느 날 TV에서 일곱 살 아이가 개와 함께 있는 장면을 보았습니다. 그 아이의 가족은 모든 것을 잃었고 가진 것은 개 한 마리뿐이었습니다. 그런데 현행법에 따라 아이에게서 개를 떼내야 했습니다.

소년의 얼굴은 그 비극을 적나라하게 드러내 주었습니다."

"그 동안 우리가 이곳에서 통과시킨 많은 법률은 몇 년간의 연구와 조사, 준비의 결과였습니다. 하지만 이번 법안은 그렇지 않습니다. 이 법안은 반려동물에게 보호소를 제공할 체계가 없었기 때문에 일곱 살 어린아이가 가족인 개를 포기해야만 했던 그 순간에 만들어진 셈입니다."

임기 말의 국회의원 란토스처럼 동물보호에 무관심하거나 적대적이었던 의원들도 법안에 적극적인 지지를 보냈다. 이 법안은 2006년 가을 큰 격차로 상하 양원을 통과, 부시 대통령에 의해 신속히 재가되었다. 부시 대통령은 자신 또한 카트리나와 같은 재난을 맞게 되면 대피하기 전에 급하게 가장 먼저 챙길 것은 그의 개 바니라고 말했다.[25]

비슷한 시기에 16개 주 또한 동물을 위한 재난대책을 위한 법률 제정에 나섰다.[26] 끔찍했던 재난은 새로운 각성과 새로운 정책, 문제를 해결하기 위한 결단을 낳았다. 사람들은 이제 다시는 준비 없이 당하지 않을 것이다. 또한 다시는 동물이 간과되고 버려지는 재난 대비책은 없을 것이다.

　　　　　뉴올리언스에 남겨졌던 동물 중 거리를 배회하다 발견된 한 쌍의 강아지가 있다. 구조된 후에도 입양자가 나타나지 않던 작은 닥스훈트들은 뉴올리언스의 폴과 크리스틴 파울러 부부가 가족으로 받아들였다. 부부는 벨라와 다이터라고 이름을 지어 주었다. 벨라와 다이터를 입양하면서 "절대로 벨라와 다이터를 버리지 않을 것을 약속합니다."[27]라고 맹세했다. 2년 후 부부는 크리스틴이 툴레인 대학교 보건원에서 에이즈 예방일을 하게 되면서 아이티의 수도 포르토프랭스로 이사했다. 물론 벨라와 다이터도 함께 갔다.

　　2010년 1월 12일, 폴은 딸 빅토리아를 안고 아파트 뒷마당에서 해를 즐기고 있었다. 그때 갑자기 땅이 흔들리면서 공중으로 내던져졌다. 역사상 서반구에서 일어난 강력한 지진 중 하나가 아이티에서 발생한 것이다. "나는 우리가 죽을 거라고 확신했어요." 폴이 회상했다. "그것은 마치 지옥이 열리는 소리 같았어요. 나는 딸에게 작별인사를 했어요." 다행히 아파트는 무너져 내리지 않았고 폴은 침대 밑에 웅크리고 있는 개들을 데리러 위층으로 뛰어올라갔다. 가족은 꼬박 사흘을 걸어 미국 대사관에 도착했다. 대사관 측은 이들에게 C-17 비행편을 제공해 주었지만 개를 데리고 갈 수 없다고 했다. 폴은 일단 개들을 그곳에서 '신의 작은 천사들'이라는 고아원을 운영하는 친구에게 맡기기로 했다. 그렇게 결정은 했지만 견디기가 힘들었던 가족은 플로리다에

도착하자마자 휴메인소사이어티에 전화를 했다. 후에 폴은 말했다.[28] "우리가 떠나는 걸 바라보던 두 녀석의 얼굴을 잊을 수가 없었어요. 도대체 무슨 일이 일어난 것인지 이해할 수 없다는 표정이었죠. 가슴이 찢어지는 것 같았어요."

몇 주 뒤 휴메인소사이어티 구조대가 벨라와 다이터를 고아원에서 찾아 마이애미로 데리고 왔고 가족은 행복하게 재회했다. 두 녀석이 초강력 허리케인과 진도 7.0의 지진을 모두 겪은 개라는 것을 감안하면 상당히 좋은 상태였다. "우리가 벨라와 다이터를 두고 떠난 거예요. 다시는 그들을 볼 수 없을지도 모른다고 생각했어요. 카트리나를 겪은 개들에게 다시는 버리지 않겠다고 약속해 놓고 약속을 어겼어요. 아이들과 절대 헤어질 수 없다고 생각했습니다." 우리도 폴이 약속을 지킬 수 있도록 도와서 기뻤다. 재회한 가족은 다시 온전한 가족으로 보였다. "마치 하루도 떨어져 있었던 것 같지 않네요."

벨라와 다이터가 다시 가족과 만나는 모습을 보면서 누구도 이 일이 그렇게 유난을 떨면서까지 할 가치가 있는 것인가라는 의문을 가지지 않았다. 재난은 상상조차 하지 못할 극단적인 상황으로 사람을 밀어넣지만 한편으로는 견고한 우정 등 많은 인간적 자질을 시험한다. 두 번 남겨지고 두 번 구조된 이 개들의 사례를 통해 엄청난 자연재해에도 인간과 동물의 유대는 깨지지 않았고 오히려 확장된다는 것을 확인할 수 있었다.

카트리나는 인간과 동물의 유대, 그에 수반되는 책임감 등 우리가 갖고 있는 인식의 큰 전환점이 되었다. 카트리나는 그 후 2년도 안 되어 발생한 마이클 빅 때와 마찬가지로 사람들에게 각성의 기회를 제공했다. 빅의 위법행위가 인간이 우리가 알고 있던 것보다 훨씬 더 잔인하고 배신할 가능성이 있음을 드러냈다면, 카트리나는 우리가 알고 있던 것보다 훨씬 더 깊은 인간과 동물의 확고한 우정과 유대를 드러냈다. 전자에는 비난이, 후자에는 보편적 긍정이 전해졌다. 그리고 정부는 연민과 품위를 갖추고 두 사건에 대처했다.

전 세계적으로 동물학대 행위가 무분별하게 확산되는 와중에도 동물에 대한 공감과 존중은 커지고 있다. 우리 시대에 동물보호에 대한 관심이 왜 커지는지를 가장 효과적으로 설명하는 것은 동물에 대한 잔혹행위이다. 동물을 폭력적으로 다룰수록 그것을 개선해야 할 필요성도 더 명백해진다. 무분별하게 행해지는 잔혹함이 사람들의 시선을 더 날카롭게 만들고 있다.

지금 세대는 이전 세대와는 다른 방식으로 동물에 관해 배우고 본다. 우리는 동물을 동물의 시각에서 보기 시작했다. 예를 들어 동물의 세계를 보여 주는 TV 프로그램이 얼마나 달라졌는지 보자. 애니멀 플래닛 채널에서 최근 몇 년간[29] 가장 인기 있는 프로그램은 동물학대에 맞서는 경찰과 조사원을 보여 주는 〈애니멀 캅스(Animal Cops)〉이다. 최근 가장 시청률이 높은[30] 방송 프로그램은 일본 포경선을 추적하는 해양생물보호단체 SSCS(Sea Shepherd Conservation Society) 대원들의 용감한 모습을 쫓는 〈고래 전쟁(Whale Wars)〉이다. 전 세계 수백만 명이 이 프로그램을 시청하는데 그들 중 포경을 응원하는 이는 극소수이다.

TV 프로그램의 변천사를 보자. 1970년대에 ABC가 TV 프로그램 〈아메리칸스포츠맨(American Sportsman)〉[31]을 통해 사냥꾼들을 전면에 내세우고 사자, 코끼리 등의 동물을 방송 소도구처럼 다루었던 것에 비하면 최근의 프로그램의 시각은 완전히 다르다. 일부 케이블방송의 사냥 프로그램을 제외하면 최근의 동물 프로그램은 대체적으로 동물의 존재를 인정하고 존중하는 모습을 보인다. 영웅은 동물을 고문하고 착취하는 사람이 아니라 그들을 보호하는 사람이다.

1996년 디스커버리 채널에서 처음 소개된[32] 애니멀플래닛 채널은 기존의 시각과 완전히 달랐다. 물론 많은 시청자를 위한 최초의 동물 친화적 프로그램이라고는 할 수 없다. 월트디즈니는 훨씬 이전부터 동물 친화적인 TV 프로그램과 영화를 제작했고 《밤비(Bambi)》도 제작했다. 사냥의 폐단을 보여 주는 역할을 지속적으로 하고 있는 《밤비》는 지금도 대중에게 큰 사랑을 받고 있다. 1960년대에는 〈오마하의 동물의 왕국〉 같은 동물 프로그램이 인기를 누렸다.[33] 수백만 명의 사람들이 이 프로그램을 통해 야생에 대한 지식을 얻었다. 최근에 등장한 애니멀플래닛 채널은 더 진화해서 야생동물과 가축을 비슷하게 다룸으로써 과거의 어떤 프로그램보다 폭넓은 시야를 제공한다. 이 채널은 가축이든 야생동물이든 상관없이 동물을 다루는 데 모든 시간을 할애하는 최초의 방송이다.

내셔널 지오그래픽 채널은 거의 비슷한 시기에 동물 프로그램을 세상에 내놓았고 몇몇 프로그램은 대단한 성공을 거두었다. 〈도그 위스퍼러(Dog whisperer)〉의 시저 밀란은[34] 개와 살면서 문제를 겪는 사람을 상담해 주는 프로그램으로 큰 인기를 끌었다. 이 프로그램을 매주 800만 명의 사람이 시청했다는 말은 사람들은 반려동물이 행복하게 살기를 바라고, 사람과 반려동물이 더 돈독하게 살기를 간절히 원한다는 반증이다. 미국 가정에는 대략 1억 7100만 마리의 개와 고양이가[35] 사람과 사는데 1970년대에 비하면 3배 많은 수이다. 이밖에 수백만 마리의 토끼, 햄스터, 모래쥐, 물고기, 새를 키운다. 아마도 미국 국민 수보다 반려동물의 수가 더 많을 것이다.

사람은 동반자를 갈망하는 마음이 있다. 그리고 많은 반려인은 반려동물이 없었다면 삶도 가족도 이전과 같지 않았을 것이라고 말한다. 사람은 반려동물과 침대를 기꺼이 나누고, 그들을 위해 요리한다. 반려동물 건강보험을 드는 사람도 있고, 병을 고치면서 더 오래 함께 살기 위해 비싼 치료 비용을 대는 사람도 부지기수이다.

반려동물 용품과 서비스 산업은[36] 450억 달러에 달하는 거대 시장이다. 1986년 반려동물 용품과 서비스업에 나선 펫스마트(PetSmart)는[37] 현재 1,200개가 넘는 점포를 가진 대형업체로 성장했다. 쇼핑한 손님들이 기부한 거스름돈 덕분에 펫스마트자선재단(PetSmart Charity)[38]은 연간 기부액 면에서 가장 큰 동물복지재단이 되었다. 시장에서 펫스마트와 선두경쟁을 벌이는 펫코(Petco) 또한 1,000개가 넘는 점포[39]를 가지고 있으며 개와 고양이 복지 프로그램을 지원하기 위해 수백만 달러를 출연하는 재단을 갖고 있다.

펫파인더닷컴(Petfinder.com, 유기동물 입양을 주선하는 최대 웹사이트)이 1998년 전국으로 확산되었을 때[40] 이 운동 덕분에 보호소 동물에게는 완전히 새로운 기회가 열렸다. 역사상 처음으로 입양할 반려동물을 찾는 사람들이 지역 보호소에서 입양을 기다리고 있는 유기동물을 거실에 앉아서 볼 수 있게 된 것이다. 이것은 획기적인 일이었다. 유기동물은 행동이나 건강에 문제가 있을 거라는 우려와 비참할 거라는 생각에 유기동물보호소를 찾고 싶지 않았던 사람들에게 펫파인더닷컴은 유기동물을 볼 수 있는 장을 제공했고, 지난 12년 동안 개와 고양이 1500만 마리가 이 사이트를 통해 입양되었다.

새로운 사업인 반려동물을 돌보는 펫시팅(pet sitting)사업도 각광받고 있다. 반려인이 며칠 동안 집을 비워야 할 때 반려동물을 최고급 반려동물 호텔에 맡겨 보살펴 달라고 할 수도 있다. 반려인이 일하는 동안 회사 내 공간에서 반려인이 데리고 온 반려동물을 보살피는 제도를 운영하는 회사도 있다.

반려동물 공동묘지는 물론 반려동물을 먼저 보내고 슬픔을 겪는 반려인을 위한 상담 프로그램도 있다. 내 친구인 드와이트 로웰은 유기견이었던 보더콜리 혼종 크리시를 잃고 우울 상태에 빠졌다. 운동을 그만두고 친구도 만나지 않은 채 깊은 슬픔과 상실감에 몇 달간이나 시달렸다. 많은 반려인들은 그 마음을 안다. 반려동물을 떠나 보낸 사람들은 함께 나누었던 소중한 존재와의 시간을 고이 간직한다.

현재의 반려인은 동물이 겪는 마음의 상처까지 포함된 최선의 의료 서비스를 원한다. 연간 2,500여 명의 학생을 졸업시키는 미국 28개 수의과대학의 상당수는[41] 동물의 감정적인 부분까지 깊게 돌보고 싶은 반려인의 요구에 따라 발전된 새로운 교육 내용을 커리큘럼에 포함시키고 있다. 반려인에게 개, 고양이, 토끼, 햄스터 등의 반려동물은 쓰고 버리는 물건이 아닌 것이다.

1984년부터 1996년까지 수의과 진료 수입[42]은 연 44억 달러에서 70억 달러로 연간 약 4.9퍼센트씩 증가했다. 1996년부터 2006년까지는 70억 달러에서 112억 달러로 연간 8퍼센트씩 성장했다. 다시 말해

진료비가 지난 25년간 거의 3배로 늘어난 셈이다. 이는 반려동물 건강 관리 비용의 증가 신호인 동시에 동물병원 서비스에 대한 요구가 높아지고 있다는 지표이다. 심각한 질병으로 반려동물이 고통받고 있을 때 안락사가 유일한 결론이었던 예전에 비해 동물의 삶을 연장하기 위해 수천 달러를 소비하는 반려인이 많아졌다.

밴필드동물병원은[43] 동물병원 중 가장 큰 네트워크를 가지고 있으며 약 700개의 병원이 펫스마트 아울렛에 입점되어 있다. 사람 병원과 마찬가지로 동물병원에는 암 센터가 있고 광범위한 여러 서비스를 제공하고 있다.[44] 치과 진료와 개의 무릎관절에 있는 십자인대재건술은 동물 진료 중에서 성장하는 분야이다. 개에게도 항우울제가 처방되며, 공격적이고 불안한 개와 부적응 고양이를 교정하는 행동전문가의 수도 늘고 있다.

이런 분위기 속에 우려되는 부분이 나타나고 있다. 이 문제는 지나침은 모자람만 못하다는 옛말과 일맥상통한다. 사랑의 감정은 지속적인 보살핌과 책임 있는 관리로 뒷받침되지 않으면 안 된다. 그런데 보호소 직원과 자원봉사자의 노력에도 불구하고 매일 미국 전역에서[45] 수천 마리의 개와 고양이가 유기동물보호소에서 안락사되어 사라진다. 무책임하고 폭력적으로 상업화된 반려동물 생산 구조는 유기동물보호소에 부담이 되고 있다. 상업적인 반려동물 생산자들은 스스로를 동물을 보살피는 친구라고 자임하지만 사실은 사람들의 진실된 마음을 이용하는 기회주의자에 불과하다. 보호소에서 건강한 동물이 안락사당하는 것과 더럽고 끔찍한 환경에서 동물이 상업적으로 교배되는 장면을 보는 것은 카트리나재난 기간 동안 본 것 이상으로 고통스럽다.

| 건강한 동물을 안락사시키는 곳을 보호소라고 부를 수 있을까? |

　　　　　　　19세기 후반 미국 전역에 많은 지역 동물보호소가
생겨났다.[46] 학대받는 말을 보호하기 위해 문을 열었다가 이후 문화경
제적인 변화에 따라 성격을 달리해 왔다. 말에 대한 학대는 자동차가
등장하면서 줄어들었고 반려동물과 유기동물이 늘면서 차츰 개에 관
심을 기울이게 되었다. 사설 동물보호단체 외에 지방자치단체도 동물
관리기관을 설립했다. 하지만 지자체가 설립한 동물관리기관은 광견
병 관리, 유기동물 포획, 안락사 시행에 업무가 치중되어 있어서 동물
을 위한 배려보다는 공중위생과 공공질서 확립에 중점을 두었다.

　　시간이 지나면서 정부와 개인은 전국의 도시와 마을에 보호소를
지었다. 현재 전국 약 3,500개의 보호소에[47] 약 800만 마리의 개와 고
양이가 수용되어 있고, 연간 10억 달러[48]에 달하는 시설 운영비는 기
부금이나 세금으로 충당된다.

　　그들의 일을 돕는 수천 개의 구조활동 단체로는 길고양이동맹(feral
cat allies), 위탁네트워크(foster networks) 등과 보호소 없이 일하는 입양
단체가 있는데 단체마다 생명을 하나라도 구하기 위해 최선을 다하고
있다. 그들은 사랑과 관심이 필요한 동물에게 보살핌과 희망을 주는
비정규군이라 할 수 있다. 이런 단체는 보호소와 결연을 맺어 입양을
돕는 등 동물을 안락사로부터 지켜내려 노력하고 있다.

　　몇 십 년 전만 해도 공공 동물보호소는 동물을 더 수용하기 위한

공간을 확보하기 위해 기존의 보호소에 있던 개, 고양이를 안락사했다. 당시에는 모든 동물을 다 받아들이는 정책을 펼치면서 과밀화가 발생해 안락사를 해야만 하는 상황이었다. 1970년대에 미국의 보호소들은 매년 1300만~1500만 마리의 동물을 죽였다.[49] 그후 중성화수술(암컷의 난소제거수술과 수컷의 거세수술)과 유기동물 입양이 늘고, 문제 행동이 있는 동물을 교정하는 등의 노력 덕분에 안락사되는 동물의 수가 지속적으로 감소하고 있다. 오늘날 보호소에서는 400만 마리에 가까운 개와 고양이가 안락사되는데[50] 그중 4분의 3이 건강하고 입양 가능한 동물이다.

20여 년 전부터 안락사 없는 보호소를 목표로 하는 노킬(No Kill) 운동이 꾸준히 이어지고 있다. 노킬운동은 처음에는 실현 불가능한 목표를 추구하는 이단적인 운동이라고 생각되었다. 그런데도 노킬이라는 구호는 보호소 안락사 문제에 질문을 던지는 계기가 되었다. 도대체 왜 개나 고양이들을 보호할 임무가 있는 기관이 실제로는 동물을 죽이는 역할을 하고 있는가? 이른바 인도적인 방법이라면 동물을 죽이는 것이 용인될 수 있는가?

노킬운동으로 지적인 논쟁[51]을 촉발한 사람은 에드 더빈이다. 시민권운동을 하던 학생이었던 그는 시민권운동의 정신과 신념을 동물보호에 접목시킬 방법을 모색했다. 그러다가 유기동물보호소에서 일하는 사람들이 아무리 동물의 개체수를 줄이기 위해 헌신해도 수많은 동물이 보호소에서 안락사로 죽어 가는 현실의 부조리함을 알게 되었다.

당시 휴메인소사이어티를 운영하던 존 호이트는 더빈이 자유롭게 그의 의견을 표출할 수 있도록 지지해 주었다. 호이트는 어떠한 사회

운동이든 독립적인 사고는 받아들여야 한다고 생각하는 사람이었다. 그는 더빈에게서 문제를 정면으로 응시하려는 선명함을 보았다. 더빈은 〈동물전선(Animalines)〉이라는 글을 정기적으로 《무브먼트 다이내믹스(movement dynamics)》에 쓰기 시작하면서 그 내용을 관심 있는 사람들에게 편지로 보냈다. 인터넷이 없던 시절이었다.

그때는 동물보호를 위한 기부금과 정부기금의 90퍼센트가 지역 유기동물보호소로 갔다. 안락사율이 감소하고는 있었지만 보호소에서 생을 마감하는 동물은 여전히 수백만 마리에 달했고, 죽이는 것은 유감스럽지만 안락사는 어쩔 수 없는 선택이라는 생각이 받아들여지던 시절이었다. 이 문제에 대해 관심을 가지겠다고 천명해 놓고 해결 기금을 내지 않은 단체들의 잘못도 컸다. 보호소 직원들은 사회가 만들어 놓은 엉망인 결과를 안락사라는 이름으로 처리하는 것 외에 다른 선택이 없었다. 그들은 사실 중성화수술로 개체수를 줄이고, 유기동물을 입양해서 안락사율이 줄어들기를 가장 바라는 사람들이었다.

이런 상황은 느릿느릿 진전되었고 새로운 세대의 활동가들도 유기동물 문제에 대해서는 관심이 없었다. 1975년에 출간된 피터 싱어의 기념비적 저서 《동물해방(*Animal Liberation*)》에서도 유기동물과 안락사 문제를 얼핏 언급했을 뿐 대부분 공장식 축산과 동물실험 같은 일상화된 학대에 초점을 맞추었다. 싱어의 책은 학교나 지역 기반의 동물보호조직, 동물을윤리적으로대하는사람들(PETA, People for the Ethical Treatment of Animals), 동물의옹호자(In Defense of Animals) 같은 전국적 단체를 결성하는 기폭제가 되었다. 새로운 동기를 얻은 활동가들은 그들의 활동이 수백만 마리밖에 안 되는 반려동물보다 수억 또는 수십억 마리에 이르는 실험동물과 식재료로 사용되는 농장동물 문제를 해결하는 데 쓰여지는 것이 훨씬 더 효율적이라는 싱어의 공리주의적인 관점에 동의했다. 죽더라도 유기동물보호소는 인도적인 안락사 방법을 사용하므로 심하게 고통받지는 않는다는 것이었다. 유기동물보호소 문제는 활동가들에게 구식 이슈였고 상대적으로 하찮은 문제로 간주되었다.

몇몇 활동가가 유기동물보호소와 전통적인 동물보호단체에 관심을 가지기도 했지만 안락사 문제보다는 개, 고양이 문제에만 초점을 맞췄다. 그러다 보니 활동가들은 동물보호를 내세우는 행사에서 육류를 제공했다고 보호소를 비난하기도 했다. 실제로 1987년 휴메인소사이어티 총회에서 참가자에게 육식이 포함된 식단을 제공했다고 피켓 시위가 벌어지기도 했다. 당시의 유기동물보호소는 선택적으로 규범을 적용하는 도덕적으로 나태한 집단으로 간주되었다. 싱어는 이 문제에 관해 별다른 언급을 하지 않았지만 동물보호운동이 유기동물보호소 운영에 집중하는 것은 문제가 있다는 태도였다. 다른 비판자와 마찬가지로 안락사가 문제가 아니라 유기동물 문제로 인해 농장동물 등 학대받는 엄청난 수의 다른 동물 문제를 알리는 데 쓰일 돈이 줄어들기 때문이라는 입장이었다.

에드 더빈은 공장식 축산, 동물실험, 야생동물 학대에 대해서도 잘 알고 있었지만 동물보호운동에 있어서 유기동물 문제를 다루는 보호소야말로 지역 사회에서 일반인과 가장 많은 접촉을 가지면서 존재감을 드러낼 수 있는 곳이라고 생각했다. 사실 우리의 운동은 암암리에 건강하고 치료 가능한 동물을 안락사하는 것이 괜찮다는 메시지를 보내고 있던 것이 사실이다. 건물을 짓고 '보호소'라고 불렀지만 그곳은 수백만 마리의 동물을 죽이는 곳이었다. 이는 스스로를 부정하는 자기 파괴적 행동이라고 그는 주장했다.

더빈은 말했다. "떠돌이든 버려졌든[52] 보호소의 동물도 우리가 동물원이나 실험실의 동물에게 해서는 안 된다고 말하는 정신적 외상과 공포를 경험한다. 안락사는 비교적 고통 없는 종말일 수는 있다. 그러나 안락사는 자비로운 행동이 아니며 우리가 총체적으로 실패하고 있다는 비참한 증거이다."

1989년 그는 〈자비의 이름으로(In the Name of Mercy)〉라는 글에서 이렇게 썼다.[53] "유기동물보호소는 집 없는 동물의 마지막 방어선이다. 만일 보호소가 그곳에 온 동물을 대신해서 계속 싸워 주지 못한다면 그곳을 보호소라고 부르면 안 된다. 누가 어떻게 정의하든 보호소라는 곳은 안전한 피난처여야 한다."

그는 다른 글에서 이렇게 덧붙였다.[54] "내가 느끼는 부끄러움은 건강한 생명을 '동물을 위한'다는 시설에서 일상적으로 죽이는 것을 정당화하는 운동에 대한 부끄러움이다. 사실 그런 주장은 누워서 침뱉기이다. 대규모 살처분은 개체수 관리 문제 하나를 어떻게든 '해결한다.' 하지만 이 미친 짓에 참여하는 운동은 도덕적으로 파국을 맞을 것이다. 건강한 동물은 인간에게 '편안한' 죽음 이상의 것을 받을 가치가 있는 존재이다. '안락한 죽음'에 기꺼이 찬성하는 사람들은 끝내야 할 비극을 영속시키고 있다. 만일 여분의 동물을 관리하고 죽이는 데 쓰여지는 돈이 동물생산 시스템을 감시하는 데 사용되었더라면 도살은 오래전에 끝장났을 것이다."

조지 오웰은 때때로 자명해 보이는 것을 다시 고쳐 말하는 것이야 말로 지성인의 의무라고 말했다. 더빈이 유기동물보호소에 대해 한 것이 바로 그것이다. 그는 평범한 진리의 힘을 보여 주었다. 피터 싱어의 공장식 축산에 대한 선언이 전체 운동에 충격을 준 것과 마찬가지로 더빈은 유기동물보호소가 이름에 걸맞아야 한다고 목소리를 높였다.

그후 유기동물보호소 운영자들은 일상적 업무에 보다 높은 원칙을 적용하기 시작했고, 일부는 그것이 가능함을 보여 주었다. 샌프란시스코 동물학대방지협회의 리치 아반지노는 보호소에 입소하는 모든 유기동물에게 '입양 보장'55을 약속했다. 롱아일랜드의 노스쇼어애니멀리그(North Shore Animal Leage)의 책임자 데이비드 간츠도 같은 내용의 캠페인을 벌여 큰 성공을 거두었다. 이는 보호소가 건강한 동물을 죽이는 일 없이 진짜 보호소 역할을 할 때 사람들이 지지할 것임을 보여 주었다. 간츠는 이를 통해 교외의 작은 보호소를 단기간에 미국에서 가장 큰 동물복지단체로 키웠다. 대중이 무관심하리라는 예상은 완전히 빗나갔다. 대중은 희망적인 목표를 기꺼이 수용했고, 안락사를 최선으로 받아들여 온 고정관념을 기꺼이 털어냈다.

오늘날 휴메인소사이어티, 미국동물학대방지협회, 인도주의협회전국연합(National Federation of Humane Society), 베스트프렌즈동물협회(Best Friends Animal Society) 등 주요 동물보호단체 중 많은 수가 노킬운동을 기꺼이 수용하고 있다. 이 단체 외에도 수 많은 보호소가 공개적으로 노킬을 내세우고 있지는 않아도 건강한 동물의 안락사를 줄이고 종식시키기 위해 분투하고 있다. 리치 아반지노는 현재 전국에서 가장 큰 반려동물 재단인 매디스펀드(Maddie's Fund)를 운영하고 있

254

다.[56] 설립자 체릴과 데이비드 더필드는 자신들이 사랑한 개 매디의 이름을 딴 재단을 설립해 '노킬국가'라는 목표를 세우고 수십만 마리의 생명을 구하고 있다. 매디스펀드는 펫스마트에 이어 두 번째로 많은 기금인 연간 2000만 달러를 건강한 개와 고양이에게 가정을 찾아주는 지역사회 프로그램에 제공하고 있다. 뉴욕동물을위한연맹(Mayor's Alliance for NYC's Animals)을 포함하여 노킬을 목표로 하는 주요 도시의 보호소도 증가하고 있다. 한때 현실과 동떨어졌다는 비난을 받으며 몇몇 보호소가 추구하던 목표가 이제는 미국에서 가장 큰 도시의 보호소 운영 모델이 되었다.

뉴욕에서의 진전은 북동부 대부분 지역에서 거둔 극적인 진전의 일부이다. 흔히 유기동물보호소라고 하면 사람들은 기찻길 아래 혹은 도시 쓰레기장 옆 어딘가에 있는 허물어지고 오래된 건물을 상상한다. 하지만 보호소 짓기 붐이 일면서 기존의 상상을 뒤엎는 최신식 보호소 수가 급증해 보호소의 외관에서는 희망과 자부심이 느껴진다. 또한 보호소에서 활동한 경력이 있는 전문가들에 의해 체계적으로 운영되는 시스템을 갖추었다. 전문가들은 건강한 동물에게 모두 가족을 찾아준다는 목표를 실현하기 위해 전략과 프로그램을 개발하고 있다. 그들은 노킬 정책을 실현하는 것이 단지 스위치를 누르면 되는 문제가 아님을 누구보다 잘 알고 있었다. 노킬 정책을 성공시키려면 중성화수술을 저렴하게 할 수 있어야 하고, 마을에서 떨어진 보호소가 아니라 지역과 가까운 곳곳에서 입양 캠페인을 벌여야 한다. 또한 반려동물에게 문제가 있다면 가족이 함께 행동교정 프로그램에 참여해 보호소에 버리지 말고 계속 가족의 일원으로 살 수 있도록 독려해야 한다. 여기에 지역

사회를 아우르는 입양과 봉사자의 네트워크 등이 더해져야만 노킬이라는 목표를 달성할 수 있다. 이 모든 변화가 미 북동부에서의 안락사 비율을 급감시켰다. 심지어 일부 보호소는 다른 지역 보호소에서 개를 데려와 입양시킬 정도가 되었다. 이는 다른 유기동물을 수용할 수 있는 공간을 창출하는 것이라 더 의미가 크다.

더빈은 앞으로 나아가기 위해 전통적으로 운영되어 온 보호소를 폄하해서는 안 된다는 것을 잘 알고 있었다. 서로 싸우고는 있지만 그들 모두에게는 더 많은 연대, 기금, 새로운 전략은 물론 당면 문제에 대한 새로운 접근이 간절히 필요했다. 일방적 비판자들은 도덕적 지지나 물질적 도움 대신 조롱과 경멸만 던졌다. 하지만 이런 태도는 그들이 바라는 모든 생명을 구하자는 운동의 진전을 늦추고 정신만 더럽혔다.

스스로 경계를 짓고 있지만 사실 모두 같은 목표를 나누고 있다. 그러나 목표를 달성하기 위해 보호소와 지역사회가 갈 길은 너무 멀었다. 카트리나를 겪고 몇 년 지나 루이지애나와 미시시피에 있는 보호소를 찾았을 때 나는 일부 보호소가 입소되는 동물의 80퍼센트를 안락사시키고 있음을 알게 되었다. 어떻게 이런 끔찍한 상황이 벌어지고 있는 것일까? 하지만 나는 금세 알 수 있었다. 매일 보호소가 문을 닫은 저녁시간이면 정문 앞에 개, 고양이가 담긴 상자가 버려지고 있었다. 내가 갔을 때도 밤새 버려진 동물로 아침 업무는 이미 마비 상태였다. 재정은 열악하기 그지없었고 그들이 가야 할 길은 힘들고 고통스러울 것이 뻔했다. 강아지나 아기 고양이로 꽉 찬 상자를 보호소 앞에 버리는 걸로 자신의 문제를 해결했다고 생각하는 사람들이 있는 한 누가 보호소 직원들을 나무랄 수 있을까?

특히 도시에 있는 보호소는 버려지는 수많은 핏불 때문에 고초를 겪는다. 사람들은 흔히 핏불을 반려동물이 아니라 싸움용이나 마초적 과시 같은 잘못된 목적으로 구입했다가 버리기 때문에 보호소에 들어오는 상당수의 핏불은 문제적 행동을 보인다.

또한 그 동안 미국에서는 수천만 마리의 길고양이를 잡아 죽이는 정책을 펼치고 있었다. 대안은 길고양이를 포획한 후 중성화수술을 해서 살던 곳에 놓아 줘 개체수를 자연스럽게 조절하는 포획(trap)−중성화(neuter)−방사(return)하는 TNR정책이다. 엄청난 일처럼 보이지만 사실 이 일을 맡아서 해 줄 고양이를 아끼는 사람들이 있다. 골목길이나 버려진 빌딩 등 도시 어디서나 포획틀을 능숙하게 설치하는 사람을 발견할 수 있는데, 그들이 바로 길고양이를 위해 TNR 하는 일을 소명으로 여기는 연민 가득한 사람들이다. 네이버후드캣(Neighborhood Cats), 길고양이동맹(Alley Cat Allies)과 같은 전국 규모의 길고양이 보호단체도 있다.

이런 적극적인 정신이야말로 당면한 현실에 압도당해 비판자들에 의해 비난받는 유기동물보호소 운영자들에게 필요한 정신이다. 유기동물 문제에 관심을 가지고 관련 단체를 도우려는 사람들은 반드시 존재한다. 그러니 다른 곳의 좋은 운영방식을 받아들이고, 깨끗하고 호감가는 보호소 분위기를 만들고, 최상의 고객 서비스 정신으로 지역사회로 들어가서 입양이 편리하도록 만들 수 있다면 어떤 단체든 최악의 상황에서 벗어날 수 있을 것이다.

휴메인소사이어티를 포함한 세계동물보호협회(World Society for the Protection of Animals), 매디스펀드 등의 주요 전국적 단체는 2020년까지 미국에서 건강한 개와 고양이의 안락사를 종식시킨다는 엄청난 목표를 설정했다. 현장의 많은 사람들은 반드시 목표가 달성될 것이라고 믿는다. 나도 그렇다. 이런 믿음은 통계로도 확인할 수 있다. 현재 미국 반려견의 약 25퍼센트[57]가 보호소나 구조단체에서 입양된 녀석들이다. 물론 이를 다시 말하면 4마리 중 3마리는 펫숍, 강아지 공장, 소규모 교배업자, 친구의 동물이 낳은 새끼를 입양했다는 말이지만.

여전히 유기동물보호소 동물은 분명 문제가 있을 것이라는 모호하고 속물적인 견해를 가진 사람들이 있다. 받아들이기 어렵지만 이런 태도는 어쨌든 잔존하고 있다. 그리고 그 결과로 수백만 마리의 충성스럽고, 사랑스러우며, 완벽하게 건강한 동물이 이사, 이혼, 직장을 잃거나 집을 잃은 사람들에 의해 버려져 보호소에서 최후를 맞는다.

25퍼센트라는 수치는 실망스럽지만 갈 길을 알려 주는 수치이기도 하다. 건강한 동물의 안락사를 종식시키기 위해 가장 좋은 해결책은 유기동물 입양이다. 만일 현재 반려동물을 키우는 사람 중 20퍼센트 또는 개를 키우는 사람의 비율인 45퍼센트가 몽땅 두 번째 반려동물을 보호소에서 입양한다면 모든 건강한 개가 제때 가정을 찾을 수 있다. 제대로 된 캠페인과 자금을 가지고 안락사 문제 해결을 위해 열심히 뛴다면 2020년이 되기 전에, 아니 그보다 더 빠르게 목표를 달성할 수 있을 것이다.

| 공장식 축산을 그대로 베낀 강아지 공장의 비극 |

　　　　　근거 없이 유기동물보호소 동물의 입양을 꺼리듯 펫숍이나 강아지 공장의 개에 대해서도 근거 없는 환상과 믿음이 존재한다. 동물을 진정으로 사랑하는 사람들도 그들이 구입한 동물이 어떤 곳에서 왔는지 전혀 모른다.

　　내가 10대였을 때 동물에 대한 애정이 깊었던 외삼촌 스탠은 동네 펫숍에서 웨스트하이랜드테리어를 사서 우리 가족에게 선물했다. 외삼촌은 그 견종을 좋아했는데 실제로도 사랑스러운 견종이다. 외삼촌은 친척에게 선물하기 위해 이 종을 몇 마리 더 구입했다. 우리는 개에게 랜디라는 이름을 지어 주고 미국케널클럽(AKC, American Kennel Club)에서 발행한 순종임을 보증하는 혈통서를 자랑스럽게 여겼다. 게다가 랜디가 캔자스에서 온다는 것도 흥미로웠다. 나는 나중에야 랜디가 강아지 공장에서 왔으며 미국케널클럽의 보증서는 제대로 키워졌다는 것을 보증하는 것과는 아무 상관도 없음을 알게 되었다. 만일 《오즈의 마법사》에 나오는 도로시의 친구 토토가 지금 캔자스 어딘가에 있다면 분명 작고 과밀한 우리에 갇혀 비바람에 노출된 채 다른 많은 토이종 테리어와 함께 강아지 공장에서 삶을 시작했을 것이다.

　　스탠 삼촌이 랜디를 우리 집에 데려왔을 때 랜디는 귀를 접은 채 눈을 크게 뜨고는 화장실로 뛰어들어가 변기 뒤에 숨었다. 수줍고 겁이 많았던 랜디는 사회화가 거의 이루어지지 않은 상태였다. 한동안

랜디는 구석에 숨어 있다가 갑자기 뛰어나와서는 지칠 때까지 집 안을 뛰어다니는 등 정신없는 행동을 했다. 다행히 초기의 이런 문제는 가족의 노력으로 서서히 해결되었고 랜디는 이내 기막히게 멋진 가족의 일원이 되었다. 학교에서 돌아오는 나를 매일 반갑게 맞아 주는 랜디를 보는 것만으로도 나는 즐거웠다.

그런데도 신체적인 문제는 해결이 어려웠다. 랜디는 피부병과 알레르기로 평생 불편을 겪었다. 랜디는 피부를 끊임없이 잘근잘근 씹었고 심각한 붉은 환부는 아무리 치료를 해도 소용이 없었다. 목에 칼라를 쓴 랜디의 모습은 우습고 바보스러워 보였지만 자해행동을 막을 수 있는 유일한 방법이었다. 랜디는 피부 관리가 힘들었을 뿐 열네 살의 나이로 세상을 떠나기까지 우리와 행복한 삶을 나누었다.

돌이켜 보면 우리가 했던 선택에는 문제가 있었다. 동물을 사랑한다는 우리는 펫숍을 단골로 이용하는 것이 강아지 공장 산업을 지지하는 것임을 전혀 몰랐다. 우리는 집에서 300미터 떨어진 곳에 시립동물보호소가 있었는데도 2,400킬로미터나 떨어진 곳에서 태어나고 교배된 개를 구입했다. 보호소가 우리 집 현관에서 보이는 곳에 있었는데도 말이다. 랜디는 사랑스러운 반려동물이었고 우리는 마음을 다해 서로 사랑했다. 하지만 우리가 만나지 못한 또 다른 녀석들이 바로 저 모퉁이만 돌면 우리를 기다리고 있었던 것이다.

나는 휴메인소사이어티에서 일하면서 사람들이 원하는 순종이 유기동물보호소에도 많다는 것을 알았다. 보호소에 들어오는 유기동물 중 4분의 1 정도가 이른바 '순종'이고, 원한다면 지금 바로 펫파인더닷컴을 통해 원하는 개를 찾을 수도 있다. 지역보호소와 동물구조단체는 입양 가능한 동물을 게시판에 올려놓기 때문에 사람들은 원하는 동물을 바로 찾을 수 있다.

일반적으로 강아지 공장을 비난하면서도 사람들은 부지불식간에 지난 20년간 반려동물 생산판매산업이 성장하도록 도왔다. 반려인구가 늘면서 강아지 공장 업자들은 번창할 수 있는 기회를 잡았다. 그들은 펫숍에 사랑스러운 강아지를 공급하고 웹사이트에 그럴듯하게 광고하면서 사람들에게 쉽게 다가갔다. 이런 마케팅에 넘어가는 순간이 바로 업자들로 하여금 부모 개를 평생 가두고 새끼만 낳도록 강요하는 행위를 정당화시키고 그들에게 돈을 안겨 주는 순간이다. 강아지 생산 판매업자들은 이런 잔인한 방식으로 부자가 된다. 외삼촌이 랜디를 구입하는 것이 이런 잔인함을 지지하는 것인 줄 알았다면 과연 구입했을까?

휴메인소사이어티는 경찰과 지역 동물보호 활동가들의 법 집행 노력을 돕는다. 그런 활동의 일환으로 2008년 테네시주 강아지 공장을 급습했다. 파인블러프케널은 목가적인 이미지로 만들어진 아름다운 홈페이지를 운영하는 인터넷 판매업체였다.[58] 웹사이트에는 "우리는 11만 평 규모의 작은 농장입니다."라는 설명과 "우리는 이웃에게 피해를 주지 않습니다. 뛰놀 수 있는 공간이 충분해 동물들은 이곳을 사랑합니다."라는 설명이 게재되어 있다. 그러나 현실은 누구도 '작은 농장'에 들어오지 못하게 했고, 강아지를 항공편으로 소비자에게 부치거나 벼룩시장이나 주차장에서 강아지를 팔았다.

정보 제공자의 도움으로 그곳을 급습한 우리는 웹사이트에서 묘사한 것과 전혀 다른 모습을 보았다. 우리는 작은 개 450마리가 과밀하고 더러운 토끼장 같은 우리와 임시로 만든 개집에 감금되어 있는 것을 발견했다. 개집은 풀이 높이 자란 풀밭에 숨겨져 있었다. 다른 어미 개와 강아지 250마리는 상상할 수 없을 정도로 더러운 트레일러 안에 있었다. 그곳의 동물 중 단 한 마리도 제대로 먹지 못한 상태였으며, 90퍼센트의 개는 물도 제대로 먹지 못한 상태였다.

우리가 현장 급습을 했던 펜실베이니아의 극도로 더럽고 지옥 같았던 또 다른 강아지 공장[59]의 이름은 '완전한 천국'이었다. 강아지 공장은 대부분 마치 강아지에게 질 높은 보살핌을 주는 것처럼 매우 그럴싸한 이름을 붙인다. 강아지 공장에서 생산되는 개들은 바로 현금화할 수 있는 일종의 환금성 물건이기 때문에 최저 비용으로 최대 수익을 얻기 위해 운영된다. 육류생산을 위한 공장식 농장처럼 강아지 공장도 사육할 때 동일하게 감금 시설을 이용한다. 강아지 공장은 감금 시설을 필요에 따라 적절하게 변형해 사용한다.

퀘벡에 있던 강아지 공장은[60] 특히 더 역겨운 곳이었다. 이 공장을 운영하는 부부는 호화로운 생활 공간에서 두세 마리의 반려견과 함께 멋진 생활을 하고 있었다. 하지만 호화로운 집의 지하실에는 개 110마리가 가스 마스크를 쓰지 않으면 견딜 수 없을 정도로 암모니아 가스로 가득 찬 방에서 매일매일 견뎌내며 살아가고 있었다. 우리는 뚜껑이 열린 밀폐용기 안에 들어 있는 강아지 2마리를 발견했다. 밀폐용기는 닫힌 벽장 속에 있었다. 강아지들은 태어나 그때까지 어둠 속에 갇혀서 산 셈이었다.

공장식 축산의 돼지가 그렇듯 강아지 공장에서 가장 불행한 존재는 새끼를 낳는 암컷이다. 어미 개는 새끼 낳는 기계처럼 끊임없이 새끼를 생산해 내야 한다. 새끼들은 8주가 되면 시장에 팔리지만 어미는 8년 혹은 그 이상 머물면서 새끼를 낳다가 더 이상 새끼를 낳을 수 없으면 경매장으로 간다. 강아지 공장 업자들은 축산업의 방식을 그대로 반려동물 생산에 적용했고, 공장식 축산의 불결함과 잔인함도 그대로 따왔다. 미국에만 강아지 공장이 대략[61] 1만여 개 있다. 미주리, 오클라호마, 아이오와, 캔자스, 아칸소는 불법을 자행하는 강아지 생산업자가 가장 많은 곳이다. 농무부는 강아지 농장 17개를 열거했지만 우리는 1,000여 곳을 찾아냈다.[62] 시행 중인 연방 조사 프로그램과 휴메인소사이어티 조사 사이에는 어마어마한 차이가 있음이 드러났다. 강아지 공장이 대부분 주법 및 연방법에 의해 전혀 점검을 받고 있지 못한 사이 1년에 200만~400만 마리의 강아지들이[63] 공장에서 대량 생산되고 있다.

2009년 어느 날 아침,[64] 우리 동물구조팀은 보안관 보좌관들과 불법 강아지 공장을 덮치기 위해 아칸소의 긴 비포장도로를 달렸다. 점점 지독해지는 동물의 오물 냄새가 목적지가 가까워졌음을 알려 주었다. 그곳 강아지 공장의 상황은 우리에게는 익숙했다. 녹슨 철제 우리에 감금되어 있는 수백 마리의 개, 자신의 배설물 위에서 뒹구는 개, 정신적·육체적으로 망가진 모습 등등. 개는 대부분 털이 심하게 엉켜 붙어 있었고, 발바닥에 오른 오줌독 외에도 많은 질병을 가지고 있었다. 시설만 봐도 엉망진창으로 관리되는 교배 시설임을 알 수 있는데도 한쪽에는 미국케널클럽의 등록서류 더미가 쌓여 있었다. 주인은 무책임한 동물사육자에게 흔한 정신적 장애인 강박적 호딩(hoarding)에 시달리고 있었다. 애니멀 호딩은 인간과 동물의 유대가 기이하게 파탄

된 형태로, 동물을 보살핀다고 하면서 사실은 동물을 잔뜩 모아놓고는 방치하거나 끔찍한 해를 입힌다.

집 안에 설치된 우리에는 약 100마리의 또 다른 개가 감금되어 있었다. 개 우리는 오줌으로 흥건한 카펫 위에 쌓아 올려져 있었고 허리 높이로 쌓인 매출 전표와 책자로 둘러싸여 있었다. 구조자가 마스크를 쓰고 오물 늪으로 들어가자 태어난 지 며칠밖에 안 된 한배 새끼들이 있었다. 모두 간신히 움직이고 있었지만 그중 한 마리는 죽은 듯 더러운 신문지 위에 놓여 있었다. 아마도 이런 개를 구입해서 함께 살고 싶어하는 사람은 없을 것이다. 하지만 이런 강아지도 깨끗하게 씻겨져 팔리면 강아지를 구입하는 사람은 이 불쌍한 생명체가 겪은 지옥에 대해 알 수가 없다.

두 줄로 늘어선 철제 우리 사이의 복도에서 믿기 어려울 정도로 처참한 개 한 마리가 발견되었다. 60킬로그램 정도의 눈과 귀가 먼 아키타는 열 살쯤 되어 보였다. 불쌍한 이 개는 평생을 콘크리트 바닥의 작은 '통로'에서 보냈을 것이다. 물론 죽이거나 경매로 팔 수도 있었지만 수집 강박이 있는 주인은 개에게 죽음 대신 비참한 삶을 주었다.

이런 삶을 오래도록 견디다 보면 개는 공격적인 태도를 갖기 쉽다. 그래서 우리는 녀석에게 조심스럽게 다가갔는데 그런 경계가 무색하게 이 커다란 녀석은 양처럼 순했다. 구조팀이 개집 뒤쪽에서 녀석을 부르자 녀석은 우리를 향해 걸어오다가 문에서 갑자기 멈추었다. 자신이 알던 유일한 세계인 감옥을 떠나는 것이 무척 두려운 듯했다. 우리는 녀석을 데리고 나와 이곳저곳을 살펴보고 음식을 먹인 후 이름을 지어 주었다. 그의 생애 첫 이름이었다. 젠틀 벤(Gentle Ben).[65]

시력이 없는 눈은 극심한 통증 때문에 제거했지만 벤은 새로운 삶을 잘 살고 있다. 서부뉴욕아키타구조대(Akita Rescue of Western New York)로 옮겨간 벤은 현재 좋은 가정에 입양되어 매일 응석을 부리며 살고 있다. 최악의 인간 본성과 최고의 인간 본성을 다 경험한 벤은 이제 행복한 노년을 보내고 있다. 벤은 그렇게 살 자격이 있다.

| 강아지 공장을 지탱하는 이익집단 |

테드 폴은 선동가로는 보이지 않았다. 오히려 중용과 절제의 느낌이 풍겼다. 여든 살에 가까운 나이였지만 60대 중반으로 밖에 보이지 않았고, 키가 188센티미터나 되는 잘 다듬어진 체형은 근사한 잿빛 머리와 금속 안경테, 몸에 잘 맞는 양복 덕분에 더욱 돋보였다. 한 눈에도 백만장자처럼 보이는 그는 오리건주 살렘 인근에서 '뷰티풀 아메리칸'이라는 여행서적 출판사를 운영하면서 주로 각 지역이 지닌 자연의 아름다움과 랜드마크를 보여 주는 사진집을 주로 펴내고 있었다. 그는 아름다움의 가치도, 개가 지닌 아름다움도 잘 이해하고 있었다.

테드의 품성도 외모와 비슷했다. 침착하지만 따뜻하고 속임수도 쓰지 않았다. 그는 휴메인소사이어티의 회원이었지만 이른바 '애완동물 애호가'로 개 교배와 도그쇼에 깊이 관여하고 있었다. 1960년 무렵부터 주로 콜리 순종을 키웠는데 10여 마리의 교배용 개가 있는 사육장을 운영하기도 했다. 테드는 미국콜리클럽(Collie Club of America), 순종브리더애호가협회(Purebred Dog Breeders and Fanciers Association)의 대표를 지냈고, 오랫동안 미국케널클럽 심사관으로 활동했다. 그가 키운 콜리 중에서 도그쇼 챔피언도 나왔고 《크리스마스 콜리(*The Christmas Collie*)》라는 책을 쓰기도 했다. 그는 미국 전역에서 열리는 도그쇼의 심사관으로 활동했고, 많은 종을 길렀지만 특히 강하고 유려한 콜리,

266

웰시코기, 카디건코기, 셔틀랜드십도그를 길렀다. 그는 도그쇼에서 챔피언이 되는 경험은 일생일대의 행운이라고 말했다. 그런데 그는 한 종에서만 그 영광을 무려 3번이나 누렸다.

테드는 오리건주 입법부가 개의 인도적인 교배 기준을 마련하는데 필요한 도움[66]을 줄 수 있을 정도로 풍부한 경험과 네트워크가 있었다. 오리건주가 준비하는 법안 기준은 미국케널클럽, 법안 반대자들에게 다소 과했을 것이다. 휴메인소사이어티의 주 대표는 테드가 애완동물산업에 어느 정도 관여하고 있으면서도 강아지 공장은 강하게 혐오하는 것을 잘 알고 있어서 테드에게 법안 검토와 도움을 요청했다. 테드는 법안 준비안을 읽은 후 전폭 지지하겠다고 알려 왔다. 그는 하원위원회 전에 있을 공청회에서 증언하기로 약속했다.

"공청회에 도착해 보니 옛 친구들이 많이 왔더군요. 간만에 대화도 나눌 겸 웃으면서 다가갔거니 모두 나를 모른 척하더군요." 그것은 시작에 불과했다. 증언 이후 상황은 더 나빠졌다. 순종 개의 세계가 어떤지 지난 50년간의 경험을 증언한 이후 테드는 '배신자'로 낙인 찍혔고, 브리더들은 그의 '도그쇼 심사 중단'을 요구했다. 도그쇼 심사단은 "미국케널클럽의 규약과 조례, 규칙에 따르면 그는 미국케널클럽과 순종견업계의 이익을 해치는 행위를 했다."고 주장했고, 신문 《도그 프레스(Dog Press)》와 다른 관련 웹사이트[67]도 테드를 업계에서 추방하자고 했다.

하지만 법안은 순종견을 금지하거나 교배업자들의 사업을 불가능하게 만드는 것이 아니었다. 테드를 공격한 수십 명의 브리더에게도 영향을 미치지 않았다. 단지 상업적으로 교배할 목적으로 개를 너무 작은 우리에 가둬 키워서는 안 되며, 개 우리를 쌓아올려서도 안 되고, 철망보다는 단단한 바닥에서 키워야 한다는 것이었다. 법안에 따르면 개는 하루에 한 시간씩 운동을 시키고, 하루에 한 번 배설물을 치우는 동안 우리 밖에 나와 있어야 한다. 또한 중성화수술을 시키지 않은 동물을 50마리 이상 소유하는 것은 전면 금지된다. 다만 중성화수술을 하지 않은 동물을 10마리 이하로 소유한 교배업자에게는 모든 조사를 면제하고 있다. 결국 이 법안이 영향을 끼칠 집단은 소수의 교배업자에 불과했다.

법은 시행되었다. 강아지 공장을 없애기 위해 휴메인소사이어티가 지원하는 법안을 적극적으로 지지했다는 이유로 테드는 브리더로서 적절치 않은 행동을 했다는 비난을 받았다. 청문회 이후 그는 도그쇼 심사관에서 제외되었고, 애완동물 애호가들은 테드가 심사를 한다면 도그쇼에 출전하지 않겠다고 서약했다.

"오리건에서 알고 지내던 이들이 보인 날선 반응에 많이 슬펐습니다." 테드가 말했다. "몇 년 전에도 교배업자 사이에서 이런 유형의 거센 반응이 있었죠. 과도한 교배와 강아지 거래를 억제하려고 전 지역에서 다양한 입법안이 수면 위로 올라오기 시작할 무렵이었어요." 그는 "지나친 교배와 과도한 강아지 거래가 개체수를 과포화상태로 만든 주범입니다."라고 주장했다.

미국케널클럽은 강력한 정치적 로비력도 있고 애완동물 애호가들에게도 큰 영향력을 행사한다. 영국케널클럽에 이어 1884년에 설립된 미국케널클럽[68]은 순종 개의 혈통을 유지하고 발전시키기 위한 연구와 교배, 전시 등의 일을 하는 단체이다. 흔히 케널클럽연합(UKC)과 혼동하지만 누가 뭐래도 미국케널클럽(AKC)은 가장 크고 잘 알려진 품종 등록기관이다. 공식적인 도그쇼에서 개는 미국케널클럽이 정한 표준에 얼마나 부합되는지에 따라 심사된다. 미국케널클럽은 167개 품종을 인정하며,[69] 10여 개 품종은 부분적으로 인정한다. 품종은 스포팅그룹, 워킹그룹, 테리어그룹, 토이그룹 등 7개로 분류된다.

미국케널클럽 회원이 개의 교배에 투자해서 받는 보상은 전국에서 열리는 도그쇼에 참가해 협회의 인정을 받는 것뿐이다. '견종 챔피언(best in breed)', '도그쇼 챔피언(best in show)'이라는 타이틀을 얻게 되면 챔피언 개의 새끼를 팔아 돈을 벌 수 있다. 하지만 이는 단순 취미활동일 뿐 새끼를 판매해서 벌어들인 돈은 대부분 투자한 비용에 미치지 못한다. 그래서 미국케널클럽 회원은 돈을 벌기보다는 재미로 도그쇼에 참가하고, 개라는 존재에 매력을 느껴 최상으로 보살피는 사람이 대부분이다. 개 분야의 슈퍼볼이라고 할 수 있는 뉴욕의 웨스트민스터 케널클럽도그쇼를 시청하는 시청자는 수백만 명이다. 시청자들은 소중히 보살펴진 개, 초조해 보이는 개의 가족, 핸들러(handler, 도그쇼 준비부터 출전까지 개를 맡아서 다루는 사람)로 가득 찬 메디슨스퀘어 가든의 경연 모습을 보기 위해 채널을 맞춘다.

하지만 미국케널클럽의 보증서는 개가 소중히 보살펴지기는커녕 인도적으로 다루어졌다는 아무런 증거도 되지 못한다. 물론 미국케널클럽은 최근 몇 년 동안 몇몇 동물복지 문제에 돈을 썼다. 카트리나 재난 때 개 구조지원비를 기부했고, 대규모 교배업자에 대한 조사 프로그램도 마련했다. 1995년에 시작한 미국케널클럽 개건강재단(AKC Canine Health Foundation)[70]은 품종의 건강 문제를 연구하는 데 연간

100만 달러 정도를 연구비로 사용한다.

그런데도 불구하고 미국케널클럽은 개의 교배와 관리에 관해서는 외부의 의견을 듣지 않는다. 외부의 동물복지 기준을 조금이라도 받아들이면 그때부터는 점점 더 많은 요구와 규제를 받아들여야 하고, 필시 애견산업이 망할 거라고 생각한다. 만약 미국총기협회의 '파멸에 이르는 길(slippery slope, 하나의 총기 규제가 점점 더 심해져 전면적 총기 규제로 갈 것이라는 주장)' 주장이 그럴듯하다고 느낀 사람이라면 미국케널클럽의 주장에도 솔깃할 것이다.

미국케널클럽과 교배 단체들은 강아지 공장 문제를 해결하기 위한 모든 입법 노력을 극렬 반대하고 있으며 최소한의 인도적 교배 기준마저 거부해 왔다. 미국케널클럽은 최근 통과한 코네티컷, 루이지애나, 오클라호마 등의 강아지 공장 관련 개정안도 반대했다. 그들은 오리건주의 개선내용과 같은 미주리에서의 투표계획안에도 반대했고, 심지어 축산단체와 협력했다. 그들이 반대한 개정안[71]에는 "동물 소유주에게 경제적인 부담을 과도하게 주지 않고 동물의 건강과 생존을 증진시키는 인도적인 방법으로 동물을 키우는 것은 시민의 권리이다." 등의 아주 기본적인 내용이 담겨 있을 뿐이다.

하지만 교배 단체들은 '인도적인 방법' 등의 문구를 모두 '과도한 경제적인 부담'으로 왜곡했다. 이는 동물복지 쟁점을 모두 비용 문제로 몰아 축소시킬 수 있었다. 강아지 공장 개정안은 물론 공장식 농장의 후속 개정안을 방해할 수도 있고, 1998년 승인된 투견 반대 법률까지 무효화할 수 있었다. 다행히도 미국케널클럽의 반대는 유권자를 설득하지 못했다. 유권자는 2010년 11월 상당한 표 차이로 대규모 개 교배업에 인도적인 기준을 부과하자는 법안을 승인했다. 마침내 미국 강아지 공장의 3분의 1을 차지하며 연간 100만 마리의 강아지를 찍어내 팔아 치우던 주에서 개들을 위한 개선안이 발효된 것이다.

미국케널클럽이 왜 강아지 공장 폐쇄에 망설였는지는 그들이 받는 등록비[72]를 보면 알 수 있다. 미국케널클럽이 강아지를 등록시킬 때 받는 등록비는 단체 수익의 큰 부분을 차지한다. 강아지 생산자는 미국케널클럽의 인증서를 질 높은 교배업의 증거인 양 사용했다. 그러나 인증서는 교배업자가 부모 개, 조부모 개 등 개의 선조를 안다는 것 이상의 의미가 없다. 진짜 중요한 동물이 건강한지, 쾌적한 시설에서 교배가 이루어졌는지에 대해서는 어떤 것도 보증하지 못했다. 미국케널클럽이 정한 표준에는 품종별 건강기준이 없다. 표준은 오로지 외형상의 특징과 관련이 있을 뿐 전체적인 복지 혹은 건강 적합성과는 관련이 없다. 오랫동안 휴메인소사이어티의 전문 분야 직원이었던 수의사이자 동물행동학자인 마이클 폭스는 "인증서는 아무것도 보장해 주지 못한다.[73] 곧 눈이 멀고, 간질을 앓고, 고관절이형성증에다 혈우병을 앓게 될 고환이 하나인 면역결핍 강아지도 미국케널클럽은 인증할 것이다."라고 말했다.

미국케널클럽 인증서는 동물이 강아지 공장의 생산품이 아님을 보장하지 않는다. 단체는 기준 이하의 강아지 공장에 인증서를 발급하지 않고 있는 것처럼 말하지만 믿을 게 못 된다. 휴메인소사이어티와 지역 경찰이 함께 급습했던 대규모 강아지 공장에 있는 개에게는 미국케널클럽에서 발행한 인증서가 있었다. 만약 미국케널클럽이 등록을 거부했다고 해도 시설 개선 없이 그럴싸하게 보이는 업체로 이름만 바꿔 신청해도 인증서를 얻을 수 있다. 만일 미국케널클럽의 조사 프로그램이 그들의 주장대로 실효성이 있다면 '어떻게 1만 개 이상의 강아지 공장이 미국 내에 존재할 수 있을까?' '왜 지역 경찰과 휴메인소사이어티가 공장을 급습했을 때 예외 없이 비참하고 더럽고 잔인한 광경을 보게 될까?

근본적인 문제는 미국케널클럽이 자체 수익 모델에 갇혀 있다는 것이다. 실효성 있는 견종 표준과 조사 프로그램이 작동하면 수익사업이 교란될 수 있으니 실행이 불가능하다. 미국케널클럽은 돈을 원하고, 강아지 공장 업자들은 인증 도장이 필요하다. 그리고 인증서를 믿고 인도적인 강아지 공장에서 온 강아지라고 착각하고 구입하는 수백만 명의 사람이 미국케널클럽과 강아지 공장을 모두 지탱시키고 있다.

미국케널클럽은 많은 사람들이 관심을 갖는 유일한 교배업자 등록기관이고 문제적인 유일한 브랜드이다. 지금은 등록기관이 많아져서 등록비를 갖고 서로 경쟁하지만 결과적으로 바닥을 향하는 경주처럼 되어 버렸다. 경쟁으로 인해 기준이 상향되는 것이 아니라 하향화되고 있기 때문이다. 등록기관들은 완전히 상업화되어 등록비를 납부하는 교배업자의 기분을 상하지 않게 노력한다. 손님을 놓치면 안 되니까. 그 결과 최소한의 개선도 하지 않는 강아지 공장 수천 개와 그들을 위해 애쓰는 미국케널클럽이 여전히 존재하는 것이다.

사람들은 미국케널클럽 등의 단체가 개의 복지에 신경 쓰지 않아도 연방관리자들이 알아서 할 거라고 생각한다. 연방 〈동물복지법〉에 농무부는 허가받은 대규모 교배업자를 감시하도록 되어 있기 때문이다. 그러나 실상은 1만여 개에 달하는 강아지 공장의 절반은 허가도 받지 않고, 농무부의 감시도 받지 않은 채 운영되고 있다는 것이다. 또한 펫숍이 아니라 농장이나 웹사이트를 통해 소비자에게 직접 개를 판매하는 교배업자에 대한 조사는 면제되므로, 수천 명의 업자들은 이런 허점을 이용하고 있다. 주법으로 별도로 규제되어 있지 않은 경우, 인터넷에서 개를 구입했다면 어떤 규제도 없이 영업하는 판매자와 거래했다는 사실을 소비자가 알아야 한다.

허가를 받은 강아지 공장도 농무부의 감시 프로그램을 쉽게 통과할 수 있다. 깨끗한 물과 위생에 관한 규정이 있기는 하지만 평생 작은 우리에 감금하고, 우리를 겹쳐 쌓고, 우리에 개를 과밀하게 넣은 뒤 일체의 사회화나 운동을 시키지 않아도 상관없다. 암컷을 연속적으로 교배시키는 행위도 모두 허용된다. 만일 누군가 자신의 개를 작은 우리에 24시간 동안 가둔 채 몇 달 동안 극단적인 더위와 얼어붙는 추위에 노출시키고, 다른 개나 사람과의 만남을 단절하고, 하루 한 번 약간의 음식과 물을 개집 안에 떨군 다음 가끔 배설물을 치운다면, 이곳은 연방법의 강아지 공장 기준에 완벽하게 부합되는 합법적인 공장이다. 이런 형편없는 곳도 당연히 통과할 수 있을 정도로 농무부의 감시 프로그램은 의미가 없다.

그런데 믿기 어렵지만 허가를 얻은 대규모 교배업자의 대다수가 이런 최소한의 규칙도 충족시키지 못한다. 2010년 농무부 감시 프로그램에 참가한 책임 감시관은[74] 기본적인 인도적 사육의 기준이 광범위하게 무시되고, 반복적인 위반자를 대충 다루고 있는 현실에 대한 놀라움을 담은 감사 보고서를 제출했다. 농무부에 대한 감사 내용을 보도한 AP통신은 "감시관들은 지난 3년간 최소 1회 이상 법을 위반한

8개 주 68명의 교배업자와 판매업자를 방문했다. 이번 방문 조사를 통해 감시관들은 초범은 물론이거니와 반복적인 위반자도 대부분 벌칙을 피해 나간 사실을 발견했다. 또한 법집행당국은 동물이 고통받거나 죽은 것을 발견하고서도 압수를 지연시켜 그들에게 또 다른 기회를 주기까지 했다."고 밝혔다.[75]

이 보고서의 한 사례를 보면[76] 오클라호마의 강아지 공장에서 농무부 감시관은 29가지 법률 위반을 발견했지만 아무런 벌칙도 가하지 않았다. 동일한 시설에서 개 5마리의 사체가 발견되었고, 살아 있는 개들은 카니발리즘(같은 종끼리 잡아먹는 행위)을 보였다. 그런데도 농무부는 개들을 그대로 둔 채 아무런 법집행도 하지 않았다. 개 22마리가 더 죽고 나서야 농무부는 교배업자의 허가를 취소했다. 농무부 감시 프로그램에 대한 감사에서 밝혀진 것은 농무부가 법집행을 제대로 하지 않아 업자들이 반복적으로 법을 어기고 있다는 사실이었다. 농무부 책임감시관은 다음과 같이 보고했다. "4,250명의 위반자에 대한 재검사에서 2,416건의 반복된 〈동물복지법〉 위반사례를 발견했다. 그중 일부는 최소한의 기준조차 지키지 않았다. 실질적 법적 강제력이 수반되지 않은 채 심각하고 반복적으로 법을 위반하는 업자들을 지도하는 것만으로는 당국의 동물보호에 대한 법집행력이 약화될 수밖에 없다."

농무부 소속 책임감시관에 의한 이런 고발은 20년 전부터 있었던 4번에 걸친 감사의 최신판일 뿐이다. 이번 감사를 통해 반려동물 거래업자의 최후의 방어책인 '농무부 인증(USDA approved)' 업체라는 것이 무의미하다는 것이 증명되었다. 미국케널클럽, 케널클럽연합 인증서 말고 농무부 증명서를 자랑스레 전시하는 강아지 공장이 많다. 펫숍

주인은 진열된 강아지들이 강아지 공장에서 오지 않았냐고 고객이 물으면 "우리는 오직 농무부가 허가한 교배업체하고만 거래합니다."라고 답한다. 하지만 농무부 책임감사관의 4번에 걸친 감사로 사람들은 농무부의 허가가 어떤 의미인지 전부 알게 되었다. 농무부 허가가 사실 아무것도 아니란 것을!

| 순종 집착이 개에게 불러온 재앙, 각종 선천성 장애 |

       미국케널클럽을 비롯한 많은 클럽의 회원은 모두 개에게 매력을 느끼고, 사랑하고, 자부심이 있는 사람들이다. 그것은 인간과 동물의 진실된 유대의 모습이다. 그러나 자신의 편리와 만족에만 가치를 두다가 큰 그림을 놓치고 있다. 자신의 개는 애지중지 키우면서 개를 보호하는 좀 더 보편적인 일에는 훼방을 놓는다. 그들은 1층에 있는 자신의 애완동물에게는 사랑을 주면서, 지하실에 비참하게 감금되어 있는 생명체에게는 무심했던 퀘벡의 강아지 공장 사람과 다를 바가 없다.

    강아지 공장을 인정하는 태도도 문제이지만 표준화된 순종을 만들어 내려는 강박적 집착도 큰 문제이다. 이런 집착은 모든 견종의 선천적 질병, 유전적 장애[77]로 귀결된다. 선천적 질병, 장애, 신체 이형성증 등은 심각한 반려동물 복지 문제 중 하나이다. 투견처럼 피비린내 나고, 강아지 공장처럼 학대가 명백하고, 안락사처럼 결정적이지는 않지만 순종에 대한 집착은 다른 방식으로 개를 괴롭히는 심각한 문제이다. 유전적 장애를 가진 채 태어나는 많은 순종은 평생을 고통 속에서 보내다가 생을 일찍 마감하고 만다.

    각각의 품종은 애호가의 흥미를 끄는 매혹적인 자질이 있다. 테리어는 사냥감을 찾아내는 유능한 사냥꾼이고, 보더콜리는 양을 치고, 래브라도리트리버는 사냥꾼이 떨어뜨린 새를 수영해서 물고 온다. 개의 겉모양은 너무 다양해서 작고 털 없는 치와와와 그레이트데인이 같은 조상인 늑대로부터 유래되었다는 사실을 믿기 어려울 정도이다. 개의 유전적 다양성을 육식동물 전체와 비교한 과학 학술지 《아메리칸 내추럴리스트(American Naturalist)》[78]의 연구는 페키니즈와 콜리의 머리뼈 차이는 바다코끼리와 남아메리카 토착 너구리의 일종인 코아티의 차이보다 더 큼을 밝혀냈다.

순종은 정도의 차이는 있지만 공통적으로 여러 가지 신체적인 문제로 고통받는다. 등록 기준에 맞는 '완벽한 모습'을 갖추기 위해 남매 간 혹은 부녀 간 교배 등 놀랄 정도의 근친교배를 하기 때문이다. 인간 사회에서 이런 유의 근친상간에 동의하지 않는 것은 유전적으로 해로운 결과가 나오기 때문이기도 하다. 역사학자인 데이비드 핸콕은 "우리는 어떤 견종은 너무 무겁게, 어떤 견종의 얼굴은 너무 짧게, 어떤 견종의 털은 심하게 길게, 어떤 견종의 다리는 너무 짧게, 어떤 견종의 수명은 너무 짧게 만들었다."[79]고 말했다. 그리고 "모두 겉모양만 좇을 뿐 해부학적 관점에는 전혀 관심이 없다."고도 했다.

저먼셰퍼드는 고관절이형성증으로 어린 나이에 불구가 되는 경우가 빈번하다. 그레이하운드는 강인함과 단단한 신체의 전형이지만 나이가 들면서 심각한 빈도로 암이 발병한다. 우리 집 개 랜디와 같은 종인 웨스트하이랜드테리어는 대부분 피부 문제와 알레르기로 고통받는다. 카발리에킹찰스스패니얼은 선천적 심장질환과 척수공동증이라는 두개골 기형[80]이 나타난다. 카발리에킹찰스스패니얼의 30~70퍼센트에서 이 병이 발생하는데, 심각한 통증을 초래하며 때로는 개의 뇌가 두개골의 크기를 넘어 부풀어 오른다.

잉글리시불도그[81]는 '개의 가장 극단적인 유전적 조작의 예'이다. 모든 잉글리시불도그는 다음과 같은 문제를 전부 또는 일부 갖고 있다.[82] 백내장, 모낭충증(피부질환의 일종), 팔꿈치이형성증, 안검내반(눈꺼풀이 비이상적으로 말려 들어가는 질환), 고관절이형성증, 갑상선기능항진증, 신경 세로이드 리포푸신증(선천적 질환으로 지방 색소가 뇌에 침착되어 뇌의 기능장애를 초래함), 혈우병(혈소판 결함에 의해 초래되는 출혈성 질환) 등등. 쉽게 말하면 교배업자들은 잉글리시불도그의 코를 밀어넣고, 등의 길이를 늘리고, 엉덩이를 좁게 만들고, 두개골을 눌러 압축하는 등 도그쇼에 적합하게 겉모양을 변형시켰고, 그것이 개에게 고통을 초래하고 있다.

미국케널클럽에 웨스터민스터가 있다면 영국케널클럽에는 크러프츠(Crufts)가 있다. 2009년 BBC는 크러프츠 도그쇼의 중계방송을 중지했다.[83] 영국케널클럽이 개의 선천적 장애를 방지하는 기준 설립에 실패했기 때문이다. 최근 크러프츠 도그쇼에서 우승한 퍼그 대니는 그의 주인이 우승 인터뷰를 할 때 아이스팩 위에 누워 있었다. 쇼 경연을 위해 조금 걸었을 뿐인데 열이 올랐던 탓이다. 대니의 얼굴은 너무 납작해서 몸의 열을 내리기 위해 헐떡일 수조차 없었다. 대니는 숨을 제대로 쉴 수 없어 입천장의 과잉된 피부를 잘라내는 수술을 받았다. 대니의 선천적 장애는 크러프츠 도그쇼 챔피언의 자손에게 대대로 대물림될 것이다.

"내가 본 크러프츠 도그쇼는 돌연변이들의 행진이에요."[84] 영국왕립동물학대방지협회의 책임 수의사 마크 에번스 박사는 BBC와의 인터뷰에서 이렇게 말했다. "크러프츠는 개의 건강이나 안녕과는 아무런 관계도 없는 기이하고 야한 미인대회 같습니다. 도그쇼는 아름다움에 대한 강박에 사로잡힌 것 같습니다. 그것이 개를 심사하는 기준이라는 말도 안 되는 생각을 하고 있더군요."

최근까지 미국케널클럽과 영국케널클럽의 기준은 겉모양이 그들이 인정하는 품종 기준에 얼마나 부합되는가였을 뿐 개의 건강과 안녕에 대한 기준은 없었다. 예를 들어 로데시안리지백이라는 종은 등을 따라 특징적으로 튀어나온 부분[85]이 있어서 붙여진 이름으로, 이는 척수장애인 척추이분증(Spina bifida)의 완화된 형태이다. 그런데 로데시안리지백에게 이런 모습이 나타나지 않으면 도그쇼에서 탈락하기 때문에 일부 교배업자는 개를 비정하게 살처분한다. 교배업자인 앤 우드로는 등이 튀어나오지 않은 로데시안리지백을 살처분하는 것이 점점 더 힘들어지고 있다고 BBC와의 인터뷰에서 말했다.[86] "요즘 모든 일을 흑백논리로 보는 젊은 수의사들이 이 개들을 죽여 주지 않아서 어려워요. 그래서 우리는 나이 든 수의사를 찾아갑니다. 우리와 오랫동안 알고 지내와서 그 개들을 조용히 보내 주죠." 등이 기준에 맞게 솟아 있지 않다는 단순한 이유로 이렇게 많은 로데시안리지백이 살해되고 있다. 앤은 이런 일을 잘 이해하는 나이 든 수의사에 의해 빠르고 조용하게 죽여 주는 것이 '끔찍한 투견꾼의 손에' 넘기는 것보다 낫다고 믿는다.

BBC 프로그램 〈혈통견을 폭로하다〉 공개에 이어 영국케널클럽과 동물복지단체인 도그트러스트(Dogtrust)[87]는 케임브리지 대학교의 명예교수인 패트릭 베이트슨 경에게 조사를 의뢰했고, 조사 보고서는 BBC의 방송 내용이 사실임을 확인해 주었다. 이후 케널클럽은 근친관계의 부모로부터 태어난 강아지의 등록을 금지했고 교배 기준의 일부를 변경했다. 반면 미국케널클럽은 개건강재단을 통해 이루어진 연구에도 불구하고 조치를 취하지 않고 있다.

미국에서 교배업은 오랫동안 어떤 수정도 없이 지속되어 왔다. 개의 건강을 위해 특정 품종의 유전자는 새로운 유전자와 조합되어야 하고 기이하고 외형만 중시하는 기준은 반드시 정비되어야 한다. 예로 카발리에킹찰스스패니얼 종은[88] 단 6마리에서 만들어졌다. 이 품종의 상황은 계속 이어지는 근친교배로 앞으로 더 악화될 것이다. 사실 대부분의 품종은 몇몇 개체의 자손으로 여전히 근친교배를 통해 번식되는 까닭에 유전자풀은 더욱 축소된다. 도그쇼는 외형만이 아니라 건강, 민첩성과 같은 특정 기능을 반드시 고려해야 한다. 인간의 외모에 대한 집착은 개에게 재앙이 되었다.

견종별 단체가 개를 경기대상으로만 여기지 말고 그들의 안녕을 조금이라도 고려한다면 상황은 쉽게 전환될 수 있다. 이에 실패했기 때문에 미국케널클럽은 잔인함과 학대를 영속화하는 사람들과 나란히 동물학대 가해자의 자리에 서게 되었다.

반면 일부 단체는 새로운 길을 보여 주고 있다. 테드 폴은 그가 콜리클럽의 대표였을 때 오하이오 주립대학교의 연구자들과 콜리의 눈 장애 문제를 해결하기 위해 일했다. 미국클럼버스패니얼클럽과 포르투갈워터도그클럽도 같은 노력을 해왔다. 그들은 책임 있는 교배 방식을 통해 개를 강아지 공장뿐 아니라 선천적 장애로부터 지키기 위해 무던히 애쓰고 있다.

영국의 단체처럼 미국케널클럽도 반드시 이런 움직임에 합류해야 한다. 교배 방식의 수정이 이런 문제를 대부분 해결해 줄 것이다. 동물은 일부 호사가가 보고 고집하는 외모에 맞춰 강박적으로 개조되어야 할 예술품이 아니다. 그들은 살아 있는 생명체이다. 경박한 유행 때문에 그들에게 만성적인 통증과 불편함을 강요하고, 생명을 단축시키는 것은 부끄러운 일이다. 도그쇼에서 우승한 개가 최고의 개가 아니라 진짜 최고의 개는 건강하고 행복하며 일체의 학대로부터 보호된 개이다.

6장

야생동물의 개체수 조절

나는 미국의 50여 개 국립공원을 대부분 방문해 시
간을 보내 봤다. 국립공원은 각각 자신만의 고유한 방식으로 빛난다.
화석림 국립공원은 고목의 감각적인 색이 인상적이고, 아치즈 국립공
원은 눈부시게 반짝이는 붉은 바위가 유명하며, 올림픽 국립공원에는
절벽에 붙은 듯 서 있는 갈기가 멋진 산양이 살고 있다. 그중에서도 내
게 특별한 추억을 안겨 준 곳은 바로 아일로열(Isle Royale) 국립공원이
다. 그곳은 외딴 군도로 슈피리어 호수의 차가운 파도가 섬의 사면으
로 밀려드는 곳이다.

나는 1985년 학생보전연합(SCA, Student Conservation Association) 일
원으로 아일로열 국립공원을 방문했다. 꼬박 넉 달 동안 265킬로미터
에 이르는 북숲 산길을 걸었다.[1] 거대한 호수에서 불어오는 바람이 한
여름의 뜨거운 공기를 서늘하게 식혀 주는 덕분에 기온이 섭씨 27도
이상 올라가는 경우는 거의 없었다. 바람은 백송 잎을 휘젓고 포플러

의 잎을 흔들며 공원의 정적 속으로 부드러운 떨림을 실어 보냈다. 나는 긴 산길을 걸을 때나 카누로 이동할 때, 깨끗하고 차가운 물에 몸을 담글 때 등 여행 내내 쓸쓸함의 아름다움을 발견했다. 하지만 이런 고요함과 아름다움에도 불구하고 아일로열의 검정파리 떼와 모기는 수시로 나의 생명존중 윤리를 시험했다.

아일로열 국립공원은 프랭클린 루스벨트 대통령 시절에 문을 열었고,[2] 1980년대까지 연간 1만 명이 방문했다. 연 800만 명 이상이 방문하는 그레이트스모키산맥 국립공원, 300만 명이 찾는 요세미티 국립공원에 비하면 적은 수이다. 이곳은 너무 외져서 야생동물도 처음에는 적응하는 데 어려움을 겪었다. 1950년대 즈음 캐나다에서 헤엄쳐 이곳으로 온 강인한 말코손바닥사슴(현존하는 가장 큰 사슴으로 유럽에서는 엘크라고 한다)을 노리고 언 다리를 건너 이곳으로 온 동물은 늑대였다. 곰과 사슴은 버티지 못했다. 붉은여우와 비버는 잘 정착했고, 흰머리독수리와 아비도 둥지를 틀었다. 어린시절 아일로열의 늑대와 말코손바닥사슴에 대해 읽었던 나는 언제나 공원에 가보기를 꿈꿨다. 연구자들은 늑대가 말코손바닥사슴뿐만 아니라 비버, 여우, 물고기, 새, 심지어 식물까지 전체 생태계에 영향을 미치는 것을 발견했다. 자연의 미세한 움직임이 주변의 모든 것에 영향을 미친다는 연쇄효과에 대한 자각이 나를 매료시켰다.

북숲은 생명이 넘쳐나는 열대 숲이나 바다와 달리 고요했다. 북숲이 동물의 생명을 지탱하는 데는 인색함마저 느껴졌고, 이런 절제는 겉치레 없는 수수한 매력을 발산했다. 거대한 산이나 고목, 강력한 폭포같이 경외심을 갖게 만드는 것은 없지만 그 자체로 존중받기에 충분했다.

학생보전연합이 나를 이곳에 배정했을 때 오랫동안 매료되었던 곳이라 전율을 느꼈다. 겨우 스무 살이었지만 금세 고참처럼 섬에 익숙해졌고 여행객을 안내하기도 했다. 하지만 개체수가 적을 뿐만 아니라 경계심이 강한 늑대는 한 번도 마주친 적이 없다. 울창한 숲에서 그들을 찾기는 어려웠다. 나는 어미 말코손바닥사슴과 새끼를 연구하거나 아비가 호수에 고꾸라지며 착륙하는 것을 관찰하면서 시간을 보냈다. 아비들은 하늘에서보다 물 위에서 훨씬 더 고상하게 움직였다. 그들은 우아하게 수면에서 아래로 사라졌고, 어디서 나타날지 기다리다 보면 종종 연못의 반대쪽에서 나타나곤 했다.

어미 여우는 우리가 살고 있는 오두막 아래에 새끼를 낳았다. 나는 이것이 인간과 친구가 되어 운명적으로 함께 살게 된 최초의 늑대와 비슷한 충동에 따른 행동일까 궁금했다. 여우는 우리에게 상당한 흥미를 보였고 우리도 그들을 호의로 대했다.

오두막에 함께 머물던 한 동료는 미시간주 시골에서 온 수리공으로 다소 거칠었는데 술을 마시면 심한 말을 쏟아 냈다. 동물에게 몰두하는 것은 시간낭비라면서 일부러 나 들으라는 듯 자신의 사냥 무용담을 늘어놓기도 했다. 그런데 새끼 여우들이 오두막 아래에 나타나자 달라졌다. 그는 새끼를 자주 들여다보고, 들떠서 새끼에 대해 이야기했다. 인간과 동물의 유대는 그럴 것 같지 않은 사람도 감동시킬 수 있음을 그때 깨달았다.

아일로열에서 보낸 그해 여름은 내 인생의 전환점이 되었다. 그 무렵 나는 동물과 자연 그리고 그들에 대한 인간의 의무에 대해 심각하게 생각하기 시작했다. 아일로열은 그곳에 사는 생명에게 인간의 어떤 힘도 미치지 않는 동물의 쉼터였다. 일상적으로 자연의 혹독함이 일어나고는 있지만 누구도 포식자와 먹잇감 사이의 투쟁이라는 자연의 실행 방식에 이상적이거나 감상적으로 접근하지 않았다. 생존을 위해 동물이 동물을 죽이는 것과 인간이 돈이나 오락을 위해 동물을 죽이는 것 사이에는 엄청난 간극이 있다. 동물 사이의 생존투쟁에는 사냥처럼 무의미한 죽음이나 덫 같은 불필요하고 지속적인 고통이 없다. 오직 인간만이 야생동물에게 파괴적인 영향을 끼친다.

인간은 공원에서 환영받는 손님이다. 그들은 탐험을 하거나 자연에 매혹되거나 청지기정신(환경, 경제, 종교, 정보 등의 영역에서 자원에 대한 책임 있는 보호, 관리의 정신을 담는 윤리의식. 동물보호운동에서는 약자인 동물에 대한 법을 넘는 배려와 책임의식을 말한다_옮긴이)에 이끌려 이곳에 온다. 세월과 조물주는 더할 나위 없이 멋진 것을 우리에게 남겨 주었고, 사람들은 이런 장소가 영원히 보호되도록 국립공원 시스템을 만들었다. 특히 야생동물에게는 이런 공간이 보다 많이 필요하다. 여름이 끝나 아일로열을 떠날 때 나는 인간의 청지기정신의 정수를 언뜻 본 듯했다. 그래서 앞으로 어떤 일이 내게 주어지든 최선을 다하겠다고 결심했다.

| 옐로스톤의 아메리카들소와 늑대의 보호, 복원, 사살 |

        옐로스톤 국립공원은 아일로열 국립공원과는 다른 훨씬 더 복잡하고 풀기 어려운 갈등이 있는 곳이다. 그곳은 우리가 원하는 방식이 아니라 있는 그대로의 세상을 보여 준다. 대학을 졸업하던 해 여름 옐로스톤에 처음 갔다. 당시 나는 관광객으로 공원의 명승지를 훑어 보았는데 꽤나 멋졌다. 아메리카들소 무리, 협곡 아래로 거품이 되어 사라지는 옐로스톤 폭포, 라마계곡의 파노라마 경관, 간헐천인 올드페이스풀의 규칙적인 포효는 그 자체로 자연의 불꽃축제 같았다. 공원 중심에서 호수로 하이킹을 하면서 수백 미터 떨어진 곳에 있는 불곰도 보았다. 어떤 곳이든 야생동물, 식물, 지리학적 특성을 어느 정도만 가지고 있어도 인상 깊은데, 옐로스톤은 한 장소에 모든 것이 다 있었다. 기적 같았다. 옐로스톤이 국립공원 시스템 개념에 어떻게 영감을 주었는지 이해할 수 있었다.

    두 번째 방문은 지독히 추운 겨울이라 트래킹은 혹독한 날것 그대로였다. 나는 1989년 제기된 이래 20년이 지나도록 해결하지 못한 문제를 공론화해서 아메리카들소 사냥을 막기 위해 옐로스톤을 찾은 터였다. 몬태나주의 농무부와 야생동물 담당 공무원이 공원을 배회하는 아메리카들소의 사냥을 허용하기로 결정했기 때문이다. 그 동안 옐로스톤은 19세기 사냥꾼에 의한 아메리카들소의 대량 살상에서 살아남은 아메리카들소에게 최후의 피난처였는데 그런 결정이 내려진 것이다.

공무원은 북쪽에 들소 무리가 증가해서 어슬렁거리는 것을 종의 복원 신호로 보지 않고 위험한 무단 침입자의 침범으로 보았다. 옐로스톤의 북쪽 언저리는 경계 라인이기 때문에 들소는 그곳을 넘으면 안 되었다. 공무원은 들소가 개인 농장의 소와 먹이경쟁을 하고 농장 울타리를 침범할 수 있다고 생각했고, 들소가 질병을 퍼뜨려 브루셀라증이 없는 주로 공인된 몬태나를 위험에 빠뜨릴지도 모른다고 우려했다. 나는 1989년 동물보호재단의 책임자가 되자마자 옐로스톤으로 향했다. 인간이 야생동물에게 가한 과도한 무자비함의 전형이 바로 들소이다. 그런데도 여전히 들소를 보면 총을 쏘고 싶어하는 사람들이 있으니 막아야 했다.

비옥한 계곡에 가기 위해 들소는 공원을 벗어난다. 경작된 땅과 스노모빌로 다져진 길을 따라 그들이 가려 하는 목적지는 산림청, 토지관리국이 관리하는 땅이나 개인 목장주 소유의 땅이 모여 있는 곳이다. 공원보다 고도가 낮은 이 지역은 눈이 적게 오기 때문에 그곳의 풀을 먹으려고 가는 것이다. 이곳에는 여름에 잠깐 개인 소유의 소가 방목되는데 공무원은 들소가 소에게 브루셀라증을 옮길 것이라고 확신했다. 들소의 절반 정도가 이 질환에 항체를 갖고 있고, 질병을 갖고 있는 것이 아닌데도 불구하고 들소가 소에게 브루셀라증을 전염시킬 것이라고 생각했다. 그러나 그런 생각은 설득력이 없었다. 그리고 수컷 들소의 경우는 실질적으로 병을 옮기는 것이 불가능했다. 브루셀라증은 태반을 통해 퍼지기 때문이다.

몬태나주는 들소 사냥 행사를 기획했다. 북아메리카에서 자유롭게 배회하는 마지막 들소를 쏘아 죽일 수 있는 흔하지 않은 기회와 함께 승자가 1,000달러를 받고 냉장고에 고기를 가득 채울 수 있는 기회를 제공한 것이다. 시민전쟁을 재현하듯 사람들은 총을 들고 들소를 도살할 수 있었다. 이 행사를 기획하고 진행하는 주와 연방 당국자는 사실상 사냥 안내원이 되는 셈이었다.

나는 방문 목적을 알리지 않은 채 공원으로 들어갔다. 비디오카메라를 들고 간 내 앞을 가로막은 사냥꾼과 공무원에게 나는 20세기 최초로 들소를 사냥하는 모습을 취재하기 위해 왔다고 했다. 《로스앤젤레스 타임스》, 《뉴욕 타임스》, 《시카고 트리뷴》 등 다른 언론사도 취재를 하러 많이 왔기 때문에 크게 의심받지 않았다.

사냥 첫날, 나는 사냥꾼과 몇몇 기자와 함께 관용 트럭에 올랐다. 트럭은 흩어져 있는 들소 무리를 따라 자갈길을 달렸다. 두꺼운 눈으로 덮인 산, 급류가 계곡을 가르며 흘러가는 옐로스톤강, 몬태나의 유명한 야외 풍광이 우리를 스쳐 지나갔다. 그러나 탑승객 모두 풍광에는 관심이 없었고 각기 다른 생각에 빠져 있었다. 이번 행사에 사람들이 어떻게 반응할지 궁금한 몬태나주 관료, 이렇게 넓은 사냥터 어디에서 첫 발을 발사할지 계산 중인 사냥꾼, 펼쳐질 대학살 때문에 공포에 질려 있는 내가 있었다.

몬태나주의 수렵감시원이 들소가 어디에 있는지 확인해 무전으로 운전사에게 장소를 알려 왔다. 차량은 들소에게 충분히 다가간 다음 정지했고 사냥꾼들이 뛰어내렸다. 그들은 들소를 하나하나 확인한 다음 대구경 소총으로 겨누었다. 총성으로 대기가 가득 찼다. '사냥'이라는 말은 적합하지 않았다. 오히려 사형집행에 가까웠다. 도망칠 곳 없는 들소는 하나둘씩 쓰러졌고 시체가 쌓이기 시작했다.

몇몇은 총성을 듣거나 동료가 쓰러지는 것을 보고 도망쳤지만 대부분은 그저 멍하니 서 있었다. 그 동안 들소는 사람들을 익숙하게 보았고, 사람이 자신들에게 해를 입히지도 않았으며, 기습적으로 도살당한 적은 더더욱 없었기 때문에 도망칠 생각을 하지 않았다. 두 번째 대규모 일제 사격에서 사냥꾼들은 들소 10여 마리를 향해 총을 쏘았고, 들소는 바닥에 힘없이 쓰러졌다. 피가 흘러나와 눈과 맨땅에 스며들었다. 나는 사냥꾼들과 함께 차가운 겨울 공기 사이로 온기를 내뿜고 있는 아직 따뜻한 시체를 보기 위해서 걸어갔다.

한 사냥꾼은 임신한 들소를 쏘았다. 어미 들소의 배를 가르기 시작한 그에게 걸어가는 동안 그는 벌써 팔을 어미의 뱃속에 넣어 완벽한 형태를 띤 새끼를 끄집어 내고 있었다. 말 없이 바라보는 내게 "정말 재미있어요."라고 말하며 싱긋 웃었다. 평범한 사람의 입장에서 보면 죽은 소에게 양심의 가책을 느껴야 정상이었는데, 그에게서는 전혀 느낄 수 없었다. 오히려 새끼를 보너스로 생각하는 것 같았다.

주 공무원은 열네 살 난 소년을 시야가 탁트인 곳으로 데려갔다. 그러고는 어린 사냥꾼에게 200미터 정도 떨어진 곳에 서 있는 3마리의 들소 중 하나를 쏘라고 했다. 능숙한 어른에게도 힘든 장거리 사격술을 어린아이에게 부추기는 그들이 제정신인지 도통 알 수가 없었다.

소년은 조준경이 있는 총으로 들소를 겨누었고 마침내 방아쇠를 당겼다. 총이 발사될 때의 충격으로 소년은 한 발 뒤로 밀렸다. 도대체 이게 무슨 짓인가. 총알이 중간에 있던 들소를 맞힌 것 같았다. 들소는 쓰러졌지만 죽지 않았다. 아마도 척추에 총을 맞은 것 같았다. 들소는 강인한 생명체로 알려져 있다. 들소는 일어서려고 했지만 계속 쓰러졌다. 다시, 또다시, 사투를 계속했다. 《보스턴 글로브》의 기자 겸 사진가인 스탠 그로스펠드는 내 옆에 서서 들소의 헛된 노력을 세기 시작했다. "한 번, 두 번……." 무려 40회 이상 들소는 일어서려고 안간힘을 썼다.

그런데 사람들은 들소의 사투에 동요하기는커녕 죽어 가는 동물의 몸부림을 웃으며 구경했다. 소년은 흥분한 상태였고 모인 사람들은 어린 명사수에게 축하를 보냈다. 얼마 뒤 사람들은 트럭에 올라타 죽어 가는 들소에게 다가갔다. 그리고 첫 사격이 있고 20분이 지난 후 소년은 들소의 머리에 총구를 겨누고 마지막 일격을 가해 자신의 성취를 완성했다.

비디오카메라를 멈추고 있을 때나 사람들의 관심이 딴 곳에 쏠려 있을 때면 나는 들소를 공원으로 돌려보내려고 시도했다. 나는 손바닥을 치고 돌을 던져 들소 무리가 일단 안전한 공원 안으로 들어가도록 몰았다. 그러던 와중에 믿을 수 없는 광경을 목격했다. 국립공원 관리소 직원들이 들소를 공원과 반대쪽으로 몰고 있었다. 국립공원 공무원으로 들소에 대한 청지기정신을 가져야 하는 임무를 부여받은 이들이 들소를 공원에서 쫓아내 총격을 받도록 만들고 있었다. 관리소 직원들은 들소 수가 너무 많다고 생각하고 있었다. 그래서 이번에 주정부가 들소 사냥을 허락한 걸 너무나 기뻐했다. 이번 일에 관한 한 공원관리소는 좋은 일에 헌신하는 조직이 절대 아니었다. 그들에 대한 신뢰는 떨어졌다. 그럼에도 불구하고 국립공원 관리소 휘장에는 고상한 들소가 정중앙에 새겨져 있다.

사냥꾼들은 1988~1989년 겨울에 569마리의 들소를 죽였다. 봄이 오자 살아남은 얼마 안 되는 들소들은 공원으로 돌아갔다. 몬태나주는 들소 살육을 통해 단기 목표를 달성했지만 뉴스 보도는 호의적이지 않았다. 모든 장면이 대중에게 혐오감을 주었다. 사람들은 들소 사냥을 동물원 동물을 쏘아 죽이는 것과 똑같이 보았다.

비난을 받자 몬태나주는 다음 해에 일반인이 참여하는 사냥 행사를 포기했다. 들소의 복지 때문이 아니라 이미지가 나빠질까 봐 우려했던 것이다. 대신 개체수 조절은 몬태나 공무원에게 맡겨졌고 살육은 계속되었다. 단기적으로는 수가 줄겠지만 얼마 지나지 않아 또 대규모의 들소 탈출이 반복될 것이고 그에 따라 사회적 논란도 반복될 것이다. 그러자 몬태나주 당국은 이번에는 들소를 포획해서 도살장으로 보냈다. 심지어 옐로스톤 들소 전부를 죽이고 브루셀라증에 노출되지 않은 들소로 공원 들소를 다시 조성하는 안을 검토하기도 했다. 1989년, 도살 직후에 의회공청회가 열렸고, 주와 연방 당국자가 들소를 농장주가 자기 소 다루듯 관리하려 하자 몇 년 후에 다시 공청회가 열렸다.

내가 처음 옐로스톤에 갔을 때부터 거의 20년이 지난 2007년 3월, 웨스트버지니아의 민주당 대표이자 하원 천연자원위원회(Natural Resources Committee) 의장인 닉 라홀이 들소 문제로 공청회를 소집했고 그의 기조연설은 많은 사람의 마음을 사로잡았다. "국민들이 내무부 직원들이 주기적으로 옐로스톤 들소 도살에 참여하는 영상을 공포 속에서 봐야 한다는 사실이 놀랍지 않습니까?[3] 일반 대중은 연방정부가 이 동물을 안전하게 보호해야 한다고 믿지, 정부가 들소를 몰아서 죽인다고는 생각하지 않습니다. '왜'라는 의문은 당연합니다. 도대체 왜 내무부는 그들이 사랑하는 마스코트를 살해하는 것입니까?"

당시는 옐로스톤 국립공원에서 멸종된 늑대를 데려와 방사한다는 복원 결정이 난 상황이었다. 들소, 말코손바닥사슴 등의 개체수를 적정 수준으로 유지하기 위해 포식자를 도입한다는 것이었다. 그런데 늑대 도입에 대한 정치적 반응은 싸늘했다. 몬태나주의 농장주, 사냥꾼 등의 단체는 단 한 마리의 늑대도 몬태나주에 들이길 원치 않았다. 개체수 조절을 위해 사냥을 한다던 사람들이 개체수 조절을 위한 늑대 도입을 반대하는 아이러니한 일이 벌어진 것이다.

그러나 이건 연방 차원의 문제였다. 멸종위기종 목록에 오른 동물의 복원은 〈멸종위기종보호법(Endangered Species Act)〉의 문제였던 것이다. 또한 옐로스톤은 국립공원 중에서도 가장 매력적인 곳으로 늑대 복원은 과거의 실패를 되돌리는 강력한 상징이었고 공원을 다시 완전하게 만들 기회였다. 빌 클린턴 행정부의 내무부장관이자 열렬한 환경주의자였던 브루스 배빗[4]은 재도입계획을 선한 청지기정신과 생태학적 보존에 호소했다. 엄청난 지역적 논란이 있었지만 전국적 축복을 받으며 캐나다에서 늑대를 잡아 옐로스톤과 아이다호 일부 지역으로 옮겼다. 마침내 1995년 늑대를 방사하면서 그 동안 잃어버렸던 것들을 회복하기 위한 실험을 시작했다.

들소 살해의 목격자로서 나는 늑대 복원이 옳은지 확신할 수 없었다. 물론 생태계의 일부로서 늑대는 반드시 복원되어야 한다. 늑대를 덫, 사냥, 독약으로 죽이고 멸종시킨 행위는 분명 비열했으니까. 나는 이론적으로는 복원에 적극 찬성하지만 곧 늑대의 개체수가 증가하면 들소와 마찬가지로 옐로스톤을 벗어나게 될 것이라고 확신했다. 그들에게도 똑같은 경계선이 그어지고 비슷한 충돌이 대두될 것이었다. 보호가 필요 없을 만큼 늑대 개체수가 늘어나면 사냥과 농장주에 우호적인 아이다호, 몬태나, 와이오밍 등은 또다시 개체수 조절 방안을 꺼낼 것이고, 정치 권력은 늘 사냥꾼과 농장주의 편이다. 늑대는 다시 사냥되고 살해되고, 늑대 무리와 가족은 파괴되고, 공무원은 굴 안의 새끼를 죽일 것이다. 이 계획이 좋은 결과를 낼 것이라고 낙관할 수는 없었지만 나는 일단 환경단체 편에 섰고 그 계획의 책임은 클린턴 행정부가 맡았다.

늑대는 새로운 땅에 쉽게 적응했다. 개체수는 전문가가 예상한 것보다 훨씬 빨리 늘어났고, 생태계에 즉각적으로 영향을 미쳤다. 늑대의 출현은 말코손바닥사슴의 수를 줄여 숲의 키 작은 관목이 복원되었다. 하지만 공원 안쪽에서의 경쟁이 심해지면서 몇몇 늑대가 경계선 밖으로 탐험을 나가기까지 그리 오랜 시간이 걸리지 않았다. 늑대 수가 증가하자 아이다호의 전 주지사였던 내무부장관 딕 켐프손은[5] 로키산맥 북부에서 보호하는 동물 리스트에서 늑대를 제외시키자고 제안했다. 휴메인소사이어티와 환경단체연합은 해당 주들이 지속 가능한 유지 관리 계획을 세우지 않았다고 반발했고, 제안을 연방법원에 붙잡아 두며 제안을 저지했다.

그러나 이 방식으로는 문제를 해결할 수 없었다. 2009년 오바마 행정부[6]의 내무부장관인 콜로라도 출신의 전 미국 상원의원 켄 살라자르가 늑대 제외를 다시 제안했다. 휴메인소사이어티 법률팀은 대여섯 번 승소했지만 이후 2개 주에서 예비적인 보호종 제외 조치가 허용되었다. 그러자 주 공무원은 즉각 움직였다. 수십 년 만에 늑대 사냥 시즌이 열린 것이다. 2009년 아이다호주는 사냥 허가증 1만 개를 판매했고,[7] 사냥꾼 한 사람당 늑대 15마리 이상을 사냥할 수 있게 되었다. 아이다호 주지사 부치 오터는[8] 늑대를 처음으로 쏘아 죽일 첫 번째 티켓 경매에 입찰할 것이라고 선언했다. 몬태나주가 다음으로 나섰고,[9] 그곳의 사냥꾼들은 옐로스톤에서 가장 잘 연구되던 늑대 무리를 대부분 죽였다. 늑대 무리의 사회구조는 파괴되었고 늑대 몇 마리와 고아 늑대만 살아남았다. 다행히 몇 달 후 같은 연방판사가[10] 행정집행을 거부하는 최종 결정을 내렸다. 늑대는 다시 멸종위기종으로 복구되었고 사냥 시즌은 열리지 못했다. 현재 아이다호와 몬태나 출신의 미 상원의원들은 늑대를 보호 명단에서 제외하려는 모색을 멈추지 않고 법안 상정을 계속 시도하고 있다.

21세기에도 옐로스톤은 야생동물보호 문제에 있어 중요한 역할을 하게 될 것이다. 늑대와 들소의 사례는 옐로스톤처럼 큰 공원도 야생동물에게는 충분히 크지 않음을 상기시켜 준다. 야생동물이 걸어다니는 박물관 소품처럼 과하게 통제되어 다뤄지거나 평화로운 국립공원 기념엽서 속의 동물처럼 취급되는 한 늑대와 들소를 비롯한 야생동물이 한 공원 안에 존재한다는 것은 의미가 없다. 야생동물은 단순히 유지되고 억제되고 조절되고 살처분되는 생명이 아니다. 그들은 삶과 고난조차도 각자의 문제인 개별성을 가진 생명체이다. 잔인하고 위세 부리는 인간에 의해 학대받고 위협받을 때 특히 그렇다. 그 동안 이 동물은 충분히 고난을 겪어 왔기에 훨씬 더 나은 대접을 받을 자격이 있다.

그들에게 생존의 기회를 주고 번창시키려면 보호할 새로운 모델이 필요하다. 이동 통로로 연결된 넓고 안전한 보호지역에서는 야생동물이 자유롭게 돌아다니며 자신들이 원하는 대로 할 수 있게 허용되어야 한다. 휴메인소사이어티의 목표는 멕시코 북부부터 로키산맥을 지나 캐나다 북서부의 유콘주에 이르는 모든 산을 연결통로와 공원으로 구성해 야생지역의 연결망을 만드는 원대한 것이다. 그곳은 이미 공원과 국립산림지역으로 수백만 에이커가 지정되어 있는 상태이다. 이 펼쳐진 야생의 땅을 우리 목표대로 완성하려면 좀 더 많은 국유지가 필요하고, 사유지에 거주하는 야생동물을 보호하려는 노력도 필요하다. 여기에 무엇보다 100여 년 전 옐로스톤을 국립공원으로 지정했을 때와 동일한 비전과 정치적 의지가 더해져야 한다.

| 사냥꾼과 자연주의자, 루스벨트 대통령의 모순 |

스미스소니언자연사박물관에서 야생동물을 보길 원한다면 가장 먼저 들러야 할 곳은 케네스 E. 베어링 포유류 전시관이다. 실제 배경처럼 보이는 입체 모형과 함께 전시된 250종 이상의 표본은 미국에서 가장 많은 표본을 소장하고 있다는 명성에 걸맞게 전시되어 있다.

전시관을 후원한 베어링의 선행은 홀의 입구 안내문에 기록되어 있다. 그가 이 동물들을 쏘아 죽여 박제하기 위해 세계 곳곳을 돌아다녔다는 사실은 생략한 채 말이다.

베어링과 스미스소니언은 세계에서 가장 희귀한 동물 박제를 수입해서 박물관에 전시하려던 공동 작업이 미수에 그치면서 곤경에 처했다. 1997년 베어링은 멸종위기종인 산양 카라타우아갈리(Kara-Tau Argali) 두 마리를 사냥하기 위해 카자흐스탄으로 갔다. 카라타우아갈리는 전 세계를 통틀어 100마리도 남아 있지 않았다. 미식축구팀 시애틀 시호크의 전 소유주이자 포브스가 선정한 가장 부유한 미국인 400명에 항상 이름을 올리는 베어링은 카자흐스탄 정부 관료에게 후한 요금을 지불하고 허가를 받았다.

베어링은 박물관에도 특혜 대가를 지불한 것으로 드러났다. 베어링이 스미스소니언 포유류 전시관 설립에 2000만 달러를 기부하자[11] 박물관은 바로 산양 수입을 정부에 요청했다. 카라타우아갈리는 연방정부의 멸종위기종 명단에 있어서 미국으로는 단 한 마리도 들여올 수 없었다. 하지만 해당 종의 보전을 높이는 연구를 위해서라면 과학기관이 동물을 들여올 수 있도록 법이 허용하고 있다. 그것이 바로 스미스소니언박물관이 공식적으로 카라타우아갈리 박제를 수입해 들여올 수 있는 명분이었다.

휴메인소사이어티는 베어링과 스미스소니언의 유착관계에 주목하고는 멸종위기종 동물 수입이 동물의 보전과는 아무런 상관이 없다고 주장했다. 진실은 흔히 생각하는 것과 정반대임을 사람들이 알아야 했다. 《뉴욕 타임스》와 《로스앤젤레스 타임스》, 〈ABC 뉴스〉에 이 이야기가 보도되자 1999년 스미스소니언은 수입 요청을 철회했다. 그러나 베어링의 또 다른 원정 사냥의 자세한 내용은 적나라하게 드러나지 않았다. 베어링과 두 명의 전직 국제사파리클럽(SCI, Safari Club International) 대표를 포함한 사냥꾼들은 1998년 모잠비크에서 헬리콥터를 이용해서 사자, 표범, 버펄로와 수컷 코끼리 3마리를 사냥했다.[12] 모잠비크는 1990년 밀렵꾼에 의한 코끼리 도살 파동 이후 코끼리 사냥을 금지하고 있었다. 베어링은 자신의 도살행위를 정당화하기 위해서 지방정부 관료에게 막대한 후원금을 냈지만 모잠비크 야생동물 책임관은 코끼리 살해가 불법이라고 결론 내렸다. 베어링은 심지어 모잠비크 정부가 살해당한 코끼리가 '문제가 있는 코끼리'였다고 선언하게 해서[13] 자신이 공익을 위해 행동한 것처럼 만들려고 했지만 그 방법도 먹히지 않았다. 돈은 무용지물이었다. 모잠비크 정부는 케네스 베어링에게 출국을 명령했다.[14] 그는 사실 아슬아슬하게 탈출했다. 국제경찰 인터폴이 사라진 상아 사건을 조사하고 있었는데 운 좋게 처벌을 면한 것이다.

자연사를 사랑하는 어린이였던 나는 어느 정도 사연이 있을지라도 박물관의 동물이 전시를 위해 살해된 것은 아니라고 믿어 왔다. 하지만 박물관의 표본은 로드킬이나 자연사했다고 보기에는 너무 잘 보존되어 있었다. 어른이 되어서야 케네스 베어링 같은 사람이 전시된 동물 중 많은 동물을 조달했다는 사실, 자세한 내용은 관계자만 아는 비밀임을 알게 되었다. 사냥꾼에게 동물을 박물관에 기부하는 것은 그들의 취미인 사냥을 용인받는 수단이기도 했지만 또한 실질적인 이득도 되었다.

베어링 같은 부유한 사냥꾼은 카라타우아갈리 경우처럼 박물관을 멸종위기종을 반입하는 경로로 간주한다. 따라서 그들의 사기행위는 대부분 묻힌다. 다른 사냥꾼은 한 발 더 나아가 세법의 허점을 이용해 자기 집 거실이나 작업실을 비영리 박물관으로 둔갑시킨다. 그런 다음 자신이 사냥해 온 동물을 자기에게 '기부'한다. 이런 방식으로 사냥 경비 중 상당 부분을 공제받은 후에 그렇게 아낀 돈을 다음번 대형 동물 '학살' 비용에 보탠다. 휴메인소사이어티와 상원의원 찰스 그래슬리는 2005년 8월에 열린 의회에서 사냥 로비업자들이 파고드는 법의 허점을 없앴다.[15] 상원 재정위원회의 의장인 그래슬리는 "동물 박제를 이용한 불법 탈세 행위"를 없애는 것이 목적이었다고 밝혔다.

사냥한 동물의 전체나 일부를 소장하고 전시하는 트로피사냥꾼은 사람이 동물을 대할 때 드러나고는 하는 모순의 해괴한 사례이다. 사냥꾼들은 분명히 동물에 매료되어 있다. 그렇지 않다면 무슨 짓이든 해서 동물을 추적한 후 자기가 죽인 동물을 보관하거나 전시하려고 애쓰지 않을 것이다. 그러나 동물을 죽이는 행위에 정당한 이유란 없다. 그런 까닭에 그들도 자신의 취미를 정당화하기 위해 지치지 않고 그럴 듯한 이유를 찾는 것이다. 베어링의 경우는 엄청난 부를 이용해 자신의 강한 폭력 충동을 자선을 베푸는 사업으로 포장했다. 하지만 가식을 벗겨 내서 보면 동물에 매혹된 나머지 동물을 추적해 죽이고 소유하고자 하는 뒤틀린 욕망뿐이다.

트로피사냥꾼은 죽인 동물을 소장하기 위해 박제사를 방문한다. 이 업계에서 박제사는 그저 그런 오래된 기술자가 아니라 거의 신성한 예술을 하는 예술가로 추앙받는다. 여기서도 우리는 도살된 동물에게 대단한 존경을 품는 또 다른 인간과 동물 유대의 왜곡된 형태를 발견했다. 어떤 박제사는 자신의 일을 "동물에게 헌신하는 일이다."[16]라고 설명했다. "할 수 있는 한 그 동물을 많이 기리려고 노력한다." 이런 식의 사고는 트로피사냥을 주제로 한 철학 작품 《박제와 열망(*Taxidermy and Longing*)》에 영감을 주기도 했다.[17] 이 책은 사람이 동물의 생명을 빼앗는 것에 대해 상상할 수 있는 모든 이유와 가능한 한 죽인 동물의 실물과 똑같이 만들려는 시도로 꽉 차 있다.

때로는 동물을 바라보는 구태와 혁신이 한 사람 안에 동시에 존재하는 경우도 있다. 가장 좋은 예는 미국자연보전운동사에서 빼놓을 수 없는 인물인 시어도어 루스벨트 대통령이다. 그는 야생동물과 조류 관찰에 매료된 사람이면서 대형동물 사냥꾼이고, 트로피사냥꾼과 함께 분앤크로켓클럽(Boone and Crockett Club)을 공동 창립했으며, 동시에 조류보호운동의 확고한 옹호자였다. 그는 마켓 헌터(동물을 돈벌이나 경제개발 등의 목적으로 착취하는 상업적인 사냥꾼)와 파트 헌터(지식 없이 마

구잡이로 사냥하는 사냥꾼)를 골칫거리라며 질색하면서도 자신은 당시 멸
종위기에 처해 있던 물소, 곰, 큰뿔야생양 등을 사냥했다. 잔인하고 불
필요한 살생에 반대했지만 정작 자신은 아프리카 사파리[18]에서 혼자
동물 269마리를 죽인 것으로 유명하다. 사자 9마리, 코뿔소 13마리,
코끼리 8마리, 하마 7마리, 기린 7마리 등 루스벨트가 죽인 동물은 박
물관 전시 수집용이었다. 그는 동물에 대해 잘 알고 동물의 아름다움
에 빠진 특별한 사람이었지만 동시에 동물을 잔인하게 죽이는 사람이
었다. 이런 역설적 이유로 그는 사냥꾼이자 자연보전주의자로 기억되
고 있다.

　　루스벨트는 스스로 존 제임스 오듀본(미국의 조류연구가이자 화가)의
맥을 잇는 자연주의자라고 지칭되는 것을 좋아했다. 그는 사냥해서 전
시하는 것을 동물 연구의 일부라고 믿었다. 하지만 그는 존 뮤어(미국
의 자연주의자이자 작가), 에노스 밀스(미국 로키산맥에서 최초로 사람들에게
숲과 자연을 해설했다)처럼 자연에 '해를 끼치지 않는' 방법으로 동물을
연구하지 않았다. 루스벨트는 사냥을 공리주의적으로 해석하거나 상
업적 이유를 들어 남성성과 힘을 보여 주는 취미 생활로 재구성하려고
했다. 그에게 사냥은 고귀한 활동이었고[19] 미국을 영원히 활기 차고 자
유롭게 만드는 진화론적인 경쟁의 상징이었다.

　　역사가들은 루스벨트 대통령을 그 시대의 보편적인 인물로 기억
하는 것을 우려한다. 그 시절에는 마크 트웨인, 메사추세츠 동물학대
방지협회의 설립자인 조지 손다이크 엔젤과 같이 사냥을 비판하는 사
람도 많았다는 사실을 간과해서는 안 된다. 존 뮤어는 역사가 로버트
언더우드 존슨에게 자신이 루스벨트 대통령과 함께 요세미티 여행을

하면서 "언제쯤에야 죽이는 일에서 벗어나시겠습니까? 사냥은 생각이 미성숙해서 동물을 죽이는 어린 친구들이나 할 일로 보입니다. 이제 그만둘 때가 되지 않았나요?"라고[20] 충고했다고 밝혔다. 만약 루스벨트가 존 뮤어의 질문에 "당신이 맞습니다."라고 답했다면 상황은 바뀌었겠지만 역사는 사냥에 대한 루스벨트의 태도 변화를 전혀 기록하지 않고 있다.

그러나 또한 루스벨트는 누구도 필적하지 못할 야생동물보호 유산을 남겼다. 이전의 대통령은 토지 보존에 잠깐 손을 댔을 뿐이지만 루스벨트는 이전 대통령 25명의 노력을 모두 합한 것 이상으로 큰 업적을 남겼다. 산림지역이 고질적으로 부족하고, 농경지는 심각한 과부하상태였고, 채광산업은 이렇다 할 규제 없이 번성하고 있던 시대에 루스벨트는 연방정부를 자연보전기관으로 바꿨다. 그는 야생지역 보전이 미국의 기질과 부를 키우는 데 필수적이며, 또한 민주주의를 보전하고 강화할 수 있는 방식이라고도 보았다.

루스벨트는 국유림[21]을 150개 만들어 4300만 에이커에 불과했던 삼림을 2억 에이커로 늘렸다. 17개 주와 자치령에 51곳의 연방조류보전지역을 설립해서 모자산업이 끼친 피해를 줄여 나갔다(새의 깃털을 모자에 장식하는 것이 유행하면서 조류 피해가 심각해지자 조류보호를 위해 영국에서는 왕립조류보호협회가, 미국에서는 오듀본협회가 만들어졌다). 또한 18개의 천연기념물을 지정하고 4곳의 국립보호지역을 만들었다. 국립공원을 5곳에서 10곳으로 늘렸으며, 그랜드캐니언을 아연, 구리 채광사업으로부터 구해 냈다. 미국 어류및야생동식물보호국(FWS, Fish and Wildlife Service)을 설립했고, 후대 대통령이 미국의 아름답고 광활한 지역을 보호하는 데 적용할 〈국가유물관리법(Antiquities Act)〉을 1906년에 통과시켰다.

결과적으로 루스벨트는 총 2억 3000만 에이커의 땅을 영구적 공공 보호지역으로 만들었다. 넓이로 보면 메인주부터 플로리다의 대서양 해안 지역과 맞먹는 땅덩어리이다. 주목할 만한 것은 루스벨트가 이런 일을 수 많은 거대기업, 마켓 사냥꾼, 개발업자의 반대에 대항하며 이루어 냈다는 점이다. 국립공원이라는 아이디어는 전 세계에 영감을 주어 현재 수십 곳의 국가가 국립공원 시스템을 운영하고 있다.

오늘날의 동물보호 활동가에게 루스벨트의 유산은 도전의식을 불러일으킨다. 그는 길들여진 동물에게 특히 연민을 느꼈던 것 같다. 아기 동물을 구조했고, 유기견을 입양했으며, 말의 꼬리 자르기에 반대했다. 그러나 그런 부드러움은 총을 가지고 야생으로 나가면 빛이 바랬다. 그의 모순을 이해하는 것은 인간의 자유를 외치는 미국헌법 입안자들이 동시에 노예제도는 인정했던 모순을 이해하는 것만큼이나 어렵다. 그래서 나는 이렇게 정리했다. 선의를 발견했다면 일단 인정해야 한다고. 그래서 루스벨트 대통령의 진지한 보전 노력을 인정하고 그가 대통령으로서 성취한 숭고하고 선견지명이 있는 활약에 존경을 표한다.

| 개체수 관리라는 합리적 도살의 시대 |

        어떤 동물에게는 늦은 감이 있지만 루스벨트 등 몇몇 사람의 자연보호 노력은 시기적으로 적절했다. 1900년대의 미국은 한 세기 전과 극명하게 대조를 이룬다. 1800년대 초 수십 년 동안, 말코손바닥사슴과 아메리카들소는 야생고양이, 늑대, 불곰처럼 중서부 지역 숲을 자유롭게 거닐었다.[22] 여행비둘기는 수십억 마리에 달해 한 번 비행하면 대낮의 하늘을 어둡게 할 정도였다.

        서쪽에서는 수천만 마리의 아메리카들소가 텍사스부터 캐나다의 프레리까지 이어진 대평원의 풍부한 표토를 뛰어다녔다. 아메리카들소는 말코손바닥사슴, 가지뿔영양, 사슴과 공존하면서 대평원늑대, 불곰, 인디언 부족을 경계했다. 아메리카들소는 키 큰 풀을 먹으면서 900킬로그램이나 되는 몸을 지탱하는 골격과 근육을 유지했다. 프레리도그는 매, 검독수리, 여우가 나타나면 굴 안으로 숨어 살아남았지만 천적인 검은발족제비에게 걸리면 세심하게 설계된 굴도 아무 소용이 없었다.

        이렇듯 자연스럽게 공존하던 생태계 광경을 영원히 바꾼 일이 일어났다. 1862년의 〈자영농지법(Homestead Act, 5년 동안 거주하며 경작한 사람에게 약 20만 평의 토지를 무상불하하고, 5개월만 경작해도 1에이커당 1달러 25센트에 토지를 구입할 수 있게 한 법)〉이 서부 정착을 촉진하게 됨에 따라[23] 개척되지 않는 야생의 땅은 거의 남지 않게 되었다. 대륙횡단철도, 즉 증가하는 도시인구를 자원이 풍부한 내륙과 연결해 주는 각종 철도연결망 등 기술과 교통 체계가 자연을 막대한 규모로 현금화하기 시작했다.

집과 빌딩, 울타리를 짓기 위해 나무 수요가 폭증했고, 벌목산업이 중서부의 대산림지역을 포함한 숲을 발가벗겨 버렸다. 서식지 파괴는 산림지에 기대어 살던 여행비둘기 등 많은 동물에게 충격을 주었는데 거기에 사냥꾼이 가세했다. 늘어나는 도시 빈곤층에게 값싼 고기로 팔려고 여행비둘기를 마구잡이로 죽였다. 또한 깃털이 화려한 백로, 왜가리 등도 부유한 상류층 여성들의 모자 장식용으로 무차별적으로 사냥되었다.

끊임없이 등장하는 각종 총기에 가장 취약했던 동물은 아메리카 들소였다. 들소 가죽은 시장에서 50달러에 낙찰되곤 했는데 들소는 주로 탁 트인 들판에 무리 지어 모여 있기 때문에 사냥하기가 쉬웠다. 전문 사냥꾼 한 명이 2만 마리 이상의 들소를 죽였고, 취미로 사냥을 하거나 달리는 열차 안의 여행객도 총을 쏘아 들판의 들소를 죽일 수 있었다. 미국 군대도 도살에 참여했다. 들소를 제거함으로써 대평원에 사는 코만치 등의 인디언의 저항을 소멸시킬 수 있다는 계산이었다. 1850~1880년까지 단 30년 사이에 대평원에는 썩어 가는 시체와 백골만 쌓여 갔고 들소는 흔적도 없이 사라졌다.

미국의 자연보호운동은 야생동물에 대한 엄청난 파괴 이후에 탄생했다. 같은 시대 동물보호운동이 도시의 말 등 사역동물에 대한 학대에 반대해 시작된 것과 마찬가지이다. 존 뮤어, 화가 조지 캐틀린, 작가 조지 퍼킨스을 비롯한 유명인들이 야생동물의 대량살상에 경종을 울리며 자제를 호소했다. 그들은 국립공원을 만들기 위해 노력했고, 이는 그나마 남아 있는 것을 보존하기 위한 초창기 가시적인 정책적 노력의 일부였다. 1900년에 제정된 〈레이시법(Lacey Act)〉은 주법으로 허용되지 않는 야생동물 고기의 운송을 연방범죄로 규정했다. 〈레이시법〉은 최초의 국가적 야생동물보존법안이었다.

물론 사냥을 못하게 공간을 폐쇄하고 야생동물 고기의 거래를 제한하는 것을 미친 짓이라고 여긴 사람도 있었다. 하지만 수백만 에이커의 토지를 보호하고 개발을 제한하는 것은 새롭게 등장한 윤리적 사고와 감수성의 반영이었다. 동물도 각자의 삶터와 목적이 있고, 인간의 행동이 옳지 않다고 생각되면 제한을 두어야 하며, 거대한 장소에 대한 공익적 접근이야말로 미국이 지닌 활력의 원천이라는 새로운 사고의 반영이었다.

20세기 초, 수십 년 동안 야생동물 도살은 정부의 관리하에 있었다. 살아남은 야생동물이 극소수였기 때문이다. 정부는 과거의 과오를 일부나마 회복하기 위해 진지한 캠페인을 시작했고 제대로 된 자연보전법을 찾기 위해 논쟁도 벌였다. 그런데 논쟁을 형성한 사람 중 하나인 앨도 레오폴드는 루스벨트 대통령처럼 모순에 빠진 인물이었다. 삼림감독관이며 보존론자이자 사냥꾼인 레오폴드는 제2차 세계대전 이후 미국의 야생동물정책을 주도한 야생동물 관리 모델 창시자 중 한 사람으로 그의 유산은 오늘날까지 남아 있다.

위스콘신 대학교의 야생동물관리학 교수였던 그는 정부가 동물 사냥을 과학적으로 관리하면 사슴, 오리 등의 야생동물을 농작물처럼 관리하면서 최대 이익을 얻고 지속 가능한 수입을 낼 수 있다고 주장했다. 야생동물 관리와 축산 원리를 혼합한 이론을 통해 레오폴드는 개별적 야생동물이 아니라 전체 야생동물 개체수 유지에 초점을 맞췄다. 연방과 각 주의 어류및야생동식물보호국은 이 이론을 수용했고, 사슴, 말코손바닥사슴 등의 야생동물 개체는 재건하고, 꿩, 칠면조와 같은 사냥감은 비축할 방법을 찾았다. 이렇게 해서 사냥꾼과 정부기관 사이의 오늘날까지 지속되고 있는 긴밀한 결합이 갖추어졌다.

그러나 레오폴드는 규제도 지지했다. 그의 기념비적 작품 《모래 군의 열두 달(A Sand County Almanac)》에서 그는 자주 인용되는 원칙을 제시했다. "생물 공동체의 온전함, 안정성, 아름다움을 보전하려는 시도는 옳다. 그렇게 하지 않으려는 것이 잘못이다."[24] 레오폴드는 포식동물을 주 정부가 죽이는 행위에 반대했지만[25] 그의 경고에도 불구하고 포식동물과의 전쟁은 형식만 바뀌었을 뿐 끝나지 않았다. 사냥꾼은 대부분 포식동물을 사냥감으로 보았고 농장주와 농부는 유해동물로 보았다. 1931년 의회는 '축산에 해를 끼치는' 포식동물을 죽이는 것을 권장하는 〈동물피해관리법(Animal Damage Control Act)〉을 통과시켰다. 레오폴드는 이 법에 반대하며 애리조나의 카이바브 국유림을 예로 들었다. 정부에서 고용한 사냥꾼이 모든 퓨마를 죽이고 난 후 사슴 개체수가 10배로 증가되었다가 급감하는 과정에서 사슴은 굶주림과 고통에 시달렸고, 숲 생태계도 심각한 피해를 입었다고 주장했다.

레오폴드가 그린 그림에 대해 반대도 있었지만 카이바브 국유림은 미국 야생동물 관리 분야에서 주목받는 사례가 되었고, 포식자인 늑대나 퓨마가 없을 경우 사슴 개체수 관리를 위해 인간 사냥꾼이 필요하다는 주장을 유발시켰다. 또한 1937년의 〈피트먼로버트슨법(Pittman-

Robertson Act)〉[26]에 영향을 미쳤다. 이 법안은 사냥을 위한 총, 탄약에 세금을 징수해서 그 돈을 주 정부의 어류및야생동식물보호국에 배정하는 식이다. 이를 통해 주요 대학의 자연자원 프로그램을 익힌 주 공무원이 배출되었고, 삼림감독관과 축산경제학자의 사상이 규합된 새로운 야생동물 관리자가 탄생했으며, 사냥을 통한 야생동물 관리 모델의 지적 기반이 강화되었다.

야생동물 관리자들이 사냥 인구를 증가시키는 데 성공하자 주정부는 더 많은 사냥 허가증을 판매했고 관련 산업은 성장했다. 야생동물 관리라는 신조는 흔들림 없이 유지되었고, 반대에 부닥치는 일 없이 20세기 마지막까지 순조롭게 지속되다가 마침내 사냥산업에 저항하는 동물보호운동과 맞닥뜨리게 되었다. 사냥꾼을 위한 사냥감 제공에만 집중했던 야생동물 정책에 도전하는 보전생태학자가 나타나기 시작한 것도 그때였다.

힘을 얻은 사냥꾼들은 미국스포츠맨연합(U.S. Sportsmen's Alliance), 국제사파리클럽과 같은 새로운 로비 단체를 만들었고, 전국총기협회 등의 기존의 단체는 보다 극단적인 입장을 취했다. 사람들이 기억하는 루스벨트나 레오폴드 등의 명성을 이용하기도 하면서 평소 자신들이 경멸하고 스포츠맨답지 못하다고 비난하던 방식까지 받아들였다. 우리에 갇힌 동물을 사격하고, 로봇 오리를 미끼로 물에 띄우고, 최첨단 장거리 조준기와 위치추적장치를 사용하는 사냥은 이전에 존재했던 최소한의 공정성마저 내버린 것이다. 사냥꾼들은 여전히 피의 스포츠에 열광하면서 자신들의 목소리를 높이고 있다.

| 늑대 도살이 알래스카의 삶의 방식인가 |

　　　　1989년 겨울 옐로스톤을 다녀온 지 몇 년이 지난 어
느 겨울 나는 알래스카로 파견되었다. 1993년에 동물보호재단은 새롭
게 등장한 야생동물 논란에 직면했다. 그 논란은 알래스카의 악명 높
은 늑대 조절 프로그램으로, 지금도 가장 힘든 야생동물 관리 논쟁 중
하나이다.

　　주지사 월터 히켈이 헬기에서 총을 쏘아 늑대를 사냥하는 프로그
램을 시작했다가 반대에 부딪혀 마지못해 계류한 상태였다. '생각을 교
환하자.'며 서둘러 회합을 만들어 내가 가게 되었다. 1990년 알래스카
에서 창당된 독립당의 후보로 선출된 히켈은 1월 중순에 3일간의 회합
을 소집했다. 태양이 수평선 위에서 하루 4시간 반 정도 살짝 비치고,
영하 40도까지 내려가는 계절이었다.

　　회합은 페어뱅크스 하키장에서 열렸다. 페어뱅크스는 알래스카에
서 두 번째로 큰 도시로 사냥에 찬성하는 행동주의자와 정치적 보수주
의자의 주요 근거지였다. 주지사 히켈은 로어 48(알래스카 사람들이 하
와이를 제외한 미국 본토 48주를 뜻하는 용어)에서 온 나를 비롯한 동물단
체 간부를 소개했다. 주지사의 행동은 즉각 그가 원하는 효과를 냈다.
1,500명 정도의 지역 주민 중 일부는 늑대 모피로 치장한 채 '알래스카
의 삶의 방식'이라는 구호 앞에 결집하기 위해 나타났다. 하키장에 모
인 늑대 도살을 찬성하는 단체들은 자신들의 주장을 밝히고 싶어했다.

이 행사의 목적이 동물보호단체로 하여금 이곳에서 환영받지 못하는 존재라는 것을 각인시킴과 동시에 미국의 대중에게 알래스카는 다른 지역과 다르며 늑대 조절이 왜 절실하게 필요한지를 '재교육' 하기 위한 자리임을 금방 알 수 있었다.

몇 개월 전 히켈은 "이대로 자연이 날뛰게 놔둘 순 없습니다."[27] 라고 선포하며 헬기를 이용한 늑대사냥 계획을 옹호했다. 앵커리지에서 페어뱅크스 사이의 광활한 토지 어느 곳에서도 늑대가 사람과 가축의 안전에 위협이 되는 일은 없었다. 히켈은 말코손바닥사슴과 북아메리카산 순록을 '알래스카의 축산동물'이라고 말했다. 그러니 늑대 조절 프로그램이란 포식자인 늑대를 죽여 말코손바닥사슴과 순록 수를 늘려 사냥꾼을 더 많이 불러모으려는 뻔한 속셈의 결과였다.

하지만 알래스카 주지사의 의도는 실패했다. 대다수의 국민이 늑대를 그냥 두라고 요구했기 때문이다. 약 10만 명의 사람이 주지사의 사무실에 전화를 걸거나 편지를 보냈고, 많은 이들이 만약 알래스카가 항공 사살을 실행한다면 알래스카로의 여행을 보이콧하겠다고 서명했다. 동물보호재단의 대표인 나는 사람들에게 알래스카가 헬기로 늑대 도살을 강행한다면 알래스카로 야생동물 관찰 여행을 떠나지 말아 달라고 호소했다. 완전히 다른 두 길을 한 번에 갈 수는 없다. 멋진 야생동물과 압도적인 풍광을 미끼로 여행자를 불러들이면서 한쪽으로는 야생동물을 인위적으로 절멸시키는 계획을 진행하다니.

관광은 알래스카에서 3번째로 큰 산업이다. 관광객에 의존해야 하는 사업주들이 주지사를 압박했고 히켈은 뜻을 굽힌 듯 계획을 계류시켰다. 하지만 오랫동안 이 압박에 숨죽이고 있지 않을 것이다. 예상대로 회담에서 히켈은 시끌벅적한 군중을 향해 "나는 어류와 야생동물 관리에 대한 자주권을 내주지 않을 것이다.[28] 우리는 이 땅에 대한 우리의 지식에 따라 우리 땅을 보살필 권리가 있다."고 선언했다. 그는 우리들에게 당신들은 알래스카가 어떤 곳인지 TV 프로그램 〈북부의 발견(Northern Exposure)〉을 통해 알지만 "우리는 현실 문제를 처리해야 한다."고 말했다.

알래스카가 주가 된 1959년 이래 주지사들은 예외 없이 늑대 관리 프로그램에 서명했고 그들 중 누구도 늑대에게 유예 기간을 주지 않았다. 상황은 점점 나빠졌다. 사냥꾼, 포획자들은 연간 500~1,000마리의 늑대를 죽였다. 더 많이 죽이지 못하는 이유는 알래스카가 너무 광활하고 덤불숲에 접근하기 어렵기 때문이었다. 그래서 공중에서의 늑대사냥에 흥미를 가지게 되었다. 그 동안 늑대사냥에 사용된 도구 중에서 가장 잔인한 도구는 덫이었다. 늑대의 목이 덫에 걸리면 피가 머리에 고여 머리가 정상 크기의 2배까지 부풀어 올라 '젤리 머리'라는 소름 끼치는 현상이 나타난다. 말코손바닥사슴, 스라소니 등의 '의도하지 않은 포획물'도 덫에 걸려 끔찍한 결과를 맞는다. 다리가 덫에 걸리면 몸부림치다가 때로 얼어붙은 다리를 씹어서 끊어내기까지 한다. 1990년 독립적인 늑대 생물학자인 고든 하버 박사는 이런 고통스러운 장면을 촬영해서 방송에 내보냈고, 수백만 명의 사람들이 잊기 힘든 이 영상을 보았다.

항공기와 헬리콥터를 이용해 늑대 개체수를 80퍼센트로 줄이겠다는 알래스카 야생동물 행정위원회의 계획에 따르면 연간 대략 300~500마리의 늑대를 죽이게 된다. 이것은 새로운 프로그램이 아니

310

다. 1960년대에 알래스카에서 자행된 늑대와 북극곰 항공 사격이 온 나라에 충격을 주었고, 1971년 의회는 상공에서의 사냥을 금하는 〈항공사냥법(Airborne Hunting Act)〉을 통과시켰다. 이 법은 항공기가 착륙한 지 24시간 이내에 야생동물을 사격해 죽이는 것을 금지하되, 공공의 건강과 야생동물 개체수 조절을 위한 경우를 예외로 두었다. 착륙해 사살하는 사냥(land-and-shoot hunting) 방식은 여러 면에서 항공 사냥보다 더 나쁘다. 비행사는 비행기로 늑대를 괴롭히고 추격하여 더이상 뛸 수 없을 때까지 쫓아가 탈진시킨다. 그런 다음 비행기를 착륙시키고 젖산이 근육에 축적되어 운동 능력이 떨어져서 도망칠 수 없는 겁에 질린 동물에게 총을 쏜다. 히켈은 항공 늑대사냥이 말코손바닥사슴과 순록의 고갈된 개체수를 급속히 늘려 줄 것이라고 주장해 연방법을 비켜 갔다.

회담은 늑대 도살을 정당화하려는 그들의 계획을 설명하려는 자리였다. 나는 야생동물 관리공무원들과 몇 차례 대화를 가졌지만 알래스카의 야외활동 자문위원회 대표와 사냥 로비 단체들은 대화에 전혀 관심이 없었다. 히켈은 언론을 페어뱅크스에서 60킬로미터 정도 떨어진 아타바스카족 마을인 민토로 데려갔다.[29] 그들은 늑대사냥을 강력하게 선호하는 부족이었다. 야외 녹지 극장에서 로니라는 이름의 부족원은 "우리는 당신들의 소를 관리하지 않는다.[30] 그런데 왜 당신들은 우리의 것을 관리하려고 하나?"라며 불평했다. 그는 또 "나는 늑대 조절에 대찬성이다. 그들을 모두 죽이자."고 덧붙였다. 그의 요점은 당국은 야생동물을 관리해서는 안 되고, 늑대는 없어질 때까지 적극적으로 사냥해야 한다는 것이었다. 그나마 많은 부족원이 그의 의견에 동의하지 않는다는 사실에 감사할 따름이었다. 몇몇 사람은 회담에서 반대 의견을 발표하기도 했다.

　몇 차례의 회담 후 야생동물 행정위원회가 개입하여 원안에서 조금 축소되었을 뿐인 다음 연도 늑대 조절 프로그램을 재공표했다. 히켈은 위원회를 악명 높은 늑대 조절 옹호자로 구성했는데 그들 중 상당수가 알래스카 야외활동분과와 긴밀히 연계되어 있었다. 알래스카 어류및야생식물보호국도 견해가 다를 것 같지 않았다. 이 부서의 보전책임자인 데이비드 켈리하우스는 지역 야생동물 관리자로서 항공 늑대 사냥 원정대에 참가하여 '기관총 데이비드 켈리하우스'라는 별명까지 얻은 인물이었다.

　그해 늑대 조절 프로그램은 진행되었지만 1994년 민주당 토니 놀스가 알래스카 주지사로 선출된 후 항공 사격 프로그램은 금지되었다. 그가 선출된 지 2년 후인 1996년 11월에 유권자들은 '생물학적 긴급 상황'을 제외하고는 항공 늑대 도살을 금지하는 주민발의 투표를 큰 표차로 승인했다. 이 결과는 사냥꾼들이 주장하는 늑대사냥 논쟁은 알래스카 사람과 외부인의 충돌이라는 말을 뒤집는 것이었다. 알래스카 사람들은 항공 늑대 도살이 중지되기를 원했다. 심지어 과반수 이상의 사냥꾼조차 반대 입장이었음이 설문조사 결과 드러났다.

　당연히 문제는 이렇게 해결되고 끝났어야 했다. 그러나 주입법가들은 유권자가 승인한 주민발의 투표를 뒤집었다. 그러자 다시 야생동물 옹호자들은 이런 저항에도 굴하지 않고 2000년 항공 사살을 중지시키기 위한 두 번째 조치를 취했고, 유권자들은 이번에도 개선안을 승인했다. 하지만 그후 입법자들은 또 한 번 이를 뒤집었다. 입법자들이 같은 사안으로 두 번이나 지역 주민의 뜻을 거역한 셈이었다.

입법자들이 저지른 가장 파괴적인 행위는[31] 1994년에 일어났다. 당시 승인된 〈집중관리법〉은 '대형 야생동물을 관리하는 최적의 방식은 인간이 필요로 할 때 최고의 수확을 제공하는 것'이라고 선언했다. 주지사 히켈에 의해 승인된 이 법안은 당국이 사람들의 냉장고를 말코손바닥사슴과 순록으로 꽉 채울 수 있도록 육식동물 개체수 조절에 집중하게 만들었다. 한 마디로 늑대와 곰의 사형선고인 셈이었다.

2002년 놀스가 임기를 마친 후 후임인 프랭크 머카우스키와 새러 페일린은 늑대 도살에 대한 규제를 풀었다. 이 두 사람은 알래스카 야외활동분과와 긴밀한 연대를 가지고 있었고 늑대 도살을 전폭적으로 지지했다. 그들은 항공 도살 프로그램을[32] 늑대뿐 아니라 곰에게도 적용했고, 페일린은 심지어 늑대의 앞다리를 잘라오면 장려금을 지급하는 방안까지 제안했다. 이런 변화를 지켜보면서 유권자들은 2009년 8월 선거에 3번째로 반항공사격조치를 회부했으나 낮은 투표율로 인해 실패했다. 주지사 집무실은 항공 도살 프로그램을 홍보하는 광고 캠페인에 40만 달러를 썼다. 잔인하고 정당성 없는 관습을 종식시키기 위해 두 번의 투표를 승리로 이끌었던 알래스카 사람들은 이제 스스로 '재교육'해야 할 처지에 놓였다.

| 쓰레기로 곰 유인하기, 상업적 사냥의 치졸함 |

　　휴메인소사이어티가 알래스카나 이 외 다른 지역에서 이루어지는 모든 형태의 스포츠 사냥에 반대하는 것은 아니다. 미국총기협회와 다른 친사냥 단체의 왜곡된 주장에도 불구하고 우리는 사냥꾼에게 스스로 천명한 최소한의 기준을 준수하라고 요구한다. 사냥을 했으면 가져와서 장식하지 말고 먹어라, 야생동물은 공공자원이니 상업적으로 죽이지 마라, 스포츠정신인 공정함과 사냥에 관한 전통 규율을 지켜라, 고통스러우니 동물을 서서히 죽게 하지 마라.

　　오늘날 이 기준을 지키는 영향력 있는 사냥 단체는 없다. 어느 단체도 회원들에게 진지한 윤리적 원칙을 따르도록 요구하지 않는다. 오히려 최소한의 규제도 거부하고 최악의 방법으로 사냥하는 단체들이 가장 정치적 영향력이 크다. 《오듀본》의 컬럼니스트이자 평생 사냥 윤리를 주장한 테드 윌리엄스는 오래전에 육식동물 조절 프로그램이라는 미친 짓에 내재된 사고방식을 간파했다. "늘대는 사냥 허가증 비용을 내지 않는다.[33] 늑대가 잡아먹은 말코손바닥사슴과 순록의 수는 당국이 사람들에게 받을 사냥 허가증 비용이 줄어든다는 것을 의미한다."

　　알래스카의 늑대 조절은 더할 수 없이 불공정하고 비윤리적이지만 유일한 사례는 아니다. 미국 어디에서든 육식동물은 농장주와 취미로 사냥을 하는 사냥꾼의 공격 대상이다. 로키산맥 북쪽 지역과 오대호 지역의 야생동물 공무원들은 늑대를 보호종 목록에서 빼기 위해 최선을 다하고 있고, 취미로 하는 늑대사냥을 허용하기 시작했다. 퓨마는 서쪽 약 10개 주에 서식하고 있는데 거의 모든 주가 무선원격측정기를 단 하운드를 이용한 퓨마사냥을 허용하고 있다.

　　오직 캘리포니아만이 1990년 주민발의 투표를 통해 동물을 소장하기 위한 트로피사냥을 금지했다.[34] 그런데 그곳에서도 시행 6년이 막 지났을 무렵 사냥금지조치 취소를 위한 투표안이 상정되었다. 퓨마가 사람을 공격하는 사건이 2차례 발생하자 사냥 로비 단체가 입법자들을 설득한 것이다. 하지만 그럼에도 불구하고 사냥에 반대하는 표는 더 많아졌다. 희생자에 대한 동정이 없어서가 아니라 사냥꾼이 퓨마를 사냥한다고 퓨마의 공격이 줄 것이라는 근거가 없었기 때문이다. 오리건과 워싱턴은 1994년과 1996년에 개 떼를 이용한 퓨마사냥을 금지했다. 그야말로 스포츠정신의 원칙을 지키려는 승리이며 생태계에서 포식동물의 위치가 다시금 자리매김하는 기회였다.

　　그러나 서부 내륙에서는 매년 수천 마리의 퓨마가 죽어 간다. 몬태나주는 당국이 퓨마가 얼마나 있는지도 파악하지 못하는 사이 매년 트로피사냥꾼들이 수백 마리의 퓨마를 죽인다.[35] 유타주에서는 사냥 안내원들이 '올가미로 잡아서 질식'시키는 기술을 쓴다. 퓨마를 나무 위로 몬 다음 올가미를 던져 질식하기 직전까지 조인 다음 요금을 낸 사냥꾼들의 개 떼 앞에 퓨마를 풀어놓는다. 그러면 사냥꾼들은 멍해져 반쯤 죽은 퓨마를 쏘아 나무에서 떨어뜨린다. 대략 3,000달러면 이런 소영웅적인 행위를 즐길 수 있다.

　　흑곰도 나을 것이 없다. 암컷이 새끼를 보살피는 계절인 봄에 곰 사냥을 합법적으로 허용하는 주가 대여섯 곳이다. 새끼를 낳은 지 3~4

개월된 암컷이 죽으면 새끼는 굶어죽는다. 봄 또는 가을 사냥철에 10개 주가 말뚝에 묶인 곰을 개가 괴롭히는 모습으로 보고 즐기는 곰괴롭히기나 음식물로 곰을 유인한 다음 음식을 먹는 곰을 쏘아 죽이는 것을 허용한 것이다. 테드 윌리엄스가 '곰을 위한 쓰레기 버리기'[36]라고 표현했듯 피자, 젤리 도너츠, 기름덩어리, 썩은 고기를 200리터짜리 통 안에 넣어 곰을 사정거리 안으로 유인한 다음 사냥한다. 미국 산림청과 어류및야생동식물보호국은 일반 산림 이용자들에게 '곰에게 먹이 주기 절대금지'를[37] 권하면서 정작 사냥철에는 사냥을 위해 수백만 킬로그램의 음식물을 숲에 쏟아 버리는 사냥꾼들은 그냥 내버려 둔다. 미끼가 놓인 곳에 규칙적으로 찾아오는 곰은 사람을 덜 두려워하게 되면서 다른 곳의 쓰레기장도 습격하게 된다. 곰과 사람 모두에게 위험한 이런 일을 관리청이 사냥꾼에게는 허락하는 것이다.

곰사냥이 합법인 30개 주 가운데 절반 이상은 하운드를 이용한 사냥을 허용한다. 개는 사냥감인 곰이 탈진해서 나무에 기어오르거나 광분한 개 떼와 맞서기 위해 곰이 돌아설 때까지 수 킬로미터를 추격한다. 어떤 경우든 무자비한 죽음이다. 같은 방법이 퓨마사냥에도 사용된다. 콜로라도, 메사추세츠, 오리건, 워싱턴의 유권자들은 미끼사냥과 하운드사냥 둘 다 금지했다. 그러나 아이다호, 메인, 미시간은 곰 개체수가 극적으로 증가할 것이라는 사냥 로비 단체의 주장을 받아들여 규제를 거부했다.

메인주에서는 사냥꾼이 매년 가을 4,000마리의 곰[38]을 쏘아 죽이는데 그중 80퍼센트가 미끼를 이용한 사냥이다. 사냥꾼 5명 중 4명은 다른 주에서 온다. 소장이나 전시 목적으로 곰을 사냥하는 트로피사냥은 수익성이 좋은 사업이기 때문에 사냥꾼들은 곰 한 마리당 2,000~4,000달러를 지불하고 사냥에 참가한다. 2004년 우리가 미끼를 이용한 곰사냥을 금지하는 운동을 전개했을 때 메인주 사냥 단체들은 휴메인소사이어티를 외부 세력이라고 공격하며, 결정권은 메인주에 달려 있다고 주장해 자신들의 주장을 관철시켰다. 그렇다면 메인주의 야생동물을 사냥하는 또 다른 외부인인 다른 주의 사냥꾼은 왜 환영하는가? 동물단체가 곰사냥에 대해 항의하러 가면 출신지를 묻고 늘어져서 결국 논쟁은 어디서 왔느냐는 것으로 귀결되고 만다.

사냥꾼은 자신의 행위를 정당화하려고 각고의 노력을 한다. 사냥을 하지 않는 사람들에게 사냥이 단지 취미로 여겨진다는 것을 알고 있기 때문이다. 그래서 그들은 먹기 위해 죽인다고 강조한다. 심지어 코끼리 신체 일부를 소장하기 위해 사냥을 하면서도 지역에 고기를 분배한다고 자랑한다. 동물 사냥을 마치 식량 공급 프로그램의 한 유형인 것처럼 포장하는 것이다. 또 다른 자기 정당화 방식은 사슴과 말코손바닥사슴의 과도한 개체수 조절을 위한 것이라는 주장이다. 하지만 사냥꾼은 초식동물뿐만 아니라 늑대, 퓨마, 코요테, 곰, 보브캣, 스라소니 같은 육식동물의 최대 적이다. 코요테 89,710마리,[39] 곰 395마리, 퓨마 373마리, 보브캣 1,883마리가 2008년 한 해 동안 농무부의 야생동물관리국 프로그램을 통해 사살되었다. 거기에 농장주에 의해 살해된 수만 마리가 더해진다. 이렇게 육식동물 수십만 마리가 피에 굶주린 사냥꾼과 동물을 경멸하는 농장주에 의해 죽어 간다.

울타리가 처진 제한된 공간에 동물을 가두고 사냥하는 '캔드 헌트(canned hunting)' 방법도 있다. 나는 텍사스 힐 카운티에 있는 수천 개 이상의 이국적 동물 사냥 업체 여러 곳을 방문했다. 업자들은 토종과 외래종 가격 목록을 보여 주었다. '못 죽이면 돈을 안 내도 되는' 규칙도 있었다. 하지만 누가 총을 쏘더라도 결과는 확실했다. 사냥 로비 단체는 이 방법이 '스포츠맨십'에 어긋나지 않는다고 말한다. 국제사파리클럽은 울타리 안에 갇힌 동물을 쏜 사냥꾼에게 '공로상'과 '그랜드 슬램'을 수여하기도 했다. 비슷한 상 중 하나인 '북아메리카 트로피사냥 입문상'은 가두고 사냥하는 농장의 홍보를 위해 고안된 상이다. 농장주는 동물을 울타리 안에 가두거나 미끼 놓기, 약 먹이기 등의 방법으로 한 번 온 손님이 절대 실패하지 않도록 애쓴다.

가두고 쏘는 방법은 명백히 상업적 사냥으로 어디에서도 타당한 이유를 찾을 수 없다. 동물을 사유재산으로 취급하고, 죽임을 당할 것이 분명하며, 사냥꾼은 대부분 사냥한 고기를 먹지 않는다. 동물을 가두고 사냥을 시키는 많은 업자는 자체 박제 서비스 공간을 가지고 있어서, 사람들이 사냥한 동물의 머리를 박제해서 집의 벽에 걸 때까지 걸리는 시간을 최소화한다. 솜씨 좋은 박제사는 그 누구도 박제된 동물이 울타리 안에 가둬진 채 등뒤에서 총에 맞아 죽었다는 사실을 모르도록 감쪽같이 일을 처리한다. 이렇게 해서 비열한 연극 한 편이 완성된다.

그러나 미국총기협회, 국제사파리클럽처럼 사과를 모르는 강력한 단체들의 반대에도 불구하고 많은 주에서 가두고 사냥하는 행위를 금지했다. 이중에는 사냥에 우호적인 와이오밍주도 포함되어 있다. 몬태나주 유권자도 가두고 하는 사냥을 2000년 11월 투표를 통해 금지했다. 하지만 오리건, 테네시 등 약 20개 주에서는 가두고 하는 사냥이 금지도 규제도 되지 않고 있다.

가둔 상태에서의 또 다른 사냥도 존재한다. 1,000여 곳 이상의 장소에서는 꿩, 메추라기, 청둥오리가 축사에서 키워진 후 총알받이가 된다.[40] 손님은 죽인만큼만 돈을 내면 된다. 새는 사냥꾼 도착 전까지 풀밭에 묶여 있거나 '타워 사냥(tower shoot)'을 위해 높은 구조물 꼭대기에서 던져진다. 펜실베이니아의 사냥꾼들은 점토로 만든 비둘기나 스키트(엽총으로 하는 클레이 사격의 일종)로는 만족하지 못하고 살아 있는 비둘기로 총 연습을 한다.

스포츠용이나 모피용으로 덫을 놓아서도 동물을 잡는다. 이는 사냥 단체가 아무리 포장해도 동물의 신체 부위를 팔기 위해 동물을 마구잡이로 죽였던 19세기 상업적 사냥시대의 흔적일 뿐이다. 육식동물을 죽인 사냥꾼이 고기를 먹지 않듯 스포츠나 모피용 동물의 고기도 소비되지 않는데, 해당 주는 아무런 관리 계획도 내놓지 않고 있다. 덫으로 동물을 잡는 사냥꾼은 연간 수백만 마리의 동물을 죽이며 사냥되는 동물의 수는 가죽의 가치에 따라 크게 좌우된다. 스라소니 가죽이 모피 경매에서 고가에 낙찰되면 스라소니사냥이 급증한다.

다리 덫과 올무는 건드리는 동물이 무엇이든 잡고야 마는 흉기이다. 동물은 24~96시간 동안 덫에 잡힌 채 있어야 하므로(주에 따라 사냥꾼이 얼마의 간격으로 덫을 점검해야 하는지 다르다) 산 채로 극한의 고통을 견뎌야 한다. 게다가 덫은 대부분 겨울에 놓기 때문에 덫에 걸린 동물은 얼어죽기도 한다. 다행히 덫의 잔인성을 안 사람들이 휴메인소사이어티가 지원한 투표를 통해서 애리조나, 캘리포니아, 콜로라도, 메사추세츠, 워싱턴에서 다리 덫을 비롯한 철제 덫의 사용을 제한했다.

미국 어류및야생동식물보호국 따르면 2006년 1250만 명의 미국인이 사냥을 즐겼다.[41] 이 수치는 1975년 2000만 명에서 줄어든 수치로 완만하지만 분명히 줄어들고 있는 추세이다. 사냥 허가증 판매도 매년 감소하고 있다. 그런데도 사냥꾼은 주 어류및야생동식물위원회에 강력한 영향을 끼쳐 자신들에게 유리한 정책을 수립한다. 현재 매년 800만 명의 미국인이 야생동물 탐사활동을 하고 있는데도 시스템은 야생동물 죽이기에 더 우호적이다. 그러나 시대 흐름은 곧 사냥꾼을 압도하게 될 것이다.

1996년 메사추세츠 주민발의 투표는 덫 사냥을 제한했다. 또한 주 어류및야생동식물위원회는 위원회 위원 7명 중 5명은 반드시 매년 사냥 허가증을 구매해야 하고, 그중 4명은 '사냥, 덫놓기, 낚시 산업계를 대표'해야 한다는 위원회 구성 조건을 삭제했다. 다른 지역에서도 일어나기를 바라는 값진 승리였다. 그렇게만 된다면 야생동물이 더 이상 사냥꾼을 위한 사냥감으로 전락하지 않을 것이다. 야생동물 관리는 너무 오랫동안 소수의 사냥꾼에게 맡겨져 왔다. 그들에게 야생동물은 사격 과녁이나 거실에 전시된 박제품 이상도 이하도 아니다. 이제 야생동물은 가치 있는 목적을 위해 보호되어야 한다. 야생동물 보호는 공공의 이익이며 대중은 그 사실을 자각하기 시작했다.

| 어부의 불만과 좌절을 정치적으로 이용하는 새끼 바다표범 도살 |

작은 헬리콥터에서 내다본 풍경은 다른 행성에 발을 디디고 있다는 착각을 불러일으킬 정도였다. 땅은 얼어 있고 황량했지만 경이로운 아름다움이었다. 떠다니는 얼음덩어리가 수 킬로미터에 걸쳐 수평선까지 이어졌다. 눈이 뭉쳐져 작고 둥근 얼음 동산이 되고, 거기에 바람이 조각을 했다. 광활하고 평평한 이곳에 솟아 있는 것이라고는 얼음 동산뿐이었다. 선글라스를 써도 표면에서 반사되는 빛 때문에 눈이 찌푸려졌다. 나무는 물론 다른 생물의 흔적이나 인간 방문자의 자취도 없었다. 다만 갓 태어난 바다표범 수천 마리가 하얀 털을 입은 채 눈을 동그랗게 뜨고 은빛 털가죽의 어미젖을 빨고 있었다.

2008년 3월에 나는 웅장한 장관 중 하나인 바다표범 수십만 마리가 캐나다 세인트로렌스만에 모여 있는 모습을 보기 위해 프린스에드워드섬의 샤롯데타운으로 갔다. 겨울에는 바다표범 600만 마리 정도가 그린란드에서 대서양 북단을 가로질러 퀘벡과 래브라도의 들쭉날쭉한 해안을 따라 남쪽으로 이동해 내려와[42] 캐나다 땅덩어리와 맞물려 있는 어마어마한 크기의 얼음땅으로 온다. 이 지역은 북극곰의 영역이 아니어서 바다표범은 이곳에서 안전하게 새끼를 낳고 기른다.

나는 15년 전에 국제동물복지재단(IFAW, International Fund for Animal Welfare)의 설립자이자 대표인 브라이언 데이비스의 초대로 이곳에 온 적이 있었다. 브라이언은 1960년대에 뉴브런즈윅 동물학대방지협회의 학대 감시조사관으로 사냥을 감시하는 임무를 맡고 있었다. 당시 그는 자신이 본 바다표범사냥에 큰 혐오감을 느꼈고 몇 년 후 동물학대방지협회를 떠나 바다표범사냥 중지에만 전적으로 집중하는 운동 조직으로 국제동물복지재단을 창설했다. 하지만 최소 200년 동안 이어져 왔던 바다표범사냥에 반대하는 것은 쉬운 일이 아니었다. 브라이언에게 바다표범사냥 반대운동은 필생의 작업이 될 터였다.

당시 나는 동물보호재단의 대표이며 1970년대에 바다표범사냥을 큰 목소리로 반대했던 클리블랜드 아모리와 일하고 있었다. 1979년 동물보호재단은 해양 포유류 보호운동을 하는 폴 왓슨을 위해 시 셰퍼드(Sea Shepherd)호를 구입했다. 폴과 동료들은 새끼 바다표범의 털에 페인트를 뿌려 털가죽이 상업적으로 쓸모없도록 하는 활동을 벌였다. 캐나다 정부는 폴과 동료들을 투옥했고 그 과정에서 폭력이 일어났다. 브라이언은 폴을 존경했지만 운동 방식에 대해서는 회의적이었다. 폴의 방식이 오히려 조직적인 운동을 방해하고 있다고 생각했다.

바다표범 업자들의 연간 수확량은[43] 1980년대부터 감소했다. 특히 유럽연합은 바다표범의 흰색털 모피의 수입을 금지했다. 연간 도살은 1만 8000마리까지 줄어들었고 시장은 사라지고 있었다. 갈등을 관심 있게 지켜보던 사람들은 이제 바다표범사냥의 시대는 지나갔다고 믿었다. 현 시대에 살아남을 수 있는 유형의 산업이 아니었다. 이전에도 뉴펀들랜드의 유력한 신문기자는 이 산업이 죽었다고 선언했다. 《데일리 뉴스》의 기자 퍼린은 "매우 다채로웠던 시대가[44] 뉴펀들랜드의 역사에서 사라지고 있다."고 말했다. "바다표범사냥은 쓸모없고 여러모로 불쾌한 산업이었다. 나는 바다표범 업자가 흰색 코트를 만들기 위해 태어난 지 2~3일 된 새끼를 죽일 때 새끼들이 눈물이 가득한 눈으로 올려다 본다고 말하는 것을 여러 차례 들었다. 솔직히 이 산업은 우리가 할 수 없는…… 그리고 인도주의적 입장에서도 없어지는 것이 좋다."

1980년대 중반에 바다표범사냥 산업은 사양 산업으로 취급되었다. 그러나 브라이언은 이런 추세를 확신하지 못했고 나를 얼음의 땅으로 초대해서 동물보호재단이 동지가 되어 주기를 원했다. 하지만 나는 동물보호재단이 바다표범사냥 반대 캠페인에 실질적인 도움을 줄 수 있을지 의문스러웠다. 우리는 이미 미국의 많은 야생동물 문제에 집중하고 있었고 캐나다에서 일할 여력이 없었다.

나도 바다표범 사냥꾼이 포기할 것이라는 환상은 없었다. 동물보호운동에서 배운 한 가지 교훈이 있다면 어떤 형태의 동물학대에 대해서도 절대 부고장을 쓰지 말라는 것이다. 동물의 생명은 하나뿐인 데 반해 학대자의 생명은 9개는 되는 것 같았기 때문이다. 바다표범사냥 업자와 오타와에 있는 그의 동지들의 자부심을 과소평가해서는 안 된다. 1990년대 초반 바다표범사냥 업자들은 달력을 만지작거리고 있었다.[45] 새끼 바다표범의 순백색 모피가 빠지고 은회색 모피가 올라오기를 기다리는 중이었다. 조금 더 자란 아기 바다표범의 은회색 모피는 흰색 모피 수입금지조치를 위반하지 않으면서 잃어버린 유럽 시장을 되찾을 수 있는 구세주였다. 또한 성장하는 러시아와 중국의 모피 시장에서 막대한 이득을 취할 수도 있었다. 시간도 그들의 편이었다. 세계 경제가 활발해지면서 모피 산업이 반등하고 있었다.

캐나다 정치인들은 대구 어업에 대한 정부의 부실 관리 책임을 바다표범에게 돌리는 새로운 전략을 고안해 냈다. 캐나다의 수산해양부는 장기적으로 어업이 지속 가능하도록 계획해야 함에도 불구하고 과학자와 어부의 남획 경고를 무시했고, 1990년 결국 대구는 상업적으로 멸종되는 지경까지 갔다.[46] 전체 개체수의 1퍼센트만 남아 있는 상황이었다. 《북아메리카 자연자원유지관리 연보》에는 이는 간담이 서늘할 정도의 최악의 실패이며 바다표범사냥을 감독해 온 바로 그 조직에 의해 지시된 것이라고 적혀 있다. 1992년 캐나다 정부는 심각한 개체수 감소로 대구 어업 중단을 선포하고 대서양 연안 캐나다 모든 지역에서 사업을 정리했다.

상황이 이렇게 되자 오타와와 뉴펀들랜드의 정치인은 바다표범을 희생양으로 삼았다. 정치인들은 대구를 남획한 수천 개의 기업화된 어업 선단이 아니라 바다표범이 대구를 떼죽음 시켰다고 언급했다. 물론 하프바다표범은 대구를 먹지만[47] 대구는 바다표범 식단의 1~3퍼센트를 차지할 뿐이고, 대구의 포식자 또한 먹기 때문에 실제로는 대구 개체수에 긍정적인 영향도 끼친다.

하지만 어느 정치인도 이런 사실을 언급하지 않았다. 1998년 수산해양부장관 존 에포드는 입법회의에서 "나는 600만 마리의 바다표범이 그 수가 얼마가 되든 상관없이 죽어 팔려 가거나 도살되어 태워지는 것을 보고 싶습니다.[48] 그들에게 무슨 일이 일어나든 상관없습니다. 많이 죽일수록 더 좋습니다."라고 말했다. 래브라도 출신의 전 국회의원 로렌스 오브라이언은 2003년 하원에서 "우리가 원하는 건 연구가 아닙니다.[49] …… 우리는 바다표범이 어떤 방식으로든 사라지는 것을 원합니다. 그 망할 것들을 모두 죽일 것입니다. 나도 가서 바다표범을 쏘아 죽이는 것을 돕겠습니다." 이성적인 발언이라고 할 수 없는 이런 말들은 캐나다 정치인의 의식 수준을 잘 보여 준다. 그들은 어업 관리 실패를 바다표범 탓으로 돌리고 싶어했다.

휴메인소사이어티의 활동에 반대하는 사람들은 모두 변명하고 화내고 복수심에 불타 남 탓하는 똑같은 모습을 보인다. 야생동물이 아메리카들소든 늑대든 바다표범이든 상관없고, 캐나다 해양 관련 모든 문제를 바다표범 탓으로 돌리는 그럴싸한 이론도 찾아낼 수 있다. 상식적으로 엉터리임에도 불구하고 캐나다는 매년 그런 태도이다. 매번 똑같은 허위 주장과 숫자에 분개하면서 캐나다 정부는 2003년 바다표범 할당량을 늘렸다.[50] 3년에 걸쳐 한 해에 300만 마리 이상 도살이 가능하도록 허용할 것임을 공표했다.

정확히 1년 후 내가 휴메인소사이어티 대표일 때 야생동물 프로그램 수석 부대표인 존 그랜디 박사가 바다표범사냥 반대에 역량을 모으자고 제안했다. 1993년 방문 때가 떠올랐다. 클리블랜드 아모리는 1998년에 세상을 떠났고, 브라이언 데이비스는 국제동물복지재단을 떠났다. 존 그랜디는 국제동물복지재단의 바다표범사냥 반대 캠페인 담당자였던 레베카 올드워스를 영입해 점점 커지는 피비린내 나는 사냥에 대항하는 세계적인 캠페인을 주도하자고 말했다. 어려운 전투가 될 것이 분명했지만 수백 킬로미터 떨어진 곳에서 벌어지는 대량학살을 방관할 수도 없었다. 만일 바다표범사냥 업자들이 바다표범에게 전쟁을 선포한다면 우리도 그들에게 전쟁을 선포해야 하므로 준비가 필요했다. 바다표범사냥 업자들과의 싸움은 우리 싸움이 되었고, 그 후로 투쟁은 계속되고 있다. 다시 얼음땅으로 돌아갈 때가 된 것이다.

2008년 3월, 봄이 다가오고 있었지만 봄의 기운은 느껴지지 않았다. 겨울은 여전히 물러설 기미가 없었다. 우리는 두 대의 헬리콥터를 타고 매년 이뤄지는 바다표범 관찰 프로그램을 시작했다. 사냥까지는 3주가 남아 있었다. 우리는 곤봉과 피부를 벗기는 칼을 가진 이들이 도착하기 전에 장엄한 야생의 보육 공간의 모습을 담기 위해 카메라 담당 직원, 언론인과 함께 그곳에 들어갔다.

사냥을 지지하는 지역민도 상당수였지만 야만성을 반대하는 움직임은 전 세계적이었다. 우리의 목표는 전 세계 바다표범 모피 시장을 고사시켜 사냥꾼이 사냥을 통해 이익을 얻지 못하도록 하는 것이었다. 이번 여행에 함께한 레베카 올드워스는 바다표범 보호운동에 가장 유능한 사람이었다. 바다표범사냥에 대해 모르는 것이 없었으며, 바다표범사냥을 하는 뉴펀들랜드의 작은 마을 출신이라 지역 전통을 이해하지 못하는 사람으로 치부되지도 않았다. TV를 통해 잘 알려진 젊고 잘생긴 세계적인 사진작가 나이절 바커 역시 우리와 동행했다.

샤롯데타운에서 헬리콥터를 타고 40여 분 이동하자 얼음 위에 작은 반점들이 보였다. 새로 태어난 바다표범 새끼들이 무리를 지어 모여 있는 모습은 여전히 아름다웠다. 우리는 매년 이어지는 세상에서 가장 규모가 큰 야생동물의 이동을 보고 있었다. 바다표범의 이동은 영양, 얼룩말, 아프리카물소, 매년 세렝게티를 가로지르는 어떤 동물의 이동보다 규모가 더 크다.

레베카는 바다표범의 서식 밀도를 조사하면서 비행사에게 착륙하기 좋은 장소를 알려 주었다. 착륙한 얼음 덩어리가 두껍기를 바라며 우리는 조심스럽게 발을 내디뎠다. 차디찬 바람이 얼굴을 때렸다. 우리가 입은 구명복은 혹시라도 물에 빠질 때를 대비하고 살을 에는 바람으로부터 체온을 유지하기 위한 것이었다. 기온은 영하였고, 체감온도는 더 낮았다. 빛나는 태양 아래서 놀랍게도 바다표범들은 이런 조건에 동요하지 않았다. 어미가 침착하게 새끼들을 돌보고 있었다. 대부분은 우리를 보고도 그냥 자리에 있었고, 몇몇 녀석은 얼음 가장자리로 도망쳐 물속으로 미끄러져 들어갔다. 어미는 위험을 무릅쓰고 먹이를 구하러 나갔다가 새끼들에게 돌아왔다. 얼음 위에는 핏자국이 있었지만 아직까지 바다표범사냥이 시작되지 않았으니, 아마도 아직 눈에 덮이지 않은 출산 때의 태반, 즉 새 생명의 징표일 것이다.

우리는 새끼에게 다가가면서도 너무 가까이 다가가지 않도록 조심했다. 마치 장난감 가게에서 나온 듯한 털 보송보송한 새끼를 보다가가 쓰다듬고 싶은 충동이 일어서 참느라 애를 먹었다. 새끼들은 우리가 다가가자 나이 많은 바다표범의 방어자세를 용감하게 흉내 내기도 했다. 하지만 새끼들은 대부분 거의 반응하지 않았다. 처음 본 낯선 존재의 출현에 혼란을 느끼는 것 같았다.

어미들과는 일정 거리를 유지했다. 예전에 사람이 바다표범을 죽이는 것을 목격했을 수 있을 터였다. 때때로 어른 바다표범 십여 마리가 얼음 가장자리에서 똑같이 고개를 내밀고 있다가 재빨리 사라졌는데, 사라지는 모습이 내가 이제껏 보아온 어떤 싱크로나이즈 수영보다도 더 우아했다. 멀리 있더라도 그들이 경계하는 것은 당연하다. 최근에는 업자들이 바다표범사냥에 주로 총기를 이용하기 때문이다.

우리는 얼음 위에서 세 시간 동안 이곳저곳을 걸어다니면서 사진을 찍고 영상도 찍었다. 야생동물과 사람의 유대에 불을 붙일 좋은 자료가 될 것이다. 두꺼운 하얀 털을 갖고 태어나는 바다표범 새끼는 생후 약 12일 동안 지방이 풍부한 어미젖을 먹는다. 그리고 어미는 영원히 새끼를 떠난다. 어미와 헤어진 후 2주일 동안이 새끼가 가장 위험할 때이다. 아직 수영은 못 하고, 자라고 있는 지느러미를 이용해서 서투르게 몸을 끌며 얼음 위를 움직이기 때문이다. 어미가 떠나고 아직 능숙하게 수영을 할 수 없는 발달 단계 중 가장 취약한 이때 사냥꾼이 들이닥친다.

세상에 이보다 더 무방비 상태인 죄없는 동물도 없을 것이다. 갓 태어나 수영도 못하고 도망칠 다리도 없고 어미의 보호도 못 받는 바다 생명체를 죽이는 일은 기이할 만큼 부당하다. 몽둥이와 총을 들고 배에서 내린 사람들은 미치광이 전사처럼 자연이 만든 양육장에 난입한다. 곰, 사슴 등을 죽이는 취미 사냥꾼조차도 새끼는 쏘지 않는다는 암묵적인 규칙을 따른다. 그런데 이곳에는 그런 최소한의 윤리의식도 없다. 새끼를 죽이는 것이 바다표범 산업을 관통하는 핵심이다.

외모와 상관없이 동물은 공평하게 보호받아야 한다. 동물의 외모는 매력적일 수도 무서울 수도 귀여울 수도 있지만, 학대로부터 그들을 지키는 것은 동물의 눈이 얼마나 큰지 털가죽이 얼마나 풍성한지가 아니다. 그런데도 아름다운 동물, 특히 새끼는 사람의 마음을 흔드는 무언가가 있다. 그래서 대중의 눈에 모든 동물학대가 동등하게 보이지 않는다는 사실을 부인하기 어렵다. 특별한 종, 특정 동물에 대한 문화적인 선호가 다르고 인간에게 필요한 학대였느냐에 따라 학대를 바라보는 시선도 달라진다. 강아지 공장이 쥐를 실험용으로 이용하는 연구소보다 더 큰 반응을 끌어내고, 투견이 식용으로 가축을 죽이는 것보다 더 큰 반향을 일으키는 이유이다.

그래서 갓 태어난 새끼 바다표범의 귀여움과 도살 앞의 취약함과 무력함을 보여 주는 일이 우리가 벌일 운동의 시작점이었다. 도살 방식은 거칠기 그지 없어서 모든 장면이 흉측하고 폭력적이며 포악했다. 수십만 마리의 작은 새끼의 껍질을 벗긴 후에 사체를 그대로 버린다는 점에서도 바다표범사냥은 엄청난 낭비이다. 고통과 유혈 사태가 전부인 모피 산업은 무의미한 살육 그 자체였다.

미국은 이미 오래전에 바다표범 모피가 필요하지 않다고 결정했다. 미국은 1972년 닉슨 대통령이 〈해양포유류보호법(Marine Mammal Protection Act)〉을 승인하면서 바다표범 도살을 금지했다. 사람들은 캐나다의 바다표범사냥을 잔인하고 불필요하다고 생각한다. 내가 생각하는 동물보호운동의 열쇠는 현존하는 도덕 기준과 법적 기준이 일관되게 적용되고 있는지 묻는 것이다. 미국인에게 바다표범 도살은 범죄이므로 법적 기준이 일관되게 적용되도록 호소하는 것은 바다표범 보호에 효과적으로 작용할 터였다.

캐나다에 바다표범 가죽 판매를 금지하는 법은 없지만 캐나다인이 바다표범 가죽을 소비하는 것도 아니다. 경쟁 때문에 가격은 떨어지고 판매는 외국에서 이뤄지면서 바다표범 문제는 아무도 관심을 갖지 않는 채 버려져 있다. 외국에 제품을 판매한다는 것은 말 그대로 바다표범 문제를 소비자의 판단에 맡기는 것이다. 바다표범 산업은 가죽을 소비하는 해외 시장에 좌우되기 때문에 소비국이 도덕적 이유로 주문을 줄이면 이 산업은 타격을 입을 수밖에 없다. 그래서 업자들은 소비자가 바다표범 모피만 사고 도덕적인 문제에 대해서는 입을 닫아 주기를 바라지만 세상은 그들이 원하는 두 가지를 다 주지는 않는다.

마침내 그해 바다표범사냥이 마들렌섬 근처에서 시작되었다. 항구에 배를 대듯 부빙에 배를 대더니 손에는 작살 같은 도구를 들고 엉덩이에는 칼집을 찬 사냥꾼들이 뛰어내렸다. 바다표범은 종종걸음으로 도망치려 하거나 10센티미터 정도 몸을 들어올려 절망적인 작은 포효를 하지만 무의미했다. 사람들은 끝에 구부려진 얼음송곳이 달린 해카픽이라는 작살 같은 도구를 휘둘러 새끼 바다표범의 머리를 내리쳤다. 사냥꾼은 한 바다표범을 내려친 후 바로 다른 녀석을 쫓아가 또 내리쳤다. 하나씩 하나씩 시야에 있는 모든 바다표범을 때려눕힌 뒤 가죽 벗기기를 시작했다. 얼음 위에서 바다표범의 모피를 벗겨 내거나 해카픽의 얼음송곳으로 몸을 찍어 보트로 끌고 간 다음 모피를 벗긴 후 몸뚱이는 바다나 얼음 위로 던져 버렸다.

종종 사냥꾼이 치명적인 가격을 하지 못해 바다표범이 고통스럽게 죽어 가기도 한다. 휴메인소사이어티 촬영팀이 사냥꾼의 위협에도 불구하고 이곳에서 벌어지는 끔찍한 학대를 기록하는 몇 시간 동안 나는 그들을 찬찬히 관찰했다. 사냥꾼은 새끼 바다표범이 도망치기 전에 가능한 한 많이 죽여야 하기 때문에 얼음 위를 미친 사람처럼 뛰어다녔다. 그러다 보니 격렬하게 꿈틀대는 바다표범의 급소를 정확하게 맞히기가 어려웠다. 단숨에 숨이 끊기지 않은 새끼들은 피가 흥건한 바닥에서 숨을 쉬어 보려고 피투성이 머리를 들어올리려 노력했다. 2001년 수의사 단체가[51] 사냥이 끝난 후의 바다표범의 사후 검시를 했다. 보고서는 바다표범 사냥이 '참기 힘든 상당한 고통'을 유발한다고 결론내렸다. 사냥꾼들은 칼로 가죽을 벗길 때 이미 바다표범은 의식이 없다고 말하지만, 그렇지 않을 확률이 42퍼센트에 달한다고 발표했다. 달리 말하면 많은 바다표범이 살아 있는 채 가죽이 벗겨진다는 것이다. 2007년 휴메인소사이어티는 수의사로 꾸려진 전문가 단체의 바다표범사냥 현장 조사를 안내했다. 그들은 사냥꾼은 일상적으로 규제를 무시하고, 당국은 법률 집행에 실패했다고 보고했다.[52] 보고서는 작살 휘두르기와 총살은 반드시 금지되어야 한다고 결론지었다.

이런 파장이 예상되기 때문에 캐나다 당국과 사냥꾼들이 휴메인소사이어티의 촬영팀을 가능한 한 가까이 가지 못하게 방해하고 협박했다. 하지만 새끼 바다표범사냥은 기록되었고 바다표범의 비명 소리는 온 세계로 퍼져 나갔다. 캐나다 국민은 정부에게 학대를 허용하지 말라고 요구했다. 모든 일이 제대로 진행되었다. 2009년 유럽연합 27개 회원국이 바다표범의 어떤 부위도 수입하지 않겠다는 금지안을 채택하도록 휴메인소사이어티도 힘을 보탰다.[53] 이번 조약은 1970년대의 흰색 모피 금지 때보다 훨씬 더 의미가 컸다. 당시에 비해 유럽연합이 훨씬 더 커졌기 때문이다. 캐나다의 북미자유무역협정 상대국인 멕시코도 바다표범 수입을 금지했다. 러시아 정부는 자체적으로 새끼 바다표범사냥 금지를 결정했다. 블라디미르 푸틴이 '피비린내 나는 사업'이라고 묘사하면서[54] 금지한 덕분에 연간 3만 5000마리에 이르는 바다표범이 생명을 구하게 되었다.

이런 조치에 다년간에 걸친 미국 시장에서의 금지 조치까지 겹치자 캐나다는 선택의 여지가 없었다. 2010년 허용된 도살 숫자는[55] 38만 8000마리였는데 낮은 모피 가격과 창고에 쌓인 여분의 모피 때문에 바다표범 업자들은 허용된 숫자의 5분의 1 정도인 6만 6509마리만 잡았다. 2011년도 마찬가지였고 앞으로 나아질 전망도 희박하다. 이제 바다표범 모피 산업을 전도 유망한 사업이라고 말하는 사람은 없다. 세상 어떤 투자가가 전망 없는 바다표범 도살 사업에 돈을 대겠는가.

현재 허가받은 바다표범 사냥꾼은 1만 4000명 정도에 불과하다.[56] 모피 가격이 가장 비쌀 때조차 겨우 5,000~6,000명만이 실제로 사냥에 참여했다. 이들 모두 주 수입원은 고기잡이로, 바다표범사냥은 작은 부수입에 불과했다. 바다표범사냥은 두꺼운 얼음 덩어리에 배를 대야 하기 때문에 배에도 나쁜 영향을 끼친다. 따라서 연료비, 수리비, 유지 비용 등을 고려하면 왜 사냥 허가증을 받은 사람들이 다 사냥에 참여하지 않는지 이해할 수 있다. 게다가 모피 가격까지 떨어지면서 부수입이 아니라 값비싼 취미가 되어 버렸다.

시장원리에 비춰 봐도 바다표범사냥은 누구에게도 이익이 되지 않는다. 뉴펀들랜드 바다표범 업자들은 2010년에 대략 120만 달러의 매출을 기록했다.[57] 2009년의 90만 달러와 단순 비교하면 괜찮은 것처럼 보이지만 지난 10년 동안 모피 가격은 30~40달러에서 15~20달러로 떨어졌다. 120만 달러는 모피와 공정에서 추출되는 기름을 합한 금액이다. 기름은 공업용 윤활유, 동물먹이, 영양보조제인 오메가-3에 사용된다. 그러니 아무리 낙관적으로 계산해도 바다표범사냥 산업은 연 120만 달러 매출 규모의 산업이다. 래브라도의 광산산업이 25억 달러, 어업이 4억 5000만 달러인 것을 감안하면 터무니없이 적은 규모이다.

그렇다면 바다표범 사냥꾼이 부담하는 작업 비용은 얼마나 될까? 우선 사냥이 이루어지는 6~7주 동안 배치되는 캐나다 해안경비대 유지 비용은 납세자가 낸 세금이다. 해안경비대는 사냥꾼이 얼음을 깨고 새끼 바다표범이 모여 있는 곳으로 접근할 수 있도록 돕는다. 말로는 사냥을 '감시'한다고 하지만 실제로는 언론 등이 도살 장면을 기록하는 것을 방해하는 것이 주된 임무이다. 얼음으로 가득한 바다에서 사냥꾼이 곤란에 처하면 수색하고 구조하는 것도 이들의 역할이다. 이 모든 비용은 캐나다 국민에게 부과되며 연간 300만~500만 달러가 든다. 최근 몇 해 동안 이렇게 들어간 공적 지출이 이 사업으로 벌어들인 수익의 3~5배에 달한다.

해안경비대의 지원비와 함께 바다표범 사냥꾼이 연중 수령하는 여러 형태의 공적 보조금도 수천만 달러에 달한다. 캐나다 정부는 자세한 설명을 피하고 있지만 상당한 금액이 지급되고 있는 것은 분명하다. 바다표범 제품에 직접 지원되는 보조금,[58] 공장 가동을 위한 지원금과 대출금, 바다표범 가죽의 판로 개척을 위한 제품 개발과 마케팅 투자금 등이 존재한다. 여기에 수도 오타와와 전 세계 도시를 오가며 바다표범사냥 사업을 옹호하는 캐나다 정부 관료의 로비와 외교 노력이 더해진다.

총 생산액이 100만 달러 남짓한 산업을 보존하기 위해 매년 수백만 달러씩 더해지는 공적 비용이 지출된다. 사냥꾼의 개별적 비용을 고려하면 사냥꾼의 실제 이익은 손에 쥐는 돈의 일부분에 그친다. 새끼 바다표범을 때려죽인 대가로 그들이 호주머니에 넣는 돈은 푼돈에 불과하다는 의미이다. 물론 전혀 이익을 내지 못할 때도 있다.

게다가 이 계산은 바다표범사냥에 대해 분노해서 촉발된 국제적인 캐나다 수산물 거부 운동이 가져온 경제적 불이익을 포함하지 않은 것이다. 캐나다는 1년에 수산물을 35억 달러 이상 수출하는데 이중 3분의 2가 미국으로 간다. 휴메인소사이어티에 의해 2005년 미국에서 시작해 현재는 유럽까지 확산된 보이콧의 정확한 경제적 영향을 측정하기는 쉽지 않다. 수천 곳의 식품 소매점, 식당, 음식 서비스 관련자들이 우리 캠페인에 합류했으니 캐나다의 해외 수산식품 판매가 수천만 달러 또는 수억 달러 감소한 것은 의심할 여지가 없다. 2004년에는 뉴펀들랜드 어류 수출의 절반을 차지하던 대게의 수출이[59] 보이콧되면서 그후 매출이 9억 달러 감소했다.

바다표범사냥은 관련자 모두에게 손실이며 특히 수산업에 피해를 끼친다. 아직도 사냥은 해마다 이루어지고 있다. 경제적인 이유가 아니라면 바보 같은 자부심과 정치적 영합 이외에 무엇이 이 산업을 지속시키는 것일까? 캐나다 대서양 연안 주는 3대 주요 정당인 진보정당, 보수정당, 신민주당이 표를 치열하게 다툰다. 이는 미국에서 흔히 '경합주'라고 부르는 지역과 닮았다. 그 때문인지 대부분의 캐나다 사람이 사냥 금지를 원한다는 여론조사에도 불구하고 이곳에서는 바다표범사냥을 옹호하는 입장이 통하고 있다.

바다표범 사냥꾼은 뉴펀들랜드의 수익성 좋은 조개류 어업에 종사하고 있으면서도 전통적 삶의 방식이라며 사냥을 고수하고 있다. 그들에게 이성적인 경제 상황 분석은 의미가 없다. 어획량의 감소를 유발하는 진짜 원인은 남획이지만, 그들은 바다표범의 책임이라고 생각한다. 사실 바다표범 문제는 어부의 불만과 좌절, 억울함 등이 투사된 대용물인데 정치인은 이런 것을 이용하고 강화하는 데 능하다. 세계적인 비난보다 표가 더 중요한 정치인은 보조금으로 어부를 홀리고 세상의 의견 따위에는 신경 쓰지 않도록 만들고 있다.

　이런 태도가 상식적 판단에 자리를 내 주는 날이 오긴 올 것이다. 세계적으로 수산식품 보이콧이 확산되는 것을 오래 버틸 재간은 없다. 한 캐나다 문필가는 이렇게 피력했다.[60] "바다표범 사냥꾼과 그들의 정치적 후원자들은 이런 흐름을 저지하려고 수많은 기회를 노렸다. 마치 독일이 디데이(제2차 세계대전 중 독일 점령하의 유럽에 연합군이 침공을 개시한 날) 이후 연합국을 막기 위해 그랬던 것처럼 말이다. 하지만 그들은 전쟁에 지고도 이념적 광신 때문에 싸움을 계속하고 있다. 대구 사태 때처럼 그들은 캐나다의 납세자들이 이런 어리석은 일을 계속 지지하리라는 망상 속에서 산다."

　동물의 운명을 두고 벌어지는 많은 갈등처럼 바다표범 사냥꾼은 그들이 두려워하는 쓴 패배가 실제로 더 좋은 날을 가져다준다는 사실을 언젠가 알게 될 것이다. 바다표범사냥은 북아메리카 전통 경제의 유물이며 여기에 매달리는 것은 새로운 기회를 닫아 버리는 행동이다. 시대는 바뀌고 사람의 마음 또한 바뀐다. 바다표범 사냥꾼의 아들, 딸을 포함한 지역사회는 훗날 야생동물을 쓸어내 버리거나 자연을 파괴할 필요가 없다는 사실을 깨닫게 될 것이다. 현실은 그들의 생각과는 전혀 다르다. 바다표범 모피를 사려는 사람이 한 명이라면, 북대서양에서 바다표범이 평화롭게 사는 모습을 보려고 큰 돈을 지불하려는 사람은 최소 100명은 될 것이다. 바다표범 생태 관찰과 바다표범 도살은 동시에 존재할 수 없다. 도덕적으로도 경제적으로도 양립할 수 없다. 캐나다는 둘 중 하나만 택해야 한다. 바다표범사냥을 지속하는 것은 부끄럽고 슬픈 일이며 캐나다 같은 나라에 어울리지 않는 산업이다.

3부

인도적인 세상 만들기
Building a Humane World

7장

동물학대와 학대옹호자들

어린 시절 우리 집은 번화한 도로와 그다지 복잡하지 않은 도로의 교차 지점에 있었다. 이런 장소는 줄을 매지 않은 개에게는 무척 위험하고 특히 지켜보는 사람이 없을 때는 더욱 그렇다. 여덟 살의 어느 여름날 비극이 일어났고 나는 평생 후회하며 살고 있다.

내가 기억하는 첫 번째 개는 푸들과 비글이 섞인 종으로 형이 아테네 정치가의 이름을 따서 페리클레스라고 이름 지었다. 꼬마에게는 그다지 어울리지 않는 거창한 이름이었지만 페리클레스는 이름과 달리 우두머리 수컷이 아닌 순종적이고 언제나 행복한 개였다. 사건이 있던 그날 오후 페리클레스는 밖에서 놀다가 다른 개의 꽁무니를 쫓아갔다. 앞선 개가 번화한 도로 쪽으로 움직이자 페리클레스도 뒤를 따라 도로로 내려섰다. 앞선 개는 길을 건넜는데 조그마한 페리클레스는 그만 차에 정면으로 치였고 길에서 죽고 말았다.

가족들은 내게 소식을 전하면서 자세한 내용은 대부분 뺐지만 나는 엄청난 충격에 빠졌다. 무슨 일이 있어났는지를 대략 파악할 수 있을 정도의 나이였지만 슬픔을 감당하기에는 너무 어렸다. 나는 차고 벽에 기댄 채 머리를 묻고 가슴을 들먹거리며 몇 시간을 울었다. 셔츠가 눈물에 젖었던 기억이 오랫동안 남았다.

반려동물을 잃은 슬픔이 당연한 것임을 지금은 안다. 슬프지 않으면 오히려 이상한 것이다. 우리는 삶을 공유하는 개와 고양이에게 공감과 사랑을 느끼고 가족의 일원으로 여긴다. 가족이란 살면서 겪는 좋고 나쁜 모든 것을 함께하고 나눈다는 의미이다. 반려동물의 짧은 수명 때문에 어쩔 수 없이 겪는 상실도 포함해서.

사고나 급작스러운 질병으로 떠난 경우에도 동물의 죽음은 우리를 고통스럽게 한다. 짧았던 그들의 삶을 다 기억하기 때문이다. 우리는 강아지나 아기 고양이가 까부는 모습도 유쾌하게 함께 즐겼고, 어른으로 성장하는 과정을 지켜봤으며, 노화가 오면서 기력이 쇠약해지는 것도 보았다. 가끔 힘든 선택에 직면하기도 한다. 변함없이 그들을 사랑하지만 노화 과정을 힘들게 지켜봐야 하거나 고통을 끝내기 위해 안락사를 결정하기도 한다.

절대로 잊을 수 없는 순간이 누구에게나 있다. 수의사가 래브라도 혼종인 브랜디의 정맥에 안락사 용액을 주사할 때 10대였던 나와 부모님은 브랜디를 쓰다듬으며 계속 부드러운 목소리로 안정시켰고 브랜디는 우리를 끝까지 믿었다. 아련한 눈빛의 브랜디는 뭔가 심각한 일이 일어나고 있음을 아는 것 같았다. 으레 있는 일상적인 병원 방문처럼 느끼게 하려고 애썼지만 브랜디는 우리의 눈에서 모든 것을 읽고 있었다. 브랜디를 떠나보내고 병원을 나와 집으로 돌아오는 10분이 영원처럼 느껴졌다. 집도 가족의 마음도 텅 빈 듯했다. 큰 존재감을 지녔던 작은 생명이 사라져 버린 것이다.

가족은 모두 심한 상실감에 시달렸다. 다시 볼 수 없다는 것이 너무 힘들었다. 브랜디는 노화로 심하게 고통받았고, 자신의 몸이 망가져 가는 걸 스스로 두려워했다. 우리는 그런 브랜디의 마음도 고통도 함께 느꼈다. 브랜디의 모든 것을 공감했다.

이런 공감이 연민의 뿌리이다. 지금까지 이루어진 훌륭한 일은 대부분 공감으로부터 나왔다. 우리는 사랑하는 대상에 대해 공감을 느끼지만 공감이 반드시 친근한 관계를 필요로 하는 것은 아니다. 인간의 종교와 전통은 가난하거나 배고픈 사람, 아픈 사람을 보살필 것을 요구하고, 많은 이들이 돈을 기부하거나 다른 사람의 상처를 보듬고 그들의 상황을 개선하기 위해 봉사를 한다. 도움을 받는 사람의 외모가 나와 다르고 지구 반대편에 살고 있어도 상관 없다. 이것이 무수한 비영리 시민단체를 활기차게 돌아가게 하는 힘이다. 선진국은 이런 활동에 수십억 달러를 기부한다.

이런 관대함을 동물에게 확장할 수는 없을까? 페리클레스의 갑작스러운 죽음을 접한 슬픔과 브랜디가 고통스럽게 나이 들어가는 것을 보는 비통함을 느껴본 사람이라면 누구라도 어렵지 않게 그럴 수 있을 것이다. 나를 기쁘게 하려고 애쓰던 충성스러운 친구들은 기쁨과 동료애의 원천이었다. 그러나 지역보호소의 유기견과 유기묘, 허리케인 카트리나, 2010년 걸프만 기름 유출 등의 재난에 희생된 동물, 캐나다 부빙 위의 새끼 바다표범, 오하이오의 공장식 농장의 임신용 감금우리에 갇힌 암퇘지, 텍사스의 사냥 농장에 갇힌 얼룩말 등 우리가 이름 붙이거나 알지 못하는 동물은 어떨까? 조금 더 복잡해 보이지만 상대적으로 대답하기 쉬운 질문이다.

우리는 고통받는 모든 생명체를 보살펴야만 한다. 고통이 인간에 의해 주어진 것이라면 더욱 그렇다. 아마도 우리가 반려동물을 사랑하고 보살피듯이 그들의 고통을 가까이에서 본다면 더욱 배려하게 되고 마음 아파하게 될 것이다. 반려동물과 다른 학대받는 동물의 유일한 차이는 멀리 떨어져 있어서 우리 눈에 띄지 않는다는 것뿐이다. 그래서 가혹하고 잔인한 방식으로 동물을 이용해 이익을 얻는 이들은 사람과 동물을 떼어 놓으려고 애쓴다.

모든 동물권 이론에서 동물보호의 대의는 궁극적으로 인간의 공정성에 대한 갈망, 자비심, 보편적이고 오랜 세월 동안 이어 온 행동 기준에 호소한다. "의로운 사람은 짐승의 생명도 존중하지만 사악한 자들은 자비로울 때조차 잔인하다."[1]라는 명언은 어떤 시대에도 인도주의적 보살핌이 있었음을 함축하고 있다. 동물복지운동에서 가장 큰 어려움은 사람으로 하여금 동물학대는 인간 이하의 행위이고, 잔인함에는 변명의 여지가 없으며, 인간은 생명체를 다룰 때 보다 더 친절하고 절제된 태도를 보여야 한다는 이미 다 알고 있는 사실을 상기시키는 일이다.

하지만 이런 일반적 원칙을 믿는 것과 현실에 적용하는 것은 별개이다. 그 동안 인간이 다른 생명체에 끼친 영향력을 줄이는 것은 단순한 문제가 아니다. 음식, 옷, 취미 등을 모두 동물에게 의존해 왔던 관습을 깨는 일이 어디 쉽겠는가. 동물을 인간 삶의 방식에 이용한지는 오래되었고, 과거에는 생존에 필요했던 것이 지금은 사소한 편리함을 위해 이용할지라도 변화가 쉽지는 않을 것이다. 그래도 인간과 동물의 관계가 진전을 이루려면 우선 인간이 자신의 삶을 동물 전체와 연결해야 한다. 자신의 반려동물뿐 아니라 다른 동물과도 유대를 맺을 때 진보가 이루어지며 공감과 도덕적 배려가 확장되기 시작한다.

언제나 도덕적 고려 사항과 일상을 조화시키기란 어렵다. 동물 문제에서는 육식 문제가 가장 어렵다. 건강과 강인함을 유지하려면 육식을 해야 한다고 배웠고 애착도 강하기 때문이다. 고기, 우유, 달걀은 집 냉장고에는 물론 슈퍼마켓, 식당 메뉴판 등 도처에 널려 있다. 육류 없이는 살 수 없는 환경에 살고 있는 것이다. 그렇지만 이런 상황에 누군가 의문을 제기하고 음식 선택에 도덕적 질문을 던지지 않는다면 진보는 이루어지기 어렵다. 도덕적 질문은 음식 선택이라는 영역에서도 유효하다. 하지만 대부분 생명체에 대한 잔인성과 고통을 피하기 위한 선택에 대해 구체적으로 사유하지 않는다. 이끌리는 대로 행동하고 변덕과 식욕에 휘둘린다.

온갖 다양한 형식의 광고도 동물의 처우에 대한 진지한 사유를 막는다. '오늘 저녁식사는 소고기',[2] '놀랍도록 먹음직한 달걀', '캘리포니아의 행복한 암소' 같은 식이다. 정부도 마찬가지이다. 어린 시절 나는 정부가 배포한 '기초 4대 식품군' 표를 받았는데 거기에는 고기, 우유, 달걀을 많이 먹지 않으면 건강하지 않다는 내용으로 가득했다. 뉴욕 대학교의 영양학 교수 매리온 네슬레는 이런 안내문은 관련 업체의 집요한 로비에 따른 것이라고 발표했다.[3] 그래서 현대인에게는 더 많은 과일과 야채가 요구되지만 여전히 음식 피라미드(미국 정부와 농무부가 만든 영양권장표로 사람이 하루 동안 어떤 음식을 얼마나 먹는 것이 건강에 좋은지를 알려 준다)는 고기, 우유, 달걀을 마음껏 먹을 것을 권한다.

미국영양학협회(American Dietetic Association)는 고기, 육류, 유제품이 건강을 유지하는 데 필요하지 않다고 말한다.[4] 오히려 이런 식품을 지금처럼 섭취할 경우 심장병, 암 등 심각한 건강상의 문제가 생길 수 있다고 지적한다. 영양과학은 육류와 달걀, 유제품에 대한 그 동안의 믿음을 무너뜨리면서 새로운 도덕적 질문을 가능하게 했다. 만일 이런 음식이 건강과 성장에 결정적인 역할을 하지 않고 때로는 해롭기까지 하다면 육식을 하는 이유는 맛과 즐거움 이외에 어떤 합당한 이유가 있을까? 육식은 미각을 만족시키는 맛, 식감을 제공하는 강력하고 익숙한 습관이다. 하지만 그것이 대규모 감금 사육과 동물이 겪는 비참함에 대한 대가라면 과연 도덕 저울의 눈금은 어디쯤을 가리키고 있을까?

일부 지역에서 모피 코트가 필수품이던 시절이 있었다. 하지만 요즘은 얄팍한 지위의 상징 외에 별다른 의미가 없다. 가정용품과 화장품 제조에 동물실험을 하는 곳도 부지기수이다. 실험은 고통스러울 뿐 아니라 쓸모도 없다.[5] 동물실험의 대안이 가능한 지금 토끼, 개 등 수백만 마리의 동물에 대한 불필요한 학대를 끝내라고 요구할 수는 없는 것일까? 동물폭력의 상당수는 최소한의 정당성마저 잃었지만 여전히 어떤 식으로든 잔존하고 있다. 동물을 가혹하게 이용하는 이유는 인간의 필요성 때문이지만 필요가 사라졌을 때 남는 것은 변명뿐이다.

우리는 어느 때보다 많은 선택권을 갖고 있고 시장에는 많은 대체품이 있다. 그런데도 해오던 것을 바꾸는 변화는 불편하고 두렵고, 누군가로부터 이래라 저래라라는 소리도 듣기 싫다. 동물을 인도적으로 취급한(cruelty-free) 식품과 옷은 구하기 힘들고 심지어 비싸기까지 하다. 보다 인도적으로 키워진 동물을 먹거나 완벽한 채식을 하는 것은 고도의 절제력과 개인적 헌신, 소비 습관의 대변혁을 필요로 한다.

또한 새로운 식습관은 다른 이들을 당혹스럽게 만들기도 한다. 마치 그들의 선택을 도덕적으로 재단하는 것처럼 느껴져 가족, 친구들을 불편하게 하기 때문이다. 우리도 설교나 하려고 드는 사람이나 극단주의자처럼 보이는 것이 싫다. 여기서 이성적 충동이 갈등을 겪는다. 동물에게 배려해야 한다는 마음과 기존 방식에 순응하고 싶은 사회적 본능 사이에서 갈등한다. 원칙적으로 동물학대에 반대하기란 쉽다. 하지만 우리 삶에 찌든 잔인성을 짜내는 것은 실제로 굉장히 어려운 도전이다.

나는 대학교 때 고기를 그만 먹기로 결심했다. 전통적인 농장 운영 방식을 대체한 공장식 농장의 모습을 보고 관련 자료를 면밀하게 살핀 후에 내린 결정이었다. 유행이나 순간적 충동으로 결심하지 않았다. 무언가 잃을 것이 있겠지만 생활방식을 바꿔야 한다고 믿었다. 또한 이 결심이 내 주변 사람들이 공장식 축산을 중요한 도덕적 문제로 느끼는 계기가 되기를 바랐다. 다른 사람 덕분에 내가 이 문제에 직면했던 것처럼 나도 그런 사람이 되고 싶었다.

남의 마음을 상하지 않게 하려고 최선을 다했지만 친구들의 반응은 방어적이었다. 도덕적 질문이 바로 우리 앞접시에 놓여 있는 경우라면 더욱 그랬다. "너는 고기는 안 먹지만 가죽 구두나 벨트는 쓰잖아, 안 그래?", "그래, 너는 야채 샌드위치를 먹어. 그런데 야채를 수확하는 콤바인이 토끼나 생쥐, 다른 작은 동물을 깔아뭉갠다는 사실은 알지?", "니가 입고 있는 면셔츠를 만들기 위해 들판에 뿌리는 살충제는 어때? 그 과정에서 수없이 많은 새들이 중독되는데?"

이런 반응은 행동도 배려도 하지 않으려는 억지주장이다. 사람은 자신이 방어하려는 화제에 관한 한 몹시 날카롭고 지략 있는 논객이 될 수 있다. 물론 어떤 수준에서 그런 주장은 일정한 논리를 가진다. 우리가 취하는 거의 모든 행동은 간접적이었거나 의도하지 않았더라도 동물에게 영향을 끼친다는 것이다. 물론 식습관과 소비 패턴을 바꿔서 동물에게 해를 끼치지 않겠다는 포부는 극단적으로 높은 기준이다. 어찌 보면 그 희망은 실현 불가능하고 비현실적이다. 먹고, 마시고, 차를 타고, 옷을 사고, 전기 스위치를 누르는 일상생활 속에서 우리는 자신도 모르게 동물에게 영향을 미치고 있다.

하지만 친구들이 나를 일깨우거나 내가 처한 도덕적 상황을 확인시키기 위해 이런 이야기를 한 것이 아님이 충격적이었다. 그들의 전략은 단순했다. 내 생각에 흠집을 내거나 내 행동의 비일관성을 지적해 자신들이 떠안을 도덕적 책임을 벗어나고 싶었던 것이다. 다 할 수 없으므로 아무것도 하지 않겠다는 식의 접근으로는 한 걸음도 내디딜 수 없다. 만일 이런 논리를 모든 이타적인 행동에 적용한다면 우리는 모두 절망해 어떤 시도도 하지 못할 것이다. 연민에 기초해 평생을 걸고 이 일을 하겠다는데도 충분하지 않다고 한다면 그런 기준으로라면 과연 언제쯤에나 시도라도 해보게 될까?

'전부가 아니면 아무것도 아니'라는 양자택일의 태도는 심각한 결함을 가지고 있다. 인간인 이상 우리의 생활이 동물에게 어떤 식으로든 해를 끼친다는 것을 핑계 삼아 면죄부를 준다면, 결국에는 동물에게 무슨 짓을 해도 괜찮다는 식의 논리로 귀결될 것이다. 공장식 축산과 모피 생산뿐 아니라 강아지 공장, 투견, 반려동물에 대한 끔찍한 학대까지 마찬가지이다. 환원주의로 본 세상에는 한계가 없다. 예일 대학교 식당에서 친구들이 펼쳤던 궤변론은 극악한 학대자도 같은 논리로 이용할 수 있고, 어떤 종류의 개선이든 좌절시키는 데 마음대로 이용할 수 있다. 전부가 아니면 아무것도 아니라는 논리에서는 언제나 '아무것도 아닌 것'이 이기게 마련이다. 그 논리에 따르면 극단적인 학대를 금지하는 어떤 객관적 기준도 필요없다.

물론 친구들은 동물을 잔인하게 대하는 것은 나쁘며 악의적인 학대자는 처벌받아야 한다고 말할 것이다. 그들은 자신의 견해를 논리적 극단으로 몰고 가지 않는다. 논리 상 모든 유형의 끔찍하고 악의적인 일은 방어해야 하므로. 자신의 반려동물에 관해서라면 학대에 격렬히 반대했고, 동물학대는 처벌받아야 한다고 믿고 있었다.

일단 어느 정도 이해하기 시작하면 사람은 직감적으로 동물을 세분화하여 구분한다. 동물학대는 잘못이라는 기본적 직관과 육식, 가죽제품, 사냥을 허용하는 사회적 관습을 조화시키려고 애를 쓴다. "반학대원칙은 반려동물에게만 적용해야지 야생동물이나 가축은 아닌 것 같아.", "사회적 목적으로 어쩔 수 없이 이루어지는 경우는 학대라고 보기 어려워. 야생동물 개체수 조절이나 값싼 고기의 생산, 질병 치료를 위한 동물실험처럼." 목적이 수단을 정당화할 수 있다고 여긴다. 우리는 물질적 풍요와 개인적 안위를 동물학대와 맞바꾸고 있는 셈이다. 사람은 동물학대에 반대하는 것과 일상적으로 동물을 사용하는 그들의 습관을 고수하는 것, 직관적으로 옳다고 느껴지는 두 가지 믿음 사이 어딘가에 도덕적 피난처를 마련하곤 한다.

동물보호라는 대의가 실현되기 어려운 이유가 바로 여기에 있다. 동물을 적절하게 보살피고 보호해야 한다는 큰 원칙에 대한 의견 충돌은 없다. 진짜 어려움은 지속적인 적용 여부이다. 반학대라는 이상을 고수하려면 상당한 희생이 요구된다. 동물학대가 만연하니만큼 도덕적 시험에 처할 때도 많다. 원칙을 지키며 살아가기란 분명 힘든 일일 테고 윤리적 처신의 경계에서 분투해야 할지도 모른다. 하지만 그것이 아무것도 하지 않는 핑계가 되어서는 안 된다. 다른 양심의 문제와 마찬가지로 의심하는 것을 탐탁지 않게 여기고 반성과 불편함, 희생 없는 행동을 옹호하는 주장을 경계해야 한다.

| 동물학대자, 동물복지협의회를 꾸리다 |

대학 졸업 후 전업 활동가로 일하는 사이 동물보호
운동은 아이비리그의 탁상토론 이상의 것이 되었다. 지금 나는 동물을
대신해서 전국적인 캠페인을 벌이고, 내 행동은 현실 세계에서 결과를
낳고 있다. 처음부터 내 목표는 사람의 행동을 이래라 저래라 규제하
는 것이 아니라 최악의 동물학대를 종식하고 방지하는 것이었다.

동물과 관련된 논쟁에서 다양한 입장에 선 사람을 만나는 것도
내 역할 중 하나이다. 모피 가게 앞에서 큰 소리로 반대하는 동물운동
가도 만나고, 선출된 관료에게 로비하는 운동가도 만난다. 기존의 산
업 방식을 고수하는 사냥꾼이나 공장식 축산업자도 만나는데 그중에
는 가끔 개선의 필요성을 느끼는 사람도 있다. 사람을 만나다 보면 동
물보호론자가 제기하는 문제에 익숙한 사람이 있는가 하면 여전히 문
제 있는 견해와 습관을 고수하면서 동물보호 쟁점에 귀 기울이지 않는
일반 대중도 있음을 알게 된다.

동물권리를 옹호하는 이는 주로 여성이다. 또한 백인이 흑인, 라
틴계, 아시아인보다 동물보호에 우호적이다. 노동자 계층보다는 대졸
자가, 시골보다는 도시 출신이 동물보호에 적극적이다. 대개의 동물권
리 옹호자는 자신의 반려동물에서 시작해서 동물학대에 대한 큰 자각
을 통해 동물보호운동에 뛰어든다. 하지만 온갖 다양한 신념과 배경으
로 이 운동에 뛰어드는 사람이 많다. 어떤 이는 반려견이나 길고양이

문제에, 어떤 이는 연구실 원숭이나 농장동물 문제에, 어떤 이는 야생마나 멸종위기에 처한 늑대 문제에 특별한 열정을 느낀다. 어떤 이는 채식주의자이고, 어떤 이는 고기 소비를 최소화하고 가능하면 인도적인 농장에서 생산된 고기를 이용하려고 노력한다. 다양해 보이는 이들에게는 공통의 목표가 있다. 좀 더 높은 윤리적 일관성을 가지는 것, 사회의식을 고취시키는 것, 동물의 삶을 좀 더 견딜 만하게 만드는 것이 그것이다.

동물보호단체는 모두 대중의 관심을 끌기 위해 애를 쓴다. 대중은 활동가처럼 열정적으로 관여하지는 않지만 취지에 적대적이지도 않다. 사람들은 학대를 나쁘게 생각하며 동물 싸움을 비롯한 동물에 대한 악의적인 행동에 동조하지 않는다. 기회만 주어지면 다수가 농장동물의 고통을 줄여 주고, 덫을 금지하거나 가둔 채 동물을 사냥하는 것을 금지하는 법안에 찬성표를 던질 것이다. 어떤 이는 모피, 공장식 농장에서 온 고기와 달걀, 동물실험을 거친 화장품과 생활용품을 거부한다. 어떤 이는 동물단체에 돈을 기부하기도 한다. 우리는 허리케인 카트리나나 마이클 빅의 투견 스캔들로 의식이 고양되었던 때 이런 현상을 목격했다.

물론 완고하게 반대하는 사람도 있다. 일을 하다 보면 동물을 박제해 소장하려고 사냥을 하는 트로피사냥꾼, 미끼로 곰을 유인해서 잡는 사냥꾼, 바다표범 사냥꾼, 공장식 축산업자, 상업적 교배업자, 투견꾼과 만나는 일이 많다. 나는 그들과 텔레비전, 라디오, 대학 교정에서 논쟁하고는 했다. 투계꾼과 덫사냥꾼으로 가득 찬 입법공청회에 나간 적도 있고 바다표범을 사냥하는 부빙, 사냥터, 공장식 농장 등에서 온 사람과도 만났다. 나는 사냥, 낚시 등 야외활동에 관한 글을 전문적으로 쓰는 작가와 축산방송 방송인을 상대로 수백 번 이상 연설도 했다. 그들의 사고방식과 전략을 알려고 사냥, 투계, 축산 잡지를 구독했다. 그들은 동물단체의 문제 제기에 화가 나 있었고 동물보호운동에 과도하게 적대적이었다. 여러 해 동안 나는 동물보호윤리에 반대하거나 학대 상황을 개선하려는 시도에 저항하는 온갖 주장을 접해 왔다.

무자비한 관행이 악화되는 상황도 수없이 목격했다. 축산업과 사냥산업은 동물을 수확 가능한 작물로 취급한다. 그들은 과거의 전통적인 축산이나 공정한 스포츠맨 정신을 파괴하면서 점점 더 주류 감성에서 멀어져 가고 있다. 더 많은 사냥꾼이 레이저 조준기, 전파발신 추적장치가 달린 개 목걸이, 로봇 오리, 자동화된 옥수수 급여기, 야간 시력 안경, 높은 담장 안에 가둬 쏘기 등 스포츠 사냥의 불공정성을 심화시키는 '사냥 성공 보장' 장비를 사용한다.[6] 공장식 축산업자도 극도의 감금 시스템, 급속한 성장을 보장하는 품종개량, 호르몬과 항생제, 유전자조작과 복제 등 살아 있는 생명체를 일체 존중하지 않는 방법을 사용하고 있다. 일상적으로 자행되는 이런 학대를 알게 된 사람들은 이제 아무리 축산업자가 동물복지를 존중한다고 주장해도 그들의 행위를 제한하는 법률을 지지한다.

동물보호 반대진영은 20여 년 전만 해도 동물보호운동을 업신여기고, 동물권리 옹호자를 참견하기 좋아하는 외부인쯤으로 간주해 경멸했다. 동물은 아무런 권리가 없기 때문에 사람이 동물을 이용해서 무엇을 하든 관여할 바가 아니라는 것이다. 동물보호 운동가는 도덕적으로 잘난 체하는 집단이라고 반감을 가졌다. 그들이 보았을 때 동물보호운동이라는 새로운 운동은 그들의 생활방식과 생계에 대한 위협이었다.

그러나 세월이 흐르고 대중이 변화하자 그들도 변신을 시도하고 있다. 동물 관련 각종 개선안이 급물살을 타자 대놓고 무시하기보다는 반박하기 시작했고, 퉁명스런 거부는 부드럽고 완곡한 표현으로 바뀌었다. 일반 대중이 동물을 인도적으로 다뤄야 한다고 생각한다는 것을 간파하자 동물을 이용하는 산업계의 수완 좋은 대변인은 그들 역시 동물복지에 관심이 있다는 주장을 내놓기 시작했다. 아프고 학대당하는 동물은 생산성이 낮아 수익이 적기 때문에 자신들도 동물복지에 관심이 크다고 했다. 그들은 자신들이 지지하는 '동물복지'와 '동물권리'를 구분해 냈고 어느새 공장식 축산업자는 '과학에 기반을 둔 동물 생산'의 옹호자가 되었다.[7] 사냥꾼은 죽이는 것이 아니라 더 많이 '수확'할 뿐이며, 덫사냥꾼과 바다표범 도살업자는 야생동물의 '지속 가능한 이용'의 모델이 되었다.

이런 식으로 논쟁이 재구성되자 동물권리 옹호자들은 순진한 극단주의자로 몰리기 시작했다. 축산업자, 동물실험 연구원, 사냥꾼은 '두려움'이라는 카드를 내놓았다. "동물권리 옹호자들이 지배한다면 당신의 삶이 어떻게 변할지 아시나요?"[8] 동물보호 비판자인 웨슬리 스미스는 자신의 그림을 통해 동물보호론자가 득세하면 사람은 모두 두부를 먹고 마로 만든 옷을 입어야 한다고 표현했다. 그에 따르면 동물이 존중되는 세상은 축산 관련업이 쇠퇴하고, 야생동물이 인간을 괴롭히고, 의학의 진보가 중지되는 세상인 것이다.

노골적으로 동물 이용을 옹호하는 프레드릭 K. 굿윈은 1998년 급진적인 동물권리단체들이 동물복지의 대의를 '장악했다.'[9]고 말했다. "아이러니하게도 그들은 전통적인 동물복지 활동인 반려동물의 중성화와 반려동물학대 반대 프로그램에서 기금을 빼내 갔다. 그래서 이제는 동물을 진정으로 돕는 일에는 쥐꼬리만큼의 돈만 쓴다." 굿윈은 자신도 동물학대에 반대한다고 말하지만 절대 이 주제에 관심을 갖지도, 구체적 방안을 제안한 적도 없다. 포괄적인 의미에서 학대에 반대한다면서 구체적인 학대 문제에는 입을 닫고 반학대 운동에는 아예 관심이 없다. 그가 생각하는 동물보호단체의 임무는 맞거나 굶어죽는 지독한 경우에 처한 개, 고양이만 보살피는 것이다.

동물을 이용하는 기업은 동물학대를 시스템과 조직의 문제로 보는 것을 가장 경계한다. 그들의 시각으로 보면 잔인함은 실질적 행위와 구체적인 결과가 아니라 동기에 의해 정의된다. 만약 동기가 과학, 진보, 금전적인 이익을 위해서라면 잔인함은 면책이 된다. 더 이상의 도덕적 잣대는 불필요하다. 하지만 그들이 우리에게 집중하라고 다그치는 반려동물 문제에 다다르면 그들의 주장이 얼마나 모순인지 바로 드러난다. 농무부에 등록된 동물실험 연구기관에 개를 공급하는 B등급 공급자들은[10] 출처가 명확하지 않은 개를 수거하고 "좋은 가정에 개를 무료로 드립니다."라는 광고를 보고 개를 맡기면 그 개를 모아서 동물실험 연구기관에 헐값에 팔아넘긴다. 물론 실험용 개가 겪는 고통과 공포는 관심 밖이다. 그들의 주장대로라면 '개는 실험동물이니 학대가 아닌가? 실험실에 오기 전에는 반려동물이었으니 학대인가?' 이는 당연히 끔찍하고 기만적인 반려동물학대이다. 하지만 굿윈 같은 동물산업 옹호자들은 이 문제를 도덕적으로 검토하기를 거부한다.

우리는 평생 동물에 대해 많은 것을 배우고, 그를 통해 얻은 지식은 우리가 알고 있는 상식을 재확인시킨다. 어떤 동기와 환경도 동물이 고통을 느낄 수 있다는 사실을 바꿔 놓지는 못한다. 침팬지를 의도적으로 심각한 질병에 감염시키거나 수십 년간 외롭게 가둔 후 얻은 결과가 무엇인가? 어미 돼지를 체구만 한 감금우리에 구겨 넣고 똥오줌 구덩이 속에 갇혀 평생을 고통스럽게 살라는 것은 타당한가? 덫에 걸려 밀렵꾼의 몽둥이질에 죽거나 며칠 동안 고통스럽게 죽어 가는 것은 고통스럽지 않을까? 어떤 이유를 대든 이런 행위는 모든 동물에게 고통과 정서적인 고문을 가하는 것이다. 이런 것을 잔인하다고 하지 않으면 도대체 무엇을 잔인하다고 할 수 있을까?

동물권리 옹호자의 주장이 확장되었다기보다는 반대편의 견해가 지나치게 편협하고 선택적이고 모호하다. 모호함의 전형적인 예는 연방 〈동물복지법〉이다. 〈동물복지법〉이 적용되는 '동물'에서 새, 생쥐, 쥐는 제외된다. 실험동물의 95퍼센트를 차지하는[11] 동물이 동물이 아니라니. 새, 생쥐, 쥐는 어떤 정의에서도 당연히 동물이다. 하긴 실험자들은 그들을 동물로 보지 않는다. 최소한의 책임을 회피하려고 편의대로 기본적인 사실마저 무시하는 것이 과연 과학정신인가?

학대 문제를 다룰 때는 일관성이 필요하다. 모든 사람이 학대라고 인정하는 것뿐만 아니라 산업이라는 거짓 명망 속에 은폐되어 있는 잔인함도 학대이다. 현대 동물의 처우를 두고 벌어지는 논쟁은 상당수 개별적 학대와 구조적 학대 간의 도덕적 연관성을 대중이 인식하지 못하도록 만든다. 동물 관련 산업계는 클리블랜드 아모리가 지적한 '학대를 합리화하기 위한 무한한 능력'[12]이 무엇인지 보여 주는 각종 주장을 펼친다. 하지만 그들의 주장은 거부운동만 확산시킨다. 우리의 임무는 객관적인 기준과 보편적인 가치로 산업계의 변명을 폭로하고 학대 사이의 연관성을 대중에게 인식시키는 것이다.

동물보호 반대 진영은 조직화 능력이 탁월하다. 구조적이라 할 수 없는 수준의 동물학대에서조차 그들은 동맹자와 로비할 장치를 가졌다. 흔히 트로피사냥꾼, 공장식 축산업자 단체 정도가 워싱턴에 사무실과 로비스트를 가지고 있을 것이라 예상하지만 투계꾼조차 전국적인 단체를 가지고 있다. 동물 이용 산업계는 대중에게 비쳐지는 자신의 모습을 새로이 구축하고 있는데 '의학발전을위한시민모임', '소비자자유센터' 등 진지하고 의식 있어 보이는 단체명을 내세워 기금을 조성한다. 이런 곳은 사무실, 직원, 사무집기, 웹사이트, 자금 등 진짜 공익단체처럼 보이는 것을 모두 갖추고 있다. 이런 단체의 존재 이유는 동물보호를 반대하는 단체도 상당하다는 착각을 주기 위한 것이다. 그들에게 부족한 것은 단 하나, 자발적 회원뿐이다.

예전에 동물보호 반대 진영의 이름에는 명확한 입장이 담겨 있었다. '사람 우선'. 얼마나 명확한 이름인가. 명칭처럼 그들은 사람을 피라미드의 맨 위에 배치하고 동물은 밑바닥에 두었다. 동물을 사람이 원하는 방식으로 다룰 수 있음을 의미한다. 사실 이런 명칭은 무뚝뚝하고 공격적이라 사람들에게 불쾌감을 주기 쉽다. 하지만 현재 동물복지 논쟁에 끼어든 단체들은 명칭으로만 봐서는 대체 누가 동물보호에 찬성하고 반대하는지 판별하기가 어렵다. 로데오 옹호자와 말 도살자는 동물복지협의회(Animal Welfare Council) 소속이다. 우리와 투표법안에서 맞섰던 미끼로 곰을 잡는 사냥꾼들의 단체명은 메인주 어류및야생동식물보전협의회(Maine Fish and Wildlife Conservation Council)이다. 캘리포니아에서 〈법률개정안 2〉 활동을 펼칠 때 공장식 축산업자들은 안전식품을위한캘리포니아(Californians for SAFE Food) 소속이었다. 투계가 범죄화되는 것을 막으려고 시도하던[13] 투계꾼들은 미국게임조류생산자연합(United Gamefowl Breeder Association), 비둘기를 무차별적으로 죽여 논쟁의 중심에 있었던 미시간 사냥꾼들은 야생동식물보전시민위원회(Citizens for Wildlife Conservation Committee) 소속이었다.

단체가 하는 일이 덫 놓고, 미끼 놓고, 총 쏘고, 싸우고, 가두고, 심지어 동물을 학대하는 것일지라도 단체명에서 그런 내용을 찾기란 어렵다. 진짜 목적을 정직하고 명료한 언어로 말하지 못한다면 의심스러운 단체이다. 수사학적 위장술은 사안에 관련된 단체의 정체성을 파악하는 데 어려움을 준다. 하지만 동물보호 반대자들이 전략적으로 우리처럼 보이려 위장하고 자신을 동물보호라는 말로 은폐하는 것이야말로 우리가 진보를 이루고 있다는 반증이다.

| 미국총기협회가 일으킨 미국 의회 사상 초유의 사태 |

       동물보호 반대자들은 자기 편일 줄 알았던 사람이 반대편에 설 때 가장 격노한다. 몇 년 전 캘리포니아 야생동물 담당관이 미국총기협회와 갈등을 일으킨 이유가 바로 이것이었다.

    2007년 당시 주지사 아널드 슈워제네거는 주드 한나를 주의 어류 및야생동식물위원회에 임명했다. 한나는 종신 공화당원으로 영농업자이자 부동산개발업자로 급진적 환경보호론자라고 할 수 없었기에 별다른 문제가 없어 보였다. 게다가 열렬한 사냥꾼이어서 지명자가 되기에 충분했다. 어류및야생동식물위원회는 5명의 패널로 구성된 위원회로 해당 주의 어업과 야생동식물 관련 규정을 제정한다. 캘리포니아 주민의 단지 1퍼센트만 사냥을 하는데도 불구하고 이 위원회는 오직 사냥꾼만으로 지명되는 정치적 전통[14]을 지키고 있었다.

    미국총기협회와 사냥 단체는 위원회 방식에 익숙했다. 그런데 새로 부임한 한나는 실제로 야생동식물 보호와 관련된 공익에 봉사해야 한다고 생각하고 일을 시작했다. 임기 초기 그가 독립성을 보이기 시작하자 사냥 단체는 이를 금세 알아차렸다.

    위원회가 납 탄환이 멸종위기에 처한 캘리포니아콘도르에 미치는 영향을 조사하기 시작하자 한나는 논란의 중심에 서게 되었다. 한나는 160쪽짜리 보고서를 동료 위원들에게 돌렸다.[15] 보고서는 과학적 연구 결과와 함께 납 탄환이 콘도르를 중독시켜 죽이고 있다는 강력한 증거를 입증한 오듀본협회의 자료가 포함되어 있었다. 한나는 보고서에 밑줄을 긋고 메모를 남기기까지 했다. 한나는 내게 "내가 대학을 다닐 때와 달라진 것이 거의 없었다."고 말했다.

당시 야생에 사는 콘도르 150마리 중에서 절반 가까이가 캘리포니아주의 중앙 지역에 살고 있었다. 또 다른 150여 마리는 1980년대 초반 콘도르를 보존하기 위해 종 보존 프로그램을 운영하는 동물원에 있었다.

사냥꾼이 선사시대적 모습의 콘도르를 무차별적으로 사격하지는 않았지만 그들의 존재만으로도 콘도르에게는 큰 위협이었다. 대체로 총에 맞아 부상을 입은 채 회수되지 못하는 동물의 비율이 10~20퍼센트에 달한다. 총에 맞은 사슴, 야생돼지, 대형 동물은 몇 시간 혹은 며칠 동안 고통당하다가 죽는데 콘도르가 그런 썩어 가는 고기를 먹으면서 납을 섭취하게 되는 것이다. 2007년 송골매재단(Peregrine Fund)은 납중독이 '야생 캘리포니아콘도르의 죽음의 가장 큰 원인'임을 밝힌 연구[16] 결과를 발표했다. 미국 어류및야생동식물보호국의 콘도르 복원 프로그램에 참여하는 수의사인 신시아 스트링필드는 멸종위기인 콘도르를 방사한 이후 발생한 죽음 55건 가운데 12건이[17] 납중독이었다고 말했다. 그녀는 실제 총에 의한 사망은 훨씬 더 많을 것이라고 생각했다. "납중독으로 인한 치사율이 절반 이상이라고 확신합니다."[18]

가장 손쉬운 해결책은 사냥꾼에게 독성이 없는 구리나 비소 총알을 사용하라고 요구하는 것이었다. 이 조치는 미국 어류및야생동식물보호국이[19] 오리, 거위, 기타 물새 사냥에 납 탄환 사용을 금지한 선례가 있었다. 습지 바닥에서 먹이를 찾던 새가 사냥꾼이 사용한 총알을 먹으면서 만들어진 조치였다. 미국총기협회는 오리와 거위 사냥을 없애려는 시도라고 주장[20]하면서 납 탄환 금지 조치에 격렬하게 반대했지만 증거가 너무 압도적이었기 때문에 연방 야생동물기관에서도 이 조치가 타당하다고 인정했다. 연방기관은 물새를 사냥하되 납에 중독되지 못하도록 부분적인 보호 조치를 취했다.

　나중에 밝혀졌지만 이 조치 이후 사냥꾼들은 독성이 없는 총알로 쉽게 전환했다. 독성이 없는 총알이 조금 더 비싸기는 했지만 그들 입장에서도 이 법안은 이득이었다. 습지와 물새 사냥 지역의 납 잔류량이 줄자 수백만 마리의 새가 목숨을 구했고 덕분에 사냥꾼은 더 많은 새를 사냥할 수 있었기 때문이다.

　그러나 연방정부의 납 총알 금지는 여전히 미국총기협회를 짜증나게 했다. 그래서 이 문제가 주 차원의 이슈가 되었을 때 미국총기협회는 금지 조치와 특히 주드 한나에 반대하기 위해 회원을 결집시켰다.[21]

　미국총기협회는 한나를 사냥 단체를 배신한 변절자로 보았다. 미국총기협회는 정당 회의에서 의사결정이 가능한 비율인 37명의 공화당 출신 주 입법위원에게 주지사에게 서한을 보내라고 압박했다.[22] 서한에서 입법위원들은 한나가 '위원회의 의사결정에서 불편부당'하지 못하다며 '큰 우려'를 표했다. 주지사가 서한을 받은 다음 날 어류및야생동식물위원회 의장은 주드 한나의 사임을 요청했고, 그는 9개월 만에 위원회를 떠났다.

　그의 잘못은 단순하다. 위원회의 일원이면서 감히 야생동물을 보호하기 위해 일하고, 감히 미국총기협회를 거역한 것이다. 그의 강제

사임은 다른 위원회 위원에게도 자신의 처지를 인식하라는 경고가 되었다. 미국총기협회가 보기에 콘도르의 죽음은 부수적 피해일 뿐 대단한 일이 아니었다. 마찬가지로 다른 위원도 대열에서 이탈하면 같은 처지가 될 것이라는 경고를 보낸 것이다.

하지만 한나의 축출을 두고 벌어진 논란은 미국총기협회에 역효과를 낳았다. 민주당 주도하의 입법위원회는 위원회의 독립성에 대해 공격했고,[23] 콘도르 서식지에서 납 탄환을 금지하는 입법안을 밀어붙였다. 슈워제네거는 과학적 소견을 받아들일 수밖에 없었고 대중의 압력에 마지못해 법안 제정을 승인했다. 미국총기협회는 한나를 축출하기 위한 전투에서는 이겼지만 정작 전쟁에서는 진 것이다.

"과학적 증거는 반박할 수 없다."[24] 한나는 《워싱턴 포스트》와의 인터뷰에서 말했다. "탄약에서 나오는 납이 캘리포니아콘도르 죽음과 질병의 주요 요인이라는 데에 한 점의 의혹도 없다. 납 문제는 1987년 마지막으로 야생 콘도르가 포획되었을 때 이미 확인되었다. 콘도르가 야생에서 죽어 사라지기 전인 그때 금지했어야 했다."

한나는 사직서에서[25] 사냥 로비스트야말로 납 탄환 금지를 위해 싸웠어야 했다고 아쉬워했다. "우리는 사냥동호회의 평판뿐 아니라 캘리포니아 사냥에 대한 자존심을 회복할 마지막 기회를 놓쳤는지도 모른다." 99퍼센트가 사냥을 하지 않는 캘리포니아 주민들은 "사냥이 윤리적으로 명예롭게 이루어진다는 조건이라면 사냥을 감내할 것이다. 하지만 캘리포니아콘도르를 납에 중독시키는 것은 명예롭지도 윤리적이지도 않다."고 했다.

이 일이 내가 미국총기협회가 비양심적인 관행을 옹호하는 모습을 처음 목격한 것은 아니다. 내 첫 경험은 미국총기협회가 순수한 즐거움이라며 극구 옹호하던 사냥 행사였다. 대규모 비둘기 사살 행사였는데 지금도 그때의 기분 나쁜 기억이 생생하다.

내가 아일로열 국립공원에 머물다 예일 대학교로 돌아온 직후였다. 노동절에 펜실베이니아에서 가장 큰 규모의 비둘기사냥대회가 열려서 반대 집회를 계획하고 있었다.

비둘기사냥대회는 지역 소방서와 탄광 지역인 도시를 관통하는 애팔래치아산맥의 우거진 숲을 위한 기금 조성 모임이다. 이 대회는 스퀼킬 카운티에서 수십 년간 열린 맥주와 핫도그 판매가 빠질 수 없는 가족 단위 축제[26]이다. 사람들은 이 행사를 비둘기사냥이라고 불렀다. 흥겨운 행사에 참석한 사람들을 기쁘게 하기 위해 공포에 질린 비둘기가 꽉 들어 차 있는 상자 수십 개와 사수가 대기하고 있었다. 사람들이 밧줄을 잡아당겨 상자 뚜껑을 열어젖히면 비둘기가 날아오르고 그 순간 총알이 발사된다. 그리고 총알 소리와 거의 동시에 비둘기가 하늘에서 떨어져 내린다.

나는 이 상황이 이해가 되지 않았다. 떼 지어 서성거리면서 비둘기가 죽어 가는 것을 무감각하게 지켜보는 사람들의 잔인함과 냉담함을 어떻게 이해할 수 있을까? 사람들이 비둘기를 직접 쏘지는 않았다. 사람들은 수천 마리의 동물을 죽이는 것이 마치 파티 분위기를 돋우는 이벤트나 되는 것처럼 웃고 마시며 떠들었다.

이 광경을 보며 처음 든 생각은 소방서를 위한 기금을 모으는 더 나은 방법이 있을 것이라는 생각이었다. 두 번째로 든 생각은 동물보호 문제가 결국 사람과 연관되어 있구나라는 생각이었다. 비둘기사냥대회에 모인 사람들의 행실은 혐오스러웠다. 이런 혐오는 어른에 그치지 않았다. 군중 속에서 뛰어나온 '한 무리의 어린 사냥꾼'들은 자랑스러워하는 부모와 다른 구경꾼의 격려에 힘입어 다친 비둘기를 짓밟거나 머리를 비틀어 잘라 냈다. 동물을 짓이기고 죽이는 열 살 남짓 한 아이들을 보는 것은 끔찍했고, 그 모습에서 대학살 중에 일어나는 도덕적 마비와 세뇌를 보았다. 저 아이들도 당연히 내가 어렸을 때 느낀 것처럼 동물에 대한 사랑을 느낄 것이다. 하지만 이 장소는 아이들로부터 그런 감정을 하나도 남김없이 짜내 버렸다. 저 아이들은 15~20년 후 비둘기를 직접 쏘거나 다른 사람이 비둘기를 쏘아 죽일 때 관람석에 앉아 흥청거릴 것이다. 아니면 죽어 가는 비둘기의 마지막 숨통을 조이기 위해 자녀들과 함께 뛰어나갈 수도 있다. 나는 눈앞에서 벌어진 학살과 잔인성 훈련 캠프 같은 풍경에 큰 충격을 받았다.

행사 주최 측은 비둘기 개체수 조절 행사라고 주장[27]했지만 거짓말이었다. 행사에 사용된 비둘기는 야생동물이 아니라 동물판매상에게서 사온 것이었다.[28] 또한 운 좋게 총에 맞지 않은 비둘기는 도망쳐서 오히려 지역 비둘기 개체수를 증가시킬 수도 있다. 사람들은 죽은 비둘기를 먹지 않기 때문에 죽거나 상처 입거나 살아 있는 비둘기 5,000마리를 그대로 쓰레기장으로 실어갔다. 이곳에서의 사격은 허가증도 필요없으니[29] 이 행사가 야생동물 관리 프로그램에 기여한다고 주장할 수조차 없다. 이런 행사를 벌여야 하는 단 하나의 이유도 찾을 수가 없었다. 단지 오랜 전통이고, 참여자들이 재미있다고 하니까, '한낱 비둘기'이기 때문일 뿐이다. 취미로 다람쥐사냥을 하는 사람[30]에게 소로가 한 말이 생각났다. "당신이 장난 삼아 죽인 다람쥐는 진지하게 죽어 간다."

이런 일은 문명국가에서는 오래 지속될 수 없을 것이라고 순진하게 생각했다. 지역사회 어른이 이 터무니없는 짓을 멈춰 줄 것이라고 믿었다. 나중에 알게 되었지만 지역사회 어른들은 행사에 가장 깊이 연루되어 있었고, 내가 해마다 항의하러 간다 해도 참여자들의 열성에는 결코 대적할 수 없을 것이었다. 매년 더 많은 항의자가 몰려갔지만 사격 팬도 그에 못지않게 많았다. 이렇게 해서 고향의 지역관할권과 '삶의 방식'을 고수하고픈 주민과 총기 열광자, 야단법석인 여흥을 즐기려는 사람들과 휴메인소사이어티 사이의 문화전쟁의 막이 올랐다.

항의에도 행사 주최 측이 꼼짝도 하지 않자 우리는 주 입법부로 방향을 선회했다. 그곳에는 지역사회의 눈치를 보지 않고 야만행위를 금지하려는 입법자가 있을 것이라고 믿었다. 하지만 지나치게 낙관적인 기대였다. 이 과정에서 나는 많은 정치적 교훈을 얻었다. 펜실베이니아뿐 아니라 다른 많은 곳의 입법자들은 비둘기사냥이 별 문제가 되지 않는다고 생각했다. 훗날 이유를 알게 되었는데 그들은 비둘기 때문이 아니라 거대 단체인 미국총기협회에 대적하고 싶은 마음이 없었던 것이다.

입법자, 특히 시골 지역의 입법자들은 미국총기협회에 잘 보이고 싶어한다. 그래서 총기 소유와 사냥권을 지지한다. 비둘기사냥이 불법화되어도 어차피 사냥은 지속될 텐데, 미국총기협회는 작은 규제도 결국은 사냥을 금지하기 위한 조치라고 받아들인다. 미국총기협회 회원 전단에는 이렇게 쓰여 있다. "비둘기사냥은 역사적이고 타당한 전통 활동으로 코먼웰스(Commonwealth, 영국과 과거 대영제국의 일부였던 국가로 구성된 조직)와 세계 전역에 많은 참가자가 있다.[31] 비둘기사냥이 동물학대라면 어떻게 윤리적인 사냥꾼, 스포츠맨에 의해 100년 동안 펜실베이니아에서 개최되어 왔겠는가."

굿윈 박사의 논리와 흡사한 합리적 원칙이 결여된 학대 반대 이론이다. 살아 있는 동물이 뜨거운 납 탄환을 맞고 피를 흘리며 죽고, 목표물을 쏜다는 것 이외의 어떤 목적도 찾을 수 없는 이 행위는 대체물을 얼마든지 찾을 수 있다. 비둘기사냥은 사실 사냥이라고 부를 수도 없다. 비둘기는 잡혀 왔고 사냥 허가도 필요없기 때문이다. 미국총기협회는 학대에 반대한다고 말하고 있지만 사실은 잔인함을 합법적으로 유지하기 위해 모든 힘을 다하고 있을 뿐이다.

10년 동안 비둘기사냥 문제는 입법처에서 오도가도 못하고 있었다. 양쪽 진영은 서로 서먹한 채 손을 놓고 있었다. 이렇게 아무것도 하지 않는 상황은 미국총기협회에 유리했다. 그러나 1999년 펜실베이니아 고등법원이 좋은 소식을 전했다. 법원은 비둘기 사격자를 반학대 법률에 근거하여 인도주의 담당관이 체포[32]할 수 있도록 법률을 제정했다. 펜실베이니아 반학대 담당관이 발의하고 동물보호재단이 뒷받침한 법안으로 인해 비둘기사냥 행사는 취소되었다.

다만 문제가 좀 있었다. 대규모 군중이나 맥주와 핫도그 판매 노점이 들어서는 행사는 사라졌는데 기소 위협에 반발하는 사냥은 은밀하게 지속되었다. 휴메인소사이어티와 다른 동물단체가 사냥 첩보를 계속 제보했지만 몇몇 사격행사는 아직도 남아 있다. 몇몇 남은 행사가 사라지려면 펜실베이니아가 사격행위 금지 법률을 좀 더 명확하게 해야 하는데 미국총기협회가 그 길을 지속적으로 방해하고 있다.

만약 미국총기협회 회원을 대상으로 여론조사를 벌인다면 대부분 비둘기 사격 중지를 지지할 것이다. 그런데 미국총기협회 대표는 비둘기사냥 금지가 결국 총기 소유 금지와 사냥 금지의 시작이라고 회원들을 선동한다. "휴메인소사이어티가 주도하는 극단적인 동물단체들이 오래 지속되어 온 전통적 사격 스포츠를 펜실베이니아와 전국에서 금지하려는 시도를 하고 있다.[33] 이는 사실이다. 단지 비둘기사냥 문제가 아니라 모든 사냥을 하나씩 하나씩 금지하려는 시도이다."

사냥 단체는 강경한 스포츠맨들을 자극해서 기부금을 끌어모으고, 입법자들은 총기권리 운동가의 비위를 맞춘다. 이런 정치적 역학관계는 숱하게 많다. 이것이 휴메인소사이어티가 사냥과 덫 문제를 주민발의 투표로 해결하려는 이유이다. 펜실베이니아는 주민발의 투표를 허용하지 않지만, 절반 정도의 주는 허용하고 있다. 총기 로비와 밀착되어 있는 입법자가 아닌 유권자에게 직접 개정안을 보여 주며 설득함으로써 우리는 덫의 사용, 미끼로 곰 사냥하기 같은 폭력적 관행에 대한 규제를 통과시켰다. 그러나 전국적인 국민법안 발의나 국민투표가 없어서 펜실베이니아의 비둘기사냥이나 캘리포니아의 주드 한나의 사례와 같은 정치적인 역학관계가 중요하다. 미국총기협회는 교외 지역의 열렬한 공화당원을 많이 확보하고 있고, 상당수의 민주당원도 미국총기협회를 지지한다. 그 덕에 미국총기협회는 무자비한 관행, 국립 야생동물 피난소에서의 상업적 덫 놓기와 동물을 가둔 채 하는 사냥 등 금지 법안을 용케 피해 왔다.[34]

미국총기협회와 대적하기가 얼마나 어려운지를 극명하게 보여 주는 사례는 곰 보호를 두고 의회에서 벌어진 논쟁이다. 미국총기협회는 곰에 그다지 관심도 없으면서 곰 쓸개 거래를 단속하려는 의회에 대항했다.[35] 곰 쓸개 거래는 사냥과 아무런 관계도 없는 일이다. 밀렵꾼들은 개당 수천 달러를 받고 곰 쓸개를 중국 약재 시장에 판매한다. 그런데도 미국총기협회는 미끼 곰 사냥과 관련 있다는 이유로 곰 쓸개 거래도 옹호한다.

국립공원관리청과 어류및야생동식물보호국은 곰을 포함하여 어떤 야생동물에게도 먹이 주기를 엄격하게 금지한다. 궁극적으로 곰을 위해서이지만 사람 음식에 길들여진 곰이 사람을 위협할 수도 있기 때문에 사람을 위한 것이기도 하다. 그런데 미국의 가장 큰 토지관리 부서인 산림청과 토지관리국은 곰 미끼 사냥꾼이 음식 더미를 내놓는 것을 방치하고 있다. 미끼 더미는 사실상 요금을 지불한 고객이 곰을 사냥할 수 있도록 기회를 보장하는 것이다. "한 시즌에 빵 10톤과 고기 8톤이 사용된다."[36]라고 한 사냥 가이드가 자신의 웹사이트에 자랑했다. 일부 가이드는 몇 킬로미터 떨어진 곳의 곰을 유인하기 위해 꿀을 태우기도 한다. 어떤 가이드는 '걸어다니는' 미끼[37]인 늙은 말이나 노새에 음식을 실어 숲으로 들여보낸 뒤 그들을 총으로 쏘아 시체를 음식 더미와 함께 곰 사냥 미끼로 사용한다.

곰은 가을에 동면을 앞두고 몸에 지방을 저장하기 위해 하루에 15시간 동안 먹기도 한다. 그리고 봄에 굶주린 상태로 굴에서 나오면 곰이 좋아하는 산딸기 등이 제대로 익지 않은 상태이다. 동면을 준비하거나 동면을 마치고 나온 굶주린 곰에게 미끼 더미는 환영 뷔페이다. 현행법은 사람이 사진을 찍기 위해 곰을 유인하는 것은 위법이지만 총으로 쏘아 죽이려고 유인하는 것은 합법이다.

연방 땅에 미끼 놓기를 금지하는 법안을 도입했던 캘리포니아 공화당 의원 엘턴 갤러글리[38]와 민주당 의원 짐 모란은 이런 상황을 이해할 수 없었다. 둘은 법안을 발의했고 금방 190명의 동의를 모았다. 그때 미국총기협회가 위기감을 느꼈는지 반대 입장을 공표했고 그들의 연간 의회평가표에 이 쟁점을 추가했다. 그러자 동의했던 의원 26명이 갑자기 지지를 철회[39]하는 미국의회 사상 유래가 없는 일이 일어났다. 결국 가결에 필요한 218표에 훨씬 못 미치는 170표를 얻었고, 처음 발의에 동의했던 의원 중에도 일부는 반대표를 던졌다.

　　입법자들의 행동에 주드 한나는 놀라지 않았다. 그는 캘리포니아 의회 공화당 의원 전원이 미국총기협회의 호출에 고분고분하게 응하는 것을 보았기 때문이다. 최근 한나는 캘리포니아 야생동물관리자재단(California Game Wardens Foundation)을 이끌고 있다. 그가 곰 등 야생동물의 밀렵을 금지하는 법률을 강화시키려고 하는 한 미국총기협회와의 갈등은 피할 수 없다. 그는 적수가 누구인지를 잘 알고 있다. 멸종위기종을 구하려다가 졸지에 변절자로 몰려 위원직을 내놓은 이후 한나는 문제해결을 위한 균형감을 잃지 않으려고 전력을 다하고 있다. "이것은 내 문제[40]가 아니라 콘도르에 관한 문제이고, 시스템을 장악한 미국총기협회에 관한 문제이다."

미국총기협회 등 강력한 동물 이용 단체에 맞서려면 기개 있는 사람이 필요하다. 케빈 풀턴이 바로 그런 사람으로 군중 속에 있어도 눈에 띌 남자이다. 2010년 봄에는 특히 그랬다. 우리는 공장식 농장에 반대하는 회합을 위해 오하이오에 모였다. 꽤 많은 수의 사람이 모였는데 언제나 그렇듯 대부분 동물보호운동의 중추세력인 젊은 여성과 중년 여성이었다.

케빈은 네브래스카의 목장주로 체중이 140킬로그램이 넘는다. 50세치고는 상당히 젊어 보이는 케빈은 어깨가 두꺼운 근육질이다. 나는 케빈이 프라이팬을 신문지처럼 말 수 있다는 얘기를 들었던지라 확인하고 싶은 마음에 그에게 프라이팬을 내밀었다. 내가 먼저 해봤지만 어림도 없었다. 마침내 케빈이 손잡이를 움켜잡고 미간을 찡그리면서 힘을 쓰자 프라이팬이 밀가루 반죽을 미는 밀방망이처럼 구겨졌다. 나는 "완벽하게 농장을 위해 태어난 남자구나."라고 중얼거렸다.

케빈은 몇 년 전까지 역도로 대성공을 거두었다. 한때는 300킬로그램이 넘는 중량을 들어올렸다. 나는 어떻게 지금까지 힘을 유지하고 있는지 물었다. "울타리를 친 다음에 기둥을 치고 그냥 농장에서 하는 일을 합니다." 그는 340만 평의 땅에 소, 돼지, 양을 키우는 유기농 농장을 운영하면서 3명의 자녀를 돌보느라 바쁘게 지내고 있다고 말했다.

그와 나는 오하이오 전역을 순회하는 유세 여행에서 만나 축산

산업화 문제로 한 마음이 된 대여섯 명의 축산업자와 합류했다. 오하이오는 가장 큰[41] 공장식 축산 주 중 하나로 산란계 2700만 마리와 가혹하게 갇혀 사는 돼지 20만 마리가 있는 곳이다.

"우리는 농장을 그렇게 운영하지 않습니다." 케빈이 군중에게 말했다. "우리는 동물을 야외에 내놓고 본성대로 자유롭게 다닐 수 있도록 합니다."

"네브래스카 중앙에 있는 내가 사는 마을에는 주민이 1,000명 정도 살았는데 지금은 300명밖에 없습니다. 농장 지역에서 흔히 일어나는 일이죠. 농장이 과도하게 산업화되면 노동력이 거의 필요하지 않습니다. 하지만 나는 사람을 고용합니다. 이 일은 좋은 직업이에요. 우리 주의 상원의원이 내게 전화를 해서 '그곳에서 어떤 일을 하고 있는지 보고 싶군요.' 라고 말한 이유가 바로 그것입니다."

케빈은 미국농장위원회(American Farm Bureau)의 대표 밥 스톨먼이 2010년 봄 축산 로비 단체의 전국협의회에서 한 말 따위는 무시했다. 당시 스톨먼은 산업축산을 비판하는 자들을 고작 '5만 평과 노새의 시대'로 돌아가길 원하는 사람들이라고 말했다. "아버지는 수의사였고 나는 캔자스 주립대학교에서 동물과학 학위를 땄습니다. 스톨먼의 생각은 완전히 잘못된 것입니다. 나는 현대적 기술을 이용합니다. 동시에 나는 아버지와 할아버지가 사용했던 방식도 받아들입니다. 지난 해에 나는 화학약품을 전혀 사용하지 않고도 평당 밀 수확량이 이웃에 비해 두 배였습니다. 이는 우리 가족과 지역사회에 좋은 일이며, 소비자에게도 좋은 일입니다."

케빈은 농장위원회의 운영 방식을 좋아하지 않았다. 아마 농장위원회도 케빈처럼 전문적인 지식을 갖춘 비판자가 껄끄러울 것이다. 케빈은 대표적인 공익재단인 퓨채리터블트러스트(Pew Charitable Trusts)에서 미국 축산의 희망을 의해 일하는 로버트 마틴과 같은 부류의 농부였다. 2006년 마틴과 그의 동료 조시 라이처트는 축산업의 주요 사안을 연구하려고 수의사, 동물학자, 축산업자, 윤리학자, 전직 공무원 등을 모았다. 전직 농무부장관 댄 글릭먼을 포함해 20명으로 구성된 위원회는 관련인을 대상으로 전국적인 사전·청취를 실시했다. 그리고 2년간의 숙고기간을 거쳐 산업축산에 대한 날카로운 분석[42]과 광범위한 권고안을 내놓았다. 마틴은 군산복합체의 어마어마한 권력에 대해 아이젠하워 대통령이 했던 책망을 언급했다. 마틴은 미국에 새로운 근심거리가 생겼다고 말하며 "축-산 복합체,[43] 즉 축산업계로부터 급여를 받고 있는 연구기관에 소속된 과학자와 의회에 있는 축산업의 친구들"이 가진 큰 권력에 대해 경고했다.

오늘날 내부 네트워크로 긴밀히 연결되어 있는 민간기업과 공기관이 음식 생산 체계를 지배하고 있다. 축산기업이 싼 값에 막대한 양의 곡류와 육류를 생산해 내면서 이런 시스템이 큰 성공을 거두었다고 평가하기도 한다. 그러나 낮은 가격은 동물학대, 환경오염, 위험한 병원체 등 음식물 안전성에 대한 우려, 가족 농장의 파산, 시골 지역사회의 해체 등의 사회적 비용이 감춰진 가격이다.[44] 농축산을 바라보는 이런 상반된 입장이야말로 최근에 벌어지는 논쟁의 핵심이다.

지난 100년 동안 미국 인구가 4배로 증가함에 따라 연방정부는 음식생산업을 지원하는 공적 지원 체계를 발달시켰다. 식량 부족이나 생산량의 극심한 변동이 생길 경우를 대비하는 대비책의 초석을 만든 이는 에이브러햄 링컨이다. 1862년 링컨 대통령은 농무부를 만들어 농업을 지원했고, 연방정부는 1862년과 1890년의 〈모릴법(Morrill Acts)〉을 통해 주립대학교와 대학교 설립을 위해 정부가 무상으로 땅을 제공한 후 농업 생산 관련 학과를 설치하고 네트워크[45]를 구축했다. 또한 건조한 서부 지역의 관개를 위해 물을 옮기는 송수로, 식량과 물품을 전국으로 운반하는 철도망 등 농업을 위한 기반 시설을 갖추었다.

1933년 집권한 프랭클린 루스벨트는 1920년대의 대량 농장 파산 사태를 목도하면서 농부를 과잉생산의 피해로부터 보호할 국가 차원의 관리가 필요하다고 생각했다. 1930년대에는 대공황과 가뭄이 전역을 강타했고, 그 여파로 중부 지역 농부들은 캘리포니아로 대이주를 했다. 국가는 농부를 경제침체, 가뭄, 과잉생산이라는 악재로부터 보호해야 했다. 막대한 연방기금과 급속히 발전하는 농업과학이 해답을 제공했다.

이후 다가온 '녹색혁명'시대에는 산출량이 많은 식물 종자와 빨리 자라는 동물의 선택육종, 관개기술의 발달, 화학비료, 살충제 등을 이용해 생산량의 괄목할 만한 성장을 이루었다. 전통적으로는 순환작물과 배설물을 이용해 농토를 비옥하게 만들었지만, 새로운 시대에는 비료 덕분에 매년 같은 땅에서 같은 작물을 재배할 수 있게 되었다.

전후 시대에 일부 과학자와 산업계 리더들은 가축을 건물 내부에서 키우면 더 싼 고기와 달걀을 생산할 수 있음을 알게 되었다. 교배와 유전자조작으로 동물을 더 크고 빠르게 자라게 하는 전문회사의 도움을 받기 시작했다. 결과는 놀라웠다. 1960년대 이래 우유 생산량[46]은 2배가 되었고, 고기 생산량은 3배가 되었으며, 달걀 생산량은 4배가 되었다. 고기용 닭은[47] 원래 크기의 2배로 커졌고, 2배로 커지는 데까지 걸린 시간도 이전의 절반에 불과했다. 에이비아이겐(Aviagen), 콥 반트레스(Cobb-Vantress) 같은 회사에 소속된 유전학자, 상업적 교배 과학자 덕분이었다.

1950년대 아이젠하워 대통령 때의 농업장관이었던 에즈라 태프트 벤슨은 농부는 2개의 선택권을 가진다는 유명한 말을 남겼다. "커지거나 없어지거나!" 비록 이 말이 커진 농장과 사라지는 농부를 의미할지라도 말의 핵심은 생산경영 합리화였다. 두둑한 정부 보조금 때문에 큰 농장 경영을 선호하면서 생산은 증가했고 역비례하여 농장 수는 감소했다. 1950년대에 530만 명, 1970년대에 300만 명에 비하면 현재 약 200만 명의 농부[48] 수는 많이 줄어든 것이다. 현재 정부 보조금의 75퍼센트는 10퍼센트에 불과한 대형 농장주가 독식하고 있다.

농무부는 1년 예산이 1500억 달러에 달하고[49] 직원을 수만 명 거느린 방대한 조직으로, 온갖 다양한 방법으로 농축산업을 지원한다. 환경연구그룹(Environmental Working Group)의 켄 쿡에 따르면 "연방정부는 1995년부터 2009년까지 2500억 달러를 농장 보조금으로 지출했다.[50] 보조금은 서로 맞물려 돌아가는 미로 퍼즐과 같아서, 납세자들은 농장의 경제 상황과 무관하게 무조건 수십억 달러의 세금을 강제로 소비하고 있는 셈이다." 보조금은 현금 지급, 시장 대부금, 수익 확정 프로그램, 연방 작물 보험, 재난 구호금 등 여러 가지 형태를 띤다. 합하면 연간 수백억 달러에 이르는 보조금은 주로 수익을 많이 내는 대규모 농장으로 간다.[51] 현재 연방 보조금은 농장 수입의 약 20퍼센트[52]를 차지한다.

372

하지만 위에서 설명한 정부 보조금 내역에는 기술적 지원, 정부 내외의 연구 프로젝트 자금, 과다 생산품 구입비, 시장 홍보 노력, 의회에 의해 만들어지고 농무부가 실행하는 이해하기 어려운 여러 프로그램 비용은 포함되지 않았다. 또한 2007년 에너지 법안에 따른 에탄올 생산을 위해 옥수수산업에 지원된 수십억 달러의 보조금[53]도 포함되지 않았다. 이처럼 막대한 돈을 농부에게 밀어 주는 입법자들은 대개 상하 양원의 농업위원회 소속이다. 입법자들은 전형적으로 농촌, 농장 주도형 지역을 대표하며, 이런 보조금의 대가로 여러 농장사업협회, 각종 정치활동위원회 등은 해당 정치인을 지지하며 기부금을 낸다.

2009년 오바마 행정부와 의회가 경기침체를 막기 위해 자동차 제조업자와 은행에 대한 구제안을 단행했을 때, 정부는 업계에 대부금 전액 상환과 내부 개선안을 요구했다. 예를 들어 디트로이트자동차 제조자에게는 고연료효율 기준을, 월스트리트에는 과도한 차입을 금지하는 금융상품을 요구했다. 이와는 대조적으로 의회와 농무부는 매년 수십억 달러의 보조금을 농장에 지급하면서 그에 대한 대가로 어떤 개선도 요구하지 않는다.[54] 대부금 상환과 동물보호에 대한 기준 강화, 지속 가능한 실행 방식, 배설물 관리, 환경보호 노력 등을 농축산업에 요구하지 않는 것이다.

이런 혜택을 누리고 있으니 농축산계가 소비자에 대한 의무감은 가지고 있을 것이라고 생각하는 사람도 있을 것이다. 다시 말해 농축산업계가 보조금을 대는 납세자를 위해 스스로 일을 제대로 할 것이라는 기대 말이다. 그러나 사실은 정반대이다. 오히려 미국농장위원회연합(American Farm Bureau Federation) 등의 주요 축산 단체는 규제를 더욱 완화하기 위해 맹렬하게 로비한다. 그들은 주저앉은 다우너 소의 도살을 금지하려는 개선안, 암퇘지의 임신용 우리 감금을 제한하기 위한 시도, 축산업이 유발한 오염물질과 온실가스 처리비용까지 모두 거부한다.[55] 정부로부터 매년 수십억 달러를 받으면서도 축산업계와 업자들은 개선에 대해서는 일축하고 비판자들에게 자유시장이 어떻게 돌아가는지에 관한 설교만 늘어놓는다.

연방정부는 농장 보조금의 70퍼센트인 연간 50억 달러 정도를 단 5종의 작물, 즉 옥수수, 면화, 쌀, 콩, 밀 생산자에게 쏟아붓는다.[56] 콩의 97퍼센트 이상,[57] 옥수수와 보리의 60퍼센트 이상이 농장동물에게 급여되므로 이런 보조금은 축산업계에 막대한 이익을 안겨 준다. 가장 큰 지출 품목인 사료를 인위적으로 낮은 가격에 얻기 때문이다. 터프츠 대학교의 2007년 연구에 따르면[58] 옥수수와 콩에 들어가는 보조금으로 타이슨푸드는 한 해 2억 8800만 달러의 비용을 절감한다. 같은 연구를 통해 정부가 생산자에게 돼지 한 마리당 10달러씩 숨겨진 보조금을 지출했다는 사실도 밝혔다.[59]

매년 그래왔듯 2010년 농무부는 과잉된 동물 생산품을 사들이는 데 세금을 흥청망청 썼다. 소비자가 원하지 않아도 축산 로비가 힘을 발휘하는 순간이다. 농무부는 잉여 돼지고기, 닭고기, 달걀을 전국 학교급식과 연방 식량 서비스 계획에서 구입하는 데 수억 달러를 더 썼다.[60] 이것은 농무부가 의무적으로 매년 구입해야 하는 수십억 달러어치의 축산 물품과는 별도로 추가된 것이다.

더 이상 달걀을 낳을 수 없을 만큼 쇠약해져 폐기되는 산란용 암탉의 고기를 먹으려는 사람은 없다. 매일 달걀을 낳는 살인적인 스케

줄 속에서 암탉은 뼈가 약해져[61] 쉽게 부서지고 부서진 뼈는 살 속으로 파고든다. 과거에 그런 암탉은 캠벨수프(미국의 세계적인 식품회사로 통조림 수프가 유명하다)가 되고는 했는데 몇 년 전부터 주요 수프 제조사들이 고객을 의식하면서 늙은 암탉을 사용하지 않고 있다. 산란용 암탉 24퍼센트가[62] 닭장에서 꺼내질 때 뼈가 부러져 고통받으며, 여러 과정을 거쳐 최종 해체 라인에 왔을 때에는 뼈골절의 흔적을 가지고 있는 닭의 비율이 98퍼센트에 달한다.

달걀생산자연대(United Egg Producers)에 따르면 미국정부[63]는 '쓸모없어진 산란용 암탉의 가장 큰 구매자'이다. 농무부는 쓸모없어진 전체 암탉의 10퍼센트를 구매한다.[64] 달걀생산자연대는 많은 산란용 닭 사체가 학교 급식 프로그램에 제공된다고 자랑스럽게 적고 있다. 연구에 따르면 이런 고기는[65] 고기 생산용으로 키워진 닭보다 살모넬라균 오염 가능성이 몇 배 더 높다.

미국인들은 달걀업계의 법률위반을 잘 모른다. 불법적인 가격담합혐의로 그들은 현재 일련의 집단소송에 걸려 있다. 2008년 달걀생산자연대가 생산을 줄이고 가격을 높게 유지할 목적으로 허울 뿐인 동물복지 프로그램을 내세웠다는 사실은 이미 백일하에 드러났다. 또한 수익을 부풀리려고 달걀 수출을 조작했다[66]는 사실도 밝혀졌다. 2010년 6월 주요 달걀생산업체인 랜드오레이크는 이 사건으로 두 번째로 많은 벌금인 2500만 달러를 지불하게 되었다.

낙농과 돼지고기 산업도 공적 지원금을 빠짐없이 긁어모으면서 개선안에는 맹렬하게 저항한다. 2008년 폐쇄된 홀마크/웨스트랜드 도살공장은[67] 쓸모없어진 젖소를 처분하는 전문 도살업체로 전국 학교 급식 프로그램에 다진 소고기를 공급하는 주요 회사였다. 두 번째로 큰 업체인만큼 거의 모든 주의 학생이 안전을 보장할 수 없는 값싼 소고기를 점심으로 공급받은 셈이다. 2009년 전국돼지고기생산자협회(NPPC, National Pork Producers Council)는 의회에 2억 5000만 달러 이상의 보조금과 과잉 생산된 돼지고기 수천만 달러어치를 직접 구매해 줄 것을 요구했다.[68] 돼지고기 생산업을 주 산업으로 하는 9개 주 주지사들은[69] 농무부장관인 톰 빌색에게 보조금 지불을 요청하는 서한을 썼다. 하원 농업위원회[70]는 이 주제로 공청회를 열면서도 산업계를 대변할 증인은 한 명도 요청하지 않았다.

정부 보조금은 이렇게 많이 받으면서 돼지고기 생산업계는 어마어마한 양의 배설물을 수로에 그냥 흘려 보내 수중생물을 죽여 농촌 지역사회를 황폐화시켰다.[71] 전국에서 두 번째로 큰 돼지고기 생산지인 노스캐롤라이나는 오염이 너무 심각해서 새로운 돼지고기 농장의 건설을 전면 중지시켰고, 새로 생기는 오수처리용 인공못에 대해서는 지불 유예를 선언할[72] 정도였다. 전국돼지고기생산자협회는 의회가 치료 목적인 아닌 항생제 사용을 단계적으로 폐지하려는 노력을 방해해 왔다.[73] 치료 목적이 아닌 항생제 사용은 슈퍼버그(항생제에 내성이 생긴 박테리아)를 빨리 퍼지게 해[74] 공공의 건강을 위협한다. H1N1 돼지 인플루엔자(사람, 돼지, 조류 인플루엔자 바이러스의 유전물질이 혼합된 새로운 형태의 바이러스로, 2009년 4월 멕시코, 미국을 시작으로 전 세계로 확산되어 세계보건기구 추산 500만 명이 감염되었고, 1만 8000명이 사망했다. 신종플루라고 한다)가 전 세계를 휩쓸었을 때 공장식 농장은 전 세계 수십억 인구의 안전을 위협하는 가장 위험한[75] 독감을 배양하는 인큐베이터이자 혼합

공장이라는 명확한 증거에도 불구하고 스스로를 언론 보도의 피해자라고 주장했다. 미국 기업에 의해 운영되는 멕시코 돼지공장이[76] 신종플루의 최초 발원지였을 것이다. 돼지 수천 마리를 한 곳에 몰아넣어 사육하는 현재 미국의 공장식 농장은 항생제로도 죽이지 못하는 박테리아인 새로운 슈퍼버그를 탄생시켜 모두를 위협하고 있다.[77]

산업축산을 떠받치는 데 들어가는 공공자산을 생각하면 연방정부는 방대하고 무자비한 생산 시스템 속에서 고통받고 있는 동물을 위한 최소한의 조처를 마련해야 한다. 하지만 여전히 수십억 마리의 생명이 생산·운송되어 도살장에서 죽음을 맞는 순간까지 그들의 삶은 철저히 법 테두리 밖에 있다. 농장동물을 위한 동물보호법은 취약하거나 아예 없다. 물론 최종 순간만큼은 연방법인 〈인도적인도살방법에관한법(Humane Methods of Slaughter Act)〉에 의해 관리된다.[78] 그러나 그 순간에도 도살되는 가축의 95퍼센트 이상을 차지하는 가금류는[79] 법에서 제외되어 있다. 물론 최소한의 법적 보호가 된다는 포유류도 홀마크 사건을 통해 법이 별 소용이 없음이 드러났다.

동물보호 관련 법조인보다 기업지원정책 관련 법조인이 더 많고, 축산기업 로비스트의 공공 보조금을 얻어내는 능력은 경쟁자가 없는 무적이다. 정부가 축산업정책을 정할 때 당연히 기업규제가 들어가야 하는데, 그 또한 제대로 되지 않고 있다. 정부와 기업은 착취하는 동물에 대한 최소한의 존중이나 연민도 없고, 고기를 사먹는 사람의 불만에도 관심을 갖지 않은 채 관련 시스템을 만들고 있는 것이다. 우리가 낸 세금으로 말이다.

    퓨채리터블트러스트가 2008년에 내놓은 산업 농장
동물 보호에 관한 보고서는 그 자체로 작은 승리였다. 퓨채리터블트러
스트는 산업계와 밀접하게 연관된 사람까지 포함된 연구진을 통해서
만든 보고서에서 축산업계의 개선이 시급하다는 의견을 내놓았다. 위
원회의 부의장인 마이클 블랙웰 박사도 그중 한 사람이다. 그는 축산
업계의 반대편에 서는 전형적인 사람과는 좀 다른 인물이다.

    블랙웰 박사는 아칸소와 텍사스에 끼인 오클라호마 남동쪽 구석
작은 마을인 아이다벨에서 자랐다. 농장 운영이나 사냥은 그 지역사회
의 삶의 방식이었다. 로데오는 가족 오락이었고, 2002년 금지될 때까
지 수십 년 동안 마을은 투계의 온상이었다. 1950년대에 성장기를 보
낸 그의 아버지는 3개 주 접경지역의 몇 안 되는 시골 수의사 중 한 명
으로 엄청나게 넓은 지역의 크고 작은 동물을 치료했다. 어린 블랙웰
은 농부와 농장동물을 접하며 자랐고, 어떤 종류의 동물학대에 대해서
든 깊은 반감을 가졌던 아버지의 감성을 물려받았다.

    블랙웰은 터스키기에서 수의학사 학위를 취득하고 공중보건으로
석사학위를 받은 후 2개의 동물병원을 운영했다. 공공 서비스 분야에
서 요청이 와서 공중위생국(Public Health Service)의 책임수의사, 식품의
약국(FDA, Food and Drug Administration) 동물의약품센터의 부국장, 미
국 연방정부 공중위생국장을 역임했다. 2000년에 정부를 떠나 테네시

대학교의 수의학과 학과장이 되었고, 2008년 이직할 때까지 다양한 학교 수의학 프로그램을 감독했다.

우리는 2010년 6월에 워싱턴 중심가 사무실에서 그를 만났다. 퓨 채리터블트러스트가 보고서를 완결한 지 거의 2년이 지난 뒤였다. 블랙웰 박사는 자신이 왜 보고서 프로젝트에 참여했는지 설명했다. 그는 축산은 가장 근본적인 사업으로 동물복지, 공중위생, 그의 삶의 경험을 통해 알게 된 농촌 지역사회 문제 등 여러 문제를 함축하고 있다고 말했다. 문제가 악화되는 것을 지켜본 블랙웰 박사는 축산업의 개선을 위해 참여했다.

전국 모든 지역에서 이루어진 2년간의 논쟁, 연구, 공청회를 반영한 이 보고서는 현대 축산의 문제점을 엄밀히 진단했다. 하지만 보고서가 제안한 농장동물 축산에 대한 합리적 규제와 인도주의를 회복하기 위한 포괄적인 권고는 산업계로부터 외면당했다. 하지만 정작 블랙웰 박사를 놀라게 한 것은 기업가의 반응이 아니라 동료 수의사의 반응이었다.

관련 단체로 가장 큰 미국수의사협회(AVMA, American Veterinary Medical Association)[80]는 보고서가 '중대한 결함'을 포함하고 있고, '과학과 현실'에서 심각하게 벗어나 있다고 말했다. 특히 수의사협회는 농장동물에게 치료 목적이 아닌 항생제 사용을 단계적으로 철폐하자는 위원회 권고를 공격했고 산란계, 임신용 감금우리에 가둔 암돼지 등 동물을 고밀도로 감금 사육하는 것을 단계적으로 철폐하자는 제안을 혹평했다. 수의사협회는 보고서를 "식량 체계의 본질에 대한 위험하고 잘못된 권고"[81]라고 평가했다.

몇 해 전까지만 해도 나는 대부분의 사람들과 마찬가지로 수의사와 수의사협회는 동물보호의 강력한 옹호자일 것이라고 생각했다. 그러나 세월이 흐를수록 수의사협회가 대형 축산업자에게 스스로 맞춰가고 있는 것을 번번이 목격했다. 그러다 보니 보고서에 대한 그들의 거칠고 방어적인 반응이 특별하지 않았다. 축산업과 수의사협회의 경제적 이익이 서로 맞물려 있으니 동물복지 쟁점에 관해 한 목소리를 낼 것이라는 사실은 분명했다.

　　사람들은 당연히 수의사를 반려동물을 보살피는 전문가로 본다. 이런 믿음은 대개 맞다. 수의사는 의술을 배우는 데 오랜 시간을 투자하고, 동물의 고통을 경감하겠다는 전문인 서약을 한다. 수익성이 좋은 직업이 아니라서 대부분 소명의식과 명예로 이 길을 택한다. 수의사는 최근 발달한 의료기기와 의술을 통해 암, 뼈질환 등을 다루고 몇 해 전만 해도 안락사했을지도 모를 아픈 동물의 생명을 연장시킨다.

　　반려동물 진료[82]가 수의사 수입의 4분의 3을 차지하는 데 반해 말 진료는 10퍼센트, 농장동물 진료가 나머지 10퍼센트를 차지한다. 그런데 말, 돼지, 소, 가금류에게 큰 영향력을 행사하는 이는 바로 이 소수의 수의사이다. 이 분야 수의사는 대부분 농장과 정부, 축산연구센터를 위해 일하면서 산업계의 고정관념을 공유한다. 그들은 일반적으로 개별 동물의 치료보다는 전체 농장동물의 건강 유지에 집중한다. 그렇기 때문에 어떤 동물은 고통받도록 놔두고, 5~10퍼센트 정도의 동물은 도살 전에 죽어도 그냥 방치한다. 전체 사업이 수익을 거둔다면 개별 동물의 고통 정도는 개의치 않는다.

　　미국돼지수의사협회(American Association of Swine Veterinarians)는[83]

전문지를 발행하는데, 후원자는 알파마, 바이엘동물의약품, 화이자동물의약품 같은 제약회사이다. 이런 상황이니 수의사가 대형 돼지 농장에서의 항생제 일상적 투여에 찬성하는 것이 당연하다. 미국실험동물전문가협회(American Society of Laboratory Animal Practitioners)는[84] 출처를 알 수 없는 개들이 실험에 사용되는 것을 금지하려는 동물복지단체의 정치 활동에 반대했다. 미국소전문수의사협회(American Association of Bovine Practitioners)는[85] 자신들의 입장을 유제품 생산자에게 강요하지는 않지만 여전히 젖소 꼬리 자르기 금지 법안에 반대한다.

전문 수의사를 둔 조직화된 산업 분야가 아니라면 투견과 같은 일이 벌어질 때 수의사협회는 곧잘 동물 편에 선다. 그러나 합법적인 거대 산업계에 고용된 수의사들은 업계의 입장을 지지한다. 사무실 벽에 붙은 학위증명서와 상관없이 수의사는 공장식 농장업자와 같은 이해관계를 갖게 된다. 모든 것이 현재의 방식 그대로 유지될 때만 막대한 수익을 얻기 때문이다. 수의사협회와 축산업이 시종일관 같은 입장을 표명하는 이유는 그들이 동일한 이해관계 선상에 있기 때문이다. 수의사협회가 보편적 동물복지원칙을 멀리하는 이유도 바로 여기에 있다.

몇 가지 예를 살펴보면 수의사협회는 다리를 절거나 주저앉은 다우너 소의 도살을 두고 논쟁을 벌일 때[86] 내내 침묵하다가 산업계가 수긍한 이후에야 입장을 밝혔다. 또 수의사협회는 푸아그라 생산 반대 입장을 밝혀 달라는 요청을 거절해 왔다.[87] 푸아그라 생산업자는 오리나 거위의 목에 파이프를 꽂아 간이 정상 크기의 10배에 달할 때까지 사료를 강제로 밀어 넣는다. 수의사협회는 이런 방식이 고통스러운 간

질환인 지방질축적증(lipidosis)을 유발하는 학대임을 인정하면서도 푸아그라 생산 방식을 반대하지 않는다. 심지어 몇 년 전까지[88] 암탉의 알 낳는 기간을 늘리기 위해 닭을 굶기는 달걀업계의 관행인 '강제 털갈이'를 지지하다가 달걀업계가 이를 중지한 뒤에야 잔인하다며 공개적으로 반대 의사를 밝혔다. 또한 송아지고기를 만들기 위해 송아지를 좁은 감금우리에 가두는 관행을 지지했다가[89] 산업계가 입장을 바꾸자 따라서 입장을 바꾸었다.

산업계는 결코 동물복지운동과의 싸움을 끝내지 않을 것이고 수의사협회도 끝까지 산업계와 입장을 함께할 것이다. 농장동물을 과밀하게 사육하는 것이 가능하도록 하는 것 중 하나가 동물에게 일상적으로 투여되는 항생제이다.[90] 항생제 덕분에 동물은 과밀하고 극도로 비자연적인 조건에서도 생존하고 생산력을 유지한다. 공장식 축산업자들이 원하는 것이 바로 이런 것이라 항생제 투여는 공장식 축산을 움직이는 대표적인 관행이 되었다. 항생제는 작은 건물 안에 수천 마리의 동물을 가두면서 생기는 심각한 문제를 해결하기 위해 도입되었다. 산업계는 보다 넓은 공간을 할애해서 근본적인 문제를 해결하지 않고 항생제를 대량으로 사용하는 '수정'을 통해 원래의 오류를 보다 심각하게 만들고 있다. 항생제 과다 사용이 공공의 건강을 위협하고 있기 때문이다.

항생제가 근본적으로 부패한 축산 시스템에 대한 잘못된 처방임을 가장 먼저 알아차린 이는 분명 미국수의사협회 소속 수의사였을 것이다. 그러나 공장식 축산에 반박하는 수의사는 지금까지 나타나지 않았다. 수의사협회는 항생제 대량 사용이 '과학에 기반'을 두고 있기에 완벽하게 기능할 수 있다고 주장한다. 그들의 사고를 지배하는 것은 동물복지과학, 공중위생과학이 아니라 경제의 과학이다.

칼럼니스트 니콜라스 크리스토프는 《뉴욕 타임스》에서 축산농가의 항생제 과다 사용 문제를 지적했다. "현재 항생제에도 살아남는 슈퍼버그가 증가하고 있다.[91] 잘 알려진 슈퍼버그 중 하나는 포도상구균인 MRSA(메티실린 내성 황색포도상구균. 흔히 슈퍼박테리아라고 불리며 1961년 영국에서 처음 보고되었다_옮긴이)로 매년 1만 8000명의 미국인이 이로 인해 죽는다. 에이즈로 죽는 수보다 더 많다." 이것은 슈퍼버그의 위협 중 하나에 불과하다고 과학자들은 오래전부터 경고해 왔다. 전직 식품의약국 위원인 도널드 케네디는 1980년 초 식품의약국이 농장동물에 대한 항생제 사용을 관리하기 위해 어떤 노력을 했는지 털어놓았다. "당시에도 비치료적 용도로 항생제를 사용하는 것은 사람을 감염시키는 박테리아의 항생제 내성과 연관되어 있었다. 식품의약국 자문위원회의 미생물학자들은 사람의 치료에 사용되는 항생제로 동물을 살찌우는 일은 매우 나쁜 생각임을 전달했다. 그러나 미국육류협회와 워싱턴에 있는 그들의 로비스트들은 식품의약국의 제안을 무시했다."[92]

오늘날 과학자들은 '전염병 창궐'에 어느 때보다 경각심을 가지고 있다. 미국의학협회, 미국소아과학회, 미국감염성질환협회, 미국공중건강연합회를 포함한 공공 건강단체들은[93] 더 늦기 전에 농장에서의 비치료적 항생제 사용을 금지해야 한다고 의회에 촉구하고 있다. 그런데 오직 한 의료 단체만이 공공건강을 위한 이런 개선에 반대하는데[94] 그곳이 바로 미국수의사협회이다.

농장동물의 대량 감금사육이 횡행하는 요즘에도 현장 수의사 중에는 이전 상황을 기억하는 이들이 있다. 당시 동물은 흙과 햇볕을 느끼며 살았을 뿐만 아니라 수의사의 보살핌도 받았다. 마이클 블랙웰은 아버지를 따라다니며 그런 현장을 보았다. 아버지는 아픈 동물을 망가진 생산물로 보지 않았고 오직 그들의 고통에 집중해서 의술을 베풀었다. 그는 동료 수의사들이 그런 보살핌과 연민이라는 고귀한 기준으로 돌아가길 바랐다. 퓨채리터블트러스트 보고서는 "농장동물 복지를 위한 연방 기준은[95] 정당하고 윤리적이어야 하며, 무엇보다 동물에 대한 정상적인 이해를 기초로 하여 발전되어야 한다."고 말하고 있다.

어떻게 동물을 다루는 것이 정상적인 것인지 완전히 감각을 잃어버린 미국수의사협회는 대규모 감금 시스템을 지지해 왔다. 수의사협회의 리더들은 산업계가 주장하는 것처럼 동물을 거의 움직이지 못하게 하고 결코 빛을 보지 못하게 동물을 가두는 것이 '정상'이라는 기묘한 논리를 지지했다. 대규모 감금에 대한 이런 교조적인 집착 때문에 수의사협회는 전통적인 동물보호단체뿐 아니라 축산업계의 방식에 물들지 않은 수의사들과도 갈등을 빚어 왔다.

2008년에 캘리포니아에서 〈법률개정안 2〉 문제로 투쟁을 벌이던 당시 우리는 캘리포니아 수의사협회의 실질적인 지지를 받았다. 그곳의 대표인 제프 스미스는 캘리포니아 지역 신문인 《모데스토 비(Modesto Bee)》에 "감금 시스템은[96] 복지의 관점에서 명백히 옹호할 수 없다."고 명확하게 밝혔다. 캘리포니아 수의사협회의 동물보호 8가지 원칙 중에는 "동물은 사람과 다른 욕구와 필요를 가진 지각 있는 존재로서 사람과 사회로부터 존중받을 가치가 있다."는 원칙이 있다. 세부적인 복지원칙을 갖고 있지 않은 미국수의사협회는 캘리포니아의 입장을 뒤

집으려고 강한 압력을 넣었지만[97] 소용없었다.

　미국수의사협회의 가장 설명하기 어려운 태도 중 하나는 말 도살을 금지하는 연방정부의 법률제정에 맹렬히 반대한 것이다.[98] 지난 10여 년 동안 말 도살은 다른 어떤 동물복지 주제보다 많은 유권자의 관심을 끌며 의회에서 반복적으로 논쟁을 일으켰다. 그 동안 휴메인소사이어티와 연합 단체들은 미국 내 말 도살장이 폐쇄되도록 싸웠고 멕시코와 캐나다 도살장으로 갈 운명인 살아 있는 말의 수출을 막기 위해서도 싸웠다. 2007년 입법부와 법원의 조치로 마지막 남은 3개의 말 도살장이 폐쇄되자 관련 업자들은 국경 너머로 말을 옮기기 시작했다. 휴메인소사이어티의 조사에 따르면 말은 보통 소 운반용 트럭에 암컷, 수컷 할것없이 뒤섞여 실렸다. 멀게는 2,400킬로미터, 때로는 멕시코까지 운송되었고, 볼트건이나 총, 단도에 의해 살해된 다음 고기로 가공되었다.

　농장위원회와 농장주연합이 주축이 된 축산단체[99]는 말 도살을 금지하는 법률제정을 반대했다. 그들은 말을 가축으로 보았다. 그러니 말을 안락사시키는 데 수백 달러를 쓰는 것을 이해하지 못했고, 고기용으로 팔아 몇 백 달러라도 버는 걸 회원들이 원한다고 생각했다. 겨우 200~300달러를 절약하려고 말을 비참하고 두렵고 끔찍한 죽음으로 모는 이런 단체의 든든한 정치적 혈맹은 미국수의사협회이다. 수의사협회는 말이 걱정되어서 도살장을 옹호한다고 말한다. 만일 도살장이 없어지면[100] 쓸모없어지거나 원치 않는 수만 마리의 말을[101] 말 주인이 굶기거나 유기할 것이라고 주장한다. 이는 말 소유자를 냉소적이고 비관적으로 바라보는 동시에 학대와 유기라는 불법적 행위를 에둘러 용인하는 발언이다. 왜냐하면 말을 버리거나 방치하는 행위는 거의 모든 주에서 범죄이기 때문이다. 말 주인들은 정말 그들에게 봉사했던 동물을 다른 곳에 입양시키거나 보호소에 보내거나 죽음에 드는 비용을 줄이려고 범죄를 저지를 사람들일까? 적어도 수의사협회는 그렇다고 생각한다. 미국수의사협회의 지도부는 공장식 축산업자의 고정관념을 내면화해서 말 주인은 책임감이 없음을 전제로 하고 공식적인 정책을 만들었다.

미국수의사협회의 대변인이자 미국말의료전문가연합회(American Association of Equine Practitioner) 대표였던 더글러스 코리 박사[102]는 "농무부 관리하에 있는 시설에서는 도살 시 인도적인 안락사를 시행한다."고 말하며 도살 반대 입법에 반대했다. 그는 살던 집에서 안락사하는 것과 40마리의 다른 말과 함께 소 운반 차량에 실려 도살장으로 가 폭력 속에서 다른 말이 도살되는 것을 목격하다가 마침내 도살되는 것이 차이가 없다고 생각하는 것이 분명했다.

말 도살건과 관련해서 많은 일반 수의사가 미국수의사협회와 절연했다. 터프츠 대학교의 수의사 니콜라스 도드맨[103]은 의회에서 도살업계는 "약자인 동물을 잔혹하게 이용"하며 "사업을 지탱하려고 소유자의 손에서 건강한 말을 갈취한다."고 말했다. 도드맨 박사는 수의사협회를 겨냥해서 "이를 지지하는 단체나 조직[104]의 정체성을 평가할 필요가 절실하다."고 부언했다. 그는 말 소유자는 반드시 말을 적절히 보살펴야 하며, 사람을 의지하고 믿는 생명을 배신해서는 안 된다는 입장을 밝혔다.

미국수의사협회는 말 도살 문제에서는 말을 도살하도록 허용하지 않으면 말 소유주가 말을 학대할 것이라고 가정한다. 하지만 공장식 축산 문제에서는 축산업자가 동물을 절대 학대하지 않는다면서 법적인 모든 규제에 저항한다. 편의에 따라 앞뒤가 맞지 않는 모순적 입장을 내세우는 것이다. 이들이 원하는 목표는 하나이다. 모든 규제를 철폐해서 동물보호를 위한 최소한의 기준도 없애는 것. 이는 거대 축산업에 종속되어 동물과 수의사의 소명 모두를 배신하는 것이다.

수의사는 늘 동물 편이어야 한다. 그래서 우리는 마이클 블랙웰 같은 수의사가 횃불을 들 수 있도록 신뢰와 지지를 보내야 한다. 왜냐하면 상당수의 수의사가 반대편에서 축산업을 대변하고 있기 때문이다.

이 모든 것은 동물보호를 거부하는 사람들에 의해 만들어지고 만연한 타락한 관행의 일면일 뿐이다. 그들은 돈과 인맥, 권력을 쥐고 있으며 그것을 어떻게 이용하는지도 잘 알고 있다. 그들에게 동물의 고통은 부수적인 사항일 뿐이다. 그들은 동물의 고통에 대해 관심이 없고, 대중도 그렇게 만들려고 노력하고 있다.

8장
인도주의적 경제

　　미국 북동부에서 고래를 보기에 가장 좋은 때로 꼽히는 어느 봄날, 우리는 고래를 볼 수 있다는 기대를 품고 케이프코드를 출발해 스텔웨이건만으로 향하는 고래 관찰선에 올랐다. 계절해류와 만의 만곡이 부딪쳐 심해의 차가운 바닷물이 위로 솟구치는 용승현상이 벌어지는 매년 봄이면 고래 관찰선이 손님을 가득 싣고 출항한다. 표층으로 상승한 차가운 바닷물은 풍부한 영양으로 플랑크톤을 번식시키고 플랑크톤을 먹고사는 작은 물고기를 불러들인다. 그리고 먹이사슬을 따라 청어, 고등어 등과 이들을 쫓아다니는 포식자까지 한곳에 모인다. 고래와 돌고래는 차가운 바닷물이 뒤집어지는 이 시기를 기다렸다가 때가 되면 어마어마한 수가 출몰하곤 한다.[1] 덕분에 인간에게도 유유하게 움직이며 잔물결만 남기는 거대한 생명체를 볼 기회가 주어진다. 누구든 45달러만 내면 고래 관찰선에 탈 수 있다.

　　배는 고래에게 겁을 주지 않을 정도로만 접근한다. 우리는 고래의 생태를 방해하지 않도록 조심스럽게 다가갔다. 우리 배에 누가 타고 있는지 알았다면 고래도 안심했을 것이다. 배에는 고래보호 캠페인을 수 차례씩 펼친 세계적인 동물복지단체의 대표 6명이 함께 타고 있었다. 사실 이날은 동물보호단체들이 근처에서 3일 동안의 회의를 마치고 놀이 삼아 나온 일종의 야유회였다. 3일 동안 우리는 동물복지운동의 장기적인 목표를 설정하고 헨리 솔트가 생전에 상상했던 '위대한 미래공화국' 실현을 위해 필요한 조치를 논의했다.[2]

2010년 5월에 열린 세계동물포럼에서는 시급한 과제인 상업적 도살로부터 고래를 비롯한 야생동물을 보호하자는 조약을 재확인했다. 또한 2020년까지 주로 선진국에서 벌어지는 건강하거나 치료 가능한 개의 안락사, 개발도상국에서 벌어지는 비인도적인 반려동물 집단 살처분을 종식시키기로 결의했다. 보편적으로 용인될 수 있는 기준을 설정해서 2025년까지 과학 분야에서 동물실험의 대체안을 확정한다는 목표도 설정했다. 2030년에는 세계 각국에서 반학대와 동물복지법이 보다 실효를 거두게 만들고, 2050년에는 어느 나라에서도 공장식 축산을 허용하지 않도록 최선을 다해 힘을 보탤 것을 다짐했다.

전면적인 혁신이 완료되기까지는 힘든 과정이 예상되는만큼 위에 제시한 상당수의 제안은 우리가 살아 있는 동안에 볼 수 없을지도 모른다. 하지만 어느 때보다 동물학대에 대한 시정이 강하게 요구되는 시대라 위의 제안은 보다 나은 미래를 위해 우선적으로 달성해야 할 가치 있는 목표이다. 관련 산업계 입장에서 보면 이런 변화와 장기적 개선책이 말도 안 되는 헛소리일 것 같지만 놀랍게도 변화의 조짐이 일고 있다. 극단적이고 성취 불가능할 것 같았던 일들이 이루어지고 좋은 변화로 환영받는 현상이 이미 일어나고 있다. 한때 포경선으로 가득했던 뉴잉글랜드 바다만큼 그 가능성을 극적으로 보여 준 곳이 또 있을까?

고래를 잡아죽이기 위해서가 아니라 그저 고래의 모습을 구경하려고 배를 타고 나선다는 것을 상상조차 할 수 없었던 시대가 있었다. 그때부터 최근까지 이 웅장하고 아름다운 생명체에 관해 인류가 얻은 지식은 모두 고래를 사냥하고 죽인 사람의 입을 통해서였다. 상업적 도살이 한창일[3] 때는 1년 동안에 6만 5000마리의 어마어마한 고래가 도살되기도 했다.

이렇듯 붙잡혀 죽는 처참한 모습의 고래가 아니라 자신의 세계에서 자유롭게 사는 고래를 보게 된 것은 수중 촬영술과 녹음기가 등장한 1960년대 이후이다. 우리는 이제 고래의 의사소통 수단인 '고래의 노래'를 듣고,[4] 새끼를 먹이고 보살피는 어미 고래를 볼 수 있다. 그리고 고래가 지구 상에서 가장 강력하고 가공할 만할 힘을 지녔을 뿐 아니라 더불어 가장 평화로운 동물 중 하나라는 사실을 관찰하고 인정하게 되었다.

고래를 그들의 처지에서 이해하게 되기까지 오랜 세월이 걸렸는데 슬프게도 그 사이에 대부분의 고래가 사라졌다. 구약 〈시편〉에서 찬송되던 거대한 리바이어던(구약성서 등에 언급되는 바다를 혼돈에 빠뜨리는 거대한 바다의 괴수)이 거의 다 살해된 것이다. 인간은 고래의 아름다움에 감탄하면서도 사냥꾼의 손아귀에서 고래를 빼내지 못했다. 그러니 이 경이로운 동물을 단지 고깃덩어리로만 바라보는 포경꾼을 제외하고 포경산업이 사라지는 것을 기뻐하지 않을 사람이 누가 있을까?

오늘날 고래를 보호하려는 국제적인 협약은 "더 이상은 안 돼!"라고 선언하는 인도주의의 큰 성과이다. 이제는 우리가 각자 큰 가치가 있다고 깨닫게 된 생명체를 위해 관용을 베풀어야 하는 시대이다. 사실 동물을 학대하고 상업적 착취대상으로 여기는 지난날의 동물 이용 산업은 끝낼 때가 되었다. 과거의 방식보다 훨씬 더 인도적이면서도 수익을 보장하는 탄탄한 사업이 가능해졌기 때문이다. 그중 하나인 고래 관찰은 꽤 괜찮은 사업으로 인간이 고래와 함께 번창할 수 있음을 보여 준다.

| 동물은 삶을 지속하고 인간은 계속 돈을 버는 새로운 경제의 출현 |

2010년 세계동물포럼에서 동물단체는 인간과 동물 모두를 위해 산업계에 잔존하는 잔인한 시스템을 없애야 한다고 입을 모았다. 그러나 잘못된 관행을 지적하고 반대하는 것만이 아니라 대안을 제시할 필요가 절실했다. 불필요하게 동물을 학대하고 죽이는 산업에 경제적으로 기댈 수밖에 없는 지역민에게 다른 종류의 사업을 통해서도 이익과 일자리가 창출된다는 것을 보여 주어야 했다. 동물이 지닌 가치를 인정하는 것만으로도 막대한 시장이 창출될 수 있다. 뉴펀들랜드의 바다표범 사냥꾼의 사례가 보여 주듯 새로운 경제적 기회를 막는 것은 바로 관행과 고정관념이다. 기존의 관습을 고집하느라 인도주의적 경제가 지닌 무한한 가능성을 보지 못하는 것은 전 세계에 공통적으로 나타나는 현상이다.

고래 관찰 사업과 비슷한 결과를 거둘 만한 사업으로는 어떤 것이 있을까? 경제적 가치를 더하고 지속 가능한 일자리를 제공하는 사업 모델을 찾는 작업은 추상적인 일이 아니다. 동물보호운동은 도덕적·법적 승리도 중요하지만 그 일이 동물뿐만 아니라 인간에게도 수익을 창출한다는 것을 실질적으로 보여 주어야 한다. 기업은 소비자에게 윤리적인 선택을 할 수 있는 기회를 제공하고, 소비자는 동물을 염두에 두고 구매나 행동을 해야 한다. 모든 관계자가 각자 맡은 역할을 다할 때만 사회적인 책임이 공허한 슬로건에 그치지 않을 수 있다.

시장이야말로 누구도 피할 수 없는 시험대이다. 소비자가 스스로 시장이 제공하는 것만 소비하는 수동적 존재가 아니라고 깨우치게 되는 순간 성공을 향한 큰 진전이 이루어진다. 시장은 소비자의 선택에 즉각적인 반응을 보이게 마련이다. 소비자가 윤리적으로 올바른 소비를 하는 순간 제품은 보다 인도적으로 만들어진다. 잔인한 방법에 의해 운영되는 산업을 가장 극적으로 변화시킬 수 있는 방법은 바로 이런 식의 변화이다. 안 팔리는 물건, 비어 있는 주차장, 빈 좌석은 때로 법적 제재보다 효과적이다. 인도적인 경제를 정립하는 첫걸음은 비인도적인 경제를 멀리하는 것이다.

하지만 이런 방식이 얼마나 거센 저항을 몰고 올지는 충분히 예상할 수 있다. 동물을 비윤리적으로 대하는 산업계는 일단 새로운 방식을 거부하고 반대 목소리를 높일 것이다. 그들은 자신의 행동을 정당화하는 방법을 잘 알고 있다. 그들이 치러야 할 변화 과정에서의 비용과 어려움을 생각하면 그럴 법도 하다. 만일 누군가 이 책에 설명된 행동을 한 번만이라도 실천한다면 금세 온갖 상세한 변명과 이유를 들이대면서 인도적인 방식으로는 돈을 벌 수 없다고 주장하는 사람을 만날 것이다. 그들은 자신을 어리석고 위험한 망상가로 가득 찬 세상에 꼭 필요한 실용주의자라고 말한다. 그들은 동물을 기존의 방식으로 이용해야만 하는 냉혹한 진실이 존재하고, 누군가는 더럽고 유혈이 낭자한 일을 해야만 한다고 주장한다.

동물 이용 산업계의 사람들은 새로운 기준과 규제를 경제적 훼방이라고 생각한다. 달걀생산업계는 아파트형 닭장 금지를 개인의 자유에 대한 침해라고 생각하고, 일본과 노르웨이는 포경 금지를 국가 자주권에 대한 공격이자 자본주의 사회의 자유기업체제에 대한 공격이라고 한다. 또한 규제가 생기면 일자리가 없어질 것이라고 고집한다. 중요하지도 현실적이지도 않은 동물권리 옹호자들의 주장은 감상적인 토로에 불과하므로 경제적 성과를 내는 사업에 대한 간섭을 그만두라고 말한다.

아파트형 닭장 금지와 포경 금지는 생산자와 산업계에 영향을 미칠 것이 분명하므로 관련업계가 극히 자기중심적으로 받아들이는 것은 충분히 이해할 수 있다. 그러나 그들의 반응은 현실 경제원칙을 심각하게 오해하고 있다. 따지고 보면 기업형 농부야말로 시장 변화에 불평해서는 안 되는 사람들이다. 그들은 자신들의 현재 생산방식이 예전부터 해왔던 전통 방식인 것처럼 말하면서 인도적인 방식으로 생산하라는 변화 요구에는 적응할 수 없는 것처럼 말한다. 마치 자신들이 걸었던 변화의 길을 까맣게 잊은 듯 말이다. 그들이야말로 가공할 만한 속도로 대규모 감금을 비롯한 무자비한 방식을 도입해 산업계를 '새로운 축산'으로 전환시킨 장본인이다. 50여 년 전의 농부는 상상조차 할 수 없었던 방식을 불과 몇 년 사이에 표준으로 정착시킨 이들이 바로 현재의 축산업자들이다. 그토록 짧은 시간에 전면적인 변화를 이루어 냈음을 감안하면 축산업은 언제든 다른 방향으로도 전환할 수 있다. 양심을 버린 변화의 산물이 공장식 축산이라면, 양심에 따른 변화는 축산에서 어떤 혁신을 낳을 수 있을까?

시장은 생산자와 소비자 사이에서 지속적으로 변모한다. 경제학자 조지프 슘페터[5]는 《자본주의, 사회주의, 민주주의(Capitalism, Socialism and Democracy)》에서 이를 '창조적 파괴'라며 찬양했다. 창조적 파괴 절차에 의해 기업가와 혁신가는 새로운 목표와 생산 방법, 자신들의 비전을 드러내는 새로운 제품을 도입한다. 하지만 창조적 파괴가 시작되면 기존의 방식을 대표하는 사람들은 종말론적 전망에 사로잡혀 새로운 흐름을 거부한다. 비판자들은 새로운 방식을 도입하면 산업계가 공멸할 것이라고 두려워한다. 그러나 슘페터가 주목했듯이 이런 변화는 새로운 성장을 촉진하는 경제의 생명줄이다. 변화에 적응하지 못한 사업은 뒤처지겠지만 혁신가는 가공할 속도로 시장을 점유해나갈 것이다.

예를 들어 공장식 농장과 모피사업은 음식과 옷이라는 더 큰 산업의 일부이다. 현대 사회에서 음식과 옷의 가치를 생필품에만 국한시키는 이는 드물다. 음식과 옷은 사람에게 즐거움과 편안함을 제공하며 삶의 질을 높인다. 음식과 옷이 생필품에 속하기는 하지만 공장식 축산업자나 모피업자들이 파는 특정 제품이 필수적이라고는 할 수 없다. 소비자는 시장에서 자신의 취향에 따라 비슷한 품질의 상품 중에서 하나를 자유롭게 선택하고, 이는 산업계 전체로 보면 손실이 발생하지 않는다. 모피 코트 업자가 손해를 볼 때 천 코트나 합성 섬유 코트 판매자는 이익을 얻기 때문이다.

이는 공장식 축산업에도 똑같이 적용된다. 소비자가 양심에 따라 소비하게 되면 공장식 축산업자들의 시장점유율은 낮아지겠지만 보다 인도적으로 제품을 생산하는 생산자와 식물성 대체식품업자는 더 큰 이익을 볼 것이다. 음식과 옷이 필요 없는 사람은 없다. 다만 소비자의 탄력적인 결정에 따라 돈이 다른 방향으로 흘러갈 뿐이다.

질 낮고 의심쩍은 물건을 생산하는 업자를 먹여 살리라고 소비자에게 요구할 수는 없다. 그것은 소비자와 공급자 관계를 거꾸로 바라보는 방식이다. 만일 스타일과 보온성 면에서 비슷한 우아한 천 코트와 사치스러운 모피 코트가 있다고 하자. 둘 중 하나가 동물을 죽여야 얻을 수 있는 상품이라면 필요와 도덕 모두를 충족시키는 천 코트를 선택하는 것이 당연한 일이다.

사업적으로 성공하고 싶다면 소비자의 이익뿐만 아니라 그들의 감수성, 가치와도 일치하는 제품을 생산해야 한다. 소비자의 요구를 제대로 헤아리지 못해 실패한 생산자를 위해 눈물을 흘릴 필요는 없다. 성공한 모피업자가 천 코트 생산자를 생각해서 눈물을 흘리지 않듯 말이다. 공장식 축산업자가 성공했다고 방목식 축산업자에게 사과할 필요가 없는 것도 마찬가지이다. 어떤 판매자가 입은 손실은 항상 다른 쪽의 이익이다.

소비자의 특권과 경쟁의 가치는 서구 경제학의 보편적 법칙이다. 경쟁은 생산자를 유능하고 혁신적으로 만들 뿐 아니라 시장에서의 승자와 패자를 만든다. 물론 국가의 광범위한 보조금과 안전망에 의해 절대 사라지지 않는 산업이 있기는 하지만 대부분 시장을 통해 살아남아야 한다. 급변하는 소비자의 욕구와 경쟁자의 생산전략을 파악하지 못하고 시장에서 밀려 나가는 사상자들은 매 순간 발생한다.

요식업에서 존 매케이만큼 영민한 사람은 찾기 힘들 듯하다. 텍사스 오스틴에 있는 자기 집 주차장에서 야채가게를 시작한 그는 세이퍼웨이(Safer Way)라는 소규모 대안적 구매자들에게 식재료를 조달하던 소매점을 홀푸드(Whole Food Market, 유기농 식품 유통업체)로 발전시켰다. 홀푸드는 90억 달러 이상의 연 매출을 올리는 세계적인 기업으로 점포가 300개, 직원이 5만 4000명이다. 존 매케이는 소비자가 물건값에만 신경 쓰고 가치는 고려하지 않는다는 기존의 선입견을 과감히 버렸다. 그는 소비자가 가격, 제조사, 질, 유용성과 함께 사회적인 책임이라는 보다 넓은 요소를 고려해 소비한다고 생각했다. 경쟁자가 소비자를 가격에만 신경 쓰는 존재로 가정해서 경영할 때, 존 매케이는 소비자에게 더 나은 선택을 할 기회를 주면 그들이 반응할 것이라고 믿었다.

홀푸드의 성공은 존 매케이가 옳았음을 증명했다. 환경이나 음식의 가치에 대해 일단 눈을 뜬 소비자는 자신의 판단기준에 따라 선택했다. 그들은 지역에서 생산된 신선한 로컬푸드에 관심을 가졌고 병원균과 위험한 박테리아가 없는 음식을 원했다. 또한 동물이 인도적으로 다루어지기를 원했다. 보다 많은 소비자가 비록 계산대의 스캐너가 읽어 내지는 못하지만 값싼 음식은 광범위한 환경 비용과 도덕적 비용을 치른 것임을 알고 있었다. 홀푸드는 새로운 방식을 보여 주었고 소비자와 경쟁사는 이에 반응하고 있다. '유기농', '친환경'이라는 상표가 붙은 음식이 갑자기 잘 팔리기 시작했고, 심지어 월마트 같은 대형마트도 유기농 제품을 위한 진열대를 갖추기 시작했다. 홀푸드 이야기는 한 사람에게서 시작된 올바른 사업 모델이 어떻게 전체 산업의 기준을 변화시킬 수 있는지를 보여 주는 하나의 예이다.

가치의 중요성은 특히 사업에서 두드러지게 나타난다. 사람들은 일반적으로 노동자를 착취하거나 환경을 훼손해 가격을 낮추는 것을 좋아하지 않는다. 일전에 복음주의 목사인 매튜 슬리스와 대화를 나눈 적이 있다. 켄터키의 낙농농장에서 자란 그는[6] 현재의 공장식 농장을 반대하는 운동을 펼치고 있다. 그는 동물이나 타자를 위한 생각이 우리를 인간답게 만들고 하나로 묶어 준다고 했다. "무조건 싼 것이 최고라는 생각을 고수하다 보면 노예제도와 동물학대를 부정할 수 없게 된다. 우리의 선택이 우리가 바라는 사회를 만든다."

윤리적 문제에 전혀 신경 쓰지 않고 가격만 생각한다면 무엇이든 더 싸게 만들 수 있다. 하지만 기본윤리를 준수하게 되면 비용이 발생하게 마련이다. 민주자본주의 체제의 자유시장에서는 어두운 이면이 존재하므로 약자는 법이 보호해 주지 않는 한 강자의 처분에 내맡겨진다. 농장동물이 그런 약자이고, 그들에 대한 법적 보호가 간절하게 요구되는 이유이다.

공장식 축산에서 어떤 일이 벌어지는지 알게 된 사람들은 양심과 사회적인 책임감을 지닌 기업을 찾고 있다. 이런 상황은 인도주의적인 경제를 원하는 사람들에게 좋은 기회이다. 인도주의적인 경제는 더 많은 경제적 활력과 일자리를 만들어 낼 뿐만 아니라 환경에도 좋고, 소비자에게는 더 건강하고 나은 삶을 제공하면서 수익 잠재력을 갖춘 사업임을 증명하고 있다. 동물에 대한 존중을 기반으로 구축된 사업은 원칙을 무시하는 사업에 비해 훨씬 더 소비자 중심의 사업 기반을 가진다. 잔인성과 자연파괴의 당위성은 시들해지고 있고, 그에 의존하는 사업도 장기적으로 생존 여부가 불투명하다.

케이프코드를 비롯해 세계 각 지역에서 발전 중인 고래 관찰업은 인도주의적인 경제가 어떻게 기능하는지를 잘 보여 준다. 세계 전역의 해안 마을에서 고래 관찰업을 통해 일자리와 수익이 창출되고 있다.

뉴질랜드 카이코우라 마을에는 매년 수십만 명이 고래를 보기 위해 방문한다.[7] 뉴질랜드는 이 사업을 통해 8000만 달러 이상의 매출을 올렸다.[8] 스코틀랜드 서부의 멀섬(Isle of Mull) 등의 해안 마을도 고래 관찰업으로 한 해에만 1200만 달러를 벌어들였다. 현재 고래 관찰 프로그램은 전 세계적으로 3,000개 이상 운영 중이며 약 1만 3000명의 직원을 고용하고 있다. 고래 관찰 프로그램이라는 전 지구적 사업은 1950년 샌디에이고의 카브리요 국립공원(Cabrillo National Monument)에서 방문자들이 지정된 관찰지에서 쇠고래를 관찰할 수 있게 되면서 시작된 이래 점점 성장하고 있다. 국제동물복지재단에 따르면 2008년 1300만명의 사람이[9] 전 세계의 119개국에서 고래 관찰을 했고 티켓 요금과 관광비용으로 21억 달러를 썼다.

고래 관찰업은 슘페터가 말한 '창조적 파괴'의 산물이다. 200여 년 동안 미국은 포경산업의 세계적 중심지였다. 대서양 연안 마을마다 건장한 선원을 가득 태운 포경선들이 출항을 준비하고는 했다. 애틀랜타 해안 마을 수십 곳에서 출항한 배는 고래를 찾아 몇 개월 동안 세계의 대양을 누볐다. 그 시절의 기준으로 봐도 끔찍하고 위험천만한 일이었다. 고래를 발견하면 선원들은 임기응변으로 만든 작은 배를 타고 바다로 내려가 손으로 고래를 향해 작살을 던졌다. 작살에는 밧줄이 매어져 있고 밧줄은 고래보다 작은 배의 뱃머리에 고정된다. 작살을 맞은 고래는 배를 매단 채 도망치곤 했다. 결국 고래가 과다출혈로 죽으면 주선의 갑판에 올려지고 선원은 상업적으로 가치가 있는 기름을 추출하기 위해 고래를 절단했다. 당시 고래는 매우 귀하게 다뤄졌는데, 고래기름은 전등을 밝히고 산업기계의 윤활유로 쓰이며 국가 성장을 이끌었다.

1859년 펜실베이니아 타이터스빌에서 석유가 땅 위로 분출하는 유정이[10] 발견되면서 에너지 생산의 새 시대가 열렸다. 기름에 이어 석탄 등 화석연료시대가 열리면서 에너지 공급책으로서의 고래 도살은 의미가 없어졌다. 기름과 석탄은 풍부했고 무궁무진해 보였다. 그러나 미국을 제외한 다른 나라의 포경은 20세기까지 이어졌다. 고래에서 추출한 기름은 제1, 2차 세계대전 때 니트로글리세린이 사용된 폭탄제조와 옛 소련의 중공업 윤활유와 우주탐험용 장비 교정에 쓰였다. 하지만 이런 필요에도 불구하고 포경이 국가 경제의 중심에 다시 서지는 못했다.

에너지 분야의 혁명과 기업화는 미국을 비롯한 각국에서의 포경 산업을 쇠퇴시켰지만, 고래 관찰업을 지구적으로 번창시킨 주인공은[11] 바로 고래를 사랑하는 사람들이다. 현재 고래 관찰업은 몇몇 국가가 고래잡이로 벌어들이는 연 수입을 훨씬 능가한다. 고래 관찰업은 인도적이며 지속 가능하다는 점에서 성공적인 모델이다. 관찰은 동물에게 해를 끼치지 않는다. 동물은 삶을 지속하고 인간은 지속적으로 돈을 벌 수 있다. 생명을 일회용으로 치부하는 바다표범사냥이나 고래에게 하는 작살질과는 대조적이다. 포경업자 역시 고래 개체수가 유지되기를 희망하겠지만 고래든 코끼리든 바다표범이든 도살사업은 결국 동물 고갈로 귀결된다.

마치 현금을 들고 튀는 소매치기와 같은 착취적 실행 방식과 달리 지속 가능한 접근 방식은 살아 움직이는 동물 자산을 그대로 유지하면서 수익을 창출한다. 수요면에서는 두 산업을 비교할 수조차 없다. 극소수의 사람만이 고래고기나 바다표범 코트를 원하며, 노르웨이, 일본의 젊은 세대[12]조차 이런 제품을 외면하면서 시장은 더욱 위축되고 있다. 반면 동물의 가치를 존중하면서 형성되는 시장은 급속히 팽창하고 있다.

고래 관찰선을 타면서 내 자신이 새로운 산업의 고객이라는 사실이 기뻤다. 40미터 길이의 배에는 수백 명의 승객이 타고 있었고, 구름 한 점 없는 하늘 덕분에 바다는 찬란한 태양을 반사하고 있었다. 날씨는 25도 정도였지만 시속 45킬로미터로 달리는 배와 북쪽에서 불어오는 바람 때문에 다소 춥게 느껴졌다. 사람들은 대부분 추위를 피해 안에 모여 있었지만 선장의 "고래다!"라는 외침이 있을 때 달려 나갈 준비를 단단히 하고 있었다. 몸길이가 15미터이고 체중이 50톤이나 나가는 살아 있는 생명체를 직접 본다는 것은 대단한 경험이라 그들은 그 순간을 준비하고 있었다.

30분 후 스텔웨이건만에서 낫돌고래를 발견했다. 녀석들은 배의 오른쪽에서 작은 편대를 지어 헤엄치면서 멋진 호를 그리며 뛰어올랐다 들어가곤 했다. 물고기를 찾고 있을 수도 있지만 탁 트인 대양에서 신나고 즐거운 시간을 보내고 있는 것 같았다. 어쩌면 사람들을 위한 오프닝 공연일 수도 있을 것이다. 낫돌고래의 모습에 사람들은 집중하고 흥분하기 시작했다. 차가운 기온도 잊고 돌고래를 관찰하며 얼굴에는 미소가 떠올랐다. 대양의 대기 속에서 난간 밖으로 돌고래를 내다보는 경험은 아무 곳에서나 할 수 없으니까.

그때 갑판 꼭대기 전망대에서 선장이 고래의 숨구멍에서 작은 수증기 기둥이 솟아오르는 모습이 보인다고 알려 왔다. 배는 고래와 충돌을 피하기 위해 속력을 줄이면서 뱃머리를 오른쪽으로 돌렸다. 고래와의 충돌은 이 산업이 동물에게 가할 수 있는 몇 안 되는 위험 중 하나이다. 오래지 않아 두 마리의 혹등고래가 시야에 들어왔다. 어미와 새끼 고래는 45미터 정도 떨어져서 헤엄치고 있었다.

새끼 고래는 수면에서 주변으로 물을 튀기고 있었지만 어미 고래는 차분하게 물길을 가르고 있었다. 선장은 어미가 물고기 떼 주변에 거품고리를 만들고 있다고 설명해 주었다. 어미가 만든 거품은 물기둥을 만들어 물고기 떼를 안에 가둘 것이다. 그런 다음 어미는 재빨리 떠올라 엄청난 물을 고래수염(수염고래류의 위턱에서 성장한 빗 모양 각질의 판과 판에 붙은 털. 'whalebone'이라고도 한다_옮긴이)을 통해 빨아들였다가 물은 걸러내고 물고기만 섭취할 것이다. 능숙하고, 효율적이며, 학습된 먹이잡이 행동이다.

우리는 어미와 새끼 고래를 따라 움직였다. 얼마 후에는 반대편으로 멀리 수면을 가르는 밍크고래들이 보였다. 밍크고래는 상대적으로 '작은' 고래로 다 자라면 몸길이 8~9미터 정도에 체중은 코끼리보다 2배 정도 더 무겁다. 밍크고래는 개체수가 많은 편이라서 아직까지 상업적 용도로 이들을 잡는 나라가 있다. 나는 녀석들이 대서양을 횡단하다가 위험에 처하지는 않았는지 사람이 자신들을 위협하는 것을 아는지 궁금했다. 배에서 상당히 멀리 떨어져 있는 것으로 볼 때 우리를 거의 알아채지 못했던 혹등고래보다는 훨씬 더 사람을 경계하는 것 같았다. 본능적으로 거리를 유지하는 것인지 학습된 행동인지 알 수 없었다. 연구자들은 항상 고래의 의사소통의 복잡성에 대해 경탄한다. 그러니 인간이 자신들을 사냥하는 것에 대한 소문이 이미 고래 사이에

떠돌고 있을 것이다.

　사냥꾼이 저지르는 최악의 폭력은 죄없는 생명을 해치는 것이다. 하지만 사냥꾼의 공격에서 살아남은 동물이 갖는 인간에 대한 공포심도 그에 못지않은 심각성을 지닌다. 두려움에 사로잡힌 동물은 인간의 주변에 머물려 하지 않아서 동물의 가치를 인정하는 인도주의적 경제의 미래를 위협한다. 쌍안경이나 카메라를 들고 야생동물을 보는 경험은 갈수록 희귀해진다.

　케냐의 야생동물은 사람을 위협적으로 인식하지 않아서 사람이 나타나거나 사람 냄새가 나도 흩어지지 않는다. 덕분에 동물을 관찰하는 데 하등 문제가 없었다. 케냐는 1977년에 스포츠 사냥을 금지했다. 케냐 정부는 국제사파리클럽이 사냥 금지 정책을 뒤집으려고 벌였던 집요한 로비를[13] 물리쳤다. 사냥 허용이 조금의 수익은 가져다주겠지만 그것이 막대한 잠재적 수익을 막을 수 있음을 알았기 때문이다. 생태관광 시장에 비하면 야생동물 사냥 시장의 규모는 보잘것없다.[14] 현 추세가 유지된다면 두 시장이 갖는 격차는 몇 년 내에 더 벌어질 것이다. 고래의 경우에도 겨우 두세 국가만이 상업적 포경을 허용하고 있다. 해안 지역의 문화적 중요성도 모르고 경제적 수익을 상실한 상업적 고래잡이를 옹호하는 이들은 몇 나라의 한줌에 불과한 정치인뿐이다.

　우리 배는 북쪽을 향해 속력을 냈고 수백 미터 떨어진 곳에서 긴수염고래를 보았다. 긴수염고래는 세상에서 두 번째로 큰 고래로 다 자라면 몸길이가 25미터, 몸무게가 70톤 이상이 된다. 고래고기에 대한 수요가 거의 없는데도 포경선은 이 고래를 노린다. 고래잡이가 문화적 정체성이라는 모호한 원칙에 따라 지금도 일본과 노르웨이 정부의 냉동 창고에는 고래고기가 가득 쌓여 있다.[15] 하지만 이는 아집과 낭비, 살해의 상징일 뿐 그 외 어떤 정당성도 없다.

만을 지나가면서 우리는 낫돌고래와 몇 마리의 혹등고래도 보았다. 혹등고래 한 마리가 옆으로 홱 뒤집는 바람에 우리는 녀석의 2.5~3미터나 되는 지느러미가 물 밖으로 나왔다가 어마어마한 포말을 일으키며 수면 아래로 떨어지는 것을 지켜보았다. 다른 혹등고래들은 TV나 영화에서 봤던 것처럼 수면 위로 완전히 솟아올랐다 아래로 꽂히듯 들어갔다.

포경 국가의 비타협적인 태도로 인해 상업 포경의 도덕성 문제가 국제적인 논쟁이 되고 있는 와중에 미국에서는 합의가 이루어지고 있다. 한때 세계적 포경의 허브 역할을 했던 낸터컷섬, 케이프코드 북쪽 해안과 가까운 스텔웨이건만이 고래잡이 대신 고래 관찰업으로 수익을 올리자 정치인들도 새로운 경제를 적극 지지하고 나섰다. 상원의원 존 케리와 지역 국회의원들은 그 동안 고래 관찰업을 강력하게 지지하면서 상업적 고래잡이를 맹렬하게 반대해 왔다.

고래잡이를 둘러싼 논쟁보다 동물을 위한 진보의 과정을 잘 보여주는 예는 없는 것 같다. 1세기 전에 고래를 찾아 바다로 나섰던 배들은 오늘날 바다로 나서는 배와는 목적이 전혀 달랐다. 19세기에 미국은 동물착취 경제였다. 초를 만들기 위해 고래를 죽이고, 말은 급속히 발달하는 도시에서 살인적인 짐 때문에 녹초가 되었다. 새로운 에너지원이 발견되고 기계가 발달하면서 운송이 빨라지자 고래와 말에 대한 의존도 사라졌다. 그러자 사람과 동물 사이에 새로운 유대가 형성되었다. 현실과 경제적 문제가 더 이상 도덕적 의사결정을 좌우하지 않게 되면서 사람은 동물을 수단 이상의 어떤 것, 즉 개별적 존재로 보기 시작했다.

고래를 바라보는 이런 변화의 방향이 다른 종으로도 확대되어야 한다. 인도주의적인 새로운 경제의 출현과 소비자의 선택권을 통해 우리는 지금 동물과 더 나은 유대관계를 상상해 볼 수 있게 되었다. 그것은 양쪽 모두에게 이익이다. 이제 우리는 변화의 가능성에 몸을 맡기고 착취를 초래하는 기존의 방식을 폐기해야 한다. 보다 윤리적이고 수익이 좋은 새로운 산업을 모색하는 상상력을 발휘할 때이다.

요즘은 야생동물을 보기 위해 고래 관찰선을 타거나 아일로열이나 옐로스톤 같은 국립공원으로 하이킹을 갈 필요가 없다. 야생동물 관찰은 공원, 하이킹 코스, 자연센터나 심지어 거주용 주택과 건물이 뒤섞인 동네 작은 모퉁이의 수풀에서도 가능하다. 이처럼 가까운 곳에 새 모이를 주는 사람이 있고, 새와 다람쥐를 위한 씨앗과 곡식을 놓아 두는 사람이 있다. 오늘날 야생동물 관찰에 소비하는 금액은 대략 500억 달러로 반려동물에게 소비하는 총 금액과 거의 비슷하다.[16] 야생동물 관찰은 미국 사람들이 가장 선호하는 야생동물 관련 취미로 참여하는 인원은 사냥, 덫 놓기, 낚시꾼 모두를 합한 수를 훨씬 능가하는 7000만 명에 달한다. 미국인 4명 중 1명이 야생동물 관찰 취미를 가진 셈이다.

나도 열렬한 야생동물 관찰자 중 한 명인데 이런 취미가 최근에 생긴 것은 아니다. 다른 생명체를 관찰하는 행동은 우리의 유전자에 각인되어 있다. 인류 역사를 돌이켜 보면 인간의 생존은 전적으로 다른 동물을 관찰 분석하면서 가능했기 때문이다. 인류는 동물을 관찰하면서 자신을 보호하고 음식을 얻고 지혜를 습득해 왔다. 유럽인들이 정착하기 전에 살았던 아메리카인디언이든, 신세계에서 현란하고 다양한 야생동물을 경이롭게 바라보던 탐험가든, 들판과 숲을 트레킹하는 도시 거주자든 상관없이 사람들은 다른 생명체와 거주 환경을 나누면서 기쁨과 영감을 얻어 왔다. 야생동물과의 유대관계는 갈등을 겪기도 하고 모순적인 상황에 처하기도 했지만 인간이 동물과 맺는 관계의 기본적인 표현임에는 분명하다.

야생동물을 관찰하려고 자연 속으로 들어갈 때는 동물이 놀라지 않도록 주의해야 한다. 하지만 미처 예상하지 못한 장소에서 야생동물이 불쑥 인간을 찾아오기도 한다. 2009년 봄, 내가 그랬다. 그 해에 야생동물 두 마리가 나를 찾아왔고, 나는 내 삶이 조금 변할 것이라고 생각했다. 하늘에서 날아 들어온 비둘기 두 마리는 워싱턴 D.C. 고층 아파트에 살고 있는 우리 집 작은 베란다에 보금자리를 틀었다.

비둘기는 화초가 심어진 1.2미터짜리 큰 화분 안에 둥지를 틀기로 결심한 것 같았다. 화분은 내가 제대로 관리하지 않아 베란다 구석에 거의 방치되어 있었다. 나는 식물 가꾸기에 관심은 많은데 영 재주가 없었다. 제대로 잘라 주지 않아서 화초가 베란다 구석 전체를 점령해 버렸는데, 어미 비둘기는 그 화분을 썩 훌륭한 은신처로 여긴 듯했다. 다른 한 녀석 또한 그곳을 부화할 새끼들이 태양과 포식자를 피하기에 적절한 곳으로 보았던 듯하다.

비둘기들은 내가 쫓아내지 않으리라는 것을 벌써 알고 있는 눈치였다. 휴메인소사이어티에는 도시 야생동물 프로그램이 있는데 도시 거주자는 야생동물을 불청객이나 무단 침입자로 생각하지 말아야 한다는 신념이 그 기반이다. 도시의 야생동물은 '야생의 이웃'일 뿐이다. 예상치 못한 비둘기와의 동거는 휴메인소사이어티가 주택 소유자에게 권장하는 야생동물 경험의 한 예이다. 동물도 안락하고 안전하고 쾌적한 환경을 좋아하며 살기에 근사한 곳을 찾아 탐험하는데 비둘기 부부에게는 우리 집 베란다가 그런 곳이었다. 비둘기 부부가 당분간 머물 것 같자 도시 야생동물 프로그램의 책임자인 존 해디디언 박사에게 비둘기의 둥지 짓기 습성에 대해 물었다. 해디디언 박사는 비둘기는 최소 6주가량 머물며 둥지를 드나들 것이라고 알려 주었다.

비둘기 부부가 열심히 둥지를 짓긴 했지만 가지가 얼기설기 얽힌 허술한 둥지를 만들었을 뿐 대단한 둥지를 만들지는 못했다. 하지만 그 둥지에 어미는 근사한 알 2개를 낳았고, 비둘기 부부는 새끼를 부화시키려고 역할을 분담하기 시작했다. 오래지 않아 털이 듬성듬성한 새끼 두 마리가 모습을 드러냈다. 포식자나 비둘기를 좋아하지 않는 사람이 있었다면 위험했겠지만 우리 집은 고양이는 실내에 있었고, 5층인데다가 친절한 이웃 덕분에 동물보호구역의 역할을 톡톡히 했다.

이 비둘기 부부의 종류는 정확히 양비둘기로 도시에 살기 전에는 절벽에 둥지를 틀고 살았다. 비둘기 부부가 아파트를 절벽이라고 생각했다면 그런 것이다. 나는 비둘기 가족에게 베란다를 양도하고 집 안에서만 생활하며 최대한 방해자가 되지 않기로 했다. 인간은 비둘기에게 우호적이지 않았다. 도시 비둘기는 종종 독살당했고, 펜실베이니아와 같은 교외 지역에서는 사격용으로 쓰였다. 인간 종의 일원으로 조금이나마 그들에게 보상하고 싶은 마음에 나는 기꺼이 원하는 공간을 내주었다.

어미와 아비는 처음 몇 주 동안 주기적으로 새끼를 위해 먹이를 수집하러 나갔다 돌아왔다. 그 이 외의 모든 시간은 새끼와 함께 있었다. 부부는 돌아오면 삼킨 음식을 토해 냈는데 형태가 우유 같았다. 그것을 배고픈 새끼들의 입에 일일이 넣어 주었다. 새끼들은 빠르게 자랐다. 5주 정도가 지나자 듬성듬성한 털이 빠지고 솜 같은 털이 났고 이내 털색깔이 짙어지면서 매끄러운 무지갯빛 깃털로 덮였다. 새끼는 여전히 작았지만 드디어 '보통' 비둘기처럼 보였다. 그후 2주일 동안은 화분의 흙 위에 머물렀다. 그러던 어느 날, 새끼들은 화분에서 나와 걸어 다니기 시작했다.

출장이 없는 날이면 나는 비둘기를 보려고 퇴근을 서둘렀다. 새끼들은 나뭇가지 같은 다리로 머리를 까딱거리며 주변을 걸어 다녔다. 때로 멈춰 서서 베란다 위의 벌레나 얼룩 같은 것을 쪼다가 이내 다시 움직이기 시작했다. 나는 갓 부화한 무력한 새끼들이 자급자족이 가능한 청소년으로 성장하는 과정을 보고싶어 안달을 냈다.

그러던 어느 날 밤, 집에 들어선 나는 녀석들이 사라져 버렸음을 알았다. 어린 새들이 어떻게 용기를 내 날아오를 수 있었을까, 그저 놀라웠다. 모든 것은 때가 있고 지금이 바로 그랬다. 그들은 훨씬 더 힘들고 흥분되는 삶을 막 시작하려는 참이었고 나는 베란다를 되찾았다. 모든 새는 둥지를 떠나 자신의 힘으로 먹고 살아야 한다. 흔히 당연하다고 치부되는 이 과정은 사실 매 순간 일어나고 있는 기적이다. 생명은 연약하면서도 강인하다. 도시 보도블록의 틈새를 헤집고 나오는 잡초, 복잡한 도시의 가로수에 집을 짓는 다람쥐, 고층 아파트 베란다의 화분에 둥지를 튼 비둘기처럼 그들은 늘 자신이 처한 문제에 너무나도 유능하게 대처한다.

어미와 두 마리 새끼는 베란다를 꽤나 더럽혔지만 큰 문제는 아니었다. 나는 녀석들이 돌아오면 언제든 환영할 것이다. '인지 지도(학습 이론가 톨먼이 인간과 동물의 학습과정을 분석하면서 사용한 분석방법으로 동물은 경험에 근거해 일련의 공간적 관계를 학습한다고 주장했다)'에 관한 최근 연구는[17] 비둘기를 비롯한 동물이 놀라운 기억력으로 장소와 물리적 구조물을 기억한다고 밝혔다. 나는 우리 집 베란다가 비둘기들에게 어떤 의미로 기억될지, 녀석 중 누가 돌아올지 너무도 궁금하다. 어릴 적 살던 동네에 갈 때마다 동네가 어떻게 변했는지 확인하려고 둘러보는 것처럼 동물도 이런 추억에 잠길 것이라고 믿는 사람은 없다. 하지만 나는 사람들의 그런 확신이 종종 미심쩍을 때가 있다.

비둘기는 우리가 도시 야생동물 프로그램을 통해 도우려는 종 중 하나이다. 휴메인소사이어티는 몇몇 적응력 강한 동물의 번식 습관과 행동에 대한 정보를 사람들에게 제공하고 있다. 굴뚝에 사는 너구리, 현관문 아래의 스컹크, 뒤뜰의 우드척(woodchuck), 환기구의 새 등에게 어떻게 해 줄지 모르는 사람들에게 안내와 정보를 제공하고 있다. 집이나 주변에 둥지를 틀고 쉴 장소로 이용하는 야생동물을 어떻게 다룰지 조언해 주는 것이다. 대개 동물이 도시의 인간에게 끼치는 최악의 피해라고 해봐야 생활상의 작은 불편함 정도이기 때문에 대부분은 조금의 아량만 베풀면 된다. 심한 갈등이 생겼을 경우에는 독창성을 발휘해야 한다. 굴뚝에 망을 씌워 연기는 올라가되 너구리는 내려오지 못하게 하는 것처럼 생명을 해치지 않은 방법으로 해결하면 된다.

워싱턴 D.C.에는 인도적인야생동물서비스(Humane Wildlife Service)라는 야생동물 문제를 해결해 주는 전문가들이 모인 업체가 있다. 그들은 집 안이나 집 주변의 야생동물에 대해 우려하는 사람들의 상담전화를 받고 인도적으로 문제를 해결해 준다. 그들은 '성가신 야생동물을 관리'하려고 덫을 놓아 없애는 업자들과는 달리 야생동물과의 갈등을 해결하는 새로운 사업 모델을 개발 중이다. 하지만 종종 덫으로 동물을 포획하는 업자들은 예전에 모피를 얻기 위해서 덫을 놓았던 사람들이 전업한 경우도 있으니 잘 알아봐야 한다.[18] 순진한 사람들은 문제를 일으킨 야생동물이 포획된 후 야생에 방사될 것이라고 믿지만 꼭 그렇지만은 않다. 그러니 동물을 해치지 않고 집에 침입한 야생동물과의 갈등을 해결하고 싶다면 제대로 된 업체를 찾아야 한다.

　도시 야생동물이 유발하는 대부분의 '문제'는 약간의 상식과 몇몇 기술적 해결책으로 풀 수 있다. 하지만 사실 대부분은 통찰력과 아량의 문제로 귀결된다. 뒷마당에 불쑥 나타난 사슴은 사람들에게 기쁨을 주는 특별한 선물이 될 수도 있지만, 장식용 관목숲을 망치는 주범이나 질병의 위협으로 간주될 수도 있다. 후자의 입장인 사람에게 야생동물은 불청객일 뿐이다. 마당에 핀 철쭉을 갉아 먹은 사슴을 재산에 피해를 끼친 범죄자라고 생각하는 사람도 있다. 그럴 때면 철쭉의 아름다움을 보지 못하게 될까 봐 안타까운 마음을 잠시 멈추고 보다 긴 안목으로 사슴을 바라보면 좋겠다. 분명 마당에서 자란 꽃나무만큼 아름다운 무엇인가가 보일 것이다.

　일부 사람들은 야생동물로부터 인간을 분리시키려고 하는데, 그것은 우리의 거주 패턴으로 볼 때 잘 맞지 않는다. 절반 정도의 미국인이 교외에 살고 있으며, 이들은 도시 거주자보다 더 넓은 땅을 소유하고 있다. 교외 주택은 잔디, 나무 등으로 세심하게 꾸며지는데 이런 조경은 자연조건을 활용해 안락함을 추구한 것이다. 홈디포(가정용 건축자재 제조 및 판매업체), 로스(주택용품 판매업체)와 같은 대형 상점은 집에 자부심을 갖고 세심하게 곳곳을 손보는 부지런한 사람들 덕분에 성장하고 있는 것 아닌가.

탁 트인 야외 공간에 지어진 집은 나무와 식물이 가득한 열린 공간이라 당연히 다른 생명체를 끌어들인다. 그곳을 찾은 동물은 풀을 뜯고, 나무에 집을 짓고, 처마 밑에 둥지를 틀거나 혹은 그저 사람의 땅을 밟고 지나간다. 이런 사소한 불편함마저 거부한 채 편리함만 누릴 수는 없다. 새 먹이 급여기나 야생동물을 위한 공간을 만들고 동물을 환영하는 사람도 많다. 물론 동물을 마주치기 싫고 동물의 일에 신경 쓰고 싶지 않는 사람도 있다. 자연환경은 중시하면서 원래 그곳에 살고 있던 동물은 배제하고 싶어하는 이런 선택적인 태도는 사실 당혹스럽다. 새로 개발된 택지 내의 집이라면 최근까지 곰이나 우드척의 은신처였을 가능성이 있으니 원래 임차인인 동물에게도 권리가 있지 않을까?

"1860년대에 헨리 버그가 가축화된 동물과 함께 잘 살아보려고 했던 것처럼 지금 우리는 도시의 야생동물과 함께 잘 살아보려는 시점에 있어요."[19] 해디디언 박사가 내게 말했다. 사람들은 자신의 삶 속에서 야생동물과 어떻게 살아가야 하는지에 대한 개념을 잡아가는 중이라는 뜻이다. 그가 지적한 대로 우리 사회는 야생동물과의 갈등을 해결해 줄 제도를 제대로 갖추고 있지 않다. 때문에 야생동물과 갈등을 빚으면 직접 문제를 해결하려 하거나 동물포획업자를 부른다. "사람들은 좋은 해결 방법을 원하지만 정보를 어디서 얻어야 할지 모릅니다." 해디디언은 미국이 괜찮은 야생동물 관련 복귀 프로그램을 운영하고 있지만 도시 야생동물의 경우에는 일부만 해당된다고 지적했다. 야생동물 복귀 프로그램은 인간 때문에 희생당한 일부 야생동물 문제만 다루고 있기 때문이다. 그래서 도시의 야생동물 문제의 예방과 문제해결을 위한 지역 단체가 필요한 시점이다. 지역 반려동물을 돕는 활동을 하는 휴메인소사이어티나 동물학대방지협회의 지부처럼 도시의 야생동물 문제를 돕는 지역 단체가 필요하다. "도시의 야생동물에 대해서도 인도적인 대우를 할 필요가 있음을 인식해야 해요. 그리고 그들도 살 곳을 가질 자격이 있음을 이해해야 하고요."

인간이 살고 있는 공간은 다른 동물과 공유해야 한다. 그들의 전통적 서식지 안에 우리가 침범했다는 점을 감안하면 그곳에서 마주친 동물을 당연히 관대하게 대해야 한다. 1990년에 페일 메일이라는 이름의 붉은꼬리매가 맨해튼 5번가의 빌딩에 둥지를 틀었다. 최초의 도시공원이자 주요 도시공원의 표본이 된 공원 중 하나인 센트럴파크에서 살던 페일 메일은 센트럴파크 건너편 고층 빌딩에 살기 시작했다. 그런데 페일 메일 부부를 따라서 이후로 엄청난 새들이 빌딩으로 건너왔고 건물주들이 둥지를 파괴하기로 결정하기 전까지[20] 도시에서 수년 동안 성공적으로 번식했다. 이 소동은 도시와 야생 지역의 구분이 얼마나 인위적인지를 생각하게 했다. '야생동물'과 '야생 지역'은 더 이상 우리 일상으로부터 분리되어 낭만적이고 완벽하게 '멀리 떨어져' 있지 않다. 워싱턴 내 집에 둥지를 틀려고 온 비둘기나 뉴욕 마천루에 집을 지은 매처럼 야생동물은 적응력이 강하고 상황에 매우 유능하게 대처한다. 무엇보다 그들은 지금 우리와 함께 있다. 비록 우리에게 어느 정도의 관용과 인내를 요구하고 있지만 그 자체로 멋진 일이며 가치 있는 일이다.

곁에서 자유롭게 노니는 야생의 생명체는 인간에게 도덕적으로나 경제적으로나 갈등과 더불어 기회를 낳는다. 야생동물과의 갈등을 해결해 주거나 야생동물을 보살피려는 인간의 본능에 호소하는 상품 판매, 동물이 다치거나 고아가 되었을 때 보살피는 새로운 사업은 기회가 될 수 있다. 지역사회 리더들은 지역주민과 동물이 환경을 공유하면서 아름다움과 안락함을 느낄 수 있도록 걷기 좋은 숲길을 만들거나 녹지 공간 조성을 계획할 수 있다. 플로리다 중부에 있는 하모니(2003년에 계획 설립된 녹색공동체)처럼 야생동물을 공동체 안으로 불러들여 함께 살려는 계획을 할 수도 있다.[21]

인도주의적 경제에 기반을 둔 새로운 지역공동체는 집짓기, 운송체계, 토지 구획, 녹지 보전을 계획할 때 그 안에 있는 생명과 땅을 배려한다. 우리는 파괴자가 되지 않고도 개발자가 될 수 있고, 우리와 함께 사는 도시 생명체에게 친절한 이웃이 될 수 있다.

| 도살이 아닌 피임을 통한 개체수 조절, 이것이 인도주의 과학 |

인간은 어디에 살든 너무 많은 종의 삶과 운명에 막대한 영향을 끼친다. 일선에는 많은 문제가 존재하지만 다행히 늦지 않게 동물을 멸종으로부터 보존하자는 합의도 점점 커지고 있다. 구체적인 해결책은 논쟁 중이고 대응책은 여전히 일부 사회세력의 저항에 부딪치고 있지만 분명 기본적인 도덕적 틀은 정립되어 있다. 자연주의자 앨도 레오폴드가 반 세기 전에 지적했듯 똑똑한 수리공은 부품을 잘 남겨 두는 법이다.[22]

야생동물이든 버려져 길을 떠도는 동물이든 가축이든 동물이 너무 많다고 주장하는 사람들이 있다. 그런 사람들은 야생동물을 골칫거리로 여기고 조금이라도 불편하다고 생각되면 가혹한 일을 서슴지 않고 저지른다. 야생에서는 바다표범과 늑대를 살처분하고, 교외 지역에서는 사슴과 곰을 쏘아 죽이며, 도시에서는 개와 고양이를 해충처럼 여기며 박멸하려 든다. 모든 동물 문제를 야만적이고 폭력적인 방법으로 해결하려는 태도는 법으로 강제해야 한다. 또한 인간의 개입이 요구되는 상황이라도 그 방법이 폭력적이거나 무차별적이어서는 안 된다. 야생동물과의 갈등을 평화적으로 푸는 방법은 얼마든지 있다.

예를 들어 모든 사람이 비둘기에 대해 우호적인 것은 아니다. 자기 집 베란다를 몇 주라도 비둘기에게 빌려 주고 싶지 않은 이도 많다. 공원 벤치에서 빵과 씨앗을 새에게 나눠 주는 사람은 소수에 불과하다. 비둘기는 슬프게도 너무 익숙해서 반감을 사는 동물이다. 새똥은 다소 문제이지만 비둘기가 눈에 띄기만 해도 화를 내면서 '날개 달린 쥐'를 처리하라고 시청에 항의하는 사람들도 있다. 민원이 들어오면 시청 직원들은 새들을 포획해 죽이거나 독약 묻은 음식을 놓는다.

많은 도시에서 비둘기 살처분은 빈번하게 자행되고 있다. 비둘기 살처분은 유기동물보호소에서 개를 죽이는 것처럼 특별할 것 없는 '지자체 대민 서비스' 중 하나이다. 다만 공공연히 떠들어서 좋을 것 없는 일로 여겨지는 민감한 문제라서 포획과 독살을 실행하는 사람 정도만 알고 있다.

그런데 최근 도시 야생동물 관리 분야에 새로운 변화가 일고 있다. '골칫거리 야생동물'을 없애 버리라고 끈질기게 요구하는 사람들조차 화학적인 방식으로 개체수를 조절하는 해결안에 찬성하고 있는 것이다. 오늘날 라스베이거스, 로스앤젤레스, 세인트폴, 투손을 포함한 많은 도시가 새로운 방법을 채택하고 있다. 오보컨트롤(OvoControl)이라는 피임약[23]을 통해 부화율을 낮추는 것이다.

기술과 혁신 덕분에 동물에게 치명적인 해를 끼치지 않고 목표를 달성할 수 있게 된 것이다. 오보컨트롤 제조사인 이노리틱스는 다른 조류에게도 사용할 수 있는 유사한 제품을 출시하고 있다. 플로리다의 대만오리, 하와이의 야생닭, 중부 대서양 연안의 캐나다기러기를 위한 제품도 있다.

비화학적 방법도 해결책이 될 수 있다. 미시간에서 휴메인소사이어티는 수년간 자연자원부와 함께 거위가 낳은 알에 기름을 바르는 활동을 해 왔다. 기름을 바른 알은 부화하지 않지만 여전히 둥지에 있는 덕에 어미는 새로운 알을 낳지 않는다. 이런 식의 개체수 관리법은 알의 부화를 막는다는 점에서 어미에게는 부당할지 모르지만 현재로서는 최선이다. 이 방법이 아니면[24] 어미를 포함한 전체 새 떼를 몰아 가스로 죽이는 수밖에 없기 때문이다.

휴메인소사이어티와 함께 일하는 야생동물 과학자들은 포유류를 위한 피임약도 개발했다. 이 피임약은 남아프리카에서 코끼리 개체수 조절을 위해 살처분 대신에 사용되고,[25] 미국 뉴욕의 파이어섬과 남캐롤라이나의 프리프섬에서는 사슴 개체수의 증가를 제한하기 위해 살처분 대신 사용되고 있다. 연구원 제이 커크패트릭과 존 터너는[26] 1989년에 PZP라고 알려진 백신이 생태학적으로 민감한 지역인 애서티그섬 국립해안공원에서 야생마 수를 관리하는 데 효과가 있음을 처음으로 증명했다.

피임 기술의 가장 중요한 사례는 서부에 있는 섬에서 배회하던 말과 당나귀 집단에서 찾아볼 수 있다. 1971년 의회는 〈야생마와당나귀법(Wild Horse and Free-Roaming Burro Act)〉을 통과시키면서 야생마와 당나귀가 "서부 개척 정신과 역사의 살아 있는 상징"으로 "나라의 생명 다양성에 기여하고 미국인의 삶을 풍요롭게 한다."고 선포했다. 이렇듯 의회가 야생마와 당나귀가 "급속히 사라져 가는 것"[27]에 주목했음에도 불구하고 연방 토지관리국은 개체수 조절의 수단으로 말을 가차 없이 제거하기 시작했다. 국립공원관리청은 특히 그랜드캐니언의 야생 당나귀에 가혹했다. 다행히 당나귀들은 클리블랜드 아모리에 의해 대량 사살로부터 구해져[28] 블랙뷰티 목장의 최초 거주자가 되었다.

연방 토지관리국은 야생마를 포획하면서 입양시키겠다고 했지만 포획 개체수가 너무 많아 입양 체계는 마비 상태가 되었다.[29] 시세보다 임대료가 낮은 곳에서 소를 방목하려는 농장주들이 야생마와 당나귀를 내쫓자 포획이 늘 수밖에 없었다. 포획된 말의 개체수가 급증했고 토지관리국은 말을 먹이고 관리하느라 사람을 고용해야 했다. 최근 20여 년간 포획된 야생마, 당나귀 수가[30] 3만 마리를 넘어섰다. 정부는 포획된 동물 관리에만 연간 2500만 달러를 지출하고 있으며 전체 기금의 75퍼센트를 먹이고 관리하는 데에 쓰고 있다.

어처구니없이 한심한 결과이고 의회가 기대한 결과와도 거리가 멀었다. 연방 토지관리국은 야생마와 당나귀 포획을 대폭 줄이고 피임을 통해 개체수를 조절하는 프로그램을 만들어야 했다. 애넌버그재단(Annenberg Foundation)의 지원으로 현재 휴메인소사이어티는 토지관리국과 공동으로 문제 해결을 위해 일하고 있다. 피임 방식이야말로 토지관리국이 지난 수십 년간 서투르게 처리해 온 골칫거리를 해결할 수 있는 유일한 길이다.

동물에 대한 화학적 피임 방법은 언젠가 개·고양이에게까지 확대될 것이다. 2010년 봄, 나는 개고양이피임연대(Alliance for Contraception in Cats and Dogs)의 회의에 출석했다. 그날 모임에 참가한 사람들은 나를 비롯한 몇 명을 제외하고는 대부분 과학자였다. 이 단체는 수술을 하지 않고도 피임하는 방법을 찾기 위해 노력하고 있는 대표적인 곳이다. 우리가 2020년 건강한 동물의 안락사 종식이라는 목표에 도달하려면 기존에 해오던 방법으로는 목표를 달성하기 어렵다. 특히 여전히 전 세계적으로 잔인한 도살을 통해 개체수를 조절하는 방법을 쓰고 있어서 새로운 접근이 절실한 상황이다. 최근 이런 흐름을 반영하는 신호가 나타나고 있다. 그중 하나는 억만장자이고 독지가이자 동물권리 옹호자인 게리 마이컬슨이 약속한 7500만 달러의 연구자금이다.[31] 그는 그의 파운드애니멀재단(Found Animals Foundation)을 통해 '안전하고 효과적이며 실현 가능한 개와 고양이의 비수술적 피임제 개발에 유망한 연구'에 대한 포상과 연구자금으로 그 돈을 쓰겠다고 했다.

외과적 중성화수술과 '개와 고양이에게 중성화수술을'이라는 구호는 수십 년 동안 개와 고양이의 번식 조절을 위한 표준적 방법, 개체수 과다 문제에 접근하는 인도주의 운동의 전형이었다. 유기동물 입양 홍보와 함께한 중성화수술 홍보 덕분에 1970년대 중반 2,000마리였던 미국의 개, 고양이 안락사 수가 현재 400만 마리로 낮아졌다.[32]

그러나 외과적 중성화수술은 오직 허가받은 수의사만 할 수 있다. 그래서 수술은 흔하고 유효한 방법이지만 설문조사에 따르면 반려인들은 수술비용과 병원을 찾아가야 하는 접근성 때문에 중성화수술이 꺼려진다고 했다. 만일 개고양이피임연대의 연구자들이 성공한다면 수백만 마리의 개, 고양이가 쉽게 중성화가 되어서 안락사라고 불리는 불필요하고 잔인한 죽음을 맞지 않아도 될 것이다.

내가 글을 쓰고 있는 지금도 이라크는 수만 마리의 거리동물의 대규모 살처분을 진행 중이고, 중국 또한 최근 몇 년 동안 같은 일을 저질러 왔다. 먹이 등을 통해 투여되는 불임 백신이 성공하면 개, 고양이가 보호소에서 안락사되는 일도, 거리에서 곤봉이나 총에 맞아서 죽는 일도 사라질 것이다.

피임을 통해 동물의 개체수를 조절하는 방법은 죽어 가는 동물에게 연민을 느낀 인간의 창의력이 만들어 낸 실질적인 해결책이자 인도주의적인 미래 경제의 한 모습이다. 오늘의 혁신이 내일의 표준이 되면 동물을 죽여 개체수 조절을 하는 '청소' 프로그램은 폐기될 것이다. 동물을 죽여 개체수를 조절하자는 의견은 반대를 위한 반대, 동물에 대한 증오, 타자의 고통에 둔감한 것에 기초한 고루하고 나쁜 방식이다. 앞으로 개, 고양이 등의 길들여진 동물의 개체수 조절은 국내외를 막론하고 보다 월등한 방식으로 통제될 것이다. 따라서 독살과 살해를 선호하던 사람들의 주장이 사라질 그날이 반드시 올 것이다.

| 21세기 과학은 동물실험을 버려라 |

여러 가지 기술과 혁신은 동물복지의 복잡한 문제를
해결할 수 있다. 동물실험 분야가 특히 그렇다. 반세기가 넘도록 일상
적·고의적으로 설치류, 개, 토끼를 비롯한 여러 동물의 눈, 피부, 폐,
간 등에 동물실험이라는 이름으로 화학물질이 무분별하게 투여되었
다.[33] 약물, 화장품, 공업용 화학물질 등의 제품 안전성을 평가한다는
이유로 말이다.

독성 실험 하나에도 전 세계적으로 대략 1000만~2000만 마리의
동물[34]이 이용된다. 그런데 최근 입법기관이 더 많은 화학실험을 요구
하고 있어서 그 수는 급증할 것으로 보인다. 표면상으로는 공공의 선을
위해서라고 하지만 진통제도 없이 동물이 견뎌야 하는 고통 때문에[35]
동물실험은 현대 동물보호운동를 정의하는 쟁점 중 하나가 되었다. 독
성 실험의 잔인성은 입법 캠페인과 소비자 불매운동의 단초가 되었고
진보적인 회사들이 동물실험을 중지하고 제품에 '동물실험 안 함(No
Animal Testing)' 표시를 하게 만들었다.

동물실험은 나쁜 방식으로 좋은 목적을 달성하려는 전형적인 사
례이다. 독성 정보는 화학물질과 제품의 안전성을 판단하기 위해 필요
하다. 하지만 단일 화학물질의 고용량 투여가 수명이 짧은 작은 동물
에게 어떤 영향을 미치는지를 말해 줄지는 모르지만[36] 더 크고 오래 사
는 인간이 저용량 화학물질 혼합물에 장기간 노출될 때 어떤 영향을

미치는지에 대한 판단에는 별 도움이 되지 않는다. 평생 동안 강제로 화학물질이 투여된 쥐는 종종 암이나 장기부전 등의 고통스러운 병을 얻지만 이것이 인간이 같은 화학물질을 먹었을 때 같은 병에 걸릴 거라는 확신은 주지 못한다.

동물실험이 타당한지에 대한 논쟁은 끊임없이 이어진다. 담배가 암을 유발하는지의 여부를 두고 벌어진 법률 전쟁을 기억할 것이다. 실험을 통해 얻은 정보에 대해 끊임없는 다툼이 벌어졌고, 실험실 동물은 피할 수 없는 고통을 겪었다. 심지어 최적화된 조건에서 얻은 동물실험에 기초한 정보도 조정하는 데 수년이 걸리고, 추측에 의존하는 경우도 많다. 미국 식품의약국의 보고서는[37] 동물실험을 통한 연구가 '안전성 문제 예측에 너무나 빈번히 실패해서 결국 개발이 중지'되는 바람에 신약 후보 중 겨우 8퍼센트만 제품으로 개발되어 시장에 나온다고 했다. 국립보건원의 대표인 프랜시스 콜린스도 동물실험은 여러 이유로 문제가 있다고 말한다.[38] "동물실험은 시간이 오래 소요되는 일이며 비용도 많이 든다. 인간은 쥐가 아닐 뿐더러 다른 영장류와도 다른 존재이다."

그런데도 이토록 의심스러운 관행이 안전성 시험의 필수 요소인 이유가 궁금하다. 어쩌면 단순한 타성일 수도 있다. 판에 박힌 방식 그대로, 남들이 생각하는 그대로 그냥 따르는 것일 수도 있다. 사람들은 과학자가 호기심 많고 의심 많은 부류라고 여기지만 동물실험 연구자 중 '나는 왜 동물실험을 하는가? 동물실험이 진정 무엇에 도움이 되는가?'라는 가장 기본적인 질문을 스스로에게 던지는 이는 거의 없다.

때로 이런 질문을 던지는 사람은 최고위직에 있는 사람이다. 얼마 전 나는 수년 동안 암웨이의 최고경영자였던 빌 니콜슨과 이야기를 나눴다. 암웨이는 화장품, 가정용품을 제조하고 다단계로 판매하는 것으로 유명한 거대 기업이다. 다른 회사와 마찬가지로 암웨이도 제품에 대해 독성 실험을 시행했다.

크게 성공한 사업가이고 현재는 헌신적인 동물권리 옹호자인 니콜슨은[39] 20여 년 전 화학제품을 더 이상 토끼의 눈에 떨어뜨리거나 생쥐, 쥐에게 강제로 먹이지 않겠다고 결심했다. 그래서 회사의 연구개발 책임자인 그렉 그로촙스키를 불러 왜 회사에서 동물실험을 하는지 물었다. 그렉은 동물실험은 정부의 요구나 회사의 필요에 의해서라기보다는 법적 소송으로부터 회사를 보호하기 위해서 한다고 답했다. 대답을 들은 빌은 선언했다. "40일 안에 동물실험을 그만둡시다."

그렉은 암웨이 제품에 함유된 성분이 이미 안전성 검증을 거쳤다는 연구와 보고서를 찾아내기 위해 직원을 추가로 고용했다. 직원들은 정보를 찾아 도처를 뒤졌고 안전성 시험이 이미 행해졌음을 밝혀 냈다. 만일 각각의 함유 성분이 이미 안전하다면 암웨이 제품 역시 안전하다고 판단할 수 있으니 굳이 동물실험을 할 필요가 없었다. 결국 그렉은 모든 사람이 불가능하다고 여긴 40일이라는 기간 내에 동물실험을 종식시켰다.[40]

암웨이가 최초라고는 할 수 없지만 당시로서는 자사 제품의 동물실험을 중지하고 제품 안전성 확보를 위해 다른 방법을 모색한 가장 큰 회사 중 하나였다. 이후 수백 곳의 회사가 합류했고 존폴미첼시스템, 바디숍, 톰스오브메인이 동물실험 중지를 약속했다(동물실험을 하지 않는 기업의 명단은 LeapingBunny.org의 동물실험을 하지 않는 화장품과 제품

란에서 확인할 수 있다). 그러나 현재까지도 세계의 많은 거대 화장품과 소비재 회사는 여전히 동물실험 습관을 버리지 못하고 있다.

대략 25년 전부터 유럽은 동물실험을 하지 않아도 되는 방법이 있을 경우 대안을 사용하라고 법으로 정해 놓았다. 그러나 미국은 이런 법률 제정을 거부하고, 중복 실험을 금지하거나 현존하는 실험 데이터를 기업끼리 공유해도 된다는 등의 기초적 단계조차 허용하지 않고 있다. 물론 〈동물복지법〉에 실험동물에 대한 기초적인 보살핌을 명시하고 있다는 것에 어느 정도 위안을 받을 수는 있다. 하지만 실험에 사용되는 정온동물의 95퍼센트 이상을 차지하는 실험실 교배 생쥐, 쥐, 새는 해당되지 않는다.[41]

동물실험에 대한 휴메인소사이어티의 정책은 실험동물의 고통과 괴로움을 최소화하기 위해 기술을 개선하고(refining), 실험에 사용되는 동물의 수를 줄이며(reducing), 궁극적으로 살아 있는 동물의 사용을 피하는 실험 방법으로 대체하도록(replacing) 규정한 '3R' 원칙을 중심으로 한다. 이러한 접근은 1959년 영국의 과학자 윌리엄 러셀과 렉스 버치에 의해 윤곽이 그려졌다. 이 방안은 동물실험에 안주하기를 거부하고 동물실험 관행에 깊이 젖어 있는 회사들에게 스스로 벗어나도록 실질적인 내용을 제시하고 있다.

수년 동안 휴메인소사이어티 책임이사회의 책임자는 신경과 전문의 데이비스 위버스였고, 부의장 제니퍼 리닝 또한 오랫동안 하버드 공중보건학과에서 가르쳐 온 의사이다. 그들의 존재는 동물보호운동이 과학, 공중보건이나 사람들의 안전에 무관심하다는 비판을 약화시켰다. 우리의 주장은 명확하다. 동물의 사용에는 도덕적·재정적·공중보건상의 비용이 소요되므로, 동물실험을 점진적으로 줄여 결국 없애는 것이 모두에게 이롭다는 것이다.

소비재를 생산하는 대기업인 프록터앤드갬블과 유니레버를 포함한 몇몇 회사는 대체 방법 개발에 수천만 달러를 투자하고 있고, 다른 회사들도 대체안 마련에 분주하다. 휴메인소사이어티의 국제부가 전개한 캠페인 결과 2008년[42] 유럽연합은 동물실험을 하지 않고도 효과가 있다고 증명된 대체 방법을 받아들이기로 결정했다. 사실상 유럽연합이 동물실험을 거치지 않은 피부자극실험을 동물실험에 대한 완벽한 대체안으로 전격 수용한 것이다. 이제 유럽에서 동물실험을 해야만 피부자극실험을 인정받는 일은 과거사가 되었다. 이는 유럽과 미국에서 운영 중인 많은 다국적 기업의 관행에 영향을 끼치게 되어 유럽의 개선안에 맞는 통일된 정책을 채택하게 될 것이다.

동물실험을 하고 있는 대기업은 미국도 변화하고 있다는 조짐을 느낄 수 있을 것이다. 가장 희망적인 신호는 2007년 미국 국립과학원이 내놓은 《21세기의 독성 실험 : 비전과 전략(Toxicity Testing in the 21st Century : A Vision and Strategy)》이다. 이 보고서는 화학물질, 약품, 소비재에 대한 독성 실험이 동물실험이 아닌 대체 방법으로 이동할 수 있게 장기적인 윤곽을 제안했다. 새로운 접근법은 전문가위원회가 오랫동안 검토한 이후 나온 것으로, 현대의 진보된 생물학과 기술에 기반하며 동물생물학이 아닌 인간생물학을 강조한다. 보고서의 목표를 달성하려면 의회와 산업계로부터의 자금 지원이 필요하겠지만 전문가들은 10년 안에 관련 연구가 결과를 도출할 수 있다고 믿고 있다.[43]

국립과학원은 화학물질을 과다 투여해 동물이 심각한 질병을 앓

다가 죽는 과정을 관찰하는 대신 적절한 용량을 주었을 때 사람 신체에서 어떤 '세포 경로'로 상호작용 하는지를 연구하는 계획을 제안했다. 이 계획은 뇌, 피부, 폐, 간 등 인체의 다양한 세포 유형을 각각 관찰하는 것이다. 각각의 세포 유형은 다른 종류의 독성 반응을 보일 개별적 세포 배양물에서 시험된다. 몸 전체의 작용 시나리오를 재구성하려면 고도로 정교한 '시스템 생물학', '약물역학 모델'이라 불리는 정보공학적 접근이 필요하다.[44] 이를 통해 세포 수준에서의 독성 정보가 살아 있는 인간과 연결될 것이다.

단일 화학물질의 암 유발 가능성을 평가하기 위해 동물실험을 할 경우,[45] 일반적으로 연구 기간 5년 이상, 동물 800마리, 400만 달러가 소요된다. 하지만 동물을 사용하지 않고[46] 효율성이 높은 로봇 자동화 접근 방법을 사용하면 350여 종이라는 많은 수의 화학물질이 200개의 서로 다른 세포와 유전자에 어떻게 작용하는지 일주일도 안 되어 실험할 수 있다. 만일 우리가 인간의 건강, 환경을 보호하기 위해 수천 종의 화학물질에 대한 안전성 정보를 얻으려고 한다면 몇 년이 걸리는 동물실험이 아니라 며칠 안에 결과를 낼 수 있는 신뢰성 있는 실험을 해야 한다.

차세대 비동물 실험방법을 개발하는 최첨단 과학적 연구가 이미 세계적으로 진척 중에 있다. 유럽연합에서는 2억 5000만 달러를 대체방법 연구기금으로 제공했고, 여기에 다국적 기업들이 연간 3000만~5000만 달러씩 추가로[47] 투자하고 있다. 유럽연합은 휴메인소사이어티 주도의 야심찬 계획인 'AXLR8'에도 기금을 제공했다. AXLR8은 안전성 실험을 동물실험이 없는 방법으로 전환하는 데 속도를 높이기 위해 전 세계를 총망라한 연구 조직화를 목표로 하고 있다.

휴메인소사이어티는 미국에서 대체 방법 연구를 위한 연방기금 확보와 기관 간 협조 체계인 '톡스 21(Tox 21)' 구축을 돕고 있다. 톡스 21은 환경보호국, 국립독성물질관리프로그램, 국립보건원의 화학게놈센터, 식품의약국 간의 협조 체계이다. 이런 노력을 통해 과학자들은 인간의 핵심 세포 경로를 확인하고, 유해 화학물질을 검사하기 위한 효율성 높은 세포실험을 하고 있다. 휴메인소사이어티는 이런 새로운 접근방식이 가능한 한 빨리 광범위하게 퍼지고 규제력을 갖도록 국제적 전략을 짜고 있다. 동시에 대체 방법이 존재하는 실험은 동물실험이 없어도 받아들이도록 유럽연합을 모델로 만든 개선안을 가지고 몇몇 주를 설득하고 있다. 동물실험에 대한 대체 방법 수용은 앞으로 입법부가 갈 길이다.

독성 실험에 대해 이제 우리는 '의지를 갖고 10~15년 안에 동물실험을 완전히 대체법으로 바꿀 것인가? 아니면 수십 년을 더 기다릴 것인가?'에 대해 질문해야 한다. 더 이상 목표 실현을 지체하지 않기 위해, 무엇보다 더 이상의 동물 희생을 막기 위해 우리는 조직화된 연구를 해 나가야 한다. 인간게놈프로젝트처럼 연구 프로그램에 수억 달러의 예산을 투자해서 집중적이고 조직화된 연구를 해야 한다.

동물실험이라는 수렁에서 탈출하려면 정부, 산업계, 동물권리 옹호자들이 힘을 합쳐야 한다. 막대한 돈과 무고한 생명이 소요되는 동물실험의 결과가 절대적으로 인간에게 안전하다는 보장이 될 수 없다는 증거를 접하고도 모든 동물을 그저 '기니피그'로 취급하는 것은 바보 같은 일이다. 동물실험은 20세기적 공중보건 접근법이었지만 이제는 과학적으로도 도덕적으로도 더 이상 신뢰받지 못하고 있다. 21세기에는 인간의 창의성과 독창성이 더 나은 길을 우리에게 보여 줄 것이다. 과학의 영역에 들어온 창의성과 독창성이 동물실험을 대체하는 일에 투입된다면 현대과학을 인도주의적 경제를 지지하는 강력한 힘으로 만들 수 있다.

| 130살 수염고래가 들려주는 희망의 이야기 |

       사람은 늘 우리를 놀라게 만든다. 세월을 보내며 나는 예전의 적수가 최대의 조력자가 될 수 있음을 배운다. 동물에게 배려나 동정을 가진 사람, 동물에게 저지른 학대에 회의를 느끼는 사람을 만나는 일은 쉬운 일이다. 우리는 전향자로 구성된 조직이다. 동물보호운동은 마음이 움직이는 모든 이를 기꺼이 받아들인다.

       때로는 가장 그럴 것 같지 않은 사람이 많은 사람을 동물보호운동의 세계로 초대한다. 동물을 싫어해도 될 만한 충분한 이유가 있는 사람이 동물보호에 헌신하는 모습을 본 적이 있을 것이다. 나도 그런 사람을 알고 있다. 야생동물, 특히 상어를 보호하자는 운동을 하리라고는 전혀 기대할 수 없었던 사람, 오히려 상어를 경멸하고 상어의 불운을 빌 것 같은 척 앤더슨이 그런 사람이다.

       2000년 6월, 멕시코만의 앨라배마 해안에서 좀 떨어진 따뜻한 바다에서 헤엄치고 있던 척은 갑자기 수컷 상어의 공격을 받았다. 주변에는 척과 상어뿐이었다. 그는 상어의 공격을 피해 보려고 했지만 첫 번째 입질에 손가락 4개가 떨어져 나갔다. 이어서 상어는 그의 몸체를 노리며 주변을 빙빙 돌았지만 별다른 소득이 없었다. 다시 상어가 공격을 했고 이번에는 척의 팔꿈치 아래가 잘려 나갔다. 그것을 마지막으로 상어는 사라졌고, 척은 지독한 부상을 입은 채 해안에 닿기 위해 몸부림쳤다. 출혈과다로 쇼크 상태에 빠진 그는 다행히 응급 의료진에 의해 목숨을 건졌고 팔 하나만 잃은 것을 다행이라 여겨야 했다.

이 사고가 있고 9년 후인 2009년 7월, 척과 상어 공격 희생자 8명은 상상하기 힘든 여행을 떠났다. 불필요한 상어 학살 중지를 요구하며 의사당으로 간 것이다.[48] 특히 그들은 상어의 등지느러미를 잘라낸 뒤 피 흘리는 상어 몸뚱이를 그대로 바다에 던져 버리는 상어 지느러미 채취 행위를 금지해 줄 것을 요구했다. 이런 채취 방식은 중국인이 진미로 여기는 상어 지느러미 수프를 만들기 위해서이다. 수많은 상어 종은 지느러미 때문에 매년 1억 마리씩[49] 도살되고 있다.

상어에게 한쪽 팔을 잃고도 상어에게 가해지는 폭력에 반대하는 대단한 사람들 앞에서 단지 수프 한 그릇 때문에 그런 잔인함을 이어가겠다는 사람들을 대체 무슨 수로 설득할까? 나는 자신을 공격했던 동물에게 악감정을 품고 있는 사람은 설득하려 들지 않는다. 하지만 힘든 경험에도 불구하고 동물보호를 주장하는 사람을 마주하면 인간의 이타심이 어떠한 것인지 확인하곤 한다. 그들은 자신이 받은 고통을 상어 탓으로 돌리지 않고, 용서하고 동물권리 옹호자가 되었다. 그들의 사례는 의회의 증인 자격을 넘어선다. 그들은 인간이 자신을 초월해 모든 생명체 안에서 선을 발견하는 능력을 우리에게 보여 주는 증인들이다.

이런 특별한 사연말고도 동물은 스스로 방어할 수 없는 약한 존재이므로 그들을 돕기로 결정한 사람들과 교류하면서 나는 같은 정신을 확인해 왔다. 세월이 가면서 쟁점과 주장은 바뀌지만 기본 신념은 그대로이다.

동물보호라는 대의는 인간이 가질 수 있는 꽤 이타적인 배려 중 하나이다. 동물은 그들 고유의 권리를 가졌으며 인간에게 이용되고 도살되기 위해 존재하는 것이 아니다. 동물은 인간의 물건이나 자원, 상품, 사냥 목표가 아니며 비용을 줄여 주는 경제적인 자원도 아니다. 동물은 지구의 먼지로부터 인간과 같이 만들어졌고, 인간이 가진 것과 같은 삶의 빛을 가진다. 그들도 인간만큼 절실히 삶을 원하고, 그들도 인간과 같은 삶을 종종 경험한다. 그들도 즐거움, 노여움, 애착, 두려움, 슬픔, 기쁨을 느낀다.

결국 동물을 위하는 일은 동물이 지닌 자질을 인정하고 유대감을 느끼는 것에서 생겨난다. 동물을 위하는 일은 중요성을 따로 강조하지 않아도 될 만큼 그 자체로 가치가 있다. 현대사회는 그 어느 때보다 동물학대의 잔인함이 다른 사회적 문제와 긴밀하게 연관되어 나타나고 있다. 따라서 동물보호에 대한 생각이 강화되는 것은 사람 모두에게 유의미한 일이다.

동물학대로 인한 잔인함의 결과는 더 이상 희생자에 국한되지 않는다. 세계적으로 벌어지는 많은 문제는 부분적으로나마 동물 오남용에 기인하고 있다. 만일 기후변화에 관심이 있다면 상당수가 공장형 농장에서 길러지는 600억 마리의 음식 재료용 농장동물 때문에 발생한 환경 비용임을 알 것이다. 질병의 전파와 대규모 전염병에 위협을 느낀다면 외래종 동물의 교역, 세계적인 투계 번식, 대량으로 감금해서 사육하는 공장식 양계장의 생산규제에 관심을 가져야 한다. 이런 산업은 질병이 동물에서 사람으로 전이되도록 돕는 배양기이기 때문이다. 만일 가정폭력이나 폭력범죄에 놀랐다면 학대가 어떻게 시작되었는지 알아보라. 폭력은 대부분 공감 능력을 상실한 자들이 동물을 학대하면서 시작된다.

현대사회는 어떤 종류의 동물학대도 문제가 됨을 알면서도 여전히 다양한 형태의 동물학대를 용인하고 있다. 동물보호운동은 천천히 가다가 때로는 멈추기도 하면서 전진한다. 우리에게는 변화를 두려워하고 익숙한 것을 고집하는 관성이 있기 때문이다. 매 세대가 저지른 도덕적 실수와 미처 보지 못했던 잔인함을 우리 세대에는 반드시 극복해야 한다. 인간은 착취 시스템을 건설하는 데 믿을 수 없을 정도의 천재성을 발휘해 왔다. 이제는 그 재능을 인도주의적 경제라는 새로운 시스템으로 대체하는 데 활용해야 한다. 학살와 학대를 멈추기 위해 법, 표준, 도덕규범, 분명하고 희망적인 전열이 필요하다. 여기서 조심해야 할 것은 인간이다. 그 동안 인간이 동물을 다룰 때 늘 심한 힘의 불균형이 있었기 때문에 스스로의 힘을 자제하고 억눌러야 한다. 자신이 지닌 힘을 통제하는 능력과 그 힘을 어떻게 쓰는지는 인간의 삶과 품성을 판단하는 중요한 척도이다.

개혁안의 내용이 무엇이든 상관없이 급진적인 변화를 거부하는 회의론자들이 있다. 어떤 면에서는 그들이 두려워하는 것이 맞다. 자신의 신념에 따라 살려고 용기를 낸다는 것은 어느 정도 급진적인 것이기 때문이다. 휴메인소사이어티에서 일할 때면 늘 그런 회의론자들을 만난다. 그들의 냉소주의는 그렇다 치더라도 변하지 않는 논리는 곧잘 우리를 질리게 만든다. 그들은 얼마나 많은 희생과 해악이 벌어지는지 상관없이 그저 아무것도 바뀌어서는 안 된다는 듯 옛 방식과 전통에 집착한다.

캐나다 애틀랜타의 바다표범 사냥꾼은 갓 태어난 새끼 바다표범을 몽둥이질하고 죽이지 않으면 먹고살 수 없다고 말하지만, 그 말이 틀렸다는 사실이 입증되면 그들은 곧 다른 이유를 댈 것이다. 그들은 세상이 변화한다는 사실에 개의치 않는다. 오로지 모든 것이 예전과 똑같게 유지되기를 원할 뿐이다. 일본과 노르웨이의 포경업자도 마찬가지이다. 그들은 고래 관찰이 잠재적으로 보다 수익성이 더 높고 지속 가능한 수익의 원천이라는 것을 알면서도 들으려 하지도 바뀌려 하지도 않는다. 그냥 계속 죽이기를 원하고 국제적인 반대 행동이 없으면 계속 그렇게 수천 마리의 고래를 끌어올려 도륙할 것이다. 휴메인 소사이어티와 씨름하는 모피 농장주, 덫 사냥꾼, 말 도살공장, 도살용 말 매입자, 박제된 동물을 소장하려는 트로피사냥꾼, 동물실험 로비스트, 투계꾼 등도 마찬가지이다. 그들은 모두 똑같은 일을 똑같은 방식으로 영원히 하길 바라며 고정된 세상에서 살고자 한다.

이상하게 들리겠지만 이는 동물보호 입장에서 보면 좋은 뉴스이다. 인간적인 혁신은 우리 편이라는 의미이기 때문이다. 인간은 양심에 따라 행동하지만 우리가 가진 것은 양심만이 아니다. 우리는 이 세상을 변화·발전시키고, 질문하고, 개선하고, 구태를 뿌리칠 수 있는 무한한 능력인 지혜로운 인간정신도 갖고 있다. 동물보호운동은 양심과 독창성 모두를 원하고 그 둘은 우리 편이다.

종종 우리는 동물보호운동의 큰 그림을 보여 주는 이야기를 접한다. 얼마 전 나는 알래스카 해안가에서 원주민 사냥꾼에게 살해당한 수염고래에 관한 이야기를 들었다. 생계형 사냥꾼이라고 자신을 밝힌 사냥꾼은 고래를 끌어올렸을 때 예전에 공격당했던 흔적을 발견했다고 한다. 고래의 근육에 폭탄 작살 파편이 박혀 있었는데[50] 1890년 이

전에 쓰던 작살이었다.

최근에서야 우리는 고래가 얼마나 오래 사는지 알게 되었다. 2007년에 살해된 이 고래는 최소 130살이었다. 고래의 몸에 박힌 작살에는 시한 장치가 설치된 금속 원통이 붙어 있었지만 고래를 죽이는 데는 실패했다. 그렇게 고래는 더 이상의 부상 없이 20세기 내내 생존했다. 에디슨이 축음기를 연구하는 동안 고래는 플랑크톤을 먹으면서 북극의 물에서 다이빙을 하며 지냈다. 루스벨트가 대통령이 되기 전 산 후안 고지를(1898년 루스벨트 부대는 스페인전쟁에서 기병을 이끌고 쿠바의 산 후안 고지를 점령했다_옮긴이) 점령하기 전에 고래는 고래의 이동 경로를 배우고 있었다.

녀석은 긴 시간 동안 유일한 자연의 포식자인 범고래를 피하면서 살았지만 작살을 든 사람은 피하지 못했다. 하지만 이 슬픈 이야기에도 희망적인 일면은 있다. 100년의 세월 동안 세상이 얼마나 많이 변할 수 있는지 고래의 삶을 통해 확인할 수 있었다는 점이다. 고래를 사냥하고 죽이는 옛 경제로 시작했다가 고래를 인정하고 관찰하는 새로운 경제로 끝맺은 한 세기였다.

인간 탐욕을 규제하기에는 턱없이 부족한 법, 동물은 인간이 이용하기 위해 존재한다는 견해가 만연했던 20세기 초 동물보호단체는 몇 개에 불과했다. 그러나 고래가 잡힌 세기가 끝날 즈음 동물보호 활동을 하는 새로운 단체가 수백 개나 결성되었고, 동물을 학대와 남용으로부터 지키기 위한 수천 개의 새로운 법률이 제정되었으며, 인간이 다른 생명체의 관리자로 그들을 보호하고 그들의 목소리가 되어야 한다는 깊은 자각이 생겨났다. 100년보다 더 짧은 기간 안에 이렇게 많은 일이 일어날 수 있다. 한 마리 고래의 삶과 운명은 선한 것으로의 변화가 단지 우연이 아니라는 것을 보여 주었다. 모든 다른 위대한 대의가 그렇듯 동물보호운동도 선택의 문제이며, 우리 각자로부터 시작된다.

에필로그

동물을 돕는 50가지 행동지침

동물보호라는 대의는 행동하는 개인이 없이는 성공할 수 없다. 동물을 실천적 방법으로 돕고 싶은 사람을 위한 50가지 행동 지침 리스트.

개인 행동

1. 3R 식사법을 따른다. 육류와 기타 동물성 식품의 소비를 줄이고(reducing), 공장식 축산 방식으로 생산된 고기는 제외하는 등 식단을 개선하고(refining), 가능하면 육류보다는 채식으로 식단을 대체한다(replacing).

2. 동물실험을 하지 않은(cruelty-free) 화장품과 생활용품을 구매한다. 제품설명서에서 동물실험을 하지 않은 제품인지 확인한다.

3. 모피를 입지 않는다. 모피 판매를 하지 않는 브랜드, 디자이너, 진짜 모피와 인조 모피 구별법을 알아둔다.

4. 반려동물을 입양할 때는 지역 유기동물보호소를 이용하고, 보호소

436

에서 봉사활동을 한다. 사는 곳 주변의 보호소를 지원한다.

5_ 도시 야생동물의 비살상 관리법과 우리 집 주변의 야생동물 쉼터에 대해 알아둔다.

6_ 반려동물을 등록하고 인식표를 달며 주변 사람에게도 등록법에 대해 알린다. 집고양이는 실내에서 안전하게 키운다.

7_ 혹시 미래에 자신의 반려동물을 돌보지 못할 경우를 대비해 반려동물 위탁단체를 만든다. 미국의 경우 여러 주에 위탁단체를 허용하는 특별법이 있다.

8_ 태풍, 지진 등의 자연재해에 대비해 반려동물을 위한 재난구호 응급상자를 준비해 둔다.

9_ 사는 지역에 강아지 공장이 있어서 지역주민들이 '강아지 공장 반대' 광고를 한다면 후원한다.

10_ 사는 지역의 음식점과 식료품점에 방목해서 키운 닭이 낳은 달걀을 이용하고 판매해 줄 것을 요청한다. 이것이 소비자로서 공장식 축산 중에서도 가장 극단적인 아파트형 닭장에서 키우는 닭의 수를 줄이는 가장 쉬운 방법이다.

11_ 강아지 공장을 반대하는 입장인 펫숍을 알아둔다. 미국의 경우 펫코, 펫스마트는 강아지 판매를 중단하고 유기동물의 입양을 추진하는 동물보호단체와 협력하고 있다.

12_ 페이스북, 트위터, 유튜브 등 SNS를 통해 동물보호에 관한 내용을 퍼뜨린다.

13_ 동물보호단체에서 제공하는 영상을 자신의 웹사이트나 블로그 등에 올려 널리 알린다.

14. 동물보호단체의 앱, 트위터 등을 연결해 둔다. 이를 통해 동물보
    호단체들의 활동을 계속 지켜볼 수 있다.

지역사회 활동

15. TV, 신문, 라디오 등의 매체에 동물보호 문제를 다루도록 홈페이
    지에 글을 남기거나 이메일을 보낸다. 이때 동물단체가 작성한 관
    련 정보를 제공한다.

16. 지역 TV나 라디오에 지역 유기동물보호소에 관해 다루도록 요청
    한다.

17. 지역 행사가 있을 때나 평상시 지역 상점에 동물복지 관련 인쇄물
    을 배포한다.

18. 교회, 사찰, 성당 등 지역 종교단체가 동물보호 문제에 관심을 갖
    고, 관련 행사에 참여할 수 있도록 설득한다.

19. 직장에 반려동물을 데리고 갈 수 있다면 관련해서 합리적인 사규
    가 생길 수 있도록 돕는다.

20. 동네 길고양이의 TNR이 성공적으로 이루어질 수 있도록 참여한다.

21. 지역사회에서 반려동물의 중성화수술의 필요성을 강조하는 활동
    에 참여한다. '중성화수술의 날'을 정해서 행사를 하는 것도 좋다.

교육받기

22. 동물보호에 대해 사람들을 교육할 수 있는 교사를 키워 내는 프로
    그램에 참여한다.

23. 동물보호단체의 행사, 세미나, 워크숍 등에 참여한다.

24_ 동물보호단체에서 제공하는 온라인 교육에 참가한다.

자원봉사 활동에 참여하기

25_ 재난은 언제 어디서 일어날지 모른다. 재난이 발생했을 때 동물보호단체와 함께 재난 지역의 동물을 돕는 활동에 나선다. 재난 상황에서는 동물을 성공적으로 구조하기 위해 자원봉사자가 절대적으로 필요하다.

26_ 동물을 도우려면 풀뿌리 운동을 구축하는 것이 중요하다. 자신이 사는 곳에 동물보호단체의 지부가 있다면 자원봉사를 하거나 활동가로 직접 참가한다.

27_ 동물보호단체의 야생동물 서식지 모니터 활동에 참여한다.

28_ 정부에 의해 살처분되는 야생동물을 돕는 인도적인 야생동물 개체 수 조절 프로그램을 운영하는 곳이 있다면 참여한다.

29_ 동물보호소나 동물단체에 자신이 가진 시간과 재능을 투자한다.

30_ 수의사라면 수의사의 동물보호 관련 봉사 프로그램에 참여한다.

시민사회 활동

31_ 동물 문제에 관심이 있는 국회의원, 지자체의원 등을 알아둔다.

32_ 정부, 시, 구, 군 등의 입법자에게 동물보호 문제에 관심을 갖도록 접촉한다. 상정되지 못하고 계류 중인 많은 동물 관련 법안을 추진하는 힘이 된다.

33_ 동물보호단체의 무료 이메일 수신을 신청해서 동물 관련 법안에 대해 알아둔다.

34_ 국회의원이나 지자체의원이 지역모임에 출석했을 때 동물 관련 문제에 관심을 갖도록 설득한다.

35_ 개 농장에서 사는 개들의 삶을 개선하기 위해서 지역사회에서 관련 법안이 제정되도록 노력한다.

36_ 모든 선거에 꼭 참여한다.

37_ 사는 곳에서 동물 문제와 관련된 주민발의 투표가 가능하다면 서명을 시작한다.

학교의 동물보호 교육

38_ 동네 학교의 스폰서가 되어서 동물과 관련된 신문, 책 등을 선물한다.

39_ 어린이와 청소년을 동물, 생명존중 관련 수업에 참여시킨다.

40_ 학생들이 동물보호와 관련한 모임을 갖도록 돕는다.

41_ 학교 급식에 채식 메뉴를 추가하거나 공장식 축산에서 생산되지 않은 고기를 사용할 것을 요구한다.

42_ 동물 문제와 관련된 수업을 지지하고 참석한다.

쇼핑하기

43_ 반려동물 용품은 가급적 동물보호에 앞장서는 온라인 쇼핑몰에서 구입한다.

44_ 동물보호에 앞장서는 보험사에서 반려동물 건강보험에 가입한다.

45_ 동물보호단체를 지원하는 기업체의 물품을 구입한다.

기금 조성과 연대

46_ 동물보호단체에 일시적 또는 정기적으로 기부를 한다. 정기적으로 하는 경우 기부금 자동이체를 신청한다. 떠난 반려동물을 추모하여 동물보호단체에 기부한다.

47_ 동물보호를 주제로 지역에서 모임을 꾸리고 행사를 할 때 동물보호 관련 전문가를 초빙해서 강의를 듣는다.

48_ 직장에 동물 관련한 규정이 필요하다면 동물보호단체의 도움을 받는다.

49_ 사용하던 차를 동물단체에 기증하면 큰 도움이 된다. 또한 죽음에 대비해 유언장을 쓸 때 동물보호단체에 일정액을 기부한다.

50_ 가능하다면 여러 동물 단체를 지원한다.

참고문헌

저자 서문

1. Burke, Edmund, *Reflections on the Revolution in France* (London: Penguin Classics, 1986), 135.

2. Murphy, Kate, "Birdhouses Designed for Repeat Visitors," *New York Times*, August 11, 2010.

3. Sewell, Abby, "Rehabbers' Perform a Grueling Labor of Love," *Los Angeles Times*, August 1, 2010.

프롤로그

1. Olson, Deborah, *North American Region Stud Book for the African Elephant*, Indianapolis Zoo, 2008, p. 19; The Fund for Animals, "Statement About Babe," July 5, 2006, http://www.fundforanimals.org/ranch/residents/babe_statement.html.

2. Moxley, Angela, "Animal Find Quiet Refuge at the Ranch," August 28, 2009, http://www.blackbeautyranch.org/about/animals-find-quiet-refuge-at.html.

3. Terrace, Herb S., *Nim: A Chimpanzee Who Learned Sign Language* (New York: Columbia University Press, 1987); Hess, Elizabeth, *Nim Chimpsky : The Chimp Who Wound Be Human* (New York: Bantam Press, 2008).

4. Terrace, H. S. "A Report to an Academy, 1980," *Annals of the New York Academy of Sciences* (1981): 98.

5. Terrace, H. S., L. A. Petitto, R. J. Sanders, and T. G. Bever, "Can an Ape Create A Sentence?" *Science* 206 (1979): 891-902; Terrace, H. S., "A Report," 94-114.

6. National Institute of Health; "New Genome Comparison Finds Chimps, Humans Very Similar at the DNA Level," August 31, 2005, http://www.genome.gov/15515096; The Chimpanzee Sequeucing and Analysis Consortium, "Initial Sequence of the Chimpanzee Genome and Comparison with the Human Genome," *Nature* 437 (2005): 69-87

7. Alpert, Bruce, "New Iberia Research Center Routinely Mistreats Chimps, Humane Society Says," *New Orleans Times Picayune*, March 4, 2009; ABC News, "EXCLUSIVE: Ex-Employees Claims 'Horrific' Treatment of Primates at Lab," March 4, 2009, http://abcnews.go.com/Nightline/story?id=6997869&page=1.

8. Humane Society of the United States, "Frequently Asked Questions about Chimpanzees in Research," http://www.hsus.org/animal_in_research/chimps_deserve_better/chimpanzees_in_research_fact.html, January 27, 2009.

9. Hoffman Marshall, Julie, *Making Burros Fly: Cleveland Amory, Animal Rescue Pioneer* (Boulder, CO: Johnson Books, 2006), 65.

10. Merriam-Webster, "Black Beauty," *Merriam-Webster's Encyclopedia of Literature* (Springfield, MA: Merriam-Webster, Inc., 1995).

11. The Fund for Animals; "Blue Boy's Broken Horn Is Pitch Perfect," August 31, 2005, http://www.fundforanimals.org/ranch/residents/blue_boy.html.

12. The Fund for Animals; "Groups Sue Federal Government Over Massive Prairie Dog Poisoning at Colorado Prison," November 24, 1999, http://www.thefreelibrary.com/Groups+Sue+Federal+Government+Over+Massive+Prairie+Dog+Poisoning+At···-a057790510.

13. The Fund for Animals, "Rescued Ostriches Find Life and Love at the Ranch," September 25, 2007, http://www.fundforanimals.org/ranch/residents/ostriches_donjuan_yvette_yolanda_yesenia.html.

14. The Fund for Animals, "All Boxed Out: RooRoo's Injury Results in Retirement from Performing," October 6, 2006, http://www.fundforanimals.org/ranch/residents/rooroo.html.

15. Amory, Cleveland, *Cleveland Amory's Compleat Cat: Three Volumes in One* (New York: Black Dog & Leventhal Publishers, 1995).

16. The Fund for Animals, "Over the Fence and Through the Barn: Babe Overcomes the Species Barrier," July 5, 2006, http://www.fundforanimals.org/ranch/whats_going_on/babe_omar_friendly_scar.html.

17. The Fund for Animals, "The Long Road from DeKalb to Murchison: Horses Spared from Slaughterhouse Floor," April 18, 2007, http://www.fundforanimals.org/ranch/whats_going_on/miracle_horses.html.

18. *Humane Soc. of the U.S. v. Johanns*, 2007 WL1201610 (D.D.C., March 28, 2007).

19. American Horse Defense Fund, "USDA Defies Congressional Ban on Horse Slaughter," February 11, 2006, http://www.thefreelibrary.com/USDA+Defies+Congressional+Ban+on+Horese+Slaughter.-a0141936481.

20. Steven Kellert is paraphrased in Olmert, Meg Daley, *Made for Each Other: The Biology of the Human-Animal Bond* (Philadelphia, PA: Da Capo Press, 2009), 10.

21. Lonati, Staci, "Animal Shows Charged with Fakery ('Wild America' and 'Wild Kingdom' Under Attack for Allerged Cruelty to Animals)," *St. Louis Journalism Review* 26 (1996): 7. For a recent work on this problem, see Chris Palmer, *Shooting in the Wild: An Insider's Account of Making Movies in the Animal Kingdom* (San Francisco: Sierra Club Books, 2010).

22. "U.S. Pet Ownership Statistics," December 30, 2009, http://www.humanesociety.org/issues/pet_overpopulation/facts/pet_ownership_statistics.html.

23. American Pet Products Association, "Industry Statistics and Trends," accessed May 6, 2010, http://www.americanpetproducts.org/press_industrytrends.asp.

1장

1. Öhman, Arne, and Susan Mineka, "The Malicious Serpent: Snakes as a Prototypical Stimulus for an Evolved Module of Fear," *Current Directions in Psychological Science* 12 (2003): 5-9.

2. Olmert, *Made for Each Other*, 95.

3. King, G. E., "The Attentional Basis for the primate Response to Snakes" (미국 영장류학회에서 제출되었다. San Diego, CA, June 1997).

4. Anitei, Stefan, "Top 10 Infectious Diseases That Have Killed Millions of People," Softpedia.com, November 13, 2007, http://news.softpedia.com/news/Top-10-Infectious-Diseases-That-Have-Killed-Most-People-70741.shtml.

5. Strathearn, Lane, Peter Fonagy, Janet Amico, and P. Read Montague, "Adult Attachment Predicts Maternal Brain and Oxytocin Response in Infant Cues," *Neuro-psychopharmacology* 34 (2009): 2655-2666.

6. Olmert, *Made for Each Other*.

7. MacDonald, Kai, and Tina Marie MacDonald, "The Peptide that Binds: A Systematic Review of Oxytocin and Its Prosocial Effects in Humans," *Harvard Review Psychiatry* 18 (2010): 1.

8. Olmert, *Made for Each Other*.

9. MacDonald and MacDonald, "The Peptide That Binds," 16.

10. Reyes, Teófilo L., and Jill M. Mateo, "Oxytocin and Cooperation: Cooperation with Non-kin Associated with Mechanisms for Affiliation," *Journal of Social, Evolutionary, and Cultural Psychology* 2 (2008): 234-246.

11. Carter, C. Sue, "Oxytocin and the Prairie Vole: A Love Story," in *Essays in Social Neuroscience*, ed. John T. Cacioppo and Gary G. Berntson (Cambridge, MA: The MIT Press, 2004), 53-64.

12. Szalavitz, Maia, and Bruce D. Perry, *Born for Love: Why Empathy Is Essential—and Endangered* (New York: HarperCollins, 2010), 30.

13. Odendaal, J. S. J., and R. A. Meintjes, "Neurophysiological Correlates of Affiliative Behaviour between Humans and Dogs," *Veterinary Journal* 165 (2003): 299.

14. Olmert, *Made for Each Other*, xv; Miller, Suzanne C., Cathy Kennedy, Dale DeVoe, Matthew Hickey, Tracy Nelson, and Lori Kogan, "An Examination of Changes in Oxytocin Levels in Men and Women Before and After Interaction with a Bonded Dog," *Anthrozoos* 22 (2009): 31-42.

15. Lorber, Janie, "For the Battle-Scarred, Comfort at Leash's End," *New York Times*, April 2, 2010, http://www.nytimes.com/2010/04/04/us/04dogs.html.

16. Wilson, Edward O., *Biophilia: The human Bond with Other Species*, 12th ed. (Cambridge: Harvard University Press, 2003), 1.

17. 위의 글.

18. 위의 글.

19. Wade, Nicholas, "Genome Study Provides a Census of Early Humans," *New York Times*, January 18, 2010, http://www.nytimes.com/2010/01/19/science/19human.html.

20. Leakey, Richard, and Roger Lewin, *Origins Reconsidered: In Search of what Makes Us Human* (New York: Anchor Books, 1992).

21. Jurmain, Robert, Lynn Kilgore, Wenda Trevathan, and Russell L. Ciochon, *Introduction to Physical Anthropology* (New York: Wadsworth Cengage Learning, 2010), 392.

22. Kottak, Conrad Phillip, *Physical Anthropology and Archaeology*, 2nd ed. (New York: McGraw-Hill, 2006), 210.

23. 위의 글.

24. Burney, D. A., and T. F. Flannery, "Fifty Millennia of Catastrophic Extinctions After Human Contact," *Trends in Ecology and Evolution* 20 (2005): 395-401.

25. 위의 글.

26. Wilson, Edward O., "Biophilia and the Conservation Ethic," in *The Biophilia Hypothesis*, ed. Stephen R. Kellert and Edward O. Wilson (Washington, DC: Island Press, 1993), 32.

27. Diamond, Jared, *Guns, Germs, and Steel: The Fates of Human Societies* (New York: W.W. Norton & Company, 1997), 143.

28. Diamond, Jared, "New Guineans and Their Natural World," in *Biophilia Hypothesis*, ed. Kellert and Wilson, 251-271.

29. Personal communication with James Serpell, February 3, 2010.

30. Ingold, Tim, "Human-Animal Relations," in *What Is an Animal?*, ed. Tim Ingold (New York: Routledge, 1994), 15.

31. Kellert, Stephen R., "The Biological Basis for Human Values of Nature," in *Biophilia Hypothesis*, ed. Kellert and Wilson, 42-69.

32. Clutton-Brock, Juliet, "Origins of the Dog: Domestication and Early History," in *The Domestic Dog: Its Evolution, Behaviour and Interactions with People*, ed. James A. Serpell (Cambridge, MA: Cambridge University Press, 1995), 245-256.

33. Serpell, James A., "Domestication and History of the Cat," in *The Domestic Cat: The Biology of Its Behaviour*, ed. Dennis C. Turner and Paul Patrick Gordon Bateson (Cambridge, MA: Cambridge University Press, 2000), 177-192.

34. Kellert, Stephen R., *Kinship to Mastery: Biophilia in Human Evolution and Development* (Washington, DC: Island Press, 1997), 4.

35. U.S. Fish and Wildlife Service, "Hunting Statistics and Economics," 2006, http://www.fws.gov/hunting/huntstat.html.

36. Shepherd, Paul, *The Tender Carnivore and the Sacred Game* (Athens: University of Georgia Press, 1998).

37. The Buck Hunters Blog, "5 Tips for Coping with Buck Fever," 2007, http://www. buckhuntersblog.com/5-tips-for-coping-with-buck-fever.

38. Personal communication with James Serpell, February 3, 2010.

39. Serpell, James A., "Pet-Keeping in Non-Western Societies: Some Popular Misconceptions," in *Animals and People Sharing the World*, ed. Andrew N. Rowan (Hanover, NH: University Press of New England, 1988), 37.

40. Serpell, James, "Pet-Keeping in Non-Western Societies: Some Popular Misconceptions," *Anthrozoos: A Multidisciplinary Journal of the Interactions of People & Animals* 1 (1987): 166-174.

41. Serpell, "Pet-Keeping," in *Animals and People Sharing*, ed. Rowan, 45.

42. Diamond, *Guns, Germs, and Steel*, 165.

43. Serpell, "Pet-Keeping," in *Animals and People Sharing*, ed. Rowan, 42.

44. Lorenz, Konrad, *Studies in Animal and Human Behavior*, vol. 2 (London: Methuen & Co. Ltd., 1971).

45. "China—Slaughtering 14 Million Pigs per Week," *Meat Trade News*, May 2, 2010, http://www. meattradenewsdaily.co.uk/news/040510/china_slaughtering_million_pigs_per_week_.aspx.

46. U.S. Department of Agriculture, "Live Cattle Selected Countries Summary," Foreign Agriculture Service, Office of Global Analysis, Circular Series DL&P 2-07, November 2007, www.fas.usda. gov.

47. Steiner, Gary, "Descartes, Christianity, and Contemporary Speciesism," in *A Communion of Subjects: Animals in Religion, Science, and Ethics*, ed. Paul Waldau and Kimberly Patton (New York: Columbia University Press, 2006), 117-131.

48. Diamond, *Guns, Germs, and Steel*.

49. Driscoll, C. A., D. W. Macdonald, and S. J. O'Brien, "From Wild Animals to Domestic Pets, an Evolutionary View of Domestication," *Proceedings of the National Academy of Sciences* 106, Suppl. 1 (2009): 9971-9978.

50. Diamond, *Guns, Germs, and Steel*, 167.

51. 위의 글, 83.

52. 위의 글, 265.

53. 위의 글.

54. USDA, "U.S. Beef and Cattle Industry: Background Statistics and Information," http://www. ers.usda.gov/news/BSECoverage.htm.

55. Wikipedia, "Nomadic Pastoralism," http://en.wikipedia.org/wiki/Nomadic_pastoralism.

56. Wikipedia, "Cattle," http://en.wikipedia.org/wiki/Cattle#Population.

57. Harris, Marvin, *The Cultural Ecology of India's Sacred Cattle* (New York: Columbia University Press, 1966).

58. Chapple, Christopher Key, "Reverence for All Life: Animals in the Jain Tradition," *Jain Spirit* 2

(1999): 56-58.

59. Diamond, *Guns, Germs, and Steel*, 168.

60. 위의 글, 398.

61. 위의 글, 158.

62. Anthony, David W., "Bridling Horse Power: The Domestication of the Horse," in *Horses Through Time*, ed. Sandra Olsen (Lanham, MD: Robert Rinehart Paperback, 2003), 57-82.

63. 위의 글.

64. Diamond, *Guns, Germs, and Steel*, 67.

65. Anthony, "Bridling Horse Power," 59.

66. Serpell, James, "Animals and Religion: Towards a Unifying Theory," in *The Human-Animal Relationship: Forever and a Day*, ed. Francien Henriëtte de Jonge and Ruud van den Bos (The Netherlands: Royal Van Gorcum, 2005), 15.

67. Mumford, Lewis, *Technics and Human Development: The Myth of the Machine*, vol. 1 (New York: Harvest/HBJ Books, 1967), 146.

68. Rifkin, Jeremy, The Empathetic Civilization: *The Race to Global Consciousness in a World in Crisis* (New York: Jeremy P. Tarcher/Penguin, 2009).

69. King James Bible, 2 Samuel 12:3.

70. Klawans, Jonathan, "Sacrifice in Ancient Israel: Pure Bodies, Domesticated Animals, and the Divine Shepherd," in *A Communion of Subjects: Animals in Religion, Science, and Ethics*, ed. Paul Waldau and Kimberly Patton (New York: Columbia University Press, 2006), 65-80.

71. Patton, Kimberley, "Animal Sacrifice: Metaphysics of the Sublimated Victim," in *Communion of Subjects*, ed. Waldau and Patton, 391-405.

72. Hobgood-Oster, Laura, *Holy Dogs and Asses: Animals in the Christian Tradition* (Champaign: University of Illinois Press, 2008).

73. Klawans, "Sacrifice in Ancient Israel," 70.

74. King James Bible, Exodus Rabbah 2:2.

75. Patton, "Animal Sacrifice," 391-405.

76. 위의 글.

77. Quoted in Hubert, Henri, and Marcel Mauss, Sacrifice: *Its Nature and Functions* (Champaign: University of Chicago Press, 1964), 33.

78. Patton, "Animal Sacrifice," 391-405.

79. Wise, Steven, "Animal Law and Animal Sacrifice: Analysis of the U.S. Supreme Court Ruling on Santería Animal Sacrifice in Hialeah," in *Communion of Subjects*, ed. Waldau and Patton, 585-587.

80. Humane Society of the United States, "Mass Animal Sacrifice Planned in Nepal," November 20, 2009, http://www.hsus.org/hsi/confronting_cruelty/animal_cruelty_around_the_world/gadhimai_festival_112009.html.

81. Wise, "Animal Law and Animal Sacrifice," 585-587.

82. William Wilberforce, quoted in Carey, Brycchan, "William Wilberforce's Sentimental Rhetoric: Parliamentary Reportage and the Abolition Speech of 1789," *The Age of Johnson: A Scholarly Annual* 14 (2003): 281-305.

83. John Paul II, Message of Reconciliation, March 12, 1982, as quoted in Scully, Matthew, *Dominion: The Power of Man, the Suffering of Animals, and the Call to Mercy* (New York: St. Martin's Griffin, 2002), 23-24.

84. "Charters and General Laws of the Colony and Province of Massachusetts Bay," 1641, 95.

85. Locke, John, *Some Thoughts Concerning Education and of the Conduct of the Understanding*, ed. Ruth W. Grant and Nathan Tarcov (Indianapolis, IN: Hackett Publishing Co., Inc., 1996).

86. Bentham, Jeremy, *An Introduction to the Principles of Morals and Legislation* (London: Clarendon Press, 1823), 311.

87. Lawrence, John, *A Philosophical Treatise on Horses, and on the Moral Duties of Man towards the Brute Creation* (London: Longman, 1796-1798), quoted in Henry Salt, *Animals' Rights Considered in Relation to Social Progress* (London: Macmillan,1894), 149.

88. Shelly, Percy Bysshe, *Queen Mab, A Philosophical Poem with Notes* (New York: Online at Google Books, 1831), http://books.google.com/books?id=6NcIAAAAQAAJ&printsec=frontcover&source=gbs_ge_summary_r&cad=0#v=onepage&q&f=false, 59.

89. Schopenhauer, Arthur, *On the Basis of Morality*, trans. E. F. J. Payne (Providence, RI: Berghahn Books, 1995).

90. Salt, *Animals' Rights*, 10, 114.

91. Favre, David, and Vivien Tsang, "The Development of Anti-Cruelty Laws During the 1800s," *Detroit College of Law Review* 1 (1993): 8; and Stewart Leavitt, Emily, and Diane Halverson, "The Evolution of Anti-Cruelty Laws in the United States," in *Animal Welfare Institute, Animals and Their Legal Rights: A Survey of American Laws from 1641 to 1990*, 4th ed. (Washington, DC : Animal Welfare Institute, 1990), 4.

92. Lane, Marion S., and Stephen L. Zawistowski, *Heritage of Care: The American Society for the Prevention of Cruelty to Animals* (Westport, CT: Praeger Publishers, 2008).

93. Unti, Bernard, *The Quality of Mercy: Organized Animal Protection in the United States 1866-1930* (Ann Arbor, MI: Proquest/UMI Dissertation Services, 2002).

94. Grier, Katherine C., *Pets in America: A History* (Chapel Hill: University of North Carolina Press, 2006), 131.

95. Unti, *The Quality of Mercy*.

96. 위의 글, 380.

97. Cronon, William, *Nature's Metropolis: Chicago and the Great West* (New York: W.W. Norton & Company, 1991).

98. Sinclair, Upton, *The Jungle* (New York: Sharp Press, 2003).

99. Unti, *The Quality of Mercy*.

100. Grier, *Pets in America*, 134.

101. Unti, *The Quality of Mercy*; and Scully, Dominion, 14.

102. Lane and Zawistowski, *Heritage of Care*.

103. Scully, *Dominion*.

104. 위의 글, 15.

2장

1. Associated Press, "Gorilla at an Illinois Zoo Rescues a 3-Year-Old Boy," August 16, 1996, http://www.nytimes.com/1996/08/17/us/gorilla-at-an-illinois-zoo-rescues-a-3-year-old-boy.html.

2. Fiby, Monika, "Trends in Zoo Design—Changing Needs in Keeping Wild Animals for a Visiting Audience," *International Review of Landscape Architecture and Urban Design*, Topos 62 /2008, http://www.zoolex.org/publication/fiby/zootrends08/fiby_topos62.html.

3. Associated Press, "Beer Kegs and Christmas Trees Keep Animals Healthy in New 'Enrichment' Programs," March 22, 2009, http://www.foxnews.com/story/0,2933,510060,00.html.

4. Fimrite, Peter, "Daring Rescue of Whale Off Farallones/Humpback Nuzzled Her Saviors in Thanks After They Untangled Her from Crab Lines, Diver Says." *San Francisco Chronicle*, December 14, 2005, http://articles.sfgate.com/2005-12-14/news/17403910_1_humpback-crab-pots-whale.

5. 위의 글.

6. Boesch, Christophe, Camille Bolé, Nadin Eckhardt, and Hedwig Boesch, "Altruism in Forest Chimpanzees: The Case of Adoption," PLoS ONE 5, no. 1 (2010): e8901, doi:10.1371/journal.pone.000890.

7. The Jane Goodall Institute, "Study Corner: Biography," 2010, http://www.janegoodall.org/study-corner-biography.

8. Goodall, Jane, *In the Shadow of Man* (Boston: Houghton Mifflin, 1971), 32-33.

9. Goodall, Jane, *Through a Window* (Boston: Mariner Books, 1990). 15.

10. Goodall, Jane, *In the Shadow of Man*, 6.

11. Goodall, Jane, "Learning from the Chimpanzees: A Message Humans Can Understand," *Science* 282 (1998): 2184-2185.

12. Choi, Charles Q., "10 Animals That Use tools," LiveScience, December 14, 2009, http://www.livescience.com/animals/091214-10-tool-users.html.

13. Moussaieff Masson, Jeffrey, and Susan McCarthy, *When Elephants Weep: The Emotional Lives of Animals* (New York: Delta, 1996).

14. Gould, Stephen Jay, *The Mismeasure of Man* (New York: W. W. Norton, 1981).

15. Mabee, Carleton, and Susan Mabee Newhouse, *Sojourner Truth: Slave, Prophet, Legend* (New York: NYU Press, 1995), 67-82.

16. Descartes, René, *A Discourse on Method* (New York: Book Jungle, 2008).

17. Voltaire, "The Philosophical Dictionary," http://history.hanover.edu/texts/voltaire/volanima.html.

18. Bekoff, Marc, *The Emotional Lives of Animals* (Novato, CA: New World Library, 2007), 32.

19. Griffin, Donald R., *Animal Minds: Beyond Cognition to Consciousness* (Chicago: University of Chicago Press, 1992).

20. Harriman, Philip Lawrence, ed., *Twentieth Century Psychology: Recent Developments in Psychology* (New York: Philosophical Library, 1946).

21. Greenberg, Gary, and Maury M. Haraway, *Comparative Psychology: A Handbook* (New York: Taylor and Francis, 1998).

22. Watson, John B., "Psychology as the Behaviorist Views It," *Psychological Review* 20 (1913): 158-177.

23. Greenberg and Haraway, *Comparative Psychology*.

24. Masson, Jeffrey and Susan McCarthy, *When Elephants Weep* (New York: Dell Publishing, 1995), 34.

25. Balcombe, Jonathan, *Second Nature: The Inner Lives of Animals* (New York: Macmillan, 2010).

26. Lorenz, Konrad, *King Solomon's Ring: New Light on Animal Ways* (New York: Routledge, 2002).

27. Bekoff, Marc, and Colin Allen, "Cognitive Ethology: Slayers, Skeptics and Proponents," in *Anthropomorphism, Anecdotes and Animals: The Emperor's New Clothes?*, ed. R. W. Mitchessl, N. Thompson, and L. Miles (New York: State University Press of New York State, 1997), 313-334.

28. Griffin, Donald, *The Question of Animal Awareness* (New York: The Rockefeller University Press, 1976).

29. Griffin, Donald, A Communion of Subjects: Animals in Religion, Science, and Ethics (New York: Columbia University Press, 2006).

30. Personal communication with Marc Bekoff, December 5, 2009.

31. 위의 글.

32. "'Alex & Me': The Parrot Who Said 'I Love You,'" NPR; August 31, 2009, http://www.npr.org/templates/story/story.php?storyId=112405883.

33. "Alex the African Grey," *The Economist*, September 20, 2007, http://www.economist.com/node/9828615?story_id=9828615.

34. Pepperberg, Irene, *Alex & Me: How a Scientist and a Parrot Uncovered a Hidden World of Animal Intelligence—and Formed a Deep Bond in the Process* (New York: Harper, 2008).

35. Humphrey, Nicholas, "The Social Function of Intellect," in *Growing Points in Ethology*, ed. P. P. G. Bateson and R. A. Hinde (Cambridge, MA: Cambridge University Press, 1976), 303-317.

36. Pepperberg, *Alex & Me*.

37. 위의 글.

38. Rutledge, Robb, and Gavin Hunt, "Lateralized Tool Use in New Caledonian Crows," *Animal Behaviour* 67 (2004): 327-332, homepages.nyu.edu/~rbr242/RutledgeHuntAB04.pdf.

39. Clayton, N. S., and A. D. Dickinson, "What, Where and When: Evidence for Episodic-Like Memory During Cache Recovery by Scrub Jays," *Nature* 395 (1998): 272-274.

40. Kaminski, Juliane, Josep Call, and Julia Fischer, "Word Learning in a Domestic Dog: Evidence for 'Fast Mapping,'" *Science* 304 (2004): 1682-1683.

41. Coren, Stanley, *The Intelligence of Dogs: A Guide to the Thoughts, Emotions, and Inner Lives of Our Canine Companions* (New York: Bantam, 1995).

42. Macrae, Fiona, "I'm the Chimpion! Ape Trounces the Best of the Human World in Memory Competition," Mail Online, January 26, 2008, http://dailymail.co.uk/news/article-510260/Im-chimpion-Ape-trounces-best-human-world-memory-competition.html.

43. Balcombe, *Second Nature*, 32-33.

44. 위의 글, 48-49.

45. Mann, Janet, Brooke L. Sargeant, Jana J. Watson-Capps, Quincy A. Gibson, Michael R. Heithaus, Richard C. Connor, and Eric Patterson, "Why Do Dolphins Carry Sponges?," *PLoS One 3*, no. 12 (2008): e3868, doi:10.1371/journal.pone.0003868, http://www.plosone.org/article/info:doi/10.1371/journal.pone.0003868.

46. Pack, Adam, and Louis M. Herman, "The Dolphins' Understanding of Human Gazing and Pointing: Knowing What and Where," The Dolphin Institute, University of Hawaii at Monoa and Kewalo Basin Marine Mammal Laboratory, 121, no. 1 (2007): 34-45.

47. Edwards, Lin, "Scientists Say Dolphins Should Be Treated As Non-Human Persons," PhysOrg.com, January 6, 2010, http://www.physorg.com/news181981904.html.

48. "Dolphins Save Swimmers from Shark," CBC News, November 24, 2004, http://www.cbc.ca/world/story/2004/11/24/dolphin_newzealand041124.html.

49. Celizic, Mike, "Dolphins Save Surfer from Becoming Shark's Bait," NBC Today show, November 8, 2007.

50. Humane Society of the U.S., "Winners of the Third Annual Dogs of Valor Awards," March 10, 2010, http://www.humanesociety.org/news/news/2010/03/third_annual_dogs_of_valor_winners.html.

51. 위의 글.

52. "Dogs of Valor Awards," June 25, 2008, http://www.hsus.org/pets/pets_related_news_and_events/dog_of_valor/first_annual/dogs_of_valor_winners.html.

53. Kershaw, Sarah, "Good Dog, Smart Dog," *New York Times*, November 1, 2009, http://www.thedogfiles.com/?s=hungarian&x=0&y=0.

54. Bekoff, Marc, *Coyotes: Biology, Behavior and Management* (New York: The Blackburn Press,

2001).

55. Bekoff, Marc, and Colin Allen, "The Evolution of Social Play," in *The Cognitive Animal: Empirical and Theoretical Perspectives on Animal Cognition*, ed. Marc Bekoff, Colin Allen, and Gordon M. Burghardt (Boston: Massachusetts Institute of Technology, 2002).

56. Bekoff, Marc, and Jessica Pierce, *Wild Justice: The Moral Lives of Animals* (Chicago: University of Chicago Press, 2009).

57. Bekoff, Marc, and Jonathan Balcombe, "Q & A: Minds of Their Own," *All Animals*, March/April 2010, 33.

58. Schmid, Randolph, "Monkeys Like to Both Give and Receive," Msnbc.com, http://www.msnbc.msn.com/id/26394973/.

59. "Grief in Animals: It's Arrogant to Think We're the Only Animals Who Mourn," Psychology Today Blog, October 29, 2009, http://www.psychologytoday.com/blog/animal-emotions/200910/grief-in-animals-its-arrogant-think-were-the-only-animals-who-mourn?page=2.

60. Heussner, Ki Mae, "Chimps Mourn Passing of One of Their Own," ABC News, October 28, 2009, http://abcnews.go.com/Technology/AmazingAnimals/chimps-mourn-passing/story?id=8937053.

61. Bozarth, M. A., "Pleasure Systems in the Brain," in *Pleasure: The Politics and the Reality*, ed. D. M. Warburton (New York: John Wiley & Sons, 1994), 5-14.

62. Panksepp, Jaak, *Affective Neuroscience: The Foundations of Human and Animal Emotions* (New York: Oxford University Press, 1998).

63. Thornhill, Cher, "Gorillas and Humans Use Similar Body Language to Communicate," Mail Online, October 17, 2008, http://www.dailymail.co.uk/sciencetech/article-1078543/Gorillas-humans-use-similar-body-language-communicate.html.

64. Shaikh, Thair, "Elephants Never Forget··· and Cannot Forgive," *The Times*, February 16, 2006, http://www.timesonline.co.uk/tol/news/world/article731367.ece.

65. Slotow, R., and G. Van Dyk, "Role of Delinquent Young 'Orphan' Male Elephants in High Mortality of White Rhinoceros in Pilanesberg National Park, South Africa," *Koedoe—African Protected Area Conservation and Science* 44, no. 1 (2001).

66. Shaikh, "Elephants Never Forget."

67. Farinato, Richard, "Detroit Zoo Sends Its Elephants Packing. Should Others Follow Suit?," May 27, 2004, http://www.hsus.org/wildlife/wildlife_news/detroit_zoo_sends_its_elephants_packing_should_others_follow_suit.html.

68. Personal communication with Ron Kagan, April 17, 2010.

69. 위의 글.

70. 위의 글.

71. Farinato, "Detroit Zoo Sends Its Elephants Packing."

72. Personal communication with Matt Smith, April 19, 2010.

73. Tweti, Mira, *Of Parrots and People: The Sometimes Funny, Always Fascinating, and Often Catastrophic Collison of Two Intelligent Species* (New York: Penguin Books, 2009).

3장

1. Bowen, Debra, *California Secretary of State Voter Registration Report*, October 31, 2008, http://yubanet.com/california/Bowen-Reports-Record-Number-of-Registered-Voters-in-California.php.

2. Lawrence, Steve, "California Initiative Campaigns Cost 227 Million," The Associated Press, February 3, 2009.

3. U.S. Department of Agriculture, National Agricultural Statistics Service, *2007 Census of Agriculture*, Vol. 1, U.S. Summary and State Reports, Table 13. Poultry—Inventory and Sales: 2007 and 2002, 411, http://www.agcensus.usda.gov/Publications/2007/Full_Report/usv1.pdf.

4. Unti, Bernard, *Protecting All Animals: A Fifty Year History of the humane Society of the United States* (Washington, DC: Humane Society Press, 2004).

5. *Annual Report—Rescue, Reform, Results*, The Humane Society of the United States, 2009 Annual Report, http://www.humanesociety.org/about/overview/financials/.

6. Oldenburg, Don, "Vegan in the Henhouse: Wayne Pacelle, Putting Animals on (and off) the Table," *Washington Post*, August 9, 2004.

7. U.S. Department of Agriculture, National Agricultural Statistics Service, Quick Stats, "U.S. & State—Slaughter" and "U.S. & State—Poultry Slaughter," http://www.nass.usda.gov/Data_and_Statistics/Quick_Stats_1.0/index.asp.

8. U.S. Department of Agriculture, Economic Research Service, *Farm Income: Data Files, Income and Production Expenses*, U.S. and State income and production expenses by category, 1949-2009, Value of Agricultural Production, http://www.ers.usda.gov/Data/FarmIncome/FinfidmuXls.htm.

9. U.S. Department of Agriculture, National Agricultural Statistics Service. *2007 Census of Agriculture*, Vol. 1, U.S. Summary and State Reports, Table 11. Cattle and Calves—Inventory and Sales: 2007 and 2002, p. 381, http://www.agcensus.usda.gov/Publications/2007/Full_Report/usv1.pdf; U.S. Department of Agriculture, Economics, Statistics, and Market Information System, 2009, *Milk Production, Disposition and Income: 2008 Summary*, http://usda.mannlib.cornell.edu/usda/nass/MilkProdDi//2000s/2009/MilkProdDi-05-29-2009.pdf.

10. U.S. Department of Agriculture, Economics, Statistics, and Market Information System, Chicken and Eggs, http://usda.mannlib.cornell.edu/MannUsda/viewDocumentInfo.do?documentID=1028.

11. Blume, Howard, "Footage of Mistreated Hens Released in Support of Proposition 2," *Los Angeles Times*, October 14, 2008.

12. Schlosser, Eric, *Fast Food Nation* (New York: Harper Perennial, 2005).

13. 위의 글.

14. Hansen, L. B, "Consequences of Selection for Milk Yield from a Geneticist's Viewpoint," *Journal of Dairy Science* 83, no. 5 (2000): 1145-1150; and Tsuruta, S., I. Misztal, and T. J. Lawlor, "Changing Definition of Productive Life in U.S. Holsteins: Effect on Genetic Correlations," *Journal of Dairy Science* 88, no. 3 (2005): 1156-1165.

15. Sinclair, *The Jungle*.

16. Troutt, H. F., and B. I. Osburn, "Meat from Dairy Cows: Possible Microbiological Hazards and Risks," *Revue Scientifique etTechnique de l'Office International des Epizooties* 16, no. 2 (1997): 405-414.

17. U.S. Department of Agriculture, Economics, Statistics, and Market Information System, Milk Production, http://usda.mannlib.cornell.edu/MannUsda/viewDocumentInfo.do?documentID=1103.

18. 국가가축질병 방역 시스템 조사 결과 소 한 무리에서 90퍼센트 이상으로 나타났다. U.S. Department of Agriculture, APHIS-NAHMS, 2007, *Dairy 2007. Part I: Reference of Dairy Cattle Health and Management Practices in the United States*, http://nahms.aphis.usda.gov/dairy/dairy07/Dairy07_dr_PartI.pdf.

19. 배설물은 발이 썩는 여러 이유 중 하나이다. Singh, G. R., Aithal H. P. Amarpal, and P. Kinjavdekar, "Lameness in Cattle—A Review," *Indian Journal of Animal Sciences* 75, no. 6 (2005): 723-740.

20. 9 C.F.R. § 313.2(b).

21. Shu, Spencer, "Immigration Raid Jars Small Town," *Washington Post*, May 18, 2008.

22. U.S. Department of Agriculture, Office of the Inspector General, *Evaluation of FSIS Management Controls Over Pre-Slaughter Activities*, Report No: 24601-07-KC, November 2008, p.9; see also 13 C.F.R. § 121.201 and 61 Fed. Reg. 38,806 (July 25, 1996).

23. 참조 Plaintiffs' Complaint for Damages and Equitable Relief at p. 3, 9 in *Smithfield Foods, Inc. and Smithfield Packing Co. v. United Food and Commercial Workers International Union*, et al., Civil Action No. 3:07CV641 (U.S. Dist. Ct., E.D. Va.), http://www.prconversations.com/wp-content/uploads/2008/02/rico_1017072.pdf.

24. U.S. Department of Agriculture, National Agriculture Statistics Service, Quick Stats, "U.S. & State—Slaughter," http://www.nass.usda.gov/Data_and_Statistics/Quick_Stats_1.0/index.asp.

25. Humane Methods of Livestock Slaughter, 7 U.S.C. §§ 1901 et seq. U.S. Department of Agriculture, National Agricultural Statistics Service, Quick Stats, "U.S. & State—Slaughter" and "U.S. & State—Poultry Slaughter." http://www.nass.usda.gov/Data_and_Statistics/Quick_Stats_1.0/index.asp.

26. U.S. Department of Agriculture, Office of the Inspector General, *Evaluation of FSIS Management Controls Over Pre-Slaughter Activities*, Report No: 24601-07-KC, November 2008, at p. 18 (수의사는 시간을 벌기 위해 도살의 전 과정을 손쉽게 처리했다고 증언했다. 또한 인력 부

족에 대해 불평했다.). 참조 "Contaminated Food: Private Sector Accountability," Hearing before the Subcommittee on Oversight and Investigations, of the House Committee on Energy and Commerce, written testimony of Dr. Michael Greger on behalf of the Humane Society of the United States, February 26, 2008, at pp. 3-4, http://energycommerce.house.gov/images/stories/Documents/Hearings/PDF/110-oi-hrg.022608.Greger-testimony.pdf.

27. Unti, Bernard, *Protecting All Animals* (Washington, DC: Humane Society Press, 2004), 45.

28. Eisnitz, Gail, *Slaughterhouse: The Shocking Story of Greed, Neglect, and Inhumane Treatment Inside the U.S. Meat Industry* (New York: Prometheus Books, 1997).

29. Warrick, Joby, "'They Die Piece by Piece,' in Overtaxed Plants, Humane Treatment of Cattle Is Often a Battle Lost," *Washington Post*, April 10, 2001.

30. Steve Mendell, "Westland/Hallmark Meat Co. Statement on Beef Meat Recall," February 3, 2008 (2007년에 제3자 감시 인력이 17명 있었고, 법에 정해진 대로 인력을 운용했으며, 식품안전 규정을 지켰다고 증언했다.).

31. U.S. Department of Agriculture, Economic Research Service, Food Availability (Per Capita) Data System, http://www.ers.usda.gov/Data/FoodConsumption/FoodAvailSpreadsheets.htm.

32. Pollan, Michael, In Defense of Food (New York: Penguin Press, 2008), and Pollan, Michael, *The Omnivore's Dilemma* (New York: Penguin Press, 2006).

33. Schlosser, Eric, *Fast Food Nation* (New York: Houghton Mifflin, 2001).

34. Weiss, Rick, "Video Reveals Violations of Laws, Abuse of Cows at Slaughterhouse," *Washington Post*, January 30, 2008.

35. Geoffrey S. Becker, *Nonambulatory Livestock and the Humane Methods of Slaughter Act*, Congressional Research Service, Report no. RS22819, March 24, 2009 at p. 1 (약 2만 톤을 학교 급식과 적어도 45개 주의 국가 영양 프로그램에 공급했다고 밝혔다.); 참조 Matthew L. Wald, "Meat Packer Admits Slaughter of Sick Cows," *New York Times*, March 13, 2008 (리콜된 6만 5000톤의 소고기 중 2만 톤은 학교와 정부 영양 프로그램을 통해 가난하거나 어린이에게 보내졌다고 증언했다.).

36. Kim, Victoria, "Cruelty Charges Filed Against Slaughterhouse Boss," *Los Angeles Times*, February 16, 2008.

37. Brown, David, "USDA Orders Largest Meat Recall in U.S. History," *Washington Post*, February 18, 2008.

38. Doherr, M. G., D. Heim, R. Fatzer, C. H. Cohen, M. Vandevelde, and A. Zurbriggen, "Targeted Screening of High-Risk Cattle Populations for BSE to Augment Mandatory Reporting of Clinical Suspects," *Preventive Veterinary Medicine* 51, no. 1-2 (2001): 3-16.

39. Zhang, Jane, "Meatpacker Admits Ailing Cattle Used at Slaughterhouse," *Wall Street Journal*, March 13, 2008.

40. "South Korean Government Ready to Resign of Resumption of U.S. Beef Imports," October 3, 2010; McNeil, Donald, "Questions on U.S. Beef Remain," *New York Times*, June 10, 2008.

41. The USDA Office of Communications, "Agriculture Secretary Schafer Announces Plan to End

Exceptions to Animal Handling Rule," May 20, 2008, press release, Release Number 0131.08.

42. Food Safety Inspection Service, "Requirements for the Disposition of Cattle That Become Non-Ambulatory Disabled Following Ante-Mortem Inspection," *Federal Register* 74, no. 51 (March 18, 2009).

43. Goad, Ben, "Beef Recall Costs Reach $67.2 Million and Rising," *Press Enterprise*, April 9, 2008 (멘델은 뉴포트 해변의 코로나 델 마 지역에서 400만 달러짜리 집에 산다고 밝혔다.).

44. Cong. Rec., 30 September 2003: H8956.

45. U.S. Department of Agriculture Office of Inspector General, Animal and Plant Health Inspection Service and Food Safety and Inspection Service: Bovine Spongiform Encephalopathy (BSE) Surveillance Program—Phase I, August 18, 2004, www.oig.usda.gov/webdocs/50601-9-final.pdf; National Renderers, *Livestock Mortalities: Methods of Disposal and Their Potential Cost*; http://nationalrenderers.org/Economic_Impact/MortalitiesFinal.pdf; and Stull, C. L., M. A. Payne, S. L. Berry, and J. P. Reynolds, "A Review of the Causes, Prevention, and Welfare of Nonambulatory Cattle," *Journal of the American Veterinary Medical Association* 231, no. 2 (2007): 227-234.

46. Cong. Rec., 14 July 2003: H6653. Print.

47. United Kingdom National CJD Surveillance Unit, 2010, CJD Statistics, October 4, http://www.cjd.ed.ac.uk/figures.htm; and Collee, J. G., R. Bradley, and P. P. Liberski, "Variant CJD (vCJD) and Bovine Spongiform Encephalopathy (BSE): 10 and 20 Years on: Part 2," *Folia Neuropathologica* 44, no. 2 (2006): 102-110.

48. R-CALF USA, 2006, "Cattle and Beef Trade, BSE, and the U.S. Cattle Industry," July, http://www.r-calfusa.com/BSE/060701-CALFBackgroundPaperOnBSE.pdf.

49. Doherr, M. G., D. Heim, R. Fatzer, C. H. Cohen, M. Vandevelde, and A. Zurbriggen, "Targeted Screening of High-Risk Cattle Populations for BSE to Augment Mandatory Reporting of Clinical Suspects," *Preventive Veterinary Medicine* 51, no. 1-2 (2001): 3-16.

50. "Requirements for the Disposition of Cattle That Become Non-Ambulatory Disabled Following Ante-Mortem Inspection," 74 Fed. Reg. 11,463, 11,464 (March 18, 2009) (to be codified at 9 C.F.R. pt. 309). (2009년 미국농무부가 주저앉은 다우너 동물에 관한 허점이 많은 수정안을 발표했을 때, 축산업계는 홀마크/웨스트랜드 사건이 일어난 뒤였음에도 끊임없이 반대했다. 언급 : 몇몇 축산업계 관계자는 다음과 같이 개정안에 대해 반대 의사를 밝혔다. 현재의 규제 조항은 개정 없이 남겨두어야 한다. 그리고 감시관에 의해 합격 판정을 받은 후 주저앉은 소에 대해서도 미국농무부 수의사가 재평가했다면 도살을 허용해야 한다고 말했다. 반응 : 미국농무부 식품안전관리국은 이 언급에 대해 동의하지 않았다. 홀마크/웨스트랜드 사건은 농무부 감시관이 소가 도살 합격 판정을 받은 후에 주저앉을 경우 항상 공식적으로 보고하지 않음을 보여 주었다. 따라서 이전의 규제로는 걷지 못하는 소가 지속적으로 도살 적합 판정을 받고, 감시관은 식품으로 안전하다고 판단할 것이다. 덧붙여서 홀마크 사건은 감시 판정 후 주저앉았을 때 소를 일으키기 위해서 비인도적인 폭력이 자행되는 것이 밝혀졌으므로 재감시가 요청된다. 따라서 농무부는 감시 행정에 보다 효과적이고 효율적인 규제와 인도적인 처리가 필요하다고 결정했다.)

51. U.S. Department of Agriculture, Food Safety and Inspection Service Notice 05-06, "Re-examination of Bovine That Become Non-ambulatory After Passing Ante-mortem Inspection," January 18, 2006.

52. Doering, Christopher, "Mad-Cow Ban Cost U.S. $11 Billion in Beef Exports," Reuters, October 7, 2008.

53. Campbell, D., "Killer Mad Cow Disease Strikes in Alberta," *Calgary Herald* (Alberta, Canada), December 9, 1993, p. D1; Canadian Food Inspection Agency, "Summary of the Report of the Investigation of Bovine Spongiform Encephalopathy (BSE) in Alberta, Canada," July 2, 2003, http://www.inspection.gc.ca/english/anima/heasan/disemala/bseesb/ab2003/evalsume.shtml; USDA press release, "USDA BSE Update," December 27, 2003, http://www.usda.gov/wps/portal/!ut/p/_s.7_0_A/7_0_1OB/.cmd/ad/.ar/sa.retrievecontent/.c/6_2_1UH/.ce/7_2_5JM/.p/5_2_4TQ/.d/7/_th/J_2_9D/_s.7_0_A/7_0_1OB?PC_7_2_5JM_contentid=2003/12/0445.html&PC_7_2_5JM_navtype=RT&PC_7_2_5JM_parentnav=TRANSCRIPTS_SPEEC; Canadian Press, "BSE Confirmed in Alberta Dairy Cow," *Ottawa Sun*, January 3, 2005, p. 20; Johnsrude, L., and G. Richards, "Feed Bought After Ban Fed to Latest Mad Cow: 104 Other Calves Had Access to Same Feed in Spring of 1998, Innisfail-Area Farmer Says," *Edmonton Journal* (Alberta), January 14, 2005, p. A1; FDA, "Commonly Asked Questions About BSE in Products Regulated by FDA's Center for Food Safety and Applied Nutrition (CFSAN)," September 14, 2005, http://www.cfsan.fda.gov/~comm/bsefaq.html; Canadian Food Inspection Agency, *Report on the Investigation of the Fifth Case of Bovine Spongiform Encephalopathy* (BSE) in Canada, June 16, 2006, http://www.inspection.gc.ca/english/anima/heasan/disemala/bseesb/bccb2006/5investe.shtml; Canadian Food Inspection Agency, *Report on the Investigation of the Sixth Case of Bovine Spongiform Encephalopathy* (BSE) in Canada, August 8, 2006, http://www.inspection.gc.ca/english/anima/heasan/disemala/bseesb/mb2006/6investe.shtml; Canadian Food Inspection Agency, *Report on the Investigation of the Seventh Case of Bovine Spongiform Encephalopathy* (BSE) in Canada, August 24, 2006, http://www.inspection.gc.ca/english/anima/heasan/disemala/bseesb/ab2006/7investe.shtml; Canadian Food Inspection Agency, *Report on the Investigation of the Eighth Case of Bovine Spongiform Encephalopathy* (BSE) in Canada, December 18, 2006, http://www.inspection.gc.ca/english/anima/heasan/disemala/bseesb/ab2006/8investe.shtml; and Canadian Food Inspection Agency, *Report on the Investigation of the Tenth Case of Bovine Spongiform Encephalopathy* (BSE) in Canada, July 25. 2007, http://www.inspection.gc.ca/english/anima/heasan/disemala/bseesb/bccb2007/10investe.shtml.

54. Seigley, L. S., and D. J. Quade, "An Introduction to Hogs in Iowa," The Iowa Department of Natural Resources, http://www.igsb.uiowa.edu/inforsch/iahogs/iahogs.htm (hog excretes about 10.5 Ib/day); and U.S. Environmental Protection Agency, "National Pollutant Discharge Elimination System Permit Regulation and Effluent Limitation Guidelines and Standards for

Concentrated Animal Feeding Operations (CAFOs)—Final Rule," *Federal Register* 68, no. 29 (February 12, 2003): 7176, 7180, http://www.epa.gov/npdes/regulations/cafo_fedrgstr.pdf (person excretes about 0.518 tons/yr = 2.8 Ib/day—so hog excretes at least three times more than a person per day—or per year).

55. Jensen, P., *The Ethology of Domestic Animals: An Introductory Text* (Wallingford, UK: CABI Publishing, 2002), 159-172.

56. Marchant, J. N., and D. M. Broom, "Effects of Dry Sow Housing Conditions on Muscle Weight and Bone Strength," *Animal Science* 62 (1996): 105-113; and Anil, L., S. S. Anil, and J. Deen, "Evaluation of the Relationship Between Injuries and Size of Gestation Stalls Relative to Size of Sows," *Journal of the American Veterinary Medical Association* 221, no. 6 (2002): 834-836.

57. Collins, Kristin, "Pork Producer Uncages Some Pigs," *Charlotte News & Observer*, February 13, 2007.

58. Smith, Rod, "Veal Association Policy Urges Group Housing," *Feedstuffs*, August 2, 2007.

59. Handwerk, B., "Wild Turkeys Invading Suburban U.S.," National Geographic News, 2007, http://news.nationalgeographic.com/news/2007/11/071119-wild-turkeys.html; and Michigan Department of Natural Resources, "Wild Turkey (*Meleagris gallopavo*)," www.michigan.gov/dnr/0,1607,7-153-10370_12145_12202-52511-,00.html.

60. Scanes, C. G., G. Brant, and M. E. Ensminger, *Poultry Science*, 4th ed. (Upper Saddle River, NJ: Pearson Prentice Hall, 2004), 282-283.

61. Julian, R., and P. Gazdzinsky, "Lameness and Leg Problems: Turkeys," *World Poultry—Elsevier Special* (2000): 24-31; Julian, R. J., "Tendon Avulsion as a Cause of Lameness in Turkeys," *Avian Diseases* 28, no. 1 (1984): 244-249; Duff, S. R. I., "The Morphology of Degenerative Hip Disease in Male Breeding Turkeys," *Journal of Comparative Pathology* 94, no. 1 (1984): 127-139.

62. Voris, J. C. "California Turkey Production," University of California Cooperative Extension, Poultry Fact Sheet No. 16c, accessed October 5, 2010, http://animalscience.ucdavis.edu/Avian/pfs16C.htm; Scanes et al., *Poultry Science*, 270; and Healy, W. M., "Behavior," in *The Wild Turkey: Biology and Management*, ed. J. G. Dickson (Harrisburg, PA: Stackpole Books, 1992), 46-65.

63. 이렇게 언급한 자료는 없다. 야생 칠면조의 체중이 4개월 때 3.5킬로그램인 것을 참조했다. Healy, "Behavior." 공장식 농장 칠면조의 체중은 4개월 때 11.3킬로그램이 된다. Hulet, R. M., P. J. Clauer, G. L. Greaser, J. K. Harper, and L. F. Kime, "Small-Flock Turkey Production," Pennsylvania State University, Agricultural Research and Cooperative Extension, 2004, accessed August 4, 2008, http://agalternatives.aers.psu.edu/Publications/SmallflockTurkeys.pdf.

64. Voris, "California Turkey Production"; and Austic, R. E., and M. C. Nesheim, *Poultry Production*, 13th ed. (Philadelphia, PA: Lea and Febiger, 1990), 231.

65. 위의 글. (참조) Austic and Nesheim, *Poultry Production*, 231. 미국농무부의 칠면조 도축량 자

료에 7~10퍼센트를 적용했다. U.S. Department of Agriculture, National Agricultural Statistics Service, Quick Stats, "U.S. & State—Poultry Slaughter," http://www.nass.usda.gov/Data_and_Statistics/Quick_Stats_1.0/index.asp.

66. Duncan, Ian, "Welfare Problems of Poultry." In *The Well-Being of Farm Animals*, ed. J. B. Benson and B. E. Rollin (Ames, IA: Blackwell, 2004), 310.

67. Weber, R. M., M. Nogossek, L. Sander, B. Wandt, U. Neumann, and G. Glunder, "Investigations of laying hen health in enriched cages as compared to conventional cages and a floor pen system." *Wiener Tierarzliche Monatsschrift* 90, no. 10 (2003): 257-266.

68. Nijdam, E., P. Arens, E. Lambooij, E. Decuypere, and J. A. Stegeman, "Factors Influencing Bruises and Mortality of Broilers During Catching, Transport, and Lairage." *Poultry Science* 83 (2004): 1610-1615; Warriss, P. D., E. A. Bevis, S. N. Brown, and J. E. Edwards, "Longer Journeys to Processing Plants Are Associated with Higher Mortality in Broiler Chickens." *British Poultry Science* 33 (1992): 201-206.

69. Jones, Maggie, "The Barnyard Strategist," *New York Times Magazine*, October 26, 2008.

4장

1. Battista, Judy, "Vick Finishes His Sentence; Future Is Cloudy," *New York Times*, July 20, 2009, http://www.nytimes.com/2009/07/21/sports/football/21vick.html.

2. Haaser, Brian R., "Bad Newz Kennels, Smithfield, Virginia—Animal Fighting," USDA HY 3330-0018, August 28, 2008, p. 2.

3. "Falcons Quarterback Michael Vick Signs Richest NFL Deal in History," *Jet*, January 17, 2005, http://findarticles.com/p/articles/mi_m1355/is_3_107/ai_n9771537/.

4. John Goodwin, 버지니아 경찰과 하노버에서 있었던 버지니아 동물 싸움 대책위원회 회의 때의 개인적인 대화 기록, VA, 2006.

5. Dohrmann, George, "The House on Moonlight Road," May 29, 2007, sportsillustrated.com, http://sportsillustrated.cnn.com/2007/football/nfl/05/29/vick0604/index.html.

6. U.S. District Court for the Eastern District of Virginia. Indictment: *U.S. v. Purnell A. Peace, Quanis L. Phillips, Tony Taylor and Michael Vick*, July 17, 2007, p. 5.

7. 위의 글.

8. Associated Press, "Vick Blames Family for Neglected Dogs at Virginia Home," April 27, 2007, http://sports.espn.go.com/nfl/news/story?id=2851640.

9. WAVY-TV, "Surry County Commonwealth Attorney Denies Evidence in Michael Vick Investigation," May 12, 2007, http://www.wavy.com/Global/story.asp?S=6498964; and Smith, Michael D., "Prosecutor Suggests Vick Dogfighting Case Is a 'Witch Hunt,'" aolsportsblog.com, May 16, 2007.

10. Humane Society of the U.S., "Taking Down Dog-fighting," July 27, 2009, http://www.hsus.org/acf/fighting/dogfight/taking_down_dogfighting.html.

11. 위의 글.

12. Humane Society of the U.S., "Congress Urged to Crack Down on Animal Fighting," February 6, 2007, http://www.hsus.org/press_and_publications/press_releases/congress_urged_to_crack_down.html.

13. Project Votesmart; "Humane Society of the U.S. Ratings," 2005-2006, http://www.votesmart.org.issue_rating_detail.php?r_id=3489.

14. Humane Society of the U.S., "Congress Urged."

15. Haaser, "Bad Newz Kennels," 1.

16. 위의 글, 2-3.

17. WBZ-TV, "Police Suspect Dogs Buried on Vick's Former Property," May 29, 2007, http://www.wsbtv.com/news/13407157/detail.html; and Associated Press, "Feds May Take Over Vick Dogfighting Probe," June 7, 2007.

18. Haaser, "Bad Newz Kennels," 8.

19. Indictment filed in the U.S. District Court for the Eastern District of Virginia, Crimminal No. 3:07 CR 274, July 17, 2007.

20. U.S. District Court for the Eastern District of Virginia, Indictment: *U.S. v. Purnell A. Peace, Quanis L. Phillips, Tony Taylor and Michael Vick*, July 17, 2007.

21. Haaser, "Bad Newz Kennels," 13.

22. 위의 글, 4.

23. Strouse, Kathy, *Bad Newz: The Untold Story of the Michael Vick Dog Fighting Case* (Charleston, SC: BookSurge Publishing, 2009), 89, 90.

24. USDA, Office of the Inspector General, *Report of Investigation, Bad Newz Kennels, Smithfield, VA*, August 28, 2008.

25. U.S. District Court for the Eastern District of Virginia, Indictment: *U.S. v. Purnell A. Peace, Quanis L. Phillips, Tony Taylor and Michael Vick*, July 17, 2007, item 12, p. 6.

26. U.S. District Court for the Eastern District of Virginia, Indictment: *U.S. v. Purnell A. Peace, Quanis L. Phillips, Tony Taylor and Michael Vick*, July 17, 2007, p. 6.

27. 위의 글, 17.

28. 위의 글, 3.

29. Haaser, "Bad Newz Kennels," 8.

30. 위의 글, 1.

31. 위의 글, 8.

32. ESPN, "Vick Suspended Indefinitely from the NFL," October 24, 2007, http://sports.espn.go.com/nfl/news/story?id=2990157.

33. Haaser, "Bad Newz Kennels," 9.

34. 위의 글, 15.

35. HSUS, "Taking Action to Stop Dogfighting," November 2, 2009, http://www.humanesociety.

org/issues/dogfighting/tips/dogfighting_action.html.

36. Meyers, Jessica, "Dallas Animal Cruelty Task Force in Works," December 26, 2008, http://www.dallasnews.com/sharedcontent/dws/news/localnews/stories/1227dnmetdogfighting.382 99fc.html.

37. U.S. Dept of Agriculture, "Memorandum of Interview," USDA HY 3330-0018, June 28, 2007, p. 1.

38. Garofoil, Joe, "NFL Star's Woes Go to League Nike/Activists Press Them to Decry Dogfighting" *San Francisco Chronicle*, July 21, 2007.

39. Fish and Wildlife Service, U.S. Duck Stamp Office, http://www.fws.gov/duckstamps/stampdesign.htm.

40. HSUS, "End Dogfighting Program," November 2, 2009, http://www.humanesociety.org/issues/dogfighting/end_dogfighting.html.

41. *The Oprah Winfrey Show*, "Investigating Puppy Mills," January 4, 2006, http://www.oprah.com/oprahshow/Investigating-Puppy-Mills.

42. HSUS, "Campaigns," http://www.humanesociety.org/issues/campaigns/.

43. HSUS, "Animal Cruelty and Fighting Victories," May 2009, http://www.hsus.org/acf/campaugn/victories.html.

44. 위의 글.

45. ASPCA, "Dog Fighting FAQ," http://www.aspca.org/fight-animal-cruelty/dog-fighting/dog-fighting-faq.html.

46. HSUS, "Michael Vick and End Dogfightig," August 24, 2009, http://www.aspca.org/fight-animal-cruelty/dog-fighting/dog-fighting-faq.html.

47. Lane, Marion S., and Stephen L. Zawistowski, *Heritage of Care: The American Society for the Prevention of Cruelty to Animals* (Westport, CT: Praeger Publishers, 2008).

48. 위의 글.

49. Sherman, David M., *Tending Animals in the Global Village: A Guide to International Veterinary Medicine* (Baltimore: Williams and Williams, 2002), 46.

50. Encyclopedia Britannica Online, "Cockfighting," 2009, http://www.britannica.com/EBchecked/topic/123691/cockfighting.

51. Curnutt, J., *Animals and the Law: A Sourcebook* (Santa Barbara, CA: ABC-CLIO, 2001), 276.

52. 위의 글, 277.

53. 위의 글, 231.

54. 위의 글.

55. 위의 글, 283.

56. Birley, D., *Land of Sport and Glory: Sport and British Society 1887-1910* (Manchester, UK: Manchester University Press, 1995), 62-64.

57. Gardiner, S., *Sports Law* (London: Routledge Cavendish, 2006), 120.

58. Shevelow, K., *For the Love of Animals: The Rise of the Animal Protection Movement* (New York: Henry Holt and Co., 2008), 43-46.

59. Russell, Edmund, "The Michael Vicks of Yore," *Washinton Post*, September 2, 2007, http://www.washingtonpost.com/wpdyn/content/article/2007/08/31/AR2007083101466.html.

60. Encyclopedia Britannica Online, "Pit Bull Terrier," 2009, http://www.britannica.com/EBchecked/topic/1309178/pit-bull-terrier.

61. Russell, "The Michael Vicks of Yore."

62. Malcolmson, R. W., *Popular Recreations in English Society 1700~1850* (Cambridge: Cambridge University Press Archive, 1979), 124.

63. Shevelow, *For the Love of Animals*, 266-272.

64. Malcolmson, *Popular Recreations*, 124.

65. Fischer, David H., *Albion's Seed: Four British Folkways in America* (New York: Oxford University Press, 1989), 148, 360-364, 552-555; and Isaac, Rhys, *The Transformation of Virginia* (Chapel Hill: University of North Carolina Press, 1982), 101-103.

66. Unti, Bernard, "Colonial Era Blood Sports," in *The Quality of Mercy: Organized Animal Protection in the United States 1865-1930* (Ann Arbor, MI: Proquest/UMI Dissertation Services, 2002).

67. Mather, Increase, *A Testimony Against Several Prophane and Superstitious Customs Now Practised by Some in New-England* (London: n.p., 1687), http://www.covenanter.org/IMather/increasemathertestimony.htm.

68. Unti, "Colonial Era Blood Sports."

69. Withington, Ann, *Toward a More Perfect Union: Virtue and the Formation of American Republics* (New York: Oxford University Press, 1991), 185-216, 246-248.

70. Lane and Zawistowski, *Heritage of Care*.

71. *Curnutt, Animals and the Law*, 278; and Sharon MacPherson, letter to Eric Sakach, May 12, 1993. In the author's possession.

72. Unti, *Quality of Mercy*.

73. 위의 글.

74. Bulldogbreeds.com, http://www.bulldogbreeds.com/americanpitbullterrier.html.

75. Gibson, Hanna, "Dog Fighting Detailed Discussion," Animal Legal and Historical Center, Michigan State University, 2005, http://www.animallaw.info/articles/ddusdogfighting.htm#s2.

76. 위의 글.

77. Curnutt, *Animals and the Law*, 281.

78. HSUS, "Amazon.com Faces Lawsuit for Illegal Cockfighting Magazines," July 18, 2006, http://www.hsus.org/acf/news/amazon_cockfighting_magazines.html.

79. HSUS, "New Federal Law Will Help Crack Down on Illegal Cockfighting," May 13, 2004, http://www.hsus.org/acf/news/new_federal_law_will_help.html.

80. *The Feathered Warrior*, November 2001, 3.

81. Kilborn, Peter T., "In Enclaves of Rural America, a Cockfighting Industry Thrives," June 5, 2000, http://www.mangossubic.com/cock_fighting.htm; *The Feathered Warrior*, November 2001, p. 3.

82. Animal Protection of New Mexico, "Cockfighting Ban Dates by State," 2003, http://www.apnm.org/campaigns/cockfighting/ban_dates.html.

83. *Munn v. Com.*, 889 S.W.2d 49 (Ky. App. 1994) (동물학대 2등급에 해당하는 투계일 경우 기소할 수 있다.).

84. Gibson, D., "Vick Dog Fighting Case Gives Ugly Glimpse into the Black Community," *American Daily*, August 24, 2007, http://www.americandaily.com/article/2004.

85. Campisi, G., "Pit Bulls Are New Export: Dogfighting Gains Popularity in Europe," *Philadelphia Daily News*, July 10, 2000.

86. Malanga, S., "The Sick Hipness of Dog Fighting," *Chicago Sun-Times*, June 17, 2007.

87. John Goodwin, quoted in Stabley, Mattew, "Suspected Cockfighting Operation Busted in Virginia," April 20, 2010, http://www.nbcwashington.com/news/local-beat/Suspected-Cockfighting-Operation-Busted-in-Virginia-91653074.html.

88. HSUS, "Ranking of State Cockfighting Laws," September 31, 2009, http://www.hsus.org/acf/fighting/cockfight/state_cockfighting_laws_ranked.html.

89. 위의 글.

90. HSUS, "More Than 140 Arrested in Tennessee as FBI Raids One of the Nation's Largest Illegal Cockfighting Pits," June 12, 2005, http://www.hsus.org/press_and_publications/press_releases/fbi_raids_cockfighting_pit_in_cocke_county_tennessee.html.

91. Avent, Jan, "Hundreds Are Cited at Cockfight," *Knoxville News Sentinel*, June 12, 1988.

92. Humphrey, Tom, "Agent Claims Payoff Taken," *Knoxville News Sentinel*, April 10, 2008.

93. HSUS, "More Than 140 Arrested."

94. HSUS, "Congress Urged to Crack Down on Animal Fighting," February 6, 2007, http://www.hsus.org/press_and_publications/press_releases/congress_urged_to_crack_down.html.

95. U.S. Government Printing Office, "Native American Methamphetamine Enforcement and Treatment Act of 2007, the Animal Fighting Prohibition Enforcement Act of 2007, and the Preventing Harassment through Outbound Number Enforcement (Phone) Act of 2007," Hearing before the Subcommittee on Crime, Terrorism, and Homeland Security of the Committee on the Judiciary House of Representatives. 110 Congress, First Session. H.R. 545, H.R. 137, and H.R. 740. Serial No. 110-5, February 6, 2007, p. 51.

96. 위의 글.

97. 위의 글.

98. HSUS, "Cockfighting and the Spread of Bird Flu," August 17, 2006, http://www.hsus.org/farm/news/ournews/cockfighting_bird_flu.html.

99. Chunsuttiwat, S., "Response to Avian Influenza and Preparedness for Pandemic," *Respirology* 13, Suppl. 1 (2008): S36.

100. Kilborn, P. T., "In Enclaves of Rural America, A Cockfighting Industry Thrives," June 5, 2000, http://www.mangossubic.com/cock_fighting.htm.

101. Associated Press, "Senator Shurden Announces Plans to Lower Cockfighting Penalty," *Okmulgee Daily Times*, November 8, 2002; and Campbell, Jim, "Cockfighting Battle Predictions Aired," Oklahoma Press Association—Capitol Newsbureau, November 2002.

102. USDA, "Public Law 94-279, Animal Welfare Act Amendments of 1976," April 22, 1976, http://awic.nal.usda.gov/nal_display/index.php?info_center=3%20&tax_level=4&tax_subject=182&topic_id=1118&level3_id=6735&level4_id=11094&level5_id=0&placement_default=0.

103. 위의 글.

104. Hearing Before the Committee on Agriculture, *Prohibition of Interstate Movement of Live Birds for Animal Fighting*, September 13, 2000, Serial No. 106-59.

105. HSUS, "Victory against Cockfighting in New Mexico," March 12, 2007, http://www.hsus.org/acf/news/victory_new_mexico_cockfighting.html.

106. Simon, Rich, "Settling the Dog Fight Over Chickens," *Los Angeles Times*, National section, May 5, 2002.

107. C-SPAN Video Library, E. Blumenauer Farm Security Act of 2001, House Session, http://www.cspanvideo.org/videoLibrary/clip.php?appid=596276456

108. 위의 글.

109. 위의 글.

110. Markarian, M., "Soft on Crime, Soft on Cruelty," *Huffington Post*, October 3, 2009, http://www.huffingtonpost.com/michael-markarian/soft-on-crime-soft-on-cru_b_302186.html.

111. Congressman Chris John, Hearing Before the Committee on Agriculture, *Prohibition of Interstate Movement of Live Birds for Animal Fighting*, September 13, 2000, Serial No. 106-59.

112. *Baton Rouge Advocate*, December 12, 2001.

113. HSUS, "The Humane Society of the United States and U.S. Senator David Vitter Urge Swift End to Cockfighting in Louisiana," June 21, 2007, http://www.hsus.org/press_and_publications/press_releases/hsus_senator_vitter_louisiana_cockfighting.html.

114. Humane USA, http://www.humaneusa.org/.

115. McGill, K., "David Vitter Faces Untainted GOP Challenger," July 18, 2010, http://www.salon.com/news/feature/2010/07/18/us_louisiana_senate.

116. Markarian, M., "Soft on Crime, Soft on Cruelty," Huffington Post, October 3, 2009, http://www.huffingtonpost.com/michael-markarian/soft-on-crime-soft-on-cru_b_302186.html.

117. Associated Press, "Gov. Bill Richardson Signs Bill Outlawing Cockfighting in New Mexico,"

USA Today, March 12, 2007, http://www.usatoday.com/news/nation/2007-03-12-cockfighting-nm_N.htm.

118. HSUS, "Louisiana Considers Immediate Ban on Cockfighting," May 3, 2007, http://www.hsus.org/acf/news/louisiana_considers_ban_cockfighting.html.

119. Anderson, E., "Cockfighting Ban Awaits Blanco's Signature," June 27, 2007, http://blog.nola.com/updates/2007/06/cockfighting_ban_awaits_blanco.html.

120. HSUS, "Cockfighting Is History in the United States," July 12, 2007, http://www.hsus.org/acf/news/cockfighting_louisiana_50th.html.

121. 위의 글.

122. HSUS, "State Cockfighting Laws," May 2009, http://www.hsus.org/acf/fighting/cockfight/state_cockfighting_laws.html.

123. July 29, 2009, http://www.johnkerry.com.

124. House Agriculture Committee, Farm Bill, H.R. 2419, June 18, 2009, http://agriculture.house.gov/inside/2007FarmBill.html.

125. HSUS, "Congress Enacts Key Animal Protection Measures in Farm Bill," May 22, 2008, http://www.hsus.org/press_and_publications/press_releases/congress_enacts_key_animal_protection_measures_in_farm_bill_052208.html.

126. Bryant, H., "Vick's Reality: Life as an ExCon," ESPN.com, May 19, 2009, http://sports.espn.go.com/nfl/columns/story?columnist=bryant_howard&id=4180017.

127. Associated Press, "Man Who Sold Dog to Vick Is Sentenced," January 25, 2008; CBS News, January 24, 2008, http://www.cbsnews.com/stories/2008/01/25/sports/main3752885.shtml.

128. Orange County Register, "No Duh: Vick Voted MostHated Athlete," http://ocpets.ocregister.com/2010/09/16/no-duh-vick-voted-most-hated-athlete/67030.

129. HSUS, "The Road Back from Ruin," September 30, 2009, http://www.humanesociety.org/news/news/2009/09/vick_dc_093009.html; and CBS News, 60 Minutes, "Michael Vick Vows to Help End Dogfighting," August 16, 2009, http://www.cbsnews.com/video/watch/?id=5245553n&tag=mncol;lst;5.

5장

1. Halligan, Karen, "Hurricane Katrina: The Animals and the Aftermath," 2006, http://www.dochalligan.com/katrina/katrina.shtml.

2. Anderson, Allen, and Linda Anderson, Rescued: Saving Animals from Disaster (Novato, CA: New World Library, 2006), 8.

3. Merrit, Clifton, "Hurricane Katrina and Rita Rescuers Shift Gears from Rescue & Reunion to Rehoming," Animal people, December 2005, 6.

4. Anderson and Anderson, Rescued, 83-86.

5. CBC News Online, "Hurricane Katrina Timeline," September 4, 2005, http://www.cbc.ca/news/

background/katrina/katrina_timeline.html.

6. Louisiana SPCA, "Hurricane Katrina," 2010, http://la-spca.org/Page.aspx?pid=297.

7. Manning, Anita, "Animal Welfare Groups Rescue Abandoned Pets," September 3, 2005, http://www.usatoday.com/news/nation/2005-09-03-katrinapetrescues_x.htm.

8. "Katrina's Animal Rescue," PBS, November 20, 2005, http://www.pbs.org/wnet/nature/episodes/katrinas-animal-rescue/introduction/2561/.

9. American Veterinary Medical Association, "AVMA Veterinary Medical Assistance Teams (VMAT)," 2010, http://www.avma.org/vmat/default.asp.

10. ABC News, "Billions of Dollars in Donations Post-Katrina, Yet Very Little Relief," August 3, 2006, http://blogs.abcnews.com/theblotter/2006/08/billions_of_dol.html.

11. 2005 HSUS Annual Report, "Responding to Katrina: Meeting the Challenge," 2005, www.humanesociety.org/assets/pdfs/2005_annual_report.pdf, pp. 12~13.

12. Goldblatt, Jeff, Steve Harrigan, Rick Leventhal, Liza Porteus, and the Associated Press, "Official: Astrodome Can't Take More Refugees," September 2, 2005, http://www.foxnews.com/story/0,2933,168112,00.html.

13. Shiley, Mike, "Dark Water Rising: Survival Stories of Hurricane Katrina Animal Rescues," Smithsonian Permanent Archive Material, 2006-07-01; 75 minutes.

14. U.S. Pet Ownership Statistics 2005, Compiled from the American Pet products Manufacturers Association (APPMA) 2003-2004 National Pet Owners Survey, accessed March 1, 2005, http://www.hsus.org/pets/issues_affecting_our_pets/pet_overpopulation_and_ownership_statistics/us_pet_ownership_statistics.html.

15. Anderson and Anderson, *Rescued*, 113.

16. 위의 글.

17. 라마 딕슨 센터에서 휴메인소사이어티에 의해 촬영된 인터뷰, September 2005.

18. 위의 글.

19. Personal communication with Corey Smith, HSUS staffer; and "After the Storm," *All Animals* 8, no. 3 (Summer 2006).

20. Law, Steve, "Oregon Soldiers Face Adversity in Bid to Help New Orleans," *Salem Statesman Journal*, September 8, 2005.

21. Tremain, Ruthven, *The Animals' Who's Who: 1,146 Celebrated Animals in History*, Popular Culture, Literature, & Lore (New York: Scribner, 1984), 105.

22. Associated Press, "Has Snowball Finally Been Found?," MSNBC, September 9, 2005, http://www.msnbc.msn.com/id/9255741/.

23. Simmons, Rebecca, "No Pet Left Behind: The PETS Act Calls for Disaster Plans to Include Animals," April 20, 2006, http://www.hsus.org/pets/pets_related_news_and_events/no_pet_left_behind_the_pets.html.

24. U.S. Congressional Record, House of Representatives H6806, September 20, 2006.

25. Associated Press, "President Bush Signs Bill to Leave No Pet Behind in Disaster Planning and Evacuation," October 6, 2006, http://www.hsus.org/press_and_publications/press_releases/president_bush_signs_pets_Act.html.

26. Allen, Laura, "Are Government Officials Ready to Evacuate and Shelter Animals in Disasters?," August 29, 2008, http://www.animallawcoalition.com/animals-and-politics/article/580.

27. Chad Sisneros, 휴메인소사이어티가 마이애미에서 촬영한 인터뷰, Florida, January 2010.

28. Bryan, Susannah, "Two Dogs Taking the Long Way Home," *Sun Sentinel*, January 28, 2010, http://articles.sun-sentinel.com/2010-01-28/features/fl-katrina-haiti-dogs-20100128_1_paul-fowler-dogs-long-way-home.

29. *Animal Cops*, 2010, http://animal.discovery.com/tv/animal-cops/.

30. *Whale Wars*, 2010, http://animal.discovery.com/tv/whale-wars/.

31. Amory, Cleveland, *Mankind? Our Incredible War on Wildlife* (New York: Harper and Row, 1974).

32. Wikipedia, "Animal Planet," 2010, http://en.wikipedia.org/wiki/Animal_Planet.

33. Wikipedia, "Wild Kingdom," 2010, http://en.wikipedia.org/wiki/Wild_Kingdom.

34. "Cesar's Way," 2010, http://www.cesarsway.com/.

35. U.S. Per Ownership Statistics 2009, Compiled from the American Pet Products Manufacturers Association (APPMA) 2008-2009 National Pet Owners Survey, December 30, 2009, http://www.hsus.org/pets/issues_affecting_our_pets/pet_overpopulation_and_ownership_statistics/us_pet_ownership_statistics.html.

36. American Pet Products Association, 2010, "Industry Statistics & Trends," http://www.americanpetproducts.org/press_industrytrends.asp.

37. Wikipedia, "Petsmart," 2010, http://en.wikipedia.org/wiki/PetSmart.

38. Wikipedia, "Persmart," 2010, http://en.wikipedia.org/wiki/PetSmart.

39. Wikipedia, "Petco," 2010, http://en.wikipedia.org/wiki/Petco.

40. Wikipedia, "Petfinder.org," 2010, http://en.wikipedia.org/wiki/Petfinder.org.

41. Association of American Veterinary Medical Colleges, "AAVMC Annual Report 2008-2009," 2009, http://www.aavmc.org/.

42. "The Current and Future Market for Veterinarians and Veterinary Medical Services in the United States," May 1999, www.avma.org/reference/mega715c.pdf; and personal communication with Andrew Rowan, October 10, 2010.

43. Wikipedia, "Banfield (pet hospitals)," 2010, http://en.wikipedia.org/wiki/Banfield_(pet_hospitals).

44. Martinez, M., and M. J. Rathbone, "Linking Human and Veterinary Health: Trends, Directions and Initiatives," *AAPS PharmSci* 4, no. 4 (2002).

45. National Council on Pet Population Study and Policy, "The Shelter Statistics Survey, 1994-97," 1997, http://www.petpopulation.org/statsurvey.html.

46. Unti, *Quality of Mercy*, 468-469.

47. Rowan, Andrew, "Counting the Contributions," *Animal Sheltering Magazine*, November/ December 2006, 36.

48. Becker, Debbie, "Las Vegas Bets on Life," *USA Today*, June 23, 1998, http://www.adoptapet-wa.org/LasVegasLife.htm; Rowan, "Counting the Contributions."

49. Rowan, "Counting the Contributions," 35.

50. Humane Society of the U.S., "Common Questions about Animal Shelters," October 26, 2009, http://www.humanesociety.org/animal_community/resources/qa/common_questions_on_shelters.html.

51. Crawford, Lynda, "No Kill, the New Goal in Animal Control," *Gotham Gazette*, February 2, 2009, http://www.gothamgazette.com/article/iotw/20040202/200/856.

52. Duvin, Edward, "In the Name of Mercy," Animalines, 1989, www.bestfriends.org/nomorehomelesspets/pdf/mercy.pdf.

53. 위의 글.

54. Duvin, Edward, "Specieism: Alive and Well," Animal's Voice, 1990, www.bestfriends.org/nomorehomelesspets/pdf/speciesism.pdf.

55. Best Friends Animal Society, "Richard Avanzino," 2010, http://www.bestfriends.org/nomorehomelesspets/weeklyforum/bioravanzino.cfm.

56. 위의 글.

57. Humane Society of the U.S., "Common Questions about Animal Shelters."

58. Fisher, Victoria, "Websites Masks Cruel Reality of Puppy Mills," July 14, 2008, http://www.hsus.org/pets/pets_related_news_and_events/pine_bluff_kennels_website_071408.html.

59. Humane Society of the U.S., "More Than 200 Dogs Rescued from Penn. Puppy Mill," June 25, 2009, http://www.hsus.org/pets/pets_related_news_and_events/nearly_300_dogs_rescued_from.html.

60. Humane Society of the U.S., "Third Major Quebec Puppy Mill Bust," December 12, 2008, http://www.humanesociety.org/news/press_releases/2008/12/third_major_quebec_puppy_mill_121208.html.

61. Humane Society of the U.S., "Taking a Bite out of Puppy Mills: Animal Planet Investigates: Petland," May 18, 2010, http://www.humanesociety.org/news/news/2010/animal_planet_investigates_petland_050610.html.

62. Humane Society of the U.S., "Virginia: The Next Puppy Mill State?," November 1, 2007, http://www.hsus.org/pets/pets_related_news_and_events/virginia_the_next_puppy_mill.htm.

63. Humane Society of the U.S., "Puppy Mills: Frequently Asked Questions," July 8, 2010, http://www.humanesociety.org/issues/puppy_mills/qa/puppy_mill_FAQs.html.

64. Humane Society of the U.S., "The HSUS Rescues More Than 100 Animals from Arkansas Puppy Mill," October 6, 2009, http://www.humanesociety.org/news/press_releases/2009/10/

arkansas_puppy_mill_rescue_100609.html.

65. Gentle Ben: Pacelle, Wayne, "Gentle Ben: Before and After," July 11, 2009, http://hsus. typepad.com/wayne/2009/06/gentle-ben.html.

66. Balzar, John, "A Brave Voice Against Puppy Mills," *All Animals*, November 12, 2009, http:// www.humanesociety.org/news/magazines/2009/07-08/brave_voice_against_puppy_270x224. html.

67. Bates, Doug, "Breeders Howling at Oregon AKC judge," *The Oregonian*, April 2, 2009, http:// www.oregonlive.com/opinion/index.ssf/2009/04/breeders_howling_at_oregon_akc.html; and 웨인 파셀이 직접 테드 폴을 인터뷰, Los Angeles, May 30, 2010.

68. The American Kennel Club, Rules Applying to Registration and Discipline, amended to April 1, 2010, foreword.

69. The American Kennel Club.

70. AKC Canine Health Foundation, 2010, http://www.akcchf.org/.

71. HCS HJR 86—Right to Raise Animals Sponsor: Loehner Committee, www.house.mo.gov/ billtracking/bills101/sumpdf/HJR0086c.pdf.

72. American Kennel Club, "Dog Registration Fee Increase Questions," 2010, http://www.akc.org/ contact/answer_center/faq_dogreg_fee_increase.cfm.

73. Lemonick, Michael, "A Terrible Beauty," *Time* 144, no. 24, December 12, 1994.

74. APHIS Animal Care Program Inspections of Problematic Dealers, Audit Report 33002-4-SF, Washington, DC, May 2010.

75. Associated Press, "Dogs Suffer Over Lax Kennel Violation Follow-up," Boston.com; May 26, 2010, http://www.boston.com/news/nation/articles/2010/05/26/dogs_suffering_because_of_ lax_kennel_violation_enforcement_report_says/.

76. APHIS Animal Care Program Inspections of Problematic Dealers, Audit Report 33002-4-SF, Washington, DC, May 2010, pp. 10-12.

77. Rooney, Nicola, and David Sargan, *Pedigree Dog Breeding in the UK: A Major Welfare Concern?*, Independent Scientific Report Commissioned by the RSPCA.

78. Careau, Vincent, et al., "The Pace of Life Under Artificial Selection: Personality, Energy Expenditure, and Longevity Are Correlated in Domestic Dogs," *The American Naturalist* 175 (June 2010): 753-758.

79. BBC, *Pedigree Dogs Exposed*, Documentary, August 19, 2008.

80. Cavalier Health.org, "Syringomyelia (SM) and the Cavalier King Charles Spaniel," http://www. cavalierhealth.org/syringomyelia.htm, 2010; and Rooney and Sargan, *Pedigree Dog Breeding*.

81. The Bulldog Club of America, *The Bulldog: An Illustrated Guide to the Standard*, http:// thebca.org/BulldogGuide.pdf.

82. Rooney and Sargan, *Pedigree Dog Breeding*.

83. Margolis, Jonathan, and Fiona Macrae, "BBC Could Drop Crufts Over Unhealthy 'Freak Show'

Breeds," August 19, 2009, http://www.dailymail.co.uk/news/article-1046614/BBC-drop-Crufts-unhealthy-freak-breeds.html.

84. BBC, *Pedigree Dogs Exposed*, Documentary, August 19, 2008.

85. 위의 글.

86. 위의 글.

87. Bateson, Patrick, *Independent Inquiry into Dog Breeding* (Halesworth, Suffolk: University of Cambridge, Micropress, Ltd., 2010).

88. Rooney and Sargan, *Pedigree Dog Breeding*.

6장

1. DuFresne, Jim, *Isle Royale National Park: Foot Trails and Water Routes* (Seattle: The Mountaineer Books, 2002).

2. 위의 글, 16.

3. Oversight Hearing Before Subcommittee on National Parks, Forests and Public Lands, 110th Congress, Serial No. 110-7, March 20, 2007, p. 3.

4. McNamee, Thomas, *The Return of the Wolf to Yellowstone* (New York: Henry Holt, 1997), 재인용.

5. Miller, John, "Rule Delisting Wolves in Idaho, Montana Imminent?," *Casper Star Tribune*, September 3, 2006.

6. Delisting, 74 Fed. Reg. 15121 (April 2, 2009); and Lang, Brent, "Salazar Approves Removing Gray Wolves from Endangered Species List," CBS News, March 6, 2009.

7. Russell, Betsy Z., "Thousands Buy Idaho Wolf Hunting Tags," *Spokesman Review*, August 24, 2009.

8. Ritter, Kohn, "Idahoans Eager to Thin Resurgent Gray Wolf Packs," *USA Today*, March 14, 2007.

9. Murphy, Kim, "Montana Wolf Hunt Is Stalked by Controversy," *Los Angeles Times*, October 25, 2009.

10. Court decision: *Defenders of Wildlife v. Salazar*, No. 09-0077 (D. Mont., Aug. 5, 2010).

11. Golden, Tim, "Big Game Hunter's Gift Roils the Smithsonian," *New York Times*, March 17, 1999; and Balzar, John, "Smithsonian Museum in Cross-Hairs of Debate," *Los Angeles Times*, March 21, 1999.

12. "Hunters Red-Faced Over Elephant Shoot," *Johannesburg Mail and Guardian*, April 23, 1999, http://www.mg.co.za/article/1999-04-23-hunters-red-faced-over-elephant-shoot.

13. Scully, 69-71.

14. Declaration by the Mozambique Ministry of Agriculture and Fisheries National Directorate for Forestry and Wildlife, issued January 11, 1999, by National Director Arlito Cuco.

15. Goldfarb, Zachary, "Pension Bill Add-on Would Gun Down Safari Tax Write-off," *Seattle*

Times, August 6, 2005.

16. Santa Cruz, Nicole, "Taxidermist Unable to Make an Escape from the Wildlife," *Los Angeles Times*, February 14, 2010.

17. 위의 글.

18. Unti, *Quality of Mercy*, 534.

19. Nash, Roderick F., *Wilderness and the American Mind*, 3rd ed. (New Haven: Yale University Press, 1982), 149-153.

20. Johnson, Robert Underwood, *Remembered Yesterdays* (Boston: Little, Brown, and Co., 1923), 388.

21. Brinkley, Douglas, *The Wilderness Warrior: Theodore Roosevelt and the Crusade for America* (New York: HarperCollins, 2009), 재인용.

22. Matthiessen, Peter, *Wildlife in America*, rev. ed. (New York: Penguin, 1978), 재인용.

23. Cronon, William, *Nature's Metropolis: Chicago and the Great West* (New York: W.W. Norton and Company, 1992), 재인용.

24. Leopold, Aldo, *A Sand County Almanac* (New York: Oxford University Press, 1949), 224-225.

25. Leopold, A., "Deer Irruptions," *Wisconsin Conservation Bulletin* 8 (1949): 3-11.

26. Dunlap, Thomas R, *Saving America's Wildlife: Ecology and the American Mind*, 1850-1990 (Princeton, NJ: Princeton University Press, 1988), 78-79.

27. Hevesi, Dennis, "Walter Hickel, Nixon Interior Secretary, Dies at 90," *New York Times*, May 8, 2010.

28. Waterman, Jonathan, "Sheep's Clothing—Alaskan Wolf Control: Is It Wildlife Biology? Or Plain Old Politics?," *Outside*, May 1993, P. 52.

29. Williams, Ted, "Alaska's War on Wolves," *Audubon Magazine*, May/June 1993.

30. 위의 글.

31. Regelin, Wayne L., "Wolf Management in Alaska with an Historic Perspective," Alaska Department of Fish and Game website, http://www.wc.adfg.state.ak.us/index.cfm?adfg=wolf.wolf_mgt.

32. Medred, Craig, "Aerial Hunting Program Kills 124 Wolves," *Anchorage Daily News*, May 19, 2008.

33. Williams, Ted, "Who's Managing the Wildlife Managers?" *Orion Nature Quarterly*, 5, no. 4 (1986): 20.

34. Pacelle, Wayne, "Bullets, Ballots, and Predatory Instincts," in *Shadow Cat*, ed. By Susan Ewing and Elizabeth Grossman (Seattle: Sasquatch Books, 1999), 199-208.

35. Curtis, Sam, and Tom Dickson, "A Close Look at Mountain Lions," *Montana Outdoors*, July-August 2008 at http://wildfelid.com/Montana%20Mountain%20Lions%20DeSimone.pdf; Toweill, Dale, Steve Nadeau, David Smith, eds., *Proceedings of the Ninth Mountain Lion Workshop*, Sun Valley, Idaho, Idaho Department of Fish and Game, May 5-8, 2008.

36. Williams, Ted, "Hunters Close Ranks, and Minds," *High Country News*, March 3, 1997.

37. U.S. Forest Service, "Be Bear Aware," n.d.

38. Schweitzer, Sarah, "The Bear Necessities Hit Maine: Referendum on Certain Hunting Practices Fuels Debate," *Boston Globe*, October 31, 2004.

39. U.S. Department of Agriculture, "Animals Taken by Component/Method Type and Fate by the Wildlife Service Program—FY 2008," http://www.aphis.usda.gov/wildlife_damage/prog_data/2008_pdr/PDR_G/TableG_long/Table_G_FY2008_by_Species_Alphabetically_AllStates.pdf.

40. Wingshooting USA, http://wingshootingusa.org/index.cfm.

41. U.S. Fish and Wildlife Service, *National Survey of Hunting, Fishing and Wildlife Associated Recreation*, 2006. http://wsfrprograms.fws.gov/Subpages/NationalSurvey/reports2006.html.

42. International Union for Conservation of Nature, Red List of Threatened Species—*Pagophilus groenlandicus*. April 2010. Available at http://www.incnredlist.org/apps/redlist/details/41671/0.

43. Mowat, Farley, *Sea of Slaughter* (Boston: Atlantic Monthly Press, 1984).

44. Canadian Scene, "A Dying Industry," *Canadian Broadcating Corporation*, March 14, 1958. 자료 보관소.

45. Aldworth, Rebecca, and Stephen Harris, "Canada's Commercial Seal Hunt" in *The State of the Animals* 2007, eds. Andrew N. Rowan and Deborah J. Salem, 93-109.

46. Kurlansky, Mark, *Cod: A Biography of the Fish That Changed the World* (New York: Penguin Book, 1998).

47. 위의 글.

48. John Efford, Minister of Newfoundland Fisheries and Aquaculture; from Newfoundland House of Assembly Proceedings, Vol. XLIII, No. 18, May 4, 1998; Kaimet, Kate, "Minister Flaunts Sealskin Coat," *Ottawa Citizen*, December 14, 2003.

49. Lawrence O'Brien, from the House of Commons Debates, Vol. 138, No.091, 2nd Session, 37th Parliament, April 29, 2003.

50. Department of Fisheries and Oceans, "Thibault announces multi-year Atlantic seal hunt management measures," News release. February 3, 2003. http://www.dfo-mpo.gc.ca/media/newsrel/2003/hq-ac01_e.htm.

51. Burdon, R. L., J. Gripper, J. A. Longair, I. Robinson, and D. Ruehlmann, Veterinary report, "Canadian commercial seal hunt," Prince Edward Island, March 2001. http://www.scandinavia nantisealingcoalition.org/Reports/Vet%20report%20march%202001.pdf.

52. 위의 글.

53. Philip Sherwell, "Canada's Annual Seal Hunt Draws Sealers and Sceptics," *The Telegraph*, April 10, 2010.

54. Halpin, Tony, "Slaughter of the Seals in Russia Is Stopped by Vladmir Putin," *The Sunday Times*, March 20, 2009.

55. Fisheries and Oceans Canada, "Minister Shea increases quota for Atlantic Seal Harvest." Press Release, March 15, 2010. http://www.dfo-mpo.gc.ca/media/npress-communique/2010/hq-ac11-eng.htm.

56. Report of the Seal Seminar, "Seals in the Marine EcoSystem," March 20-21, 2001, Nuuk, Greenland, 57; Fisheries and Oceans Canada, "Frequently Asked Questions about Canada's Seal Harvest." http://www.dfo-mpo.gc.ca/fm-gp/seal-phoque/faq-eng.htm#_13.

57. Fisheries and Oceans Canada, "Landings and Landed Value by Species," Newfoundland and Labrador region, 2010.

58. Gallon, G., The Economics of the Canadian Sealing Industry. Canadian Institute for Business and Environment. 2001. Available at http://www.ifaw.org/Publications/Program_Publications/Seals/asset_upload_file414_12091.pdf.

59. Statistics Canada. Canadian international trade data April 2004-October 2010.

60. Teitel, Murray, "The Millions Ottawa Spends Subsidizing the Seal Hunt," *Financial Post*, April 17, 2008.

7장

1. King James Bible, Proverbs 12:10.

2. Cattlemen's Beef Board and the Federation of State Beef Councils, http://www.beef.org; and the California Milk Advisory Board, http://www.realcaliforniamilk.com/happycows.

3. Nestle, Marion, *Food Politics: How the Food Industry Influences Nutrition & Habits* (Berkeley: University of California Press, 2002); and Black, Jane, "Advocates Worry That Dietary Advice Will Be Lost in Translation," Washington Post, October 3, 2010.

4. "Position of the American Dietetic Association and Dietitians of Canada: Vegetarian Diets," *Journal of the American Dietetic Association* 103, no. 6 (2003): 748-765, doi: 10.153/jada.2003.50142.

5. Alttox.org, http://alttox.org/ttrc/tox-test-overview/; and Stephens, Martin L., "An Animal Protection Perspective on 21st Century Toxicology," *Journal of Toxicology and Environmental Health* Part B, vol. 13, no. 2 (2010): 291-298.

6. Barnard, Jeff, "Technology Pushes Envelope of Hunting," Associated Press, June 6, 2005, http://sports.espn.go.com/outdoors/hunting/news/story?page=c_fea_fading_hunt_AP4_technology; Benedetti, Winda, "Electronic Decoys Put Duck Hunting Ethics Under Fire," *Seattle Post-Intelligencer*, August 28, 2001; Barker, Eric, "The Long Rangers," *Lewiston Tribune*, January 17, 2010; "CA Bear Season Won't be Expanded," *San Jose Mercury News*, April 21, 2010; and "YO Ranch, A Texas Brand Since 1880," http://www.yoranch.com/history.html.

7. United Egg Producers, *The Egg Industry and Animal Welfare: A Science-Based Approached*, www.unitedegg.org/information/pdf/Egg_Industry_Animal_Welfare_Brochure.pdf; Sundberg, Paul, The National Pork Board, in the *Proceedings of the 2002 Future Trends in Animal*

Agriculture Symposium, P. 12; and The Animal Ag Alliance, http://www.animalagalliance.org/ current/home.cfm?Category=Animal_Care&Section=Main.

8. Smith, Wesley, *A Rat Is a Pig Is a Dog Is a Boy* (New York: Encounter Books, 2010).

9. 위의 글, 18.

10. American Anti-Vivisection Society, "Dying to Learn: Exposing the Supply and Use of Dogs and Cats in Higher Education," April 2009, accessed September 29, 2010, http://www. dyingtolearn.org/dyingToLearn.pdf; and The Humane Society of the United States, "Pets Used in Experiments," http://www.humanesociety.org/issues/pets_experiments/.

11. Carbone, Larry, *What Animals Want: Expertise and Advocacy in Laboratory Animal Welfare Policy* (New York: Oxford University Press, 2004).

12. Amory, Cleveland, *Mankind? Our Incredible War on Wildlife* (New York: Harper and Row, 1974), 14.

13. The United Gamefowl Breeders Association, http://www.ugba.net/; and *Declaration of Sandy Johnson, UGBA v. Veneman*, U.S. District Court for the Western District of Louisiana, May 12, 2003, CV03-0970.

14. Nie, Martin, "The Scope and Bias of Political Conflict, State Wildlife Policy and Management," *Public Administration Review* 64 (2004): 221-233; and Hagood, Susan, *Money and Myth: The Pervasive Influence of Hunters, Hunting, Culture and Money* (Washington, DC: The Humane Society of the U.S., 1997).

15. Schoch, Deborah, "Commissioner Blames NRA for His Ouster," *Los Angeles Times*, September 25, 2007.

16. Parish, Chris, William Heinrich, and W. Grainger Hunt, *Lead Exposure, Diagnosis and Treatment in California Condors Released in Arizona* (Boise, ID: The Peregrine Fund, 2006), 3.

17. Herdt, Timm, "Governor OK's Lead Bullet Ban," *Ventura County Star*, October 14, 2007.

18. 위의 글.

19. U.S. Fish and Wildlife Service, Migratory Birds, http://www.fws.gov/migratorybirds/ currentbirdissues/nontoxic.htm.

20. "NRA Opposes Anti-Hunting Petition to Ban Lead Ammunition," The NRA, August 4, 2010, http://www.nrahuntersrights.org/Article.aspx?id=3736.

21. Schoch, "Commissioner Blames NRA."

22. 위의 글.

23. Skelton, George, "Gov. Ignores Gun Lobby, and Condors Get a Life," *Los Angeles Times*, October 18, 2007.

24. Vick, Karl, "Lead from Carrion Killing-Off California Condors," *Washington Post*, October 12, 2007.

25. Personal correspondence from Hanna to Governor Schwarzenegger.

26. Blechman, Andrew, *Pigeons, The Fascinating Saga of the World's Most Revered and Reviled*

Bird (New York: Grove Press, 2006), 83.

27. Worden, Amy, "Critics Still Take Aim at Pa. Pigeon Shoots," *Philadelphia Inquirer*, December 5, 2007.

28. "NYC Pigeons Trapped, Kidnapped, Shot for Sport, Group Says," *Wall Street Journal*, May 24, 2010; Fanelli, James, "They Shoot Pigeons, Don't They?," *New York Post*, July 27, 2008; letter from the New York City Bar, Committee on Legal Issues Pertaining to Animals to Joseph B. Scarnati, President of the PA Senate, and Keith McCall, Speaker of the PA House, May 4, 2010; and *Seeton v. Pike Township Sportsmen's Association*, Civ. No. 01-11736 (Pa. Ct. Common Pleas Berks County, November 2001).

29. Worden, "Critics Still Take Aim"; *Seeton v. Pike Township Sportsmen's Association; and Covington Twp. V. Moscow Sportsmen's Club, Inc.*, Civ. No. 06-4848 (Pa. Ct. Common Pleas Lackawanna County, September 21, 2006) (Exh. E)/ PA Game Code Title 34 Chapter 1 Section 102.

30. Sanborn, F. B., ed., *Familiar Letters of Henry David Thoreau* (Boston: Houghton-Mifflin, 1894), cited in The Extended Circle, ed. Jon Wynne-Tyson (Fontwell, Sussex: Centaur Press, 1985).

31. NRA-Institute for Legislative Action e-mail alert titled "Pennsylvania: Bird Shoot Ban to be Heard Tomorrow!," July 14, 2009.

32. *Hulsizer v. Labor Day Committee*, 734 A.2d 848, 853 (Pa. 1999).

33. NRA-Institute for Legislative Action e-mail alert, titled "Ban on Pigeon Shooting Could be Voted on Soon!," September 19, 2008, http://www.nraila.org/Legislation/Read.aspx?ID=4174.

34. NRA-Institute for Legislative Action e-mail alert titled "Anti-Hunting State Ballot Initiative Being Circulated for Signatures at the North Dakota State Fair," July 30, 2010, http://www.nraila.org/legislation/read.aspx?id=5984.

35. Letter to Congressman Nick Jo Rahall from the NRA and other hunting organizations, March 6, 2008.

36. Testimony of Wayne Pacelle, senior vice president of the Humane Society of the United States, on H.R. 1006 and H.R. 1472. Legislative Hearing before the Subcommittee on Fisheries Conservation, Wildlife and Oceans of the Committee on Resources, 108th Congress, June 12, 2003. Serial No. 108-25, p. 84.

37. 위의 글, 84.

38. Legislative hearing before the subcommittee on fisheries, conservation, wildlife and oceans, 108-25, 108th Congress, June 12, 2003.

39. Bill Summary and Status, 108th Congress(2003-2004), H.R. 1472 Cosponsors, http://thomas.loc.gov/cgi-bin/bdquery/z?d108:HR01472:@@@P.

40. Schoch, "Commissioner Blames NRA."

41. U.S. Department of Agriculture, National Agricultural Statistics Service, "Chickens and Eggs,"

2010, p. 8, http://www.usda.mannlib.cornell.edu.usda/current/ChicEggs/ChicEggs-09-21-2010.pdf; U.S. Department of Agriculture National Agricultural Statistics Service, "Quarterly Hogs and Pigs," 2010, http://www.usda.mannlib.cornell.edu/usda/current/HogsPigs/HogsPigs-09-24-2010.pdf; Barnett, J. L., P. H. Hemsworth, G. M. Cronin, E. C. Jongman, and G. D. Huston, "A Review of the Welfare Issues for Sows and Piglets in Relation to Housing," *Australian Journal of Agricultural Research* 52 (2001): 1-28; United Egg Producers, 2004, Independent Scientific Advisory Committee, www.unitedegg.org/Scientific/default.cfm; and United Egg Producers, *Animal Husbandry Guidelines for U.S. Egg Laying Flocks*, 2010, p. 1, www.unitedegg.org/information/pdf/UEP_2010_Animal_Welfare_Guidelines.pdf.

42. The Pew Charitable Trust, *Putting Meat on the Table: Industrial Farm Production in America—A Report of the Pew Commission on Industrial Farm Animal Production*, April 2008, http://www.pewtrusts.org/uploadedFiles/wwwpewtrustsorg/Reports/Industrial_Agriculture/PCIFAP_FINAL.pdf and www.ncifap.org/bin/e/j/PCIFAPFin.pdf.

43. 위의 글.

44. 위의 글; 참조. Greger, Michael, "The Human/Animal Interface: Emergence and Resurgence of Zoonotic Infectious Diseases," *Critical Reviews in Microbiology* 33 (2007): 243-299; and Donham, K. J., S. Wing, D. Osterberg, et al., "Community Health and Socioeconomic Issues Surrounding Concentrated Animal Feeding Operations," *Environmental Health Perspectives* 115, no. 2 (2007): 317-320.

45. Act of July 2, 1862 (Morrill Act), Public Law 37-108, which established land grant colleges, July 2, 1862; and Enrolled Acts and Resolutions of Congress, 1789-1996, Record Group 11, General Records of the United States Government, National Archives.

46. Keusch, Gerald, et al., *Sustaining Global Surveillance and Response to Emerging Zoonotic Diseases* (Washington, DC: National Academies Press, 2009), p. 80, http://www.nap.edu/catalog.php?record_id=12625.

47. Aho, P. W., "Introduction to the U.S. Chicken Meat Industry," in *Commercial Chicken Meat and Egg Production*, 5th ed., ed. D. D. Bell and W.D. Weaver (Norwell, MA: Kluwer Academic Publishers, 2002), 805.

48. U.S. Department of Agriculture, NASS. 2007 Census of Agriculture. Farm numbers. http://www.agcensus.usda.gov/Publications/2007/Online_Highlights/Fact_Sheets/farm_numbers.pdf; Hallberg, Milton C., *Economic Trends in U.S. Agriculture and Food Systems Since World War II* (Ames: Iowa State University Press, 2001), 13.

49. USDA, USDA Budget Summary and Annual Performance Plan, FY 2011, p. 6, http://www.obpa.usda.gov/budsum/FY11budsum.pdf.

50. Cook, Ken, "Government's Continued Bailout of Corporate Agriculture," The Environmental Working Group, Farm Subsidy Database, http://farm.ewg.org/summary.php.

51. Gaul, Gilbert M., Sarah Cohen and Dan Morgan, "Federal Subsidies Turn Farms Into Big

Business," *Washington Post*, December 21, 2006.

52. Roberts, 135, and Cook, "Government's Continued Bailout," at http://www.ewg.org/agmag/2010/05/farm-income-data-debunks-subsidy-myths/.

53. Sweet, William, "Corn-O-Copia," *IEEE Spectrum Magazine*, January 2007; and Morgan, Dan, "Harvesting Cash, The Ethanol Factor—Corn Farms Prosper, but Subsidies Still Flow," *Washington Post*, September 28, 2007.

54. Dilanian, Ken, "Bill Includes Billions in Farm Subsidies," *USA Today*, May 15, 2008; Cook, Christopher, "Farm Bill: Making America Fat and Polluted, One Subsidy at a Time," *Christian Science Monitor*, April 23, 2008; Karnowski, Steve, "Election Unlikely to Change US Farm Subsidies," *Boston Globe*, October 15, 2010.

55. Reilly, Sean, "Alabama Farmers Federation Menbers Get Watch List from National Leader," *Birmingham News*, March 25, 2010; Jolly, Cliff, "Jolley: Five Minutes With Bob Stallman & The Defense Of American Agriculture," *Drovers*, November 19, 2010. Available at http://www.cattlenetwork.com/Jolley-Five-Minutes-With-Bob-Stallman-The-Defense-Of-American-Agriculture/2010-11-19/Article.aspx?oid=1284445&fid-CN-LATEST_NEWS; Fahrenthold, David A., "Manure Becomes Pollutant as Its Volume Grows Unmanageable," *Washington Post*, March 1, 2010.

56. Edwards, Chris, Agricultural Subsidies, The Cato Institute, June 2009, available at http://www.downsizinggovernment.org/agriculture/subsidies; Environmental Working Group at http://www.ewg.org/agmag/2010/05/governments-continued-bailout-of-corporate-agriculture/.

57. Steinfeld, H., P. Gerber, T. Wassenaar, V. Castel, M. Rosales, and C. de Haan, *Livestock's Long Shadow: Environmental Issues and Options*, Food and Agriculture Organization of the United Nations, 2006, pp. 39, 43.

58. Starmer, Elanor, and Timothy Wise, *Feeding at the Trough—Industrial Livestock Frims Saved $35 Billion from Low Feed Prices*, The Global Development and Environmental Institute, Tufts University, Policy Brief No. 07-03, p. 2, December 2007.

59. 위의 글.

60. Congressional Research Service, Farm and Food Support Under USDA's Section 32 Program, January 12, 2010, http://www.nationalaglawcenter.org/assets/crs/RL34081.pdf.

61. Gregory, N. G., and L. J. Wilkins, "Broken Bones in Domestic Fowl: Handling and Processing Damage in End-of-Lay Battery Hens," *British Poultry Science* 30, no. 3 (1989): 555-562.

62. 위의 글.

63. Gregory, C., "Spent Layers: A Valuable Resource?," Poultry Service Industry Workshop, October 5-7, 2004, http://poultryworkshop.com/uploads/PDFs/PSIW%20proceedings%202004.pdf.

64. Morrison, B., P. Eisler, and A. DeBarros, "Old-Hen Meat Fed to Pets and Schoolkids," *USA Today*, December 16, 2009, http://www.usatoday.com/news/education/2009-12-08-hen-meat-

school-lunch_N.htm; and Gregory, "Spent Layers."

65. Roy, Parimal, A. S. Dhillon, Lloyd Lauerman, D. M. Schaberg, Daina Bandli, and Sylvia Johnson, "Results of Salmonella Isolation from Poultry Products, Poultry, Poultry Environment, and Other Characteristics," *Avian Diseases* 46, no. 1 (January 2002): 17-24.

66. Reuters, "Land O'Lakes in $25 Mln Egg Price-Fixing Accord," June 8, 2010; Complaint and Demand for Jury Trial, *The Kroger Co. et al. v. United Egg Producers, Inc. et al.*, Case No. 2:10-cv-06705-GP (E.D. Pa. Nov. 16, 2010); Complaint and Demand for Jury Trial, *Publix Super Markets, Inc. v. United Egg Producers, Inc. et al.*, Case No. 2:10-cv-06737-GP (E.D. Pa. Nov. 16, 2010).

67. Flynn, Dan, "Suit Seeks Lunch Money Refund for Downer Beef," *Food Safety News*, October 2, 2009; and Durbin, Dick, "USDA Must Act to Ensure Safety of Food in the National School Lunch Program," January 20, 2008, http://durbin.senate.gov/showRelease.cfm?releaseId=291516.

68. Testimony of the National Pork Producers Council on the U.S. Pork Industry Economic Crisis Before the U.S. House Committee on Agriculture Subcommittee on Livestock, Dairy and Poultry, October 22, 2009, pp. 14-15.

69. Lucht, Gene, "Governors Seek Help for Pork," *Iowa Farmer Today*, August 12, 2009.

70. Hearing to Review the Economic Conditions Facing the Pork Industry, Hearing before the Subcommittee on Livestock, Dairy and Poultry, 111th Congress, First Session, October 22, 2009, Serial Number 111-33.

71. The Pew Charitable Trust, *Putting Meat on the Table*.

72. North Carolina General Assembly, Senate Bill 1465, Swine Farm Environmental Performance Standards, 2007, http://www.ncga.state.nc.us/Sessions/2007/Bills/Senate/PDF/S1465v7.pdf.

73. Eckholm, Erik, "U.S. Meat Farmers Brace for Limits on Antibiotics," *New York Times*, September 14, 2010.

74. Silbergeld, Graham, "Industrial Food Animal Production, Antimicrobial Resistance, and Human Health," *Annual Review of Public Health* 29 (2008): 151-169; Ladely, Scott R., et al., "Development of Macrolide-Resistant *Campylobacter* in Broilers Administered Subtherapeutic or Therapeutic Concentrations of Tylosin," *Journal of Food Protection* 70, no. 8 (August 2007): 1945-1951; and Sapkota, Amy R., et al., "What Do We Feed to Food Production Animals? A Review of Animal Feed Ingredients and Their Potential Impacts on Human Health," *Environmental Health Perspectives* 115 (2007): 663-670 (published online February 8, 2007).

75. Greger, Michael, "The Human/Animal Interface: Emergence and Resurgence of Zoonotic Infectious Diseases," *Critical Reviews in Microbiology* 33, no. 4 (2007): 243-299.

76. Schmidt, C. W., "Swine CAFOs & Novel H1N1 Flu: Separating Facts from Fears," *Environmental Health Perspectives* 117, no. 9 (2009): A394-A401.

77. Saenz, R. A., H. W. Hethcote, and G. C. Gray, "Confined Animal Feeding Operations as

Amplifiers of Influenza," *VectorBorne and Zoonotic Diseases* 6, no. 4 (Winter 2006): 338-346.

78. United States Code Annotated Currentness, Title 7, Agriculture, Chapter 48, "Humane Methods of Livestock Slaughter."

79. U.S. Department of Agriculture, National Agricultural Statistics Service, Quick Stars, "U.S. & State—Slaughter" and "U.S. & State—Poultry Slaughter," http://www.nass.usda.gov/Data_and_Statistics/Quick_Stats_1.0/index.asp.

80. Executive Summary of the AVA Response to the Final Report of the Pew Commission on Industrial Animal Farm Production, November 5, 2009, http://www.avma.org/advocary/PEWresponse/.

81. 위의 글.

82. Personal communication with Andrew Rowan, October 10, 2010.

83. http://www.aasv.org/aasv/aasvisc.php says Members of the American Association of Swine Veterinarians Industry Support Council provide financial support for the publication of *The Journal of Swine Health and Production*. The 2010 Council includes: Alpharma Inc., Bayer Animal Health, Boehringer Ingelheim Vetmedica, Inc., Elanco, Harrisvaccines, Inc., Intervet/Schering-Plough Animal Health, MVP Laboratories, Newsham Choice Genetics, Novartis Animal Health U.S., Inc., Pfizer Animal Health, PIC International.

84. Position statement of the American Society of Laboratory Animal Practitioners, approved by board on July 15, 2007, available at http://www.aslap.org/ClassBDealers2007.pdf.

85. Personal communication with AABP president Roger Saltman, January 3, 2010.

86. Stull, Caroline, et al., "A Review of the Causes, Prevention and Welfare of Non-Ambulatory Cattle," *Journal of the American Veterinary Medical Association* 231, no. 2 (July 15, 2007): 227-234.

87. "AVMA Takes No Position on Foie Gras, Opposes Database Mining," *Online Journal of the American Veterinary Medical Association*, September 1, 2007, http://www.avma.org/onlnews/javma/sep07/070901f.asp.

88. "AVMA Board Opposes Five of Six Resolutions Delegates Will Vote on in July," *Journal of the American Veterinary Medical Association News*, June 15, 2003.

89. McPheron, Tom, "AVMA Passes Groundbreaking Animal Welfare Policies," American Veterinary Medical Association, press release, July 21, 2008.

90. Office of Technology Assessment, *Drugs in Livestock Feed*. Vol. 1: *Technical Report* (Washington, DC: U.S. Government Printing Office, 1979), 41, www.princeton.edu/~ota/disk3/1979/7905/7905.PDF.

91. Kristof, Nicholas, "The Spread of Superbugs," *New York Times*, March 6, 2010.

92. Kennedy, Donald, "Cows on Drugs," *New York Times*, April 17, 2010.

93. "Keep Antibiotics Working, The Campaugn to End Antibiotic Overuse," http://www.keepantibioticsworking.com; and Kennedy, "Cows on Drugs."

94. 위의 글; and AVMA Issue Brief on S619-HR.1549, Preservation of Antibiotics for Medical Treatment Act of 2009.

95. Pew Charitable Trust, *Putting Meat on the Table*.

96. Smith, Jeff, "Vets Group Takes Ethical Stance on Ballot Measure," *Modesto Bee*, August 7, 2008.

97. Personal communication with Jeff Smith, September 2008.

98. Nolen, R. Scott, "U.S. Horse Slaughter Exports to Mexico Increase 312%," *Journal of the American Medical Association*, January 15, 2008. Available at http://www.avma.org/onlnews/javma/jan08/080115a.asp.

99. Skrinjar, Janelle, "Farm Bureau Blasts Horse Slaughter Ban," *Farm and Dairy*, March 15, 2007. Available at http://www.farmanddairy.com/news/farm-bureau-blasts-horse-slaughter-ban/427.htm.

100. American Veterinary Medical Association, "Unwanted Horses and Horse Slaughter: Frequently Asked Questions," September 5, 2008. Available at http://www.avma.org/issues/animal_welfare/unwanted_horses_faq.asp.

101. 위의 글.

102. Testimony of Dr. Douglas Corey, DVM, before a House Congressional Hearing regarding H.R. 503, A Bill to Amend the Horse Protection Act, 109th Congress, 2005-2006. July 5, 2006, p. 115.

103. The testimony of Dr. Nicholas Dodman before the Subcommittee on Crime, Terrorism and Homeland Security, The Prevention of Equine Cruelty Act of 2008 & the Animal Cruelty Statistics Act of 2008, 110th Congress, July 31, 2008, p. 62.

104. 위의 글.

8장

1. "State of the Sanctuaries 2006 Accomplishments Report," National Marine Sanctuaries, http://sanctuaries.noaa.gov/sos2006/stellwagen.html; and Provincetown Center for Coastal Studies, http://www.coastalstudies.org/what-we-do/stellwagen-bank/baleen-whales.htm.

2. Salt, Henry S., *Animals' Rights Considered in Relation to Social Progress* (London: George Bell, 1892), 10, 114.

3. Adams, Mark, *Against Extinction: The Story of Conservation* (London: Earthscan, 2004); and the United Nations Environmental Data.

4. Payne, Roger, and Scott McVay, "Songs of Humpback Whales," Science 173, no. 3997 (1971): 585-597; and Hildebrand, John, and Erin Oleson, "Behavioral Context of Call Production by Eastern North Pacific Blue Whales," *Marine Ecology Progress Series Journal* 330 (2007): 269-284.

5. Schumpeter, Joseph A., *Capitalism, Socialism, and Democracy*, 5th ed. (New York: Harper and Brothers, 1942; London: George Allen and Unwin, 1976), chapter 7.

6. 웨인 파셀이 직접 매튜 슬리스를 인터뷰, March 25, 2010; and Sleeth, Matthew, *The Gospel*

According to the Earth (New York: HarperOne, 2010).

7. Tourism New Zealand—The Official Website of the New Zealand Tourism Board, May 27, 2010, http://www.newzealand.com/travel/media/press-releases/2010/5/tourism-news-whale-watch-award_press-release.cfm/.

8. International Whaling Commission, Report of the Conservation Committee, 2010, IWC/62/Rep 4.

9. O'Connor, S., R. Campbell, H. Cortez, and T. Knowles, *Whale Watching Worldwide: Tourism Numbers, Expenditures and Expanding Economic Benefits*, a special report from the International Fund for Animal Welfare, Yarmouth, MA, USA, prepared by Economists at Large, 2009; and Garret, Peter, speech given by Australia's Minister for Environmental Protection during the International Whaling Commission meeting in Agadir, Morocco, June 21-25, 2010.

10. PBS; "Who Made America?," http://www.pbs.org/wghb/theymadeamerica/whomade/drake_hi.html; and Giddens, Paul H., *The Early Days of Oil* (Princeton, NJ: Princeton University Press, 1948).

11. O'Connor et al., *Whale Watching Worldwide*.

12. "Big Three Fisheries Companies Say No to Re-Entering Business of Commercial Whaling," *Asahi Shimbun*, June 13, 2008.

13. Mbaria, John, "Law on Culling Could Promote Game Hunting," *The Nation*, March 15, 2007, http://www.bushdrums.com/news/index.php?shownews=865; and "Will Kenya Learn from Its Southern Neighbors?," *African Indaba e-Newsletter* 2, no. 6 (November 2004): 8-9, http://bigfivehq.com/no2-6.pdf.

14. Leonard, Jerry, "Wildlife Watching in the U.S.: The Economic Impacts on National and State Economies in 2006," http://library.fws.gov.pubs/nat_survey2006_economicvalues.pdf.

15. Japan, Ministry of Agriculture, Forestry and Fisheries monthly statistics on frozen marine product stockpiles, www.maff.go.jp.www/info/bunrui/bun06.html#tsuki4.

16. Leonard, "Wildlife Watching in the U.S."

17. Sawa, Kosuke, J. Kenneth Leising, and Aaron P. Blaisdell, "Sensory Preconditioning in Spatial Learning Using a Touch Screen Task in Pigeons," *Journal of Experimental Psychology*, *Animal Behavior Processes* 31, no. 3 (2005): 368-375; and Tolman, Edward C., "Cognitive Maps in Rats and Men," *Psychological Review* 55, no. 4 (1948): 189-208.

18. Cea, John, "Alternatives for Nuisance Animal Disposal," *Animal Damage Control* 4, no. 1 (1996): 11-12; 웨인 파셸이 직접 존 해디디언을 인터뷰, Gaithersburg, Maryland, July 13, 2010.

19. 웨인 파셸이 직접 존 해디디언을 인터뷰, Gaithersburg, Maryland, July 13, 2010.

20. Lueck, Thomas J., "New York Celebrities Evicted on Fifth Ave., Feathers and All," *New York Times*, December 8, 2004, pp. B1, B3.

21. Florida Sustainable Communities Network, Smart Communities of Avalon Park and Celebration; and Harmony, http://www.harmonyfl.com; Congress for New Urbanism, http://www.cnuflorida.org.

22. Leopold, Aldo, *Round River* (New York: Oxford University Press, 1996), 145-146.

23. Friess, Steve, "Feeling Pooped by Pigeons, Cities Try Bird Birth Control," AOL News, July 2, 2010.

24. 웨인 파셀이 직접 존 해디디언을 인터뷰, Gaithersburg, Maryland, July 13, 2010.

25. "HSI Announces New Elephant Immunocontraceptive Method," August 31, 2010, http://www.humanesociety.org/news/press_releases/2010/08/hsi_announces_new_elephant_contraception_083110.html; and Rutberg, Allen T., and Rick Naugle, "Testing the Effectiveness of One-Shot Immunocontraceptives on White-Tailed Deer at Fripp Island, South Carolina—2008 Progress Report to the South Carolina Department of Natural Resources and the Fripp Island Property Owners Association," February 2, 2009, http://www.fipoa.org/fyi_files/FIdeerReport08.pdf.

26. Kirkpatrick, Jay F., "Management of Wild Horses by Fertility Control: The Assateague Experience," *National Park Service Scientific Monograph*, No. 26 (1995): 60.

27. The Wild Free-Roaming Horses and Burros Act of 1971—Public Law 92-195, http://www.wildhorsepreservation.com/resources/theact.pdf.

28. Amory, Cleveland, *Ranch of Dreams, The Heartwarming Story of America's Most Unusual Animal Sanctuary* (New York: Penguin Publishing, 1997), 56-91.

29. Lombardi, Kristen, "BLM Fights to Keep Secret Names of Ranchers with Grazing Permits," Sunlight Foundation Reporting Group, April 21, 2010; and Committee on Natural Resources, Legislative Hearing, The Restore Our American Mustangs Act, H.R. 1018, March 3, 2009.

30. U.S. Government Accountability Office, Bureau of Land Management, *Effective Long Term Options Needed to Manage Unadoptable Wild Horses*, October 2008, pp. 44-45.

31. "The Michelson Prize and Grants in Reproductive Biology," http://www.foundanimals.org/index.php/About-Michelson/the-michelson-prize.html.

32. The Humane Society of the United States, "Common Questions about Animal Shelters," October 26, 2009, http://www.humanesociety.org/animal_community/resources/qa/common_questions_on_shelters.html.

33. U.S. Code of Federal Regulations, Title 40, Part 158.500; and International Conference on Harmonization of Technical Requirements for Registration of Pharmaceuticals for Human Use; European Union Regulation No 1907/2006 on the Registration, Evaluation, Authorization and Restriction of Chemicals (REACH).

34. Taylor, K., N. Gordon, G. Langley, and W. Higgins, "Estimates for Worldwide Laboratory Animal Use in 2005," *Alternatives to Laboratory Animals* 36 (2008): 327-342.

35. *OECD Guidelines for the Testing of Chemicals* (Paris, France: OECD), http://www.oecd-ilibrary.org/content/serial/20745788;jsessionid=136mnajj661qm.delta; ICH Test Guidelines for the safety testing of human pharmaceuticals, http://www.ich.org/cache/compo/276-254-1.html; and VICA Test Guidelines for the safety testing of veterinary pharmaceuticals, http://

www.vichsec.org/en/guidelines2.htm.

36. European Parliament and Council, Regulation No. 1907/2006 on the Regulation, Evaluation, Authorization and Restriction of Chemicals (REACH), http://bit.ly/9mYso2; and The Humane Society of the United States, "EU Initiative to 'AXLR8' Move to High-Tech, Animal-Free Methods for Chemical and Drug Testing," April 15, 2010, http://www.humanesociety.org/news/press_releases/2010/04/axlr8_eu_initiative_041510.html.

37. U.S. Food and Drug Administration, *Challenges and Opportunities Report* (Washington, DC: Author, March 2004).

38. Fox, Maggie, "Government Labs Try NonAnimal Testing," *Reuters*, February 14, 2008; and Weise, Elizabeth, "Three U.S. Agencies Claim to End Animal Testing," *USA Today*, February 14, 2008.

39. 웨인 파셀이 직접 빌 니콜슨을 인터뷰, July 14, 2010.

40. "Amway Halts Animal Tests," *New York Times*, August 22, 1989, Business Day section.

41. Carbone, *What Animals Want*.

42. European Commission, Letter of Commitment to the Parliament, May 5, 2008, Brussels.

43. Weise, "Three U.S. Agencies."

44. Berg, Ninna, et al., "Toxicology in the 21st Century—Working Our Way Towards a Visionary Reality," *In Vitro Testing Industrial Platform*, November 26, 2009; and Humane Society International, "EU Initiative."

45. Billington, Richard, et al., "The Mouse Carcinogenicity Study Is No Longer a Scientifically Justifiable Core Data Requirement for the Safety Assessment of Pesticides," *Critical Reviews in Toxicology* 40, no. 1 (2010): 35-49, http://bit.ly/9LX4Ds; NIEHS Fact Sheet No. 3-NTP-9/96, National Toxicology Program.

46. Personal communication from Dr. Chris Austin, director of the U.S. National Institutes of Health Chemical Genomics Center.

47. Personal communication with Andrew Rowan, October 6, 2010.

48. Heilprin, John, "Shark Attack Victims Aim to Protect Sharks," Associated Press, September 14, 2010.

49. O'Malley, Mary, The Shark Safe Network, 2009; and Ling, Lisa; "Shark Fin Soup Alters Ecosystem," CNN, December 15, 2008, http://www.cnn.com/2008/WORLD/asiapcf/12/10/pip.shark.finning/index.html.

50. Conroy, Erin, "Netted Whale Hit by Lance a Century Ago," Associated Press, June 12, 2007.

찾아보기

인간의 역사에서 지금처럼 사람이 동물과 어떤 의미로든 다양한 관계를 맺으며 지낸 적은 없는 것 같다. 개나 고양이 같은 반려동물은 명실공히 우리의 가족으로 살아가고 있다. 한편 소, 돼지, 닭 등 농장동물은 사람들의 마음으로부터 멀어져 살아 있는 생명체로서가 아니라 마치 하나의 재화처럼 취급되고 있다. 야생동물 보호에는 동의하지만, 한편으로는 질병관리 등의 명목으로 대규모 살처분을 진행하기도 한다. 이뿐만이 아니다. 사람들은 편의를 위해 야생동물 서식지를 가로지르는 도로를 건설하고, 단순히 '즐기기' 위해 투견을 하며, 꼭 필요하지도 않은 모피를 얻기 위해 동물의 가죽을 산 채로 벗기기도 한다. 사람의 동물에 대한 생각은 너무나 제멋대로이고 우리의 몸과 달리 영혼은 현재 동물과 너무 멀어진 삶을 살고 있다.

어떤 이들은 동물에 대한 조직적인 착취와 남용을 인간의 당연한 권리로 여긴다. 일부는 문제가 있다고 인정하지만, 어쩔 수 없는 일이 아니냐고 반문하기도 한다. 동물에 대한 조직적 착취와 학대를 정당화하기 위해 그들의 지성은 부정되고 그들도 사람처럼 느끼고 아파하며 행복을 추구한다는 '사실'이 은폐되거나 외면되어 왔다. 하지만 이 책의 저자 웨인 파셀 앞에서 이런 은폐와 거짓은 통하지 않는다. 그는 동물이 사람들과 맺어 온 오랜 유대의 전통과 우리에게 내재된 동물에 대한 사랑을 일깨우며, 동물도 우리와 동일하게 느끼고 연민하며 생각할 수 있다는 과학적인 증거들을 제시한다. 그러면서 한편으로는 동물에 대한 몰이해와 근거 없는 폄하와 남용 그리고 여기서 야기된 다종 다양한 동물학대 문제와 그 이면의 추악한 진상들을 낱낱이 조사하여 적나라하게 밝히고 있다.

이 책을 번역하면서 나는 그와 함께 피비린내 나는 도살장에 주저앉은 가련한 소와 그 소에게 물대포를 쏴대는 인간의 악랄한 모습을 봤다. 바보스러운 기준에 따라 기묘한 모습의 개를 만들어 내고 자족하는 인간의 어리석은 모습도 봤다. 매 순간 스스로 동물보호 현장에서 느끼고 겪어 왔던 '비참한 동물의 현실'과 오버랩되어 가슴이 터질 것 같은 슬픔과 연민으로 고통스러웠다. 도와주고 싶었지만 무력해서 못했거나 사랑했지만 지켜줄 수 없었던 많은 동물을 생각하며 번역하는 동안 여러 차례 눈시울을 붉혔다.

하지만 저자는 절대 좌절하거나 포기하지 않는다. 이 부당한 현실을 개선하기 위해 애틀랜타 부빙부터 앵무새 보호소까지 종횡무진하면서 법 개정을 위해 노력하고, 참혹한 현실을 알리기 위해 동분서주한다. 그러면서 인간과 동물이 오랜 시간 공유해 온 특별한 유대의 기억으로 현재의 이 파국을 극복해야 하며 그렇게 할 수 있다고 말한다. 실제로 축산 관련 기업이나 미국총기협회 같은 거대한 이익집단과 동물을 보호하기 위해 맞설 때도 저자와 동물의 편에는 말 못 하는 동물을 위해 목소리를 내는 누군가가 있었다. 이들이 희망이다. 나도 동물을 위해 더욱 힘내서 무엇인가를 해야 한다고 느낀다. 미력이나마 보태기 위해 더 노력해야겠다고 결심해 본다. 이 책이 사람들의 잠자는 선의를 일깨워 동물에게 강력한 '희망의 메시지'를 전달해 주기를 바라고 사람들을 행동하게 할 것임을 믿어 의심치 않는다.

책공장더불어의 책

사향고양이의 눈물을 마시다 (한국출판문화산업
진흥원 우수출판콘텐츠 제작지원 선정, 환경부 선정 우수환경
도서, 학교도서관저널 추천도서, 국립중앙도서관 사서가 추천
하는 휴가철에 읽기 좋은 책, 환경정의 올해의 환경책)
내가 마신 커피 때문에 인도네시아 사향고양이
가 고통받는다고? 내 선택이 세계 동물에게 미치
는 영향, 동물을 죽이는 것이 아니라 살리는 선택
에 대해 알아본다.

동물학대의 사회학 (학교도서관저널 추천도서)
동물학대와 인간폭력 사이의 관계를 설명한다.
페미니즘 이론 등 여러 이론적 관점을 소개하면
서 앞으로 동물학대 연구가 나아갈 방향을 제시
한다.

묻다
구제역, 조류독감으로 거의 매년 동물의 살처분
이 이뤄진다. 저자는 4800곳의 매몰지 중 100여
곳을 수년에 걸쳐 찾아다니며 기록한 유일한 사
람이다. 그가 우리에게 묻는다. 우리는 동물을 죽
일 권한이 있는가.

버려진 개들의 언덕
인간에 의해 버려져서 동네 언덕에서 살게 된
개들의 이야기. 새끼를 낳아 키우고, 사람들에
게 학대를 당하고, 유기견 추격대에 쫓기면서도
치열하게 살아가는 생명들의 2년간의 관찰기.

개에게 인간은 친구일까?
인간에 의해 버려지고 착취당하고 고통받는 우
리가 몰랐던 개 이야기. 다양한 방법으로 개를 구
조하고 보살피는 사람들의 이야기가 그려진다.

동물은 전쟁에 어떻게 사용되나?
전쟁은 인간만의 고통일까? 자살폭탄 테러범이
된 개 등 고대부터 현대 최첨단 무기까지, 우리
가 몰랐던 동물 착취의 역사.

동물 쇼의 웃음 쇼 동물의 눈물
(한국출판문화산업진흥원 청소년 권장도서, 한국출판문화산업
진흥원 청소년 북토큰 도서)
동물 서커스와 전시, TV와 영화 속 동물 연기자,
투우, 투견, 경마 등 동물을 이용해서 돈을 버는
오락산업 속 고통받는 동물들의 숨겨진 진실을
밝힌다.

고등학생의 국내 동물원 평가 보고서
(환경부 선정 우수환경도서)
인간이 만든 '도시의 야생동물 서식지' 동물원에
서는 무슨 일이 일어나고 있나? 국내 9개 주요 동
물원이 종보전, 동물복지 등 현대 동물원의 역할
을 제대로 하고 있는지 평가했다.

야생동물병원 24시
(어린이도서연구회에서 뽑은 어린이·청소년 책, 한국출판
문화산업진흥원 청소년 북토큰 도서)
로드킬 당한 삵, 밀렵꾼의 총에 맞은 독수리, 건
강을 되찾아 자연으로 돌아가는 너구리 등 대한
민국 야생동물이 사람과 부대끼며 살아가는 슬
프고도 아름다운 이야기.

똥으로 종이를 만드는 코끼리 아저씨
(환경부 선정 우수환경도서, 한국출판문화산업진흥원 청소년
권장도서, 서울시교육청 어린이도서관 여름방학 권장도서, 한국
출판문화산업진흥원 청소년 북토큰 도서)
코끼리 똥으로 만든 재생종이 책. 코끼리 똥으로
종이와 책을 만들면서 사람과 코끼리가 평화롭
게 살게 된 이야기를 코끼리 똥 종이에 그려냈다.

대단한 돼지 에스더
(학교도서관저널 추천도서)
300킬로그램의 돼지 덕분에 파티를 좋아하던
두 남자가 채식을 하고, 동물보호 활동가가 되는
놀랍고도 행복한 이야기.

동물들의 인간 심판
(대한출판문화협회 올해의 청소년 교양도서, 세종도서 교양
부문, 환경정의 청소년 환경책, 아침독서 청소년 추천도서, 학교
도서관저널 추천도서)
동물을 학대하고, 학살하는 범죄를 저지른 인간
이 동물 법정에 선다. 고양이, 돼지, 소 등은 인간
의 범죄를 증언하고 개는 인간을 변호한다. 이 기
묘한 재판의 결과는?

인간과 개, 고양이의 관계심리학
함께 살면 개, 고양이와 반려인은 닮을까? 동물
학대는 인간학대로 이어질까? 248가지 심리실
험을 통해 알아보는 인간과 동물이 서로에게 미
치는 영향에 관한 심리 해설서.

고양이 그림일기

(한국출판문화산업진흥원 이달의 읽을 만한 책)

장군이와 흰둥이, 두 고양이와 그림 그리는 한 인간의 일 년 치 그림일기. 종이 다른 개체가 서로의 삶의 방법을 존중하며 사는 잔잔하고 소소한 이야기.

고양이 임보일기

《고양이 그림일기》의 이새벽 작가가 새끼 고양이 다섯 마리를 구조해서 입양 보내기까지의 시끌벅적한 임보 이야기를 그림으로 그려냈다.

우주식당에서 만나

2010년 볼로냐 어린이도서전에서 올해의 일러스트레이터로 선정되었던 신현아 작가가 반려동물과 함께 사는 이야기를 네 편의 작품으로 묶었다.

동물을 만나고 좋은 사람이 되었다

(한국출판문화산업진흥원의 출판콘텐츠 창작 자금 지원 선정)

개, 고양이와 살게 되면서 반려인은 동물의 눈으로, 약자의 눈으로 세상을 보는 법을 배운다. 동물을 통해서 알게 된 세상 덕분에 조금 불편해졌지만 더 좋은 사람이 되어 가는 개·고양이에 포섭된 인간의 성장기.

동물과 이야기하는 여자

SBS 〈TV 동물농장〉에 출연해 화제가 되었던 애니멀 커뮤니케이터 리디아 히비가 20년간 동물들과 나눈 감동의 이야기. 병으로 고통받는 개, 안락사를 원하는 고양이 등과 대화를 통해 문제를 해결한다.

개.똥.승. (세종도서 문학 부문)

어린이집의 교사이면서 백구 세 마리와 사는 스님이 지구에서 다른 생명체와 더불어 좋은 삶을 사는 방법, 모든 생명이 똑같이 소중하다는 진리를 유쾌하게 들려준다.

노견 만세

퓰리처상을 수상한 글작가와 사진작가의 사진 에세이. 저마다 생애 최고의 마지막 나날을 보내는 노견들에게 보내는 찬사.

강아지 천국

반려견과 이별한 이들을 위한 그림책. 들판을 뛰놀다가 맛있는 것을 먹고 잠들 수 있는 곳에서 행복하게 지내다가 천국의 문 앞에서 사람 가족이 오기를 기다리는 무지개다리 너머 반려견의 이야기.

펫로스 반려동물의 죽음 (아마존닷컴 올해의 책)

동물 호스피스 활동가 리타 레이놀즈가 들려주는 반려동물의 죽음과 무지개다리 너머의 이야기. 펫로스(pet loss)란 반려동물을 잃은 반려인의 깊은 슬픔을 말한다.

암 전문 수의사는 어떻게 암을 이겼나

암에 걸린 암 수술 전문 수의사가 동물 환자들을 통해 배운 질병과 삶의 기쁨에 관한 이야기가 유쾌하고 따뜻하게 펼쳐진다.

개, 고양이 사료의 진실

미국에서 스테디셀러를 기록하고 있는 책으로 반려동물 사료에 대한 알려지지 않은 진실을 폭로한다. 2007년도 멜라민 사료 파동 취재까지 포함된 최신판이다.

개가 행복해지는 긍정교육

개의 심리와 행동학을 바탕으로 한 긍정교육법으로 50만 부 이상 판매된 반려인의 필독서. 짖기, 물기, 대소변 가리기, 분리불안 등의 문제를 평화롭게 해결한다.

개 피부병의 모든 것

홀리스틱 수의사인 저자는 상업사료의 열악한 영양과 과도한 약물사용을 피부병 증가의 원인으로 꼽는다. 제대로 된 피부병 예방법과 치료법을 제시한다.

우리 아이가 아파요!
개·고양이 필수 건강 백과

새로운 예방접종 스케줄부터 우리나라 사정에 맞는 나이대별 흔한 질병의 증상·예방·치료·관리법, 나이 든 개, 고양이 돌보기까지 반려동물을 건강하게 키울 수 있는 필수 건강백서.

개·고양이 자연주의 육아백과

세계적인 홀리스틱 수의사 피케른의 개와 고양이를 위한 자연주의 육아백과. 40만 부 이상 팔린 베스트셀러로 반려인, 수의사의 필독서. 최상의 식단, 올바른 생활습관, 암, 신장염, 피부병 등 각종 병에 대한 대처법도 자세히 수록되어 있다.

임신하면 왜 개, 고양이를 버릴까?

임신, 출산으로 반려동물을 버리는 나라는 한국이 유일하다. 세대 간 문화충돌, 무책임한 언론 등 임신, 육아로 반려동물을 버리는 사회현상에 대한 분석과 안전하게 임신, 육아 기간을 보내는 생활법을 소개한다.

사람을 돕는 개

(한국어린이교육문화연구원 으뜸책, 학교도서관저널 추천도서)

안내견, 청각장애인 도우미견 등 장애인을 돕는 도우미견과 인명구조견, 흰개미탐지견, 검역견 등 사람과 함께 맡은 역할을 해내는 특수견을 만나본다.

유기동물에 관한 슬픈 보고서

(환경부 선정 우수환경도서, 어린이도서연구회에서 뽑은 어린이·청소년 책, 한국 간행물윤리위원회 좋은 책, 어린이문화진흥회 좋은 어린이책)

동물보호소에서 안락사를 기다리는 유기견, 유기묘의 모습을 사진으로 담았다. 인간에게 버려져 죽임을 당하는 그들의 모습을 통해 인간이 애써 외면하는 불편한 진실을 고발한다.

용산 개 방실이

(어린이도서연구회에서 뽑은 어린이·청소년 책, 평화박물관 평화책)

용산에도 반려견을 키우며 일상을 살아가던 이웃이 살고 있었다. 용산 참사로 갑자기 아빠가 떠난 뒤 24일간 음식을 거부하고 스스로 아빠를 따라간 반려견 방실이 이야기.

치료견 치로리

(어린이문화진흥회 좋은 어린이책)

비 오는 날 쓰레기장에 잡종개 치로리. 죽음 직전 구조된 치로리는 치료견이 되어 전신마비 환자를 일으키고, 은둔형 외톨이 소년을 치료하는 등 기적을 일으킨다.

후쿠시마에 남겨진 동물들

(미래창조과학부 선정 우수과학도서, 환경부 선정 우수환경도서, 환경정의 청소년 환경책)

2011년 3월 11일, 대지진에 이은 원전 폭발로 사람들이 떠난 일본 후쿠시마. 다큐멘터리 사진작가가 담은 '죽음의 땅'에 남겨진 동물들의 슬픈 기록.

고양이 천국

(어린이도서연구회에서 뽑은 어린이·청소년 책)

고양이와 이별한 이들을 위한 그림책. 실컷 놀고 먹고, 자고 싶은 곳에서 잘 수 있는 곳. 그러다가 함께 살던 가족이 그리울 때면 잠시 다녀가는 고양이 천국의 모습을 그려냈다.

나비가 없는 세상

(어린이도서연구회에서 뽑은 어린이·청소년 책)

고양이 만화가 김은희 작가가 그려내는 한국 최고의 고양이 만화. 신디, 페르캉, 추새. 개성 강한 세 마리 고양이와 만화가의 달콤쌉싸래한 동거 이야기.

후쿠시마의 고양이

(한국어린이교육문화연구원 으뜸책)

2011년 동일본 대지진 이후 5년. 사람이 사라진 후쿠시마에서 살처분 명령이 내려진 동물을 죽이지 않고 돌보고 있는 사람과 함께 사는 두 고양이의 모습을 담은 평화롭지만 슬픈 사진집.

깃털, 떠난 고양이에게 쓰는 편지

프랑스 작가 클로드 앙스가리가 먼저 떠난 고양이에게 보내는 편지. 한 마리 고양이의 삶과 죽음, 상실과 부재의 고통, 동물의 영혼에 대해서 써 내려간다.

채식하는 사자 리틀타이크

(아침독서 추천도서, 교육방송 EBS 〈지식채널e〉 방영)

육식동물인 사자 리틀타이크는 평생 피 냄새와 고기를 거부하고 채식 사자로 살며 개, 고양이, 양 등과 평화롭게 살았다. 종의 본능을 거부한 채식 사자의 9년간의 아름다운 삶의 기록.

햄스터

햄스터를 사랑한 수의사가 쓴 햄스터 행복·건강 교과서. 습성, 건강관리, 건강식단 등 햄스터 돌보기 완벽 가이드.

토끼

토끼를 건강하고 행복하게 오래 키울 수 있도록 돕는 육아 지침서. 습성·식단·행동·감정·놀이·질병 등 모든 것을 담았다.

고통받은 동물들의 평생 안식처
동물보호구역

고통받다가 구조되었지만 오갈 데 없었던 야생동물의 평생 보금자리. 저자와 함께 전 세계 동물보호구역을 다니면서 행복하게 살고 있는 동물을 만난다.

동물원 동물은 행복할까?

(환경부 선정 우수환경도서, 학교도서관저널 추천도서)

동물원 북극곰은 야생에서 필요한 공간보다 100만 배, 코끼리는 1,000배 작은 공간에 갇혀 살고 있다. 야생동물보호운동 활동가인 저자가 기록한 동물원에 갇힌 야생동물의 참혹한 삶.

동물권리선언 시리즈 ②

인간과 동물
유대와 배신의 탄생

초판 1쇄 2013년 8월 31일
초판 3쇄 2019년 3월 23일

지은이 웨인 파셀
옮긴이 전진경
펴낸이 김보경
펴낸곳 책공장더불어

편　집 김보경, 정소영
교　정 김수미

디자인 add+
인　쇄 정원문화인쇄

책공장더불어

주　소 서울시 종로구 혜화동 5-23
대표전화 (02)766-8406
팩　스 (02)766-8407
이메일 animalbook@naver.com
블로그 http://blog.naver.com/animalbook　**페이스북** @animalbook4　**인스타그램** @animalbook.modoo
출판등록 2004년 8월 26일 제300-2004-143호

ISBN 978-89-97137-07-7 (03300)

*잘못된 책은 바꾸어 드립니다.
*값은 뒤표지에 있습니다.

〈인간과 동물, 유대와 배신의 탄생〉 북펀드에 참여한 독자(가나다 순)

강문숙, 강석여, 강소영, 강은엽, 강주한, 구교경, 김기남, 김명준, 김봉원, 김상숙, 김성훈, 김소영, 김수연,
김수정, 김영제, 김예지, 김종은, 김주현, 김지만, 김진옥, 김태윤, 김현주, 김희곤, 나준영, 남궁경, 민정선,
박나윤, 박남주, 박무자, 박민경, 박보영, 박선미, 박영신, 박혜미, 서민태, 송진경, 신정훈, 심만석, 양지연,
오경은, 오선영, 오성용, 윤윤자, 이강근, 이경화, 이나나, 이동일, 이수진, 이유진, 이정은, 이주효, 이주희,
이지현, 이하나, 이희선, 임계숙, 임상훈, 임성진, 임애경, 임지은, 장경훈, 장윤희, 정대영, 정미영, 정민수,
정진우, 조나영, 조미연, 조보라, 조세형, 조은수, 조익상, 천영화, 최경호, 최선미, 최하나, 한성구, 허정원,
현동우, 현웅선(외 10명, 총 90명 참여)